幸福两代人

北京大学生硕士家庭教育探秘

骆 风/著

第一章 当代家庭教育概论

第二章 当代家庭教育研究概论

第三章 她从东北军人家庭走向西藏雪域高原

第四章 她成长在贵州命运曲折的知识分子家庭

……

中国社会科学出版社

图书在版编目（CIP）数据

幸福两代人：北京大学硕士生家庭教育探秘/骆风编著.
北京：中国社会科学出版社，2007.12
ISBN 978-7-5004-6576-8

Ⅰ.幸… Ⅱ.骆… Ⅲ.家庭教育-经验-中国
Ⅳ.G78

中国版本图书馆 CIP 数据核字（2007）第 182922 号

出版策划　任　明
责任编辑　田　文
责任校对　李　莉
封面设计　典雅设计
技术编辑　张汉林

出版发行　**中国社会科学出版社**
社　　址　北京鼓楼西大街甲 158 号　　邮　编　100720
电　　话　010-84029450（邮购）
网　　址　http://www.csspw.cn
经　　销　新华书店
印　　刷　北京奥隆印刷厂　　　　　装　订　广增装订厂
版　　次　2007 年 12 月第 1 版　　　印　次　2007 年 12 月第 1 次印刷
开　　本　710×980　1/16
印　　张　22　　　　　　　　　　　插　页　2
字　　数　417 千字
定　　价　38.00 元

序言之一

王登峰

北京大学是名校，一直以来都有人研究它。北大可以被研究的东西很多，但是对北大学生的成长经历和家庭教育的研究却是一个比较新的领域。在北大有许多老教授认为：北大最为宝贵的不是它有那么多的专家权威，也不是它有一流的图书馆和各种设备，而是北大拥有成千上万的、每年所吸纳的全国最为优秀的青年学生，这些素质优良的年轻学子具有无限生机和创造潜能，是我们中华民族腾飞的希望。那么，关心和探讨北大新生从何而来、他们中小学期间受到的教育，包括个别化的家庭教育就变得非常必要了。这些年写北大学生中小学阶段生活故事、北大学生中小学时的学习方法、北大学生参加高考的经验、北大学生家长教育子女的经验之类的书籍已经出版了不少，但是对北大学生的成长经历和家庭教育进行深入、系统研究的作品还不多，应当鼓励这方面的课题研究和著作出版。

无论是生活经验，还是科学研究，都可以证实家庭教育对于个体特别是对年轻一代身心发展的巨大作用。对此，生理学、心理学、教育学等学科的研究都从各自的视角作过论述。然而，由于家庭教育本身的私人性、随意性和复杂性、多样性，要想精确地掌握家庭教育影响儿童和青少年成长的机理和规律却不容易。不过，近年来美国、日本和我国的一些年轻学者在家庭教育的研究中转变观念，大胆采用新的研究方法，已经取得了若干重要的成果，令人欣喜。我从事人格心理学的研究多年，懂得家庭教育研究的理论价值和应用价值，期望这个领域的研究逐步深入，不断取得令人振奋的新成果。

骆风教授是一位长期从事家庭教育研究的专家，出版过《现代儿童家庭教育艺术》、《新世纪家庭教育指南》等专著。2000—2001学年他到北大社会学系做访问学者，我是在《人格心理学研究》的研究生课堂上认识他的。他告诉我他自己正在运用新学到的"质的研究方法"探索北京大学学生成长中的家庭教育因素，我认为这是很有价值的事情，同他交谈过几次。骆风先生曾经表示希望了解我本人成长中的家庭教育因素，由于当时实在挤不出时间，只能抱憾了。现在，骆风先生把他即将交付给出版社的著作稿寄给我，我浏览之后的印象是非常深刻的，我乐意把它介绍给有关的学者和家长朋友。

我认为骆风先生的这本新著在以下方面值得称道：

第一，注意了研究方法的规范性。一项研究质量的高下，在很大程度上取决于研究方法的规范与否。骆风2000年9月来到北大访学以后，在社会学系钻研社会学研究方法和家庭社会学理论的同时，到教育学院参加了陈向明博士主持的质的研究方法研修班，在陈老师的指导下对部分学生作了家庭教育方面的质的研究，颇有收获。其后，他阅读了不少社会科学研究方法案例的材料，同社会学系和教育学院的部分教师和研究生反复讨论了运用质的研究方法研究北大学生家庭教育的可行方案，制定出了详细的研究计划。在实施的过程中，他严格按照质的研究方法的规则选取受访人、开展访谈、分析材料、撰写报告。为了获得深层材料，他不辞辛苦，对多数学生作了三次以上的访问；而在材料分析阶段，他也是反反复复，并与一些同行讨论，对材料进行多纬度的透视。

第二，注意了研究对象的多样性。人格心理学研究发现，家庭的物质环境、家庭的人际关系、父母的管教态度影响着孩子的个性发展，而各个家庭在这些方面的差异是十分明显的，美国加利福尼亚大学心理学家包姆令德教授曾把自己研究的父母分为权威型、专制型和娇宠型三组，与此相应的儿童在个性发展上也有显著差异。可以说进入北大的学生个个学业优良，智慧超群，但每个学生的身心发展特点及其形成的家庭背景是有很大差异的。骆风一开始就很重视这一点，他在选取研究对象时从学生本人和学生家庭两个角度考虑多样性，在他选取的学生中有本科生、硕士生、博士生、留学生、进修生，有新入校的和即将毕业的，男女生比例大致相同；他选取的学生家长中有工人、农民、干部、教师、医生、工程师、军官、商人，遍布全国18个省、市、区，还有加拿大和韩国的，每个学生家长教育孩子的态度和方法都各有特色。这样，就可以从不同类型的学生及其家长的分析、对比中获得深刻的结论。

第三，注意了研究内容的深刻性。以往的不少家庭教育研究给人以育儿经验总结的印象，没有抽象出深刻的道理。质的研究方法比较适合在微观层面对个别事物进行细致、动态的描述和分析，擅长于对特殊现象进行探讨，在时间的流动中追踪事件的变化过程，以求发现问题或者提出新的看问题的视角；质的研究还强调从当事人的角度了解他们的看法，注意他们的心理状态和意义建构。这些就使质的研究方法有很大的优越性，尤其适合用于对家庭教育进行深入研究。从骆风的研究来看，他对每个学生的研究都非常详尽、十分深刻，内容上包括这些家长对于子女的成长寄予什么样的期望（教育目标）；这些家长平时对子女是一种什么样的态度（亲子关系）；这些家长对子女进行了哪些方面的教育（教育内容）；这些家长对子女是怎样进行教育的（教育方法）；这些家长家庭教育的理由（内在动机和外在条件）；这些家长的道德—文化素质与家庭生活条件怎样（家庭背景）。通过对每个学生从学前的启蒙，经过小学、中学，一直到大学，有的还到30多岁的研究生阶段的跟踪研究，最终作出归纳和概括。

第四，注意了研究结果的启发性。从我国近年的一些社会科学研究的课题和成果来看，脱离现实的倾向越发严重。与我国的这种情况相反，西方社会科学研究的实证性、实用性传统一直延续至今不变，而且在社会学研究中还出现了"常人方法学"。家庭教育是近年来社会各界特别是广大家长和教师关注的一个热门话题，他们迫切希望有一套"管用"的理论和方法作指导。骆风知道现实的需要，他把自己研究的落脚点放在应用上，他在对每个受访学生家庭教育材料深刻分析的基础上，绘制出了一张张纵横交错的从幼儿到中小学、到大学时期（有的还包括硕士生、博士生阶段）的家庭教育的立体图景，综合运用有关的教育学、心理学、伦理学、社会学、管理学的理论解剖这些家庭教育的得失；最后他还把这些不同的家教图景连接起来，建立先进的家庭教育模型，揭示了北京大学学生家庭教育的要素、结构、功能、意义，概括出北大学生家庭教育的基本经验，给了那些希望了解北大学生家庭教育经验的读者多方面的启发。

"五四"前后，当年在北京大学的蔡元培校长、鲁迅先生都极为关注家庭教育。蔡元培校长《在北京青年会演说词》中曾批评一些家长随意对待孩子的危害，鲁迅先生连续在《新青年》第五卷、第六卷上发表《随感录二十五》《我们现在怎样做父亲》等文章。现在80年过去了，人们的生活方式、学习方式、就业方式、价值观念、家庭观念、成才理想都发生了巨大变化。但是，家庭教育的重要性没有变，家庭教育在孩子成长成才中的奠基作用依然如故，这一点从骆风的这本书中体现得非常突出明白。我衷心希望广大家长和教师更加重视家庭教育、深入研究家庭教育、不断改进家庭教育，推进素质教育的深化，共同造就21世纪的优秀人才！

（序者为北京大学原党委副书记、心理学系教授、博士生导师）

序言之二

朱小蔓

我原先读过一些家庭教育的著作，印象中我国家庭教育的研究相对比较薄弱、家庭教育理论也比较陈旧。骆风老师出版的《成才与家教——北京大学学生家庭教育探索》、《造就卓越人才——北京大学博士生家庭教育探析》则给我一种耳目一新的感觉，因为他的家庭教育著作确有自己独特的研究方法和研究结论。不久前，我接到骆风同志的来信，希望为他即将完稿的这部家庭教育著作作序。最近抽点时间读了骆风同志的著作，对我国家庭教育和家庭教育研究作了一些思考，借此机会与家庭教育研究人员和关心我国家庭教育事业的朋友们交流一点粗浅的想法。

第一，重新理解家庭教育的意义。

家庭教育过去被看作是家庭生活中长者对于幼者的教育，骆风老师在《成才与家教——北京大学学生家庭教育探索》中对于家庭教育的概念进行了新的阐释，提出认识现代家庭教育概念的四个转变：第一，从认为家庭教育就是家庭内部的事情，发展到家庭教育是关乎社会的事情；第二，从认为家庭教育的任务就是指导孩子学习生活技能、处理家庭人际关系，发展到在各个方面促进家庭成员的身心健康和全面发展；第三，从认为家庭教育就是家长（父母大人）对于子女的教育，发展到家庭成员之间的互相关心、爱护、帮助和指导；第四，从认为家庭教育只是对学前孩子的教育，发展到终生教育，即人的一生始终都受家庭教育。我认为，我们今天确实应该以更为宽阔的视野、更加深邃的目光和更加科学的态度看待家庭教育，而不能把家庭教育当作家庭私事。

家庭教育对于年青一代的成长具有奠基的作用。在学校教育、社会教育和家庭教育三种教育的基本形式中，家庭教育是时间上开展的最早、范围最广泛、方法最为灵活的教育，而且家庭教育是以亲子关系为中心的伴随生活而进行的教育，它更多地诉诸情感、伴有情感性特征，因而能够给孩子以长远而深刻的影响。现代社会显然学校教育的作用突出，但是家庭仍是孩子的第一所学校，家长仍是孩子的第一任教师，孩子幼年在家庭生活中初步形成的道德认识、生活习惯和学习态度已经给他的身心发展打上了一层"底色"，影响着他在学校的表现和今后的发展。

家庭教育对于学校教育具有支持和促进作用。显然学校教育在教育传递的规范性和导向性上，在教学内容的选择性和系统性上，在榜样作用和同辈群体的影响上具有不可取代的价值和不可让渡的责任。但是，家庭教育在孩子的生活素质、情绪情感和人格发展等方面具有独特的作用。而且现代科学研究揭示，基于生活经验形成的情感素质和人格条件对人的影响作用相比知识占有更重要。第二次世界大战结束以来，美英等西方国家的教育改革经历了三次浪潮：第一次是从 60 年代到 70 年代初期的基础教育普及运动；第二次是从 70 年代末期到 80 年代初期的全面提高教学质量运动；第三次是从 80 年代末期开始，至今方兴未艾的家长参与或者家校合作运动。从美英等西方国家教育改革发展在关注重点上的变化，我们也可以看到家庭教育对于学校教育的促进作用。

家庭教育对于社会文明发展也具有重要影响作用。从社会学的视角来看，家庭是社会的基层单位和最小细胞，家庭作为一种社会制度，在社会的延续和发展中发挥着多种功能，家庭是社会文化的载体，家庭教育具有传递社会文明的作用。当代许多国家都十分重视家庭建设，新加坡大力提倡"亲爱关怀、互敬互重、孝顺尊长、忠于承诺、和谐沟通"的家庭价值观，日本制定了"使人们更加深刻地认识家庭所具有的伟大力量与重要意义，树立正确的家庭观念，以创造美好的家庭，使之成为建设高度文明、福利丰裕的社会基础"的家庭宪章。在我国社会主义精神文明建设中，家庭文明建设无疑是一个重要的组成部分，家庭文明与社会文明相得益彰。家庭教育既是家庭文明的必然要求，又是家庭文明的重要手段。

第二，重视对于家庭教育的研究。

我国素有重视家庭教育的优良传统，古人很早就注意总结家庭教育经验、探索家庭教育的奥秘。春秋时期管仲的《管子》一书就专门记述了当时平民阶层的家庭教育状况，到南北朝时颜之推的《颜氏家训》对于家庭教育的重要性、家庭教育的原则、家庭教育的内容以及家长的修养都作了比较系统的论述，成为我国乃至世界公认的第一本家庭教育专著。近代以来，许多思想先锋、社会贤达在呼唤社会革命的同时都强调家庭教育的重要性，五四运动前后进步思想家、教育家蔡元培和鲁迅都发表过家庭教育方面的檄文，稍后的著名教育家、长期担任南京师范学院院长的陈鹤琴先生在东南大学执教期间就以研究家庭教育为己任，于 1925 年出版了《家庭教育》，迄今读完仍然觉得很有参考和应用价值。新中国建立后，我们本来可以更好地研究家庭教育，但是由于复杂的社会历史因素基本上停止了家庭教育的研究，直到改革开放的 80 年代才恢复。20 年来我国家教工作者不懈努力、开拓创新，取得了不少重要的研究成果。

家庭教育实践需要重视家庭教育的研究。学校教育与家庭教育、社会教育是现代国民教育的三个组成部分，这三者之间既有共同的地方，也有不同的地方。相同表现在三者都是培养人的活动，教育总目的是一样的，都受到社会的政治—经济制度和发展水平的制约，都能够促进个人和社会的发展。不同表现在各自的教育者和受教育者的关系不同，教育的具体目标、教育的具体内容、教育的方法和教育的环境不同，等等。青少年的身心健康和全面发展既需要学校教育的作用，也需要家庭教育和社会教育的作用，指导家长提高家庭教育的水平，必须专门研究家庭教育的学问，普及家庭教育的科学。

教育科学的发展需要重视家庭教育的研究。当代各国的教育科学都有了长足的发展，对于教育实践的指导作用越来越大。但是，以往我们的教育科学较少研究和反映家庭教育的特点和规律，往往把研究学校教育得出来的结论当成所有教育活动都应当遵循的规律和原则，这就存在着明显的片面性和盲目性。就像我们以城市马路为参照系研制出了一套汽车运输方案，硬要在农村小道上甚至泥泞的沼泽地实行一样是非常危险的。要想提出一套科学性和适用性强的教育理论，必须在研究学校教育的同时认真研究家庭教育、社会教育的特点和规律，研究学校教育、家庭教育、社会教育三者之间的关系。

我建议，社会及有关部门应当鼓励教育理论工作者和实际工作者关注和参与家庭教育的研究。目前多数教育科学研究机构仍是比较清贫的部门，物质待遇不高、研究经费不足，专门投资于家庭教育研究的经费更少，制约和影响了有关家庭教育的重大研究项目的实施。此外，重视家庭教育研究，还必须重视家庭教育研究成果的应用。家庭教育研究的成果来之不易，我们应当十分珍惜，有关部门应当大力宣传和普及家庭教育研究的成果，使社会和家长从中受益。现在有一种轻视家庭教育研究成果的倾向，有些人不加区别地指责家庭教育研究肤浅、家教研究成果不上档次，这是不符合实际的。任何一门学科在发展初期都不免幼稚，但这决不能成为轻视它的理由。

第三，不断改进家庭教育的研究。

综观当代中国的家庭教育研究，可以看到近年来研究选题逐步拓宽、研究内容不断深入，参与的学者越来越多，尤其是 20 世纪 80 年代后期以来有过不少大型调查研究，如孟育群主持的全国教育科学"九五"规划重点课题《充分发挥家庭德育功能的研究》，王宝祥主持的"十五"教育部重点课题《家庭教育跟踪指导实验研究》、骆风主持的"十五"教育部重点课题《东南沿海地区儿童少年品德问题与家庭教育问题及其对策的研究》。与此同时，家庭教育的研究成果大量涌现，如赵忠心的《家庭教育学》，风笑天的《独生子女——
他们的家庭、教育和未来》，缪建东的《家庭教育社会学》，骆风的《新世纪
家庭教育指南》和《成才与家教》等。从研究的学科理论基础来看，也从教
育学、心理学发展到社会学、伦理学、管理学，等等。不过，总体来看，目前
我国的家庭教育研究还处于较低发展阶段，家庭教育研究队伍还比较单薄。

　　家教研究人员应当掌握多学科知识。家庭教育看似简单，实际不简单，家
庭教育活动，无疑是复杂劳动。家庭教育研究需要教育学、心理学、伦理学、
社会学、管理学等多学科理论和方法的支撑，从多个视角进行透视和剖析，才
能取得有价值的研究成果。有志于研究家教的学者和希望总结自己教子经验的
家长，应该阅读一些教育学、心理学、伦理学、社会学的相关著作。本书的参
考文献介绍了近百本家庭教育研究及有关的书籍，家教研究人员可以多读一
些，以提高自己的理论素养。

　　家教研究人员应当深入实际调查研究。改革开放 20 年来我国的家庭教育
事业有了很大发展，广大家长努力培养素质优良的孩子，在教育下一代的实践
中创造了许多新经验、新方法、新观点；与此同时，社会变迁也给家庭教育的
发展带来了许多问题和疑难，广大家长渴望得到帮助和指导；还有各地的家庭
教育工作，包括家长学校的教学和管理、家庭教育工作者的培训和管理都有一
个提高质量的问题。这些都需要做深入细致的情况调查、问题研究，以及对策
制定和理论提升。

　　家教研究人员应当学习掌握家教研究方法。近年来，国内外教育科学研究
方法有很大发展，质的研究方法就是一种新的教育研究方法。家庭教育研究人
员应当及时学习和掌握，应用到自己的研究中。当然，现有的教育研究方法主
要是根据学校教育研究的经验归纳出来的，运用到家庭教育研究时应当根据实
际有所变通。

　　家教研究人员还应当借鉴国外的家庭教育经验与理论。从我接触到的东方
国家日本和新加坡，西方国家美国、德国与俄罗斯，都有一些可资借鉴的家庭
教育经验与理论，已经有不少翻译过来的家教书籍。家教研究人员应当设法增
加与外国友人、外国学者的交流，国家和省市有关部门也应当尽量为他们提供
帮助，使他们拓宽视野，能够捕捉新鲜有益的家庭教育研究信息。

　　最后我想要说的是，科学研究是一件非常艰苦的工作，取得高质量的家庭
教育研究成果实为不易。难得有骆风等一批执著于家教研究的学者，他们的工
作很有意义、很有价值。希望老师们、家长们读读这些著作。

　　　　（序者为中央教育科学研究所所长、教育学教授、博士生导师）

目　　录

第一章　当代家庭教育概论 ································· （1）

第一节　当代家庭教育的基本理论 ······················ （1）

第二节　当代家长素质与家庭环境建设 ·················· （7）

第三节　当代成人家庭教育的实践与理论 ················ （15）

第二章　当代家庭教育研究概论 ························· （22）

第一节　当代中国家庭教育研究的进展 ·················· （22）

第二节　家庭教育研究的理论与方法 ···················· （28）

第三节　北大学子家庭教育研究的方法与过程 ············ （33）

第三章　她从东北军人家庭走向西藏雪域高原

　　　　——于艺翎的家庭教育访谈和分析 ·············· （41）

第一节　背景材料 ···································· （41）

第二节　访谈内容 ···································· （42）

第三节　家庭教育分析 ································ （63）

第四章　她成长在贵州命运曲折的知识分子家庭

　　　　——高菲的家庭教育访谈和分析 ················ （69）

第一节　背景材料 ···································· （69）

第二节　访谈内容 ···································· （70）

第三节　家庭教育简析 ································ （83）

第五章　她来自新疆乌鲁木齐的高校领导家庭

　　　　——古丽娜的家庭教育访谈和分析 ·············· （87）

第一节　背景材料 ···································· （87）

第二节　访谈内容 ···································· （88）

第三节　家庭教育分析 ································ （112）

第六章　她远自韩国汉城勤劳致富的商人家庭
　　　　　——李淑英的家庭教育访谈和分析 ·············· （118）
　第一节　背景材料 ······································ （118）
　第二节　访谈内容 ······································ （119）
　第三节　家庭教育简析 ·································· （135）

第七章　他成长在山东邹县的新型农民之家
　　　　　——罗鲁舟的家庭教育访谈和分析 ·············· （138）
　第一节　背景材料 ······································ （138）
　第二节　访谈内容 ······································ （139）
　第三节　家庭教育分析 ·································· （159）

第八章　他来自云南中部工商重镇的商人家庭
　　　　　——杨云雄的家庭教育访谈和分析 ·············· （166）
　第一节　背景材料 ······································ （166）
　第二节　访谈内容 ······································ （167）
　第三节　家庭教育简析 ·································· （180）

第九章　他生活在古都西安的科研人员之家
　　　　　——邹秦瑞的家庭教育访谈和分析 ·············· （184）
　第一节　背景材料 ······································ （184）
　第二节　访谈内容 ······································ （185）
　第三节　家庭教育分析 ·································· （213）

第十章　他在浙江湖州的普通农民家庭成长
　　　　　——陈风的家庭教育访谈和分析 ················ （220）
　第一节　背景材料 ······································ （220）
　第二节　访谈内容 ······································ （221）
　第三节　家庭教育简析 ·································· （237）

第十一章　我成长在古都洛阳的人民教师之家
　　　　　——骆风的家庭教育故事和评析 ················ （241）
　第一节　背景材料 ······································ （241）
　第二节　家庭教育故事 ·································· （243）

第三节　作者本人的质性分析 ……………………………………（295）

第四节　王保祥研究员的综合评价 ………………………………（301）

第十二章　北大硕士生家庭教育的理论概括 ………………（304）

第一节　北大硕士生的概况与成长的社会背景 …………………（304）

第二节　北大硕士生家庭教育的类属分析 ………………………（311）

第三节　北大硕士生家庭教育的情景分析 ………………………（319）

第四节　北大硕士生家庭教育的基本经验 ………………………（326）

附录一　本书主要参考文献目录 ………………………………（332）

附录二　作者主要家庭教育研究作品目录 ……………………（335）

第一章　当代家庭教育概论

第一节　当代家庭教育的基本理论

一　家庭教育概念的演进

在传统的教育学理论中，通常把家庭教育理解为父母等长辈对于子女等后代的批评、指导、培养和管理等活动，如我国教育学家顾明远教授主编的《教育大辞典》中把家庭教育定义为："家庭成员之间的互相影响与教育，通常是指父母对儿女辈进行的教育。"我国台湾家庭教育学家黄乃毓教授在其主编的《家庭教育》中指出："家庭教育强调在家庭里，家人彼此的互动关系，也就是说父母和子女是互相教育的，家庭里发生的许多事情都直接或间接地让我们学到一些东西，我们也在日常家庭生活里接受最基础的教育。"黄乃毓教授还介绍了英文教育辞典中对于家庭教育的两种解释：一种认为家庭教育是一种正式的准备，包括在学校、宗教组织或其他福利团体的课程内，目的是要达到父母与子女、子女之间及父母之间更好的关系；另一种认为家庭教育是非正式的学习，在家庭中进行，学习家庭生活的适当的知识和技能。

20 世纪以来，人们对于家庭教育内涵的理解发生了重要的变化，如 20 世纪 70 年代美国学者莱温（Levin）强调家庭教育应当增进人际关系，认为家庭教育是"增进家庭生活并协助个人更加了解各种人际关系中的自己的一种教育方案"；80 年代后期达翎（Darling）更倾向于把家庭生活教育当成全面提升人的生活水平与生活素质的手段，指出家庭生活教育就是"透过个人与家庭其各层面环境资源间的互动状况，来保存及改善人类生活品质"。90 年代我国台湾学者对于家庭教育的理解也差不多和美国学者一样经历了三个阶段的演化，吸收了终身学习的思想，认为家庭教育不再是家庭中的人际间的事，而是从社会发展的角度来看，所有家庭成员适应社会的学习与成长活动。

近年来我国内地学者对于家庭教育概念的理解也有新的含义，如 1998 年马和民等在《教育社会学研究》中指出："若从教育社会学的角度来考察，家庭教育既指在家庭中进行的教育，又指家庭环境因素所产生的教育功能。前者指的是受教育者在家庭中所受到的由其家庭成员（不论长幼，但主要是指父

母）施予的自觉或非自觉的、经验性的或有意识的、有形的或无形的等多种
水平上的影响；后者则指家庭诸环境因素（包括家庭的社会背景和生活方式）
对受教育者产生的‘隐性’影响。"笔者概括这些论述，认为目前我们所理解
的家庭教育概念应当有如下四个方面的变化：（1）从认为家庭教育就是家庭
内部的事情，发展到家庭教育是关乎社会的事情；（2）从认为家庭教育的任
务就是学习生活技能、处理家庭人际关系，发展到在各个方面促进家庭成员的
身心健康和全面发展；（3）从认为家庭教育就是家长（父母大人）对于子女
的教育，发展到家庭成员之间的互相关心、爱护、帮助和指导；（4）从认为
家庭教育只是对学前儿童的教育，发展到终生教育，即人的一生始终都受家庭
教育。

二　当代家庭教育的特点

从教育发生的环境来看，大体可以分为学校教育、家庭教育和社会教育。
自从奴隶社会出现了专门的教育机构——学校之后，它很快以自己的组织严
密、目的明确、教师专业、时间和场所固定等优势成为教育系统的中坚力量，
这在长达数千年的农业社会和工业社会是毋庸置疑的。然而，在社会发展和人
的发展达到较高程度的信息社会，学校教育的劣势及其危害逐渐凸显，美国教
育学家伊里奇在《非学校化社会》中指出：近代以来人类建立的"制度化"、
"组织化"和"仪式化"为主要特征的学校体系，在总体上具有"压制性"、
"同质性"和"破坏性"，妨碍了真正的学习和教育，降低了人类自我成长的
责任心，是导致许多人"精神自杀"的真正原因。随着终身教育和学习化社
会的思想的传播，家庭教育的功能得到扩展，家长参与学校事务成为许多西方
发达国家教育改革的重要内容。在当代建设学习型社会和整个社会进步与人的
发展的过程中，家庭教育已经不仅仅是学校教育的延伸和补充，而是同学校教
育、社会教育既有密切联系又各有独立体系的现代国民教育的重要组成部分。

在教育学界，学者们主要是参照学校教育系统研究家庭教育特点的，如黄
河清发表了《家庭教育与学校教育的比较研究》。笔者也采用同样的视角，借
鉴黄河清等人的观点，认为现代家庭教育的特点主要体现在五个方面：
（1）从教育者和受教育者的组成来看，学校教育是根据社会的需要形成的，
教育者与受教育者之间是一种社会关系；家庭教育则由于家庭生活的需要而形
成的，教育者和受教育者是一种天然形成的家庭关系。（2）从教育的环境来
看，学校教育有固定的时间和地点由专门的教师负责，主要是在校园进行的；
家庭教育主要是在家庭居住场所展开的，家庭成员经常往返的社区、街道、村
落和亲朋好友家中也是家庭教育的重要场所。（3）从教育的目标和内容来看，

学校教育明显地受到政治经济制度和文化传统的制约，有比较明确的目标和内容；家庭教育的目标和内容基本上取决于家长的意志，有些家庭还没有明确的教育目标和内容。（4）从教育的方式方法来看，学校教育通常是群体性的直接的"显性教育"，教育者的主导作用比较突出；家庭教育是个别的零散的，虽然有表扬批评、辅导训练等"显性教育"，但更为普遍的是成年的长者思想行动和家庭生活环境因素对于未成年的幼者心灵的影响，"隐性教育"占主导。（5）从教育的管理体制来看，学校教育是一种制度化的教育，有一套从中央到地方的政府管理系统，有比较严格的规章制度；家庭教育是一种民间性质的自由教育，政府和有关的社会团体可以提出一些政策和观点指导家庭教育的发展，但难以实施带有强制性的管理措施。

三　当代家庭教育的评价指标

笔者1997—2000年主持全国教育科学"九五"规划课题《沿海开放地区儿童少年品德状况与家庭德育状况的调查研究》，当时从教育社会学的视角把家庭教育界定为家庭生活诸因素对于子女身心发展的影响活动，将家庭教育划分成两个层次：一是狭义家庭教育，指家长直接促进教育子女身心发展的活动，包括家长教育观念、家庭教育目标、家庭教育内容、家庭教育方法、家长教育能力五个指标；二是广义家庭教育，指家长素质和家庭生活对子女身心发展的影响包括家长道德素质、家长文化素质、家庭生活条件、家庭生活方式、家庭人际关系五个指标。其后，笔者和研究伙伴深入研究了家庭教育的评价指标问题，广泛借鉴了赵忠心、吴奇程、陈建强、陈奎熹、林淑玲、弗雷泽、范斯科德等国内外学者的观点，在2002—2006年主持"十五"规划教育部重点课题《东南沿海地区儿童少年品德问题与家庭教育问题及其对策的研究》的过程中，通过问卷调查和统计分析验证了我们的假设：把家长教育观念、家庭教育内容、家庭教育方法、家庭教育策略四种因素作为显性家庭教育的一级指标；把家庭人际关系、家长道德素质、家长文化素质、家长生活素质、家庭生活条件、家庭生活方式六种因素作为隐性家庭教育的一级指标。下面，以简图示意家庭教育评价指标的构成及其关系：

这里，我们还对家庭教育的各项评价指标的内涵外延作出如下说明：

（1）家长教育观念，指家长在教育子女的根本问题上的基本看法，是家庭教育的导向和动力。据俞国良等学者研究，国外学者对于家长教育观念的看法是建立在对观念的理解基础上的，比较多地关注什么是儿童发展和儿童如何发展。我国近十年来较多研究的是儿童观、亲子观、人才观、教育观。儿童观是对儿童的社会地位、权利义务和儿童发展基本规律的认识；亲子观是对父母

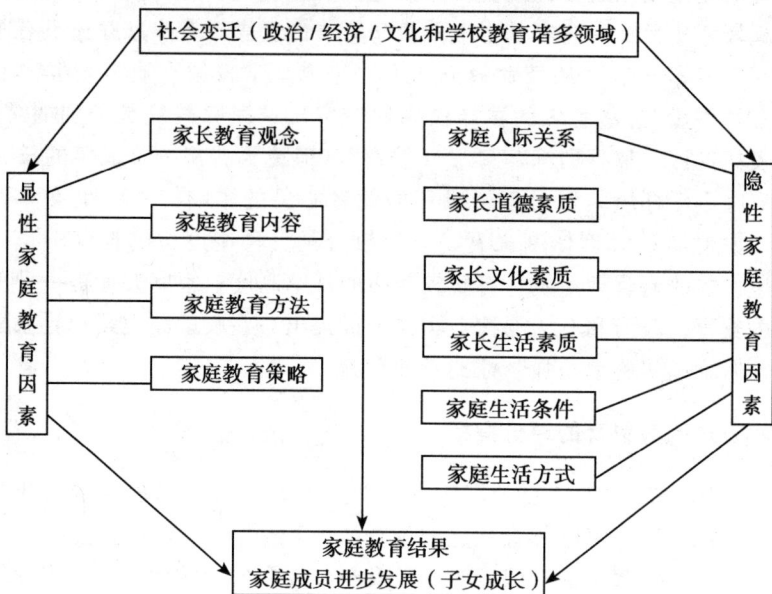

子女两代人（或祖孙三代人）之间关系、各自职责的认识；人才观是对于人才标准及其价值的认识；教育观是对于教育的性质和功能等教育重大问题的认识。家长对子女的教育期望或育儿目标是家长对子女身心发展的方向、水平的设想和要求，是同儿童观、亲子观、人才观、教育观密切相关的，可以说它是家庭教育观念的核心成分。但是相当多的家长对子女并没有明晰的培养目标，我们没有套用学校教育要素的结构明列家庭教育目标，而是把它归入家庭教育观念，正是反映了广大儿童少年家庭教育的实际。

（2）家庭教育内容，指家长教育孩子的基本领域，即家长从哪些方面指导或促进子女的发展。1995年关鸿羽教授提出的我国家庭教育内容有12项：①养成教育；②劳动教育；③节俭教育；④孝敬父母教育；⑤现代观念教育；⑥非智力因素培养；⑦青春期教育；⑧心理健康教育；⑨人际交往指导；⑩生活指导；⑪学习指导；⑫智力发展。笔者认为，从家庭的实际出发，家庭教育应该首先教导孩子掌握生活基础知识和基本技能，养成良好的生活习惯，然后随着孩子的成长不断拓宽教育内容，直至形成两代人共同学习和互相交流"学习型家庭"。对于学龄儿童的教育，应当防止"重智轻德"、"重特长轻基础"等倾向，既要关心学习成绩，又要关心品德进步和身体健康。

（3）家庭教育方法，指家长教育子女时采取的方式和手段，是家庭实施教育内容的手段和具体措施。笔者曾经总结我国家庭教育的"十八般武艺"，即有说服教育、榜样引导、暗示提醒、环境熏陶、表扬奖励、批评惩罚、指导阅读、专项训练、家庭会议、家规约束等十八种方法。家庭教育是个别教育，采用什么方法应根据具体情景而定，不过大量的经验表明"言传身教"是家庭教育成功的基本方法，家长既要通过言论明确告诫孩子一些基本的道理，又要运用自身的榜样力量影响孩子。现代科学技术的发展为家庭教育提供了越来越多的先进手段，家长及其子女应当充分运用。

（4）家庭教育策略，指在社会变迁中家庭采取的适应生存环境的改变而调整教育与学习的应对措施，可以看做家庭成员尤其是家长对社会变迁影响家庭生存与发展的回应。家庭策略是20世纪80年代起西方家庭社会学研究的一个新领域，奥地利学者西德尔在《家庭的社会演变》中详述了社会变迁对西欧不同阶层家庭的影响和家庭对于社会的回应策略，90年代家庭策略的观点引入我国社会学界，杨善华在《现代中国城乡家庭研究》中对城乡家长教育子女的动机作过调查，分析了他们的家庭教育策略。笔者在近年的实证研究中发现，城市部分职工失业、城市外来工子女就学困难、农民税收负担加重、村落生态环境恶化使许多城乡居民家庭遇到前所未有的挑战，设法把孩子送到质优学校学习、鼓励孩子发展特长和获取高学历成了部分家长的家庭教育策略。家庭教育策略不同于家庭教育的一般技巧和原则，它关注的是社会变迁对家庭的影响，关注社会、适应环境、加强学习、寻求发展是其基本环节。

（5）家庭人际关系，指家庭成员之间的亲密或疏离程度，是家庭成员的心理距离，可以说是家庭教育的通道。在社会学中，通常从家庭结构、夫妻关系、长幼关系（亲子关系、祖孙关系）三个层面考察家庭人际关系，也可以把家庭人际关系扩大到家族和亲属，即家庭网络来考察。我国改革开放初期的研究，一般认为不完整的家庭，尤其是离异家庭不利于子女成长，有的研究还认为独生子女家庭也不利于孩子成长，近几年的研究则认为家庭结构不是影响子女成长的关键因素，夫妻关系、亲子关系更为重要。夫妻关系（父母关系）是家庭关系的中枢，如果夫妻两人失和势必影响整个家庭的心理气氛，进而影响他们建设家庭和教育子女的情绪；亲子关系直接伴随着两代人交流的过程，亲子关系出现障碍势必影响家庭教育的效果。中国人向来注重家庭关系，带孩子走门串户是常事，家庭网络是影响孩子成长的重要途径。

（6）家长道德素质，指家长思想道德发展的方向和水平，决定着家长为人处世的方向和原则，对于孩子的品德发展有深刻影响。我国学术界有"大德"和"小德"之别，前者是指包括道德、政治、法律、思想在内的社会意识形态的综合体现，后者是指包括社会公德、职业道德、家庭道德在内的道德品质。我们认为，从家庭生活和家庭教育的实际出发，家长道德素质主要包括家长人生信仰、社会公德和家庭道德，核心是家长的人生信仰（人生观）。国内外有不少学者指出家长的人格力量对孩子成长的影响极大，笔者赞同这一观点，认为可以把家长的性格特征作为家长道德密切相关（或者重叠）的一个因素加以考察。

（7）家长文化素质，指家长掌握人类已有科学文化的水平和潜能，文化素质既是家长从事各自职业领域工作的必要前提，也是家长教育子女所必备的先决条件。学术界有关文化及其文化素质的定义说法不一，笔者赞同景怀宾等人的观点，认为广义的家长文化素质包括获得的人类所有精神食粮的结晶，狭义的家长文化素质主要是指家长所掌握的自然科学、社会科学、人文科学知识与家长获取运用这些知识的能力，不过，家长文化素质还应当包括尊重科学、追求真理的科学精神。有些学者强调家长的教育素质是家庭教育的关键因素，笔者认为教育素质包括教育子女方面的知识、技能和态度，确实同家庭教育的成败关系密切，但它应当是文化素质中的一个子系统（下位概念），不能和文化素质并列为家庭教育的一级指标。

（8）家长生活素质，指家长在消费生活资料，从而维持生存与发展的活动中必备的基本品质和功能水平。笔者提出生活素质的概念，是因为生活与生产（工作/劳动）是人类生存的两种基本方式，这两种生存方式所需要的知识、能力有很大差异，现实人群中存在生活素质与劳动素质不平衡的现象，有些文化素质较高的劳动者缺乏相应的生活素质，甚至无法独立生活。家庭教育是在家庭生活中展开的，具备一定的生活素质既是保证家庭生活幸福的自然要求，也是家长教育子女的必要条件。生活素质的内容十分广泛，大体可以分为物质生活（包括饮食、着装、居住等）和文化生活（包括旅行、交往、娱乐等）两个方面的知识、技能、态度和习惯。

（9）家庭生活条件，指家庭成员掌握的物质、文化生活资料的丰裕状况，是指家庭生活所必备的经济基础，它也制约着家庭教育的内容和方式，影响着子女道德、智慧和身体的发展状况。家庭经济收入，是家庭生活条件的决定因素，通常在低收入的家庭家长往往无心教育子女，但也有些家长为了改变贫穷的命运十分重视家庭教育。家庭生活条件大体可以分为物质生活条件和文化生活条件两大类，前者又可以细分为房屋和家具条件、饮食支出和服装支出等，后者可以分为学习和教育支出、通讯和娱乐设施、交往和旅行支出等。

（10）家庭生活方式，指家庭成员在一定的家庭生活条件制约下形成的稳定的生活行为的特征，也可以说是家庭文化的表现，它对家庭成员（尤其是未成年人）的生活态度和思想道德都有深刻的影响。家庭生活方式是在一定的价值观影响下形成的，从其对人的发展的影响方向来看分为文明的与野蛮的、先进的与落后的、科学的与愚昧的两类不同性质的生活方式，从其承传的民族传统来看大体分为西方生活方式和东方生活方式，从其发挥作用的领域来看大体分为消费生活方式、休闲生活方式、交往生活方式、娱乐生活方式。

第二节　当代家长素质与家庭环境建设

一　合格家长的必备素质

在家庭教育过程中，家长主导着家庭教育的实施、决定着家庭教育的成败，因此家长自身素质具有特别重要的作用。20 世纪 30 年代我国现代著名教育家陈鹤琴先生就说过："做父母，不是一件容易做的事，一般人以为结了婚，生了孩子，就有做父母的资格了，其实不然。我们知道，栽花的人，先要懂得栽花的方法，花才栽得好；养蜂的人，先要懂得养蜂的方法，蜂才养得好；养蚕的人，先要懂得养蚕的方法，蚕才养得好；甚至养牛、养猪、养马、养鸟、养鱼，都先要懂得专门的方法，才可以养得好。难道养小孩，不懂得方法，可以养好吗？"

近年来，全国妇联大力倡导"做合格家长，培养合格人才"（简称"双合格"）活动就是重视家长素质的体现。这里我们把家长的基本素质列举如下：

1. 良好的思想品德

家长良好的思想品德主要表现在：①正确对待国家和集体，热爱祖国，热爱集体，遵守国家法律，思想跟上时代潮流；②正确对待他人，互相关心，互相爱护，互相帮助，见义勇为；③正确对待工作，勤奋踏实，精益求精，讲究奉献；④正确对待生活，不向困难低头，不为金钱俘虏，做生活的强者。

2. 家庭教育的知识

一般来说，文化素质高的家长，教育效果较好。但并不绝对，家长文化素质高，不一定就懂得如何教育子女，现实生活中高学历高职务的科技人员、有成就的文化人不会教育子女的情况并不鲜见。我们认为，教育子女最需要的是家庭教育的知识，主要体现在：①生理学知识，了解孩子身体发育、器官成熟、体质增强的特点和规律，从而能按照这些规律去科学地安排孩子的饮食、睡眠、活动、学习、保健等，指导孩子锻炼身体、讲究卫生，提高身体素质；②心理学知识，了解孩子心理发展的年龄特征和个性特征，掌握孩子心理变化的规律，为对孩子实施家庭教育提供依据，从而有利于培养孩子形成良好的健康的心理素质；③教育学知识，通过学习教育学知识，了解教育规律、教育原则，从而树立正确的教子观、确立合适的教育态度，提高家长的教育水平和教育能力；④人才学知识，了解人才培养和成长的规律、条件和人才的时代特征。这样，才能从实际出发，为孩子的成才提供合适的家庭条件，把孩子培养成为社会需要的合格人才。

3. 教育子女的能力

教育子女的能力，是指应用各种知识实施家庭教育的技能技巧，主要包括：①了解孩子的能力，家长要善于观察孩子言行举止和思想情绪反应，主动接近孩子，倾听孩子的诉说、辩解，客观地看待孩子，不抱成见，不持偏见，营造一种宽松和谐的家庭气氛，以民主平等的态度对待孩子；②分析和处理问题的能力，必须依据对情况全面分析所得出的判断，分析判断准确，教育方式方法才能选择得当，教育效果才会好，分析问题然后才是处理和解决问题，缺少处理和解决问题的能力，培养孩子全面发展的目标是无法达到的；③语言的表达能力，准确、生动、亲切、幽默的语言，是孩子欢迎的，这无疑有利于家庭教育的实施，如果家长说话语无伦次、词不达意，啰唆重复，甚至污言秽语，就会使孩子产生反感，更不要说起教育作用了。

4. 健康的心理素质

家长在教育子女过程中，必须具备以下几个方面的心理素质：①信心和勇气。家长要树立这样的信心，即坚信通过自己的努力和孩子的努力，孩子会不断进步，一定会成为社会需要的合格人才，即使遇到困难，也不丧失信心，要有战胜困难的勇气。②理智和宽容。家长要保持稳定的情绪，不急不躁，客观公正地看待孩子，冷静地处理棘手的问题，谅解孩子在成长过程中的无知、过失，鼓励处在困难中的孩子，安慰受到伤害的孩子。③恒心和耐心。教育子女是一项长期而艰苦的事情，要有长期的计划和短期的安排，循序渐进，持之以恒，同时还要注意耐心细致，具体周到，如有疏忽，及时补救。④爱心和热情。富于爱心的家长，才能培养出具有爱心的孩子；充满热情的家长，才能激发起孩子的热情——对学习的热情，对他人的热情，对集体、国家的热情。

5. 较高的生活素质

家庭教育是在家庭生活中展开的，可以说家庭生活本身就是对子女的教育，家庭生活文明、健康、科学，家庭生活质量高，孩子就会受到积极的影响；反之，孩子就会受到消极的影响，家长应当懂得生活、"会过日子"，这样即使钱少一点也能安排好家庭生活。

家庭生活的内容包括饮食、着装、居住、交往、娱乐五大领域，要完全掌握这些知识、技能并非容易，除了适当地看书之外，更主要的是在生活中总结经验，交流经验，做生活的有心人，其中一个重要的任务就是掌握家庭管理学的知识，学习合理安排家庭生活，如时间的安排，钱财的使用，家庭成员爱好的协调。

二　不断提高家长自身素质

家长并不是天生的教育家，家长需要在教育子女的过程中学习相关知识和总结经验。有条件的年轻人应该在恋爱、结婚的时候就学习家庭教育的知识，锻炼做家长的本领，特别是当自己生养了孩子之后，更要积极主动地加强做父母的修养，不断提高自身素质。一般来说，具备了家长的基本素质后，应当从以下四个方面继续锻炼和提高自己的素质：

1. 充分认识家长的神圣职责

作为社会性的人，家长扶养和教育子女已不仅仅是其自然情感的需要，而是法定的社会义务。我国《婚姻法》第十五条规定："父母对子女有抚养教育的义务。"《未成年人保护法》第十条更明确地规定："父母或其他监护人应当以健康的思想、品行和适当的方法教育未成年人，引导未成年人进行有益身心健康的活动。"第十二条规定："父母或者其他监护人不履行监护职责或侵害被监护的未成年人的合法权益应当依法承担责任。"可见，教育子女现在已经不是父母愿意就做、不愿意就可以不做的事情，而是必须努力做好的事情。

在教育子女问题上，社会责任感是第一位。有了这种责任感，就可以克服一切困难去提高教育子女的水平。缺乏这种责任感，就是存在诸多有利的条件也不一定能把孩子教育好。在日本教育孩子的职责主要由母亲承担，她们在教育子女上花费了大量的时间和精力，因此获得了"教育妈妈"的美称。许多年轻妈妈为了学会科学地教育子女，不仅通过电视、广播和书籍学习教育子女的基本知识，而且还积极参加社会教育机构组织的学习活动。据统计，1987年一年中就有171万名"教育妈妈"参加了各地区举办的家长学习班，其中，参加专门的家庭教育学习班的就有168万人之多。我们中国的家长应当向日本的"教育妈妈"学习，自觉地学习家庭教育的知识。

2. 防止和纠正家庭教育失误

在我国近几年家庭教育事业的发展过程中，出现过了不少"热"，成为一个时期和一部分家长关心的焦点和教子的重点，如"成才热"、"开发智力热"、"学习艺术热"等等。这些"热"实际上是社会现实需要和传统文化在人们头脑中的反映，是各种家庭教育思潮的外在表现。下面，我们就几种思潮作一些分析：

第一，重成才轻做人。这种思潮的核心是不顾一切地要把孩子培养成为出人头地的"才子"。受这种思潮影响的家长，不管孩子的素质如何一定要孩子"脱颖而出"、"早日成才"。为了使孩子早日成名，这些家长就顾不得对孩子进行个人的基本道德和生活能力的培养，这种"拔苗助长"的做法，使孩子从小受到过分紧张的压力，容易出现心理异常，即使成为"童星"，将来也很可能由于"底气不足"而夭折。

第二，重智育轻德育。这种思潮的核心是认为智力高于一切，只要孩子智力发达，其他无关紧要。受这种思潮影响的家长对孩子的学习抓得很紧，经常给孩子买书，增添作业，他们最关心的是孩子的学习成绩和竞赛获得的名次，基本不关心孩子的品德进步，对孩子表现出来的消极思想和行为不加以评析制止，反而认为"树大自然直"。这种"只专不红"的做法，容易使孩子迷失方向，难免跌入个人主义的泥坑，即使孩子将来有本领也难于全心全意为人民大众谋利益。

第三，重营养轻锻炼。这种思潮的核心是把孩子的身体健康完全寄托在营养品、甚至滋补品上。受这种思潮影响的家长过于重视孩子的饮食营养，把家里的冰箱装得满满的：鸡、鸭、鱼、肉、蛋、奶从不缺少，就是时髦的"精"、"液"、"素"、"饼"也样样俱全。这些家长还给孩子较多的零用钱，让其随便买零食。但却不督促孩子锻炼身体，这些家庭的孩子早晨睡懒觉成为通病。这种只管吃好的做法容易造成肥胖、龋齿等多种疾病，还会使孩子养成好吃懒做、贪图享受的坏习惯，对孩子的身体和心理健康都是不利的。

第四，重艺术轻劳动。这种思潮的核心是只要孩子学习高雅的艺术，而不主张孩子做家务劳动。受这种思潮影响的家长把学习弹琴、绘画作为孩子成才的"关键"和"捷径"，不管孩子的兴趣、潜力如何，不管家庭条件如何，盲目要求孩子参加"钢琴班"、"书画班"、"舞蹈班"或请专业教师到家里来训练孩子，只要孩子肯学习这些东西，一切家务劳动全免，甚至由家人到学校替孩子做值日换孩子回家练琴的时间。这种"阳春白雪"的做法容易使孩子形成"贵族气"，滋长唯我独尊的思想，对孩子的德智体发展都是不利的。

第五，重眼前轻长远。这种思潮的核心是要孩子早挣钱、快发财，而不管他将来如何。这种思潮是社会上"一切向钱看"的错误思潮在家庭教育中的反映，受这种思潮影响的家长不关心孩子的全面发展，不支持孩子认真读书学习，反而要年纪小小的孩子帮助大人做工、经商，有的家长甚至让孩子退学当小商贩，以孩子能挣钱为快活，这种"杀鸡取卵"的做法是愚昧无知的表现，是对孩子的一种摧残，是对社会文明进程的亵渎。

家庭教育失误的危害是很大的，父母错误的教育方式常常导致孩子品德滑坡、学业下降、性格怪异，甚至出现对抗大人、逃学离家、轻生自杀等严重行为。有的家庭教育失误则殃及家长，导致家庭悲剧，2006年中央电视台曾经披露，兰州一位27岁的女子从16岁开始迷恋香港影视歌巨星刘德华，其家长不仅不予劝阻反而卖房、借钱支持她到北京、香港面见刘德华，13 年的追星使其家庭负债累累，2007 年 3 月这位兰州女子在父母陪同下再次来到香港求见刘德华，但其父亲却因刘德华拒绝单独见其女儿而跳入大海身亡。

当出现家庭教育失误后，家长应当冷静想一下前因后果，分析为什么实际效果和自己的主观愿望不相符合，必要时可以向学校教师和同事、邻居介绍一下自己教育子女的经过，请他们评说对错。要认真总结教训，千万不能一直错下去。为了挽回家庭教育失误给孩子带来的痛苦，家长要以更深厚的爱来关心孩子，主动倾听孩子的心声，满足他的合理需要，使他保持心理平衡。可以带孩子到公园玩玩，送孩子一件小文具，都有利于消除孩子的不良情绪。在孩子心情有所好转后，家长还应真诚地向孩子道歉，求得他的理解和宽容，并帮助孩子提高适应挫折的能力。

3. 借鉴海内外先进的家教观点和经验

为了不断提高自己的教育素养，家长应当主动学习和吸取家庭教育的新观点新经验，这样才能大幅度提高教育子女的水平，这里介绍几种：

第一，养成教育的观点。这是北京市教育学院关鸿羽教授等提出的，笔者对此也有研究，曾在《家庭教育》杂志上发表系列讲座文章二十余篇。养成教育就是培养孩子良好行为习惯的教育。习惯是经过反复练习而养成的语言、思维、行为等的稳定方式，习惯一旦形成就会变成人的内在需要，并有一定的稳定性，具有自动化的作用。养成教育主张首先从生活秩序开始培养孩子的习惯，对什么东西放在什么位置也作出明确规定，如衣服的几个口袋各放什么东西、房间不同地方各放哪些东西都作出了具体规定。

第二，愉快教育的观点。这是上海市教育科学研究所张声远研究员通过总结上海一师附小的改革经验提出来的。愉快教育强调尊重人，尊重人的情感、人的主体性和创造性，让每个孩子都能愉快地生活、愉快地学习、愉快地思考、愉快地创造、愉快地成长。家庭中实施愉快教育，其教育环境包括四个要素：一是真诚地爱孩子；二是创造优美的环境；三是保护和激发孩子的兴趣；四是爱护和鼓励孩子的创造性。

第三，"四个转变"的观点。这是北京市朝阳区家庭教育中心学校经过三年多的探索提出来的。他们认为我国现在的家庭教育有不少弊病，必须适应社会经济文化发展的需要，实行"四个转变"才有活力。一是由"分数第一型"向全面发展型转化，即家长应由只关心孩子的考分转变为关心孩子的德、智、体、美、劳等方面的发展；二是由"期望过高型"向"实事求是型"，即家长由望子成龙转变为根据孩子的实际情况确定成才目标；三是由盲目型向科学型的转化，即家长由单凭主观热情教育子女转变为根据教育规律正确施教；四是由"管教型"向民主型转变，即家长由居高临下地教训孩子转变为平等地和孩子交谈商议。

近年来我国有不少出版物，介绍了新加坡、日本、韩国、美国、俄罗斯、德国、以色列等国家的家庭教育经验，国外的家教对于渴望提高家教水平的家长也是有帮助的。

4. 主动与学校教师建立联系

学校教育、社会教育和家庭教育都是儿童少年成长中不可缺少的教育力量。这三者是相互联系、相互补充的。成功的中小学生家庭教育经验表明：把家庭教育与学校教育、社会教育有机地结合起来，形成"三教共育"合力，才能有效地提高家庭教育的效果。因此，家长应当积极主动与学校、社会取得联系，以形成巨大的教育合力。如果家长不与学校联系，不及时了解孩子在校的表现，就很难配合学校教育进程有针对性地开展家庭教育。为此，家长应当注意以下几点：

第一，同教师建立联系的前提是尊敬教师。教师的工作非常辛苦，整日像园丁一样默默奉献。当然，不排除个别教师工作不负责任的现象，但这只是极个别教师的行为。遇到这种情况家长可以坦诚地同这位教师交换看法，也可以向学校领导反映情况，但不要在孩子面前说长道短。因为孩子的理解能力是有限的，一旦教师在他们心中的形象被破坏，学校教育的效果就很难保证。

第二，家长应当主动同教师一道交流孩子的各种情况。教育孩子的前提是掌握孩子的具体情况，不少孩子在家在校的表现不一样，家长只有同教师一道才能弄清。具体方法有访问教师、接受家访、电话联系、书信来往，等等。

第三，家长和教师互相支持，互相配合。家长要教育孩子尊敬师长，督促孩子完成教师布置的各项任务。同时，家长也可以把教育子女过程中的困难告诉老师，请他帮助出主意，想办法。必要时请教师在学校对孩子进行"特殊教育"，双方配合解决难题。

第四，参加学校组织的家长活动。对于学校组织的家长活动，家长应当充分利用这个学习和提高家庭教育水平的机会。具体地说，一要密切配合，学校组织的家长活动，有时可能请家长作一些准备，或作协助工作，家长应积极配合；二是积极参加，即使工作再忙，情况再特殊，也要尽量挤出时间参加家长活动，如果实在无法参加，应事先向老师打招呼，或事后将应参加的活动内容补上。三是带着问题，虚心求教，家长应就家庭教育中遇到的难题和子女身上的倾向性问题及时请教教师，一起讨论问题。

三　不断改善家庭教育环境

1. 优化家庭的物质环境

家庭物质生活条件是家庭和孩子生存发展的必要前提，但是，家庭的物质环境与个体心智、品德、审美发展的联系，并非必然的、相对应的。常有"逆境成才"的范例。因此，优化家庭物质环境，不能只着眼于增加经济收入、改善居住条件和生活设施，更重要的是，应善于对现有物质生活条件科学地管理和利用。就一般具备正常生活条件的家庭而论，以下几点值得注意：

第一，营造一个优美的居住环境。居住环境作为家庭成员的生活空间，它既直接影响着子女和其他家庭成员的生活、学习、工作和身心健康，也像一面镜子反映了这个家里人们的精神状态。家庭环境的优美非常重要，但这并不要求华丽："雅室何需大，花香不在多"，使住房布置得体，并保持整齐清洁、空气流通，这是优化家庭物质环境最起码的要求。

第二，关照孩子的生活空间。居住环境良好的家庭，应该为孩子提供一个安静、独立的房间。孩子的房间，除了根据一般的卫生标准进行修缮外，还应该注意孩子健康成长的一些特殊要求。如：卫生，白天光线充足，晚上照明时，桌椅高度与孩子身高比例合理；如果缺乏上述条件，也应设法让孩子有一点可以自己支配的地方，如小书桌、小书架、小玩具箱等，并尽可能使这些"自由林"不受别人干扰。

第三，学会科学理财。家庭物质环境的优化，有赖于一定的经济条件，更有赖于对家庭经济的科学管理。同样的经济收入中有的家庭日子过得美满幸福，孩子人见人爱；有的家庭却是该花的钱没有、不该花的钱却不少，为经济问题闹得夫妻关系不和。我们认为，既要勤俭持家，又要满足正常的物质生活和精神生活，尤其是子女的发展需要。为此就必须计划开支，并掌握最佳购物时机，尽量俭省节约。一般地说，家中每月经济收入有多少，必要的固定开支要多少，用于子女学习和娱乐的开支占多少，当家的一定要心中有数。

第四，注意勤俭节约。自古以来，勤以防堕，俭以养德；由俭入奢易，由奢返俭难。改革开放以来，我国人民的生活条件改善了，家庭生活水平提高了，但是勤俭的优良传统不能丢。而且，近年在富裕家庭出现的家庭纠纷、家庭暴力多是由于经济问题所引起，再次证明古人的经验是有道理的。还要看到勤俭节约、管好开支也是家庭教育的重要内容。形成勤俭持家的风气，对于未成年人从小养成良好的品德，学会安排家庭生活也是必不可少的。

2. 优化家庭的文化环境

家庭文化作为社会文化的组成部分，是家庭成员在长期共同生活中形成的各种文化形态的综合体。如果说，家庭物质生活贫困可能导致家庭和孩子的生存产生危机的话，那么家庭文化生活贫困则会给家庭的幸福和孩子的发展带来严重影响。因此，我们在改善家庭物质生活条件的同时，也必须加强家庭文化环境的建设。为此，家长应当注意以下几点：

第一，逐步改善家庭文化生活条件。随着现代社会和家庭文明的发展，家庭文化设施也将逐步增加，而且这些设施的档次也会提高，家庭的文化消费在整个家庭生活中所占的比重逐步增大。但在不同的家庭，由于经济条件和家长文化素养不同，文化设施会有很大的差异。不过，给孩子订两份报纸应该是不成问题的。一般来说家庭文化的设施，既要考虑家人休息、娱乐的需求，又要满足孩子的学习和全面发展的需要，以发挥家庭的教育功能。

第二，追求文明的家庭生活方式。家庭生活方式，是指家庭成员在家庭生活方面的追求倾向和行为方式，具体表现为饮食起居、兴趣爱好、人际交往和闲暇利用的特点。古人总结出生活经验："饮食有节，起居有常"，这就是说不要大吃大喝、不要贪睡懒觉。但是现在反其道而行之的家长不少，有了钱就是吃、就是玩，这样虽然当时痛快，但对身体的不良影响是显而易见的，最终害的是自己。同时，也会给孩子带来消极影响。

第三，形成积极的家庭舆论。家庭舆论，是指家庭成员在家中对家庭生活、社会生活中各种事物和现象作出的评价。家庭舆论对每个家庭成员有着熏陶、感染的作用和一定的约束作用，是维护家庭团结的重要因素。同时也是衡量家庭文化层次的重要尺度。家长应加强自身修养，正确地对待社会现象，正确对待个人—家庭的得失。有些家长习惯于在家中骂单位对自己不公、骂社会上的不正之风，姑且不论这些家长该骂不该骂，就"骂"这种行为本身就是不文明的表现，就会给孩子带来消极影响。

3. 优化家庭的心理环境

家庭心理环境也就是家庭心理气氛，表现为家庭成员的情绪、态度等，良好的心理环境的教育价值在于促进亲子之间的沟通；促进子女发展独立性和探索精神；促进孩子的社会交往与社会适应能力的发展，有利于父母教育影响的发挥。为此，家长应当注意以下几点：

第一，保持良好的夫妻关系。夫妻关系处理得好，其他关系问题都容易解决；如果夫妻不和，就会引发一连串的矛盾。根据学者们的研究，良好的夫妻关系，具体体现在以下几个方面：一是感情关系。夫妻结合的基础是爱情而不是其他，只有建立在志同道合基础上的夫妻关系才是牢固的；二是经济关系，夫妻共同负起经济上的责任，参与经济上的管理；三是法律关系，法律规定了夫妻关系不得轻易解除，并且规定了夫妻双方必须承担一定的义务。

第二，形成良好的家庭气氛。为了营造和睦、温馨的家庭气氛，国外曾有学者提出如下建议：一是爱每一个成员，家庭生活能给每一个成员留下最美好的记忆；二是努力互相了解，互相询问彼此感兴趣的问题；三是分担家里的忧愁，增强对家庭的责任感；四是晚餐桌上多聚会，即使是最忙碌的家庭也要尽量作出安排；五是关心对方的工作和学习，让孩子理解大人离开他时在哪里，干些什么等。我们认为，这些都是很有道理的，家长应努力做到。

第三，树立良好的家庭风尚。家庭风尚，就是家庭的价值观念、情趣爱好、生活习惯的总和，它首先在家庭中的成年成员身上体现出来，并且能够影响家庭的新一代成员。我国古代就有不少家庭重视树立良好的家风，不少名人留下了脍炙人口的家书、家训、家法、家传，成为千古美谈，为中华文明增添了光辉的篇章。如三国时诸葛亮的《诫外甥书》、南北朝时颜之推的《颜氏家训》等。

良好的家庭风尚是同社会的发展潮流相一致的，是文明健康的价值观念在家庭生活中的集中体现。当前，危害我们树立良好家庭风尚的是种种"现代城市文明病"，如营养过度症、运动不足症、交通拥挤症、狂欢噪音症、精神紧张症、乱施化妆品症、烟酒成瘾症，这些病症对于家庭文明生活建设、对于孩子的健康成长都是极为不利的，要坚决克服。

第三节　当代成人家庭教育的实践与理论

一　家庭教育与学校教育的历史演变

1. 家庭教育与学校教育的产生

历史学家和社会学家在考察人类社会的性事和婚姻关系演变时，发现在原始蒙昧时代人类是通过群婚制、对偶婚制形成两性婚姻关系的，只有在野蛮时代才出现了一夫一妻的个体婚制。在群婚制、对偶婚制条件下，男女两性结合所生下来的孩子属于原始群或者几十人、数百人的"公共家庭"，人们共同劳动，集体生活。原始社会早期的教育是结合日常生活和生产劳动进行的，当时的儿童不属于任何个人私有，主要由原始人群中的经验丰富但因体力不支无法到远处去劳动的老人共同照顾和教育，这种教育用今天的标准来看是社会教育，并没有家庭教育和学校教育。

随着原始社会末期生产力水平的提高、剩余劳动产品的出现，一些居于氏族领导地位的首领人物将集体财产据为个人所有，将特别中意的一位异性作为固定的性伙伴，乃至于把集体和自己的财产传给配偶所生育的后代，这样就出现了私有制和一夫一妻制的家庭，也就是至今在大多数国家和民族实行的个体婚姻，这样人类也就进入了奴隶社会或者说是文明时代。

一夫一妻制家庭的出现，是以拥有私有财产的男子对于妻子的独占、保证自己能够明白无误地生育后代为前提的，所以孩子出生以后也就成了个体家庭的成员，其父母也就把他（她）当作自己的宝贝和财产大加赞赏和教育，这样也就出现了个体家庭的家庭教育。几乎与此同时，身为奴隶主的统治阶级为了培养聪明博学的后代，聘请专人来到自己府第或者另外建立固定的教育场所，让自己的后代在一定的年龄阶段接受专门的教育，这样就出现了学校教育。

2. 家庭教育与学校教育的分离

在奴隶社会和封建社会相当长的历史时期，阶级身份带来的经济—政治地位的差异还表现为子女受教育方面的差异，即只有奴隶主、地主等统治阶级的后代有权进入学校学习，一般奴隶和农民的后代是没有权利进入学校学习的，但在家庭教育方面，对立的两个阶级子女都是可以享有的。不过，阶级身份带来的经济—政治地位的差异依然反映在家庭教育目标、内容和方式方法的不同上。

根据对于我国家庭教育发展史的考察，在奴隶社会和封建社会的统治阶级的家庭教育目标是把子女培养成为聪明博学、具有统治阶级思想和统治本领的人，这与其学校教育的目标是一致的；在教育方式方法上既有家长亲自讲解道理、指导练习的，也有请人来家里给孩子授课、指导孩子练习的。在普通劳动者家里教育目标一般是把子女培养成具有初步生产技能、生活经验和社会道德的人，通常是家长直接在实际生产、生活过程中运用具体事例来教育子女，采取讲解道理、榜样示范、指导练习、制订家规等方式教育孩子。

在奴隶社会和封建社会数千年的家庭教育发展史上，绝大多数家庭的家庭教育是专门对于孩子的，而且一般是在孩子没有成年之前，或者说是在孩子没有结婚娶嫁之前实施的，当子女已经成家做了家长之后其父母对于他的教育也就基本停止了，而已经升任新家的家长则可能开始了对于自己后代的教育。

3. 当代家庭教育与学校教育的融合

在资本主义社会早期的大机器生产阶段，生产劳动的需要使得劳动人民的子女大批量地进入初等学校学习，同时他们仍然在家里接受家庭教育，家庭教育与学校教育得到了一定的融合。在资本家等富有阶级的家庭子女一方面接受家庭教育，另一方面更为重视学校教育。学校教育是专门的教育，有固定的场所、专门的时间和稳定的教学内容，特别是由专门的教师负责，这就使家庭教育、社会教育望尘莫及，在各种教育形式中居于核心地位，以至于忽视了其他教育的存在，把学校教育当成全部的教育。这样，随着学校教育的普及和不断提高，家庭教育的功能日趋减弱，成为学校教育的补充和延伸，或者只是作为每个家庭的私事而无关孩子成长的大局了。

20世纪60年代以来，世界科学技术突飞猛进，世界科技创新的数量每隔几年就翻一番，"知识爆炸"、"技术更新"使人类进入到了知识经济时代，社会发展对于人的素质要求不断提高，仅仅依靠学校教育培养年青一代显得苍白无力。而且，现代学校教育在继续保持其优越性的同时，也出现了许多无法克服的局限性，如难以按照每个儿童的特点因材施教，难以培养儿童的创新能力和生活素质，等等。因此，重视家庭教育、社会教育，发挥各种教育互相配合的整体功能成为时代的必然要求。1965年法国教育理论家保罗·朗格朗在巴黎召开的国际成人教育促进会上作了论终身教育的发言，他认为把人的一生划分为学习、工作和退休三个阶段是不合理的，已不能适应20世纪中期开始的科技飞速发展、产业结构不断变动、就业条件日益提高的形势，不能把教育局限在儿童青少年时代和学校里面，而应当把教育扩展到人的一生中。1972年联合国教科文组织发表了由法国前总理富尔主持撰写的报告《学会生存》，正式确认了保罗·朗格朗的终身教育理论，包括中国在内的世界多数国家都把终身教育思想确定为本国的教育改革指导思想，这就给家庭教育与学校教育更高层次上的融合与发展提供了新的机遇。

20世纪80年代以来，从英美等西方国家开始掀起了"学校与家庭合作"的教育改革新浪潮，也有人把其称为第二次世界大战以来的发达国家教育改革和发展的"第三波"。在这次教育改革和发展浪潮的推动下，家庭教育的功能得到重新认识，许多国家的政府出面推动家庭教育这个几百年来曾经作为私人领域的活动，美国克林顿政府把推进家庭教育与学校教育合作作为振兴美国教育的国家纲领之一，联合国儿童基金会和其他国际教育机构在意大利佛罗伦萨会议上特别强调了家庭教育的作用，并建议家长用新的观念教育子女，日本第15届国会通过的一份报告称家庭教育是日本全社会的大事，中国则颁布了《全国家庭教育工作"九五"计划》，通过国务院妇女儿童工作委员会推动家庭教育事业的发展，全国各级各类家长学校发展到数十万所，大中城市的中小学普遍建立了家校合作机制，而且上海等先进地区建立了大批学习型家庭。

二　当代成人家庭教育的特点和功能

当代成人家庭教育是指在具有两代以上家庭成员的家庭中，成年人之间的有利于身心健康的学习、健身、劳作和交流等活动，这种活动可以在同辈的夫妻、兄弟之间，也可以在不同辈分的父子、母女之间展开。成人家庭教育既不同于中老年家长在家庭生活中对于子孙辈的儿童少年的关心、指导和培养，也不同于中老年人在社会场所和专门教育机构里参加培训、娱乐和交流等活动。传统社会把家庭教育理解为父母对子女的批评、指导、培养和管理等活动，家庭教育的对象通常为尚未成年的儿童少年，但是即使在古代也有家长对成年子女关心、指导和帮助的范例，比如我国南宋爱国诗人陆游非常重视教育子女，他平生专门写了100多首诗教育后代，特别是他85岁那年，自知身体不行了，更为注重教育几个儿子，临死前给孩子写下了气壮山河的诗篇："死去原知万事空，但悲不见九州同。王师北定中原日，家祭无忘告乃翁。"当代知识经济社会，人们更加注重家庭教育，老年人教育和帮助成年的子女及其孙辈成为很平常的事，比如20世纪80年代李鹏同志担任国务院领导时，邓颖超同志给他写了一封充满深情和告诫的长信，表明了老一辈革命家对中年的革命事业接班人的关怀和期待。

1. 成人家庭教育的特点

与未成年人的家庭教育相比，成人家庭教育具有如下显著特点：

（1）从教育者和受教育者的身份来看，成人家庭教育中的教育者和受教育者两方面都是18岁以上的成年人，是具有各种法定权利和义务的公民，他们的心智和身体发育已经成熟，有资格独立决定自己的学业、事业、婚姻、生活，其中大多数成年人已经结婚成家、事业有成，有的人还具有较高的社会地位与财富；而在未成年人的家庭教育中，通常受教育者一方是未成年人，他们的心智和身体尚未发育成熟，没有自己的事业和财产，甚至不能独立生活，需要在成年父母和其他长辈的抚养下才能生活，需要在接受幼儿教育和中小学教育的同时接受家庭教育，而作为未成年人家长的父母亲比子女的身心素质发育成熟得多，一般来说是家庭教育中天然的教育者。

（2）从教育者和受教育者的关系来看，成人家庭教育中的教育者和受教育者两方虽然具有长幼辈分差别或者心智水平的差异，但是两者通常没有抚养与被抚养和决定与被决定的关系，两方在家庭教育中是平等的协商的关系，一方不能强求另一方接受自己的意见；而且，通常成人家庭教育中的教育者和受教育者两方是不固定的，某人在一个议题上是教育者，而在另一个议题上他就可能成为受教育者，在双方关系中可以说没有"家长"和"孩子"；但是，在18岁以下的未成年人家庭教育中教育者和受教育者两方面分的是比较清楚的，即年长的父母等通常是教育者，年幼的孩子一般是受教育者，由于后者是在前者的抚养下生活和学习的，所以在未成年人家庭教育中教育者对于受教育者有较大的指导和制约作用。

（3）从家庭教育的目标和内容来看，在成人的家庭教育中，通常没有明确的教育目标和稳定的教育内容，教育者不需要把另一方"培养成"某种规格和标准的人才，如果说有教育目标也是比较抽象和笼统的，教育内容也是根据双方的兴趣和需要取舍的，比如双方有一个感兴趣的话题就深入下去；在未成年人的家庭教育中，通常有一定的教育目标和稳定的教育内容，比如大多数小学生的家庭教育内容就是为了孩子成为有道德、有理想、有文化、守纪律的一代新人，大多数家长对孩子的教育内容是围绕着学校的课程进行的，首先是辅导孩子做好功课，其次才是指导孩子礼貌待人、遵纪守法和爱劳动、做家务之类的教育。

（4）从家庭教育的方式方法来看，在成人的家庭教育中，教育者和受教育者都有较高的心智和身体素质，他们通常采取的是灵活多样的面谈、电话、书信等思想感情交流手段达到目的，家庭教育的时间和空间相当自由，一方不对另一方施加强制性的教育手段；而在未成年人的家庭教育中，受教育者的心智发展水平还比较低，教育者一方通常采取一些类似于学校教育的讲解道理、事例启发、榜样示范、家规约束等手段，有时还会采用强制性的教育手段，部分家长甚或采取对子女物质奖励、人身惩罚等非理性手段达到教育目的。

（5）从家庭教育与外部的联系来看，成人家庭教育同社区教育联系密切，接受社区指导、参加社区有益身心的活动，甚至可以作为社区教育的一部分，例如近年来我国上海等地街道组织的社区教育活动中，采取多种措施鼓励和帮助社区内的居民家庭建立"共同学习，一起成长"的学习型家庭，非常重视学习型家庭的建立和发展，为上海建设学习型社会作出了贡献；而未成年人的家庭教育同学校教育联系密切，学校通过班主任工作、家长学校、家长委员会等途径帮助和指导家长提高教育子女的水平，家长一般也倾向于接受学校教师的指导和帮助，共同促进子女的健康成长。

2. 成人家庭教育的功能

如果说未成年人家庭教育的功能比较明显地主要体现在促进未成年人的身心健康和发展，那么成年人家庭教育的功能就是通过"共同学习，一起成长"，促进成年的教育者和受教育者双方的共同发展，其主要表现如下：

（1）心理支持的功能。当代社会对于人的素质要求越来越高，各种竞争愈发尖锐激烈，成年人虽有成熟的心智和身体，但是也面临多重压力，包括提高业务水平的压力、改善人际关系的压力、适应新的生存环境的压力、教育未成年子女的压力、保障生活水平的压力，等等。在很多情况下单靠个人是无法战胜这些压力的，亲朋好友的支持和帮助是必不可少的，尤其是家庭成员是最可靠和最亲密的人，通过共同学习和交流，就能得到启迪和走出困境。否则，就可能长期陷于困境之中而不能自拔。

（2）提升素质的功能。金无足赤，人非全能，家庭生活中每个人都有自己的长处和短处，个人的短处在一般情况下对于个人的生存没有多大影响，但在特殊情况下就会严重影响个人的生存和发展，甚至给整个家庭带来危害，例如由于没有更新知识和学习新技术而遭解雇，不仅使个人失业，也使家庭减少了经济来源。成年人兼负事业和家庭两副重担，不可能像未成年人那样长时间在专门的教育机构学习，在这种情况下，家庭中的其他成员如果能够给予指导和帮助，就能够使面临困境的家庭成员掌握新知，提高本领，找回工作。进一步来看，成年人在家庭生活中互相学习和交流，也是全面提高各自素质的重要途径。

（3）家庭幸福的功能。成年人在家庭生活中的主要任务是休养生息，为献身事业储备身体的和精神的营养。但是，当今社会对人的素质要求不断提高，成年人除了教育子女之外，自己也应当抽出一定的时间读书学习，并且与家庭中其他成年人交流信息、讨论问题，这样不仅可以增加知识、丰富自己的精神世界，而且可以促使自己和家人品德高尚、情趣高雅，使家庭生活更充实、更幸福。反过来，忽视家庭学习和道德修养，将使家庭陷于生活的琐碎事务之中，甚至使家庭受到社会不良风气的影响，过分追逐享乐，最终妨碍整个家庭的幸福。

成人家庭教育不仅有利于成年人的家庭和个人，而且对国民素质的提高和社会进步都有不可估量的作用；尤其在当代科学技术迅猛发展、社会变革不断向前的背景下，成人家庭教育弥补了学校教育和社会教育的不足，推动成年人充分利用家庭这个特殊场所学习和交流，在提高自身素质的同时为国家和人民作出更多更大的贡献。

三　当代大学生家庭教育的特点与指导

一般来说，大学生属于 18 岁以上的成年人之列，他们头脑聪慧、求知欲强，思想领先、创造力强，身心基本成熟，能够完成多种学习和工作任务，他们无疑是同龄人中的佼佼者。但是，通常大学生又是没有独立生活和正式工作经验的，他们生活上还要依赖家庭的支持，对于社会认识也仅仅是表层的、宏观的和抽象的，思想容易受到各种社会思潮的影响而出现偏差。因此，父母等家庭成员需要继续对已经成为大学生的孩子进行家庭教育，同时也需要子女参与家庭生活和家庭文化建设，同家长一起不断提高素质，创造新的家庭生活和家庭文化。

大学生家庭教育属于成人家庭教育的范畴，但与已经独立生活和同子女、孙辈居住在一起的中老年人之间的成人家庭教育也是不同的。根据我们的调查和研究，大学生家庭教育主要有以下特点：（1）大学生在经济上还依赖于父母的供养，大多数大学生没有收入来源，他们的学费、生活费基本上还是父母亲支付的，有的是亲友支持的，这样就使大学生与其父母存在经济地位上的不平等，从某种方式上决定了大学生在许多问题上还必须按照父母的意见做事。（2）大学生同其父母共同生活的时间和空间不多，大学生在校期间两代人通常是分居两地甚至相隔几百公里，由于大学生学习繁忙，不可能经常回家与父母会面，双方的交流有限，大学生的父母对其子女在高校的学习和其他方面表现知之甚少，难以采取及时的教育和指导。（3）大学生缺乏独立生活和工作的经验，在校期间不可避免地会遇到各种困惑，由于高校学生工作力度有限，大学生的许多问题需要父母的鼓励和指导才能解决，缺乏家庭的支持和配合的大学生思想问题就可能演变为心理疾病，甚至危及大学生的正常学业和宝贵生命，这类大学生的家长应当格外关心和指导远在外地的子女。（4）大学生心智发展水平比较高，多数大学生有能力帮助父母更新思想观念、提高文化素质、改善家庭生活，不少大学生在校期间就帮助家庭走上了致富和幸福之路，受到父母的高度赞赏；但是，大学生的独立意识比较强，少数大学生自恃自己的文化素质高于父母亲，而忽略了对于父母的关心和尊敬，以至于两代人关系失和，家庭教育无法进行。

当代大学生成长在我国改革开放的新时期，他们具有较为扎实的科学文化知识基础，具有较为开阔的思想境界和求真务实的态度，但是，由于他们中小学阶段处于我国社会变革的转型时期，政治经济制度不健全，思想文化领域问题多，生活世界充满诱惑以及家庭教育的偏差和学校教育过分追求升学率的倾向，当代大学生在思想道德、心理健康和生活素质方面还存在许多问题，尤其是来自城市的独生子女大学生比较普遍地存在着如下问题：（1）不少新生入学后还留恋在家里被父母娇宠的生活方式，适应高校生活环境的时间过长，妨碍了身心健康和学业；（2）部分大学生不能恰当安排作息时间，缺乏文体活动能力和人际交往能力，在闲暇时间过分追求自由，影响了学习，导致学习成绩严重下降；（3）部分大学生缺乏正确的人生理想和生活道德，崇拜明星生活模式，男女交往放肆，随意挥霍财物，对集体和同学缺乏诚信；（4）部分大学生心理闭塞，思想混乱，行为诡秘，对于个人利益和名誉十分敏感，遇到矛盾既不同当事人协商，又不同家长或老师交流，采取极端的方式报复，甚至自杀身亡。大学生思想、心理和生活中的这些问题仅靠高校学生工作是不够的，大学生家长应当继续关心和指导在大学里读书的子女，主动参与高校的教育工作，为孩子的成长成才发挥家庭教育的作用。

第二章 当代家庭教育研究概论

第一节 当代中国家庭教育研究的进展

中国人不仅重视家庭教育，而且对家庭教育进行了多方面的研究，积累了许多宝贵的家庭教育经验和理论，并且通过各种途径传播到国民中，改进了对新一代的教育方法，也促进了中国人的家庭幸福和社会进步。20 世纪 80 年代以来，伴随着改革开放的进程，我国的家庭教育和家庭教育研究都有了新的起色，20 多年来取得了很大进展。笔者在承担全国哲学社会科学"九五"和"十五"规划国家重点课题《中华人民共和国教育史》（主持人为何东昌）之子课题《中华人民共和国家庭教育工作史》的理论研究过程中，采用系统文献法，检索中国内地最近 20 多年来有关家庭教育和家庭教育研究发展的重要文献资料，包括《教育研究》、《华东师大学报·教育科学版》、《教育理论与实践》、《教育研究与实验》、《外国中小学教育》、《学前教育研究》等核心期刊的有关论文和《中国人民大学报刊复印资料·家庭教育》汇集的资料，并根据作者参加家庭教育研究、咨询等活动的经历，梳理了当代中国家庭教育研究的发展历程。

一 20 世纪 80 年代家庭教育的研究

1949 年新中国成立后，由于极"左"思潮的影响等原因，家庭教育长期得不到政府的重视，研究基本中断。1978 年中国进入了改革开放的新时期，1980 年 9 月北京市家庭教育研究会的成立，以及在此期间专门的家教期刊《父母必读》创刊和专门的家长学校"母范学堂"的创办标志着新中国家教事业的兴起。20 世纪 70 年代后期和 80 年代，当时的中国在政治上纠正"文化大革命"期间的"左"倾错误，不断扩大改革、开放的力度，经济、文化、教育、科技、卫生事业迅速恢复和发展，城乡居民生活水平逐步提高，普及义务教育提到了政府的议事日程。中国的家教事业虽然刚刚起步，但社会和民众的关心和支持却不断升温，广大家长学习家庭教育知识的热情迅速升高，尤其在城镇形成了较大的声势，涌现了不少"关爱子女，用心育儿"的模范家长，从中央到地方县区都建立了依托妇联组织的家教研究会。在各地妇联和家教研究会的推动下，全国范围内开展了家庭教育特点与功能、独生子女特点与教育、离异家庭子女的教育等问题的研究。

1. 家庭教育的特点和功能的研究

20世纪80年代之前由于缺乏家庭教育研究，人们头脑中家庭教育的概念非常模糊，80年代家庭教育兴起之后，许多有识之士首先考虑的问题就是弄清家庭教育的特点和功能。从笔者掌握的材料来看，大多数研究者通过与学校教育、社会教育作比较，来论述家庭教育的特点。如郑刚（1983年）认为家庭教育的特点是：教育者与被教育者之间关系的密切性，家庭教育与家庭生活的同一性，家庭教育的早期性，教育者对受教育者了解的深刻性，社会要求与父母个别要求的并存性。杜珠珍（1987年）提出了家庭教育的五个特点：广泛的社会性、天然的早期性、及时的针对性、血缘的天然性、全程的连续性，并指出这些都是学校教育所无法企及的优势。

当代中国家庭教育的复兴就是家庭教育功能的最好体现，80年代初"家庭是孩子的第一所学校、家长是孩子的第一任教师"的观点迅速流传全国百万家庭，同时有大量通过总结本人或他人经验论述家庭教育具有培育人才重要功能的文章发表。1983年余心言就指出在社会主义社会家庭教育是国家培养一代新人的大事，聂荣臻、康克清等国家领导人发表了社会各界都应当重视家庭教育的观点。其后，有一些学者分别从社会学和教育学的视角论述了家庭教育对于年青一代成长的教育功能；还有一些学者指出了家庭教育对于学校教育和社会文明建设的促进作用。同期，一些心理学学者通过调查研究家庭教育对于儿童发展的作用，如黄佳芬等（1984年）对上海复旦中学初二学生及其家长的问卷调查和个别访谈发现，父母对子女的期望、父母文化程度、家庭关系等因素在一定程度上影响着孩子的学习。

2. 独生子女特点与教育的研究

中国从1979年开始提倡"一对夫妻只生一个孩子"后，独生子女的人数迅速增加，到80年代后期独生子女人数已经达到数千万的规模。家长们在培养独生子女过程中出现了前所未有的困难，因而对独生子女的讨论和研究应运而生。最初的研究中曾出现两种极端的倾向：一种把独生子女说成是"家庭中的小皇帝"、"小霸王"，认为独生子女比非独生子女缺点多，自私、任性；另一种把独生子女说成是"一朵花"、"小天才"，认为独生子女比非独生子女聪明伶俐，知识面广，容易成才。80年代中后期研究逐步深入，如吉林大学人口研究所与美国学者合作对独生与非独生小学生及其家长的调查、风笑天对湖北中小学生及其家长的调查，都得出了独生子女在个性的多数方面同非独生子女没有显著差异的结论。

对于独生子女教育的研究，最初主要是经验总结，如广东新世纪出版社
1986年出版的《全国独生子女家长教育经验谈》，汇集了数十位家长从各自经
验而来的短文。80年代后期，有些学者探讨了"教育独生子女的家庭教育原
则"，综合起来的主要观点有：第一，引导孩子把兴趣和注意力朝向有益活
动；第二，注意培养子女独立活动、独立生活的能力；第三，培养孩子尊重他
人，善于合作的习惯。

3. 海外国外家庭教育经验与思想研究

80年代是中国逐渐对外开放的年代，体现在家庭教育领域就是介绍、评
价和研究中国香港、中国台湾和美国、苏联、日本、新加坡等国家和地区的家
庭教育经验的作品越来越多，《外国中小学教育》曾专门设栏目连续发表国外
家庭教育方面的文章。这期间还翻译了森重敏的《家庭日常教育艺术》、约
翰·布雷萧的《家庭会伤人》、苏霍姆林斯基的《家长教育学》、木村久一的
《早期教育与儿童发展》、山下俊郎的《独生子女的心理与教育》等多部外国
家庭教育名著。

80年代对于外国家庭教育思想的研究也逐步展开，如雷文娴（1983年）
发表了《试论家长的威信——学习马卡连柯教育思想的一点体会》，夏伯铭
（1984年）的译作《苏联少年儿童的家庭教育问题》，介绍了苏联儿童同父母
亲沟通的现状及其相关理论、促使苏联少年参加家庭服务性劳动的教育措施
等。同时，日本学者家庭早期教育的思想、美国学者家庭理财教育的思想在中
国也得到了介绍和传播。

二　20世纪90年代家庭教育的研究

这期间中国的社会主义市场经济体制逐步建立，全方位、多层次的开放格
局初步形成，国民经济各项指标大大提高，各项社会事业稳步发展，学校教育
普及的步伐加快，城乡居民生活水平进一步提高。但是各地区各行业发展差距
拉大，道德滑坡与违法犯罪现象亦日益突出。如果说80年代中国兴起了家庭
教育热潮，那么90年代中国的家庭教育就由民间走到了社会，越来越受到了
政府和社会各界的关注和支持，形成了一种宏大的社会事业。但由于多种制约
因素的干扰，家教误区比较突出，1996年《中国妇女报》组织的一次问卷调
查中，80%左右的家长承认自己在家教中失败，近20%的家长表示缺少教育
方法。1990年国务院设立了妇女儿童工作协调委员会，1992年以国务院名义
颁布的《90年代中国儿童发展规划纲要》规定，到2000年"使90%的儿童
（14岁以下）家长不同程度地掌握保育、教育儿童的知识"。90年代中国家庭
教育研究全面展开，在众多的问题研究中，家庭教育定义等问题的研究取得了

显著成绩。

1. 家庭教育定义的研究

家庭教育定义是家庭教育研究的逻辑起点，对于它的认识在家庭教育研究中尤为重要。20世纪80年代中国学者对于家庭教育的定义基本上是观察现实而来的，如赵忠心（1988年）指出："家庭教育是指在家庭生活中，由家长即家里的长者对其子女和年幼者实施的教育和影响。这种教育实施的环境是家庭，教育者是家里的长者，受教育者是子女或家庭成员中的年幼者。"90年代以来，美国学者从社会学角度阐释家庭教育的新定义传到大陆，如达翎（Darling，1987年）的家庭生活教育就是"透过个人与家庭其各层面环境资源间的互动状况，来保存及改善人类生活品质"，得到中国部分学者认同；马和民（1998年）对家庭教育的解释："若从教育社会学的角度来考察，家庭教育既指在家庭中进行的教育，又指家庭环境因素所产生的教育功能。前者指的是受教育者在家庭中所受到的由其家庭成员（不论长幼，但主要是指父母）施予的自觉或非自觉的、经验性的或有意识的、有形的或无形的等多种水平上的影响；后者则指家庭诸环境因素（包括家庭的社会背景和生活方式）对受教育者产生的'隐性'影响。"但是，也有一些学者持不同意见，认为把幼者对于长者的影响、把家庭环境的无意识影响当作家庭教育容易造成逻辑矛盾，不利于家庭教育研究的深入。

2. 亲子关系调适的研究

亲子关系是家庭教育的核心问题之一，80年代中期中国就有不少家长总结出处理好两代人关系的基本原则，如爱孩子应该教养结合、宽严结合，还要体现在尊敬老人和爱护其他幼儿上。90年代形成了多学科研究亲子关系的局面，教育学领域的孟育群先后发表《关于亲子关系对少年问题行为及人格特征影响的研究》、《少年亲子关系诊断与调适的实验研究》两篇报告，后者根据实验研究结果提出了调适少年亲子关系的策略，如调整父母对子女的期望、尊重孩子的人格、提高家长的情绪智商。心理学研究者则详细研究从幼儿到少年各个年龄段亲子关系的不同特点及其对于子女成长的影响特点，如方晓义等的《初中一、二年级学生的亲子冲突》；有的深入研究了特殊家庭亲子关系的特点，如董奇的《离异家庭儿童良好适应的影响因素的研究》，叙述了父母离婚对于子女成长的影响；还有的研究深入到了亲子关系中两代人的道德素质、心理健康、个性特征的交互作用，如雷雳的《亲子关系与亲子沟通》介绍了国外亲子关系研究的模型和亲子沟通的重要性，提出了改善亲子沟通的策略。社会学研究人员较为集中地探讨了社会变迁对于亲子关系的影响，如黄育馥指出社会信息化增强了家庭中的双向社会化、增强了儿童在社会化过程中的自主性、削弱了家长对子女社会交往的控制权。

3. 家庭教育观念更新的研究

1987 年全国妇联、国家教委、团中央、文化部等 19 个中央直属单位在《关于庆祝 1987 年"六一"儿童节的通知》中明确提出:"全社会应当树立""爱护儿童,教育儿童,为儿童做表率,为儿童办实事"的公民意识,号召每个家庭都要树立"为国教子"的观念,使国家、社会、学校、家庭密切配合,精心培养有理想、有道德、有文化、有纪律的一代新人。此后,家庭教育观念更新方面的研究大量涌现,1988 年胡克英发表了《儿童观与教育问题》,"我们需要有一个崭新的儿童观作为社会主义教育观的前提,那就是承认并相信儿童的独立自主性及其发展的可能性"。刘金花先后有《上海市中学生父母的教养态度及与台湾父母教养态度的比较》、《上海父亲育儿态度和观念的代际比较》和《家庭研究新观点述评》三篇报告和论文在《心理科学》发表,前两篇报告了上海市居民某些家庭教育观念的现状,后一篇介绍了国外家教研究中提倡的若干新的家教观念;宗秋荣(1998 年)发表的《终身学习与家庭教育》论述了终身学习思想对于家庭教育的影响和当今家长应当树立的家庭教育新观念,如让孩子学会生存、让孩子学会创造、让孩子学会负责。

4. 家校(家园)教育合作的研究

在中国自觉研究家庭教育和学校(幼儿园)教育的合作问题是 80 年代中后期的事情,钟启泉(1986 年)在《关于现代家庭与学校教育的若干考察》一文中,分析了家庭教育与学校教育的互补关系,介绍了 80 年代以来若干外国教育改革中注意家庭教育与学校教育合作的经验,强调学校、家庭、社会三位一体的教育模式的重要意义。90 年代刘力的《家长参与学校教育的功能及方式》和谭虎等的《学校教育呼唤家庭教育的配合》,分别从学校需要家庭教育配合和家庭教育需要教师指导两方面发表了意见;吴云清(1996 年)在《家庭教育与学校、社会教育合力问题探析》中论述了家庭、学校、社会教育有机结合的基础,分析了三结合的特征,强调"家庭教育是形成合力的关键"。90 年代后期家校合作的研究发展为两个研究方向:一是深入研究家校合作的基础理论,如马中虎(1999 年)的《对家校合作中几个问题的认识》论述了家校合作活动的类型,分析了家长、学校管理人员和教师在家校合作中的角色意识,还指出了当前中国家长在与学校合作中值得关注的几个问题;二是介绍国外家校合作的观点和实践经验,如程方平的(1999 年)《美国的教师、家长及其相互关系》分析了教师、家长在教育过程各自的权利和义务,介绍了美国全国家长教师会的运作模式和家校合作的方式。

三　21世纪以来家庭教育的研究

2001年中国在进入21世纪的同时，也跨入了"全面建设小康社会、加快推进社会主义现代化"的新的发展阶段。2001年国务院批准印发了《中国妇女发展纲要》（2001—2010年）和《中国儿童发展纲要》（2001—2010年），强调改善家庭教育工作的意义，中共中央、国务院2004年发布了《关于进一步加强和改进未成年人思想道德建设的若干意见》，明确各级党政领导和教育、妇联、街道等部门都必须"重视和发展家庭教育"。全国妇联和教育部修订了《家长学校工作规范》、《家长行为规范》等文件，推进家长学校教学等家庭教育工作不断上台阶，上海等地创建学习型家庭取得重大成果。但是，各地家庭教育工作发展不平衡的现象严重，少数社会群体的家庭教育问题突出，如进城务工人员子女的家庭教育、暴富起来的人员子女的家庭教育。家庭教育研究继续发展，对于20世纪研究过的专题有新的突破，近年发展起来的学习型家庭等研究不断深入。

1. 家校（家园）教育合作的研究

21世纪以来，家校合作研究更为活跃，2002—2004年《中国家庭教育》多次开设家校合作的专栏探讨这一问题，继续沿着研究家校合作的基础理论和介绍外国家校合作的理论与实践两个方向发展，前者如汪海海的《家庭教育配合学校实施素质教育的思考》、刘英的《关于家庭教育与学校教育相结合的探讨》、陈赟的《教师职责新发展：让家长满意》；后者如张旺的《经合组织成员国"家长参与教育"概况及启示》根据大量外文资料较为详细地介绍了九个发达国家家长参与学校教育的原因、方式及搞好家校合作的措施，杨启光的《当代美国家庭学校教育运动的学术研究与政策分析》则具体论述了家庭学校教育的理论基础和政策依据。

2. 建立家庭教育学科学体系的研究

早在80年代家庭教育研究刚恢复时，余心言（1983年）就指出，家庭教育是国家培养一代新人的大事，为了提高家长教育子女的水平，必须加强家庭教育科学的研究，他还设想在全国建立一个家庭教育研究中心，在师范院校、教育研究机构、社会学研究机构、妇联设立家庭教育研究室或研究组。陈帼眉（1992年）在《高等师范教育研究》发表了《论幼儿家庭教育研究》，该文在回顾十多年来家庭教育研究成就之后，指出家长素质是家庭教育的关键，也是必须加强的研究领域，该文提出了将家长素质分为一般素质和核心素质的研究框架。近年来对于家庭教育研究的反思文章逐年增加，2002年海福存发表了《家庭教育研究的方法问题》，李洪曾（2004年）在《近年中国学前家庭教育的指导与研究》中较为系统地介绍了家庭教育研究的十大内容和主要成就，厉育纲等的《构建家庭教育学科体系》，报告了研讨会上专家们对于建立家庭教育科学体系的问题，骆风（2005年）发表了《20世纪90年代以来我国家庭教育研究进展述评》。

3. 对于家长素质的研究

随着素质教育理论的普及，对于家长素质的研究也逐渐增多。骆风（2003年）在个案基础上，概括了北京大学学生家长的基本特点，张声远的《家庭教育首先是人格教育》、桑标的《父母意识与家庭教育》、夏翠微的《知识分子家庭教育优势与弊端》从不同角度论述了家长必备的素质；从心理学视角研究家长素质的成果有桑标等的《父母意识的结构与内涵初探》、谢晓非等的《儿童合作倾向与家长价值观》论述了家长价值观念对孩子品德发展的影响作用；社会学方面发表了较多的相关成果，吴歌的《第一任教师，你称职吗？——对父母误导孩子现象的思考》、德萍的《救救未来的母亲》、陆震的《母亲——奠定共和国未来的群体》则专门论述了当前中国年轻女性的素质问题，指出了当前中国家长素质中存在的主要缺陷。

对于21世纪前五年家庭教育和家庭教育研究发展的情况可以概括为，随着国家经济、政治、文化和社会事业的全面、和谐发展，家庭教育进一步受到政府和民众的重视，多数家庭在子女教育方面的物质和精神投入不断增加；广大家长在追求家庭教育科学指导的同时，家庭教育目标、内容、方法的多样性不断扩大，这也进一步促进了各学科专家从事家庭教育研究的积极性；而当代教育学、心理学、社会学、伦理学、管理学、计算机科学与技术的发展也为家庭教育研究提供了丰富的理论基础和方法、技术支持，21世纪的中国家庭教育研究又有新的发展。

第二节　家庭教育研究的理论与方法

一　从家庭教育经验到家庭教育理论

由于家庭教育对于孩子的成长十分重要，因此人类很早就关注它，不断积累家庭教育的成功经验。我国春秋时期的思想家、政治家管仲在其《管子》一书中就记载了当时平民阶层的家庭教育状况，《战国策·赵策四》记述了在赵国政权危急时刻，大臣触龙劝说赵太后送其子赴齐国做人质的经过，触龙"父母爱之子，应为之计深远"的观点终被接受。南北朝的颜之推总结自己家族和他人经验，认为"人生幼小，精神专利，长成以后，思想散逸，固须早教，勿失机也"。西方早期的著名思想家，如柏拉图、亚里士多德在他们的论著中都谈到了当时的家庭教育及其经验。

我国古代和近代还有不少家庭教育故事广为流传，成为许许多多家长效法的对象。战国时的齐相田稷把受贿的金子送给母亲，他的母亲不仅不要，而且严厉批评了他。南宋初年，外敌侵扰中原，20 岁 的岳飞怀着"还我河山"的壮志从军参战。为激励儿子英勇杀敌、保卫祖国，岳母在他脊背上刺出了"精忠报国"四个大字，被人称作"刺字训子"。近代民族英雄林则徐出生在一个贫穷的读书人家里，父亲林宾日是个私塾教师，他教育孩子爱憎分明，自己也身体力行，常有财主出很多钱请他到家里教书，可他坚决不去，而穷乡亲有了困难他总是尽力帮助。这些家庭教育故事，包含了当事人对于家庭教育的理解，也是一种非常宝贵的家庭教育经验，能够启迪人们的家庭教育智慧。

家庭教育经验是对家庭教育现象直接的、表面的、局部的反映，而家庭教育理论是对家庭教育现象间接的、深入的、整体的反映，一般是在经验基础上经过逻辑思维形成的概念、命题和推论。近代以来，对于家庭教育的研究分化为两个方向，一个仍然总结经验，形成家庭教育艺术，主要服务于家长，如赵忠心从七个方面论述了家庭教育的艺术：以身作则，导之以行；数子十过，不如奖子一长；掌握分寸，划清界限；遇物则诲，择机而教；寓教于喻，深入浅出；宽容感化，以情动情；注意转移，另谋教机。1995 年邓佐君从五个方面概括家庭教育的艺术：家庭环境，潜移默化；说服教育，循循善诱；躬行身教，榜样示范；实际锻炼，习惯养成；奖励惩罚，长善救失。克劳蒂娅在《美国人的家庭教育》中着重讲述了"自信陪伴孩子一生"的观念和技巧；杜布森博士的孩子管理法则强调"寻找疼爱和管束之间的平衡"是家庭教育艺术的精髓。另一个方向主要研究理论，形成家庭教育学，服务于国家。其中比较多的就是论述家庭教育的基本要求和一般规则，如近代法国启蒙思想家卢梭提出过"家庭教育要适合儿童的年龄特征"、"家庭教育要适合儿童的个性特征"、"家庭教育要适合男女生的性别特征"等原则；苏联教育家马卡连柯提出过"及早教育"、"利用家庭集体进行教育"、"掌握分寸和尺度"、"与社会生活相联系"等原则。我国现代教育家陈鹤琴指出：家庭教育要"正面教育"、"严格要求"、"教养态度一致"、"责罚要适度"。1996 年，笔者也曾经专门研究和撰写文章，在《新时期我国儿童家庭教育原则探略》中指出当前我国尤其应当提倡六个家庭教育原则，这就是为国教子的原则、全面关心的原则、教养结合的原则、言传身教的原则、理智施爱的原则、开放交流的原则。

二　当代家庭教育研究的多学科协同

无论中国，还是外国对于家庭教育的研究都有很长的历史。然而在社会学发展起来之前的研究，大都是教育学领域的研究，有相当大的局限性，多数学者是从如何配合学校教育的视角分析家庭教育问题的。近几十年的家庭教育研究突出了社会学的色彩，社会学和教育学一样成为家庭教育研究发展的两大支柱。改革开放后，我国有不少大型家庭教育研究项目就是运用社会学理论和方法取得的，如北京大学社会学系风笑天的博士毕业论文（研究报告）《独生子女——他们的家庭、教育和未来》，美国学者范丹妮主持研究和主编的《中国独生子女研究》等。进入 20 世纪后期，家庭教育同社会变迁的关系越来越密，家庭教育的复杂性、变动性和多样性越来越明显。这就使运用多学科理论研究家庭教育的必要性越来越迫切。具体来说，除了教育学和社会学之外，在今后的家庭教育研究中吸收和运用以下学科的理论和方法是十分必要的：

第一，心理学。心理学是研究人的心理活动规律的学科。家庭教育离不开人的心理活动，理想家庭教育环境的建立，从年轻男女相识相爱，到对新生儿的照管、家庭成员关系的调节、家庭心理气氛的改善，都可以借助社会心理学的观点；另一方面，要掌握不同年龄阶段的孩子智力、情绪、意志、性格等方面的特点和改进教育措施，都需要儿童心理学和个性心理学方面的知识。

第二，伦理学。伦理学是人类对自身道德问题思考和追求的成果。家庭生活和家庭教育充满了道德问题，如怎样建立良好的亲子关系、家庭生活的道德趋向应该是什么、家庭德育的内容如何选择、家庭如何面对市场经济带来的各种物质利益的诱惑，等等，都需要学习和运用美德伦理。进一步来看，家长应该选择什么样的价值标准、追求什么样的人生理想、在社会生活中如何与人相处，这些需要思考规范伦理问题。

第三，生态学。生态学是研究生物之间以及生物与非生物之间互相影响关系的学科。生态学最基本的观点就是保护生物生存和进化的条件，达到生态环境的平衡。生态平衡不仅是自然环境的平衡，也有人口环境、人文环境的平衡。家庭教育环境的优化，包括家庭物质环境的整齐、清洁、舒适、美观，家庭心理环境的宁静、和谐、温馨、欢畅、激昂，都需要生态学的理论指导。近年来城镇环境污染，包括精神污染，给孩子带来了严重的后果，家长一定要学习在先，在科学理论指导下解决这些问题。

第四，文化人类学（民族学）。文化人类学是研究人与文化环境之间关系的分支学科。文化人类学家特别强调，在不同的民族文化背景下和不同的生活条件下，个体发展将呈现出不同的结果，在价值观念、人格特征和行为习惯上打上各自的烙印。民族文化学强调尊重民族传统，鼓励不同宗教信仰的人交流。这些观点对于人们理解不同民族在家庭生活和家庭教育上的差异、保持本民族优良的家庭教育传统和学习其他民族先进文化无疑是有指导意义的。

第五，语言学。语言学是研究人类语言的结构规律和演变规律的一门学科。由于语言是人们交流思想感情的工具，无论是日常生活还是科学研究都离不开语言。虽然每个正常的成年人都能用语言表达自己的思想，但要准确和生动地表达自己的意思和理解他人的语言，就需要一定的语言学知识。社会变迁与地域差距使得语言千差万别，这就更需要借助于语言学的原理和方法"解读"不同的语言，达到理解和共识。在家庭教育研究中，准确了解家长和孩子讲话的含义，并从家长和孩子的语句中发现问题，是保证研究成果的重要条件。

从笔者长期从事家庭教育研究所检索到的文献可知，目前我国家庭教育研究领域最为重要的支撑学科是教育学，其次是心理学和社会学，再次是伦理学和生态学，但是有关家庭教育的伦理学和生态学研究极为有限。文化人类学（民族学）和语言学虽然也是家庭教育研究的支撑学科，但是这两个学科的家庭教育研究成果更为少见。

三　改进家庭教育研究的基本原则

由于多种因素的影响，长期以来我国社会科学研究落后于世界先进国家水平，其中家庭教育研究的落后尤为明显，广为流传的许多家教观点实际是建立在小农经济基础上的家庭教育经验，现在已经成为误导家长的错误思想。近20年来西方国家的社会科学十分繁荣，提出了许多对于家庭教育研究可资借鉴的理论和方法，比如社会学家布迪厄的"文化资本"理论和科尔曼的"社会资本"理论、心理学家鲍姆令德的"父母教养方式"理论和布朗芬布伦纳（Bronfenbrenner）"儿童生态系统"的理论对于儿童成长和家庭教育就有很大的解释力。从研究方法来看，"质的研究方法"在西方社会科学研究中的运用越来越普遍，学者们通过对特定人群的参与式观察和深度访谈就可以得出结论，长期以来过分崇拜量化研究的现象正在改变。近年来我国的教育学研究、心理学研究和社会学研究都发生了明显变化，取得了许多对于家庭教育研究有价值的成果，如教育学中的素质教育理论、叙事研究方法对于提高家教研究水平就很有帮助。家教研究人员应当加强学习，努力掌握多学科的先进理论与方法，不断提高自身素质。

近年来，笔者结合主持全国教育科学"九五"规划课题《沿海开放地区儿童少年品德状况与家庭德育状况的调查研究》和"十五"规划教育部重点课题《东南沿海地区儿童少年品德问题与家庭教育问题及其对策的研究》，曾经与研究伙伴深入研究了我国家庭教育的评价指标体系问题，并得到北京大学、南京师范大学、台湾师范大学、香港中文大学等高校专家的指导，取得了令人满意的成果。作为一项成功的家庭教育研究，我们逐渐形成和坚持了以下几条研究工作的原则：

第一，理论与实践的统一。我们在制定家庭教育评价指标时努力寻求理论依据，反复研究了国内外多套家庭教育评价指标体系和多份大样本调查的问卷，注意各个评价指标的逻辑关系，反映家庭教育的基本结构和各个要素的内在联系。这次课题开始后我们在广东、浙江、福建等省市和香港、澳门特别行政区数十间中小学召开学生、家长、教师座谈会上百次，在部分中小学做学生及其家长的配对个案研究八十余组，基本上了解了当前东南沿海地区学生品德问题与家庭教育问题的现状，我们尽量从我国家庭教育发展的现实状况中构建指标，并且保证这些指标能够在我国家庭教育的评价和研究中应用。

第二，借鉴与创新的统一。我们掌握了国内外二十多种家庭教育评价指标体系资料，我们在制定家庭教育评价指标时广泛吸收现有的研究成果，继承前人家庭教育指标体系研究成果的合理成分，同时努力发现现有的家庭教育指标体系的不合理之处，深入研究家庭教育的内在结构和基本规律，创造反映家庭教育特殊规律的理论与方法，大胆提出新的家庭教育指标体系。

第三，教育学与其他学科的统一。我们充分运用教育学的理论和方法（尤其是教育社会学）研究家庭教育的评价指标，同时又拓宽视野，运用其他学科的理论和方法研究家庭教育的评价指标，特别吸取了家庭社会学中家庭网络和家庭策略的理论，还吸取了发展心理学中的人类发展生态模型和亲子互动的理论。为了充分吸收多学科研究成果，我们在制定指标过程中特别邀请了北京大学、嘉义大学等高校不同学科的教授指导。

第四，主观因素与客观因素的统一。客观指标是反映客观存在着的社会现象的状况的指标；主观指标是通过数量表现人们对客观事物的态度和愿望的社会指标。家庭教育本身是家庭成员的主观活动，从根本上来看取决于家长的素质，但是家庭教育离不开一定的生活环境，客观的生活条件和生活方式对家庭教育也有影响作用，我们努力使这两种性质不同的因素在家庭教育的指标中都得到了反映。

学校教育与家庭教育、社会教育是现代国民教育的三个组成部分，这三者之间既有共同的地方，也有不同的地方。但是，以往我们的教育科学较少研究和反映家庭教育的特点和规律，往往把研究学校教育得出来的结论当成所有教育活动都应当遵循的规律和原则，而许多家教研究人员也习惯不加分析地搬用研究学校教育得出的观点与方法，这就存在着明显的片面性和盲目性。家庭教育既然能够长期存在，并且在某些方面有所发展和变化就一定有它自身的规律，当然规律是隐藏在事物内部的，不是轻易就能找到的。我们应当坚持不懈地努力，包括对于已有研究成果的反思和研究，达到对于家庭教育规律性的认识，最终建立起有学科特色的家庭教育科学理论体系。

第三节　北大学子家庭教育研究的方法与过程

一　质的研究方法的特色和应用

质的研究方法是发源于欧美国家的一种社会科学研究方法。总体上看，它属于定性研究，而非定量研究。但是，质的研究方法又不同于一般意义上的定性研究方法，它有许多独特的地方。尽管质的研究在欧美已有一百多年的历史和不少成功的案例，但到目前为止，质的研究方法仍处在"发展中"，新的理论观点和研究技能不断出现。质的研究方法引入中国内地的时间不长，如果从在美国哈佛大学教育学院获得教育学博士学位、1995年回国到北京大学高等教育研究所工作的陈向明女士在《中国社会科学》（1996年第6期）上发表的《社会科学中的定性研究方法》算起，不过10年左右的时间。

关于质的研究方法的特色，正像陈老师所说的："与量的研究相比，质的研究比较适合在微观层面对个别事物进行细致、动态的描述和分析；质的研究擅长于对特殊现象进行探讨，以求发现问题或者提出新的看问题的视角；质的研究使用语言和图像作为表述手段，在时间的流动中追踪事件的变化过程；质的研究强调从当事人的角度了解他们的看法，注意他们的心理状态和意义建构；质的研究十分重视研究者对研究过程和研究结果的影响，要求研究者对自己的行为进行不断的反思。"与学校教育相比，家庭教育是一种非常个人化的、随意性的教育。而现在常用的家庭教育研究方法，如以量化研究为主的调查分析、以个案调查为主的经验总结、以发表观点为主的理论概括，虽然能够获得一些家庭教育的实况材料，提出一些有价值的家庭教育理论，但是难以反映家庭教育的深层面貌和建立科学性与指导性相结合的家庭教育理论。根据笔者近年来学习和运用质的研究方法的经验，用质的研究方法探索家庭教育就能克服当今我国家庭教育研究的许多弊端，提高家庭教育研究的效益：

第一，质的研究方法有利于把握个体家庭教育的全貌。一个人成长过程中所受的家庭教育是非常丰富的，甚至可以说是十分复杂的。运用质的研究方法，可以对数十年的家庭教育进行连贯的描述和分析，找到家庭教育发生、发展的主线及其变化的轨迹，掌握家庭教育的内容和方式，了解家庭教育的背景和效果，使读者得到一个连续不断的多方面的家庭教育图景。

第二，质的研究方法有利于把握个体家庭教育的动因。家长教育子女受到多种因素的制约，其中有比较明显的外在的社会地位的制约，也有内在的传统文化和心理因素的制约。运用质的研究方法，可以分析和解释家庭经济地位、家庭文化氛围、家庭成员人际关系、家长人生理想对于家长教育观念、教育目标的影响，从而了解家庭教育的动因。

第三，质的研究方法有利于分析比较各个家庭教育之间的异同。由于民族文化传统和风俗习惯的影响、家长思想道德素质和科学文化素质的差异，各个家庭在教育子女上存在着很大的差异。质的研究方法不仅提供了深入研究个体家庭教育的武器，也提供了分析比较各个被试家庭教育异同的工具，使我们能够找到评价家庭教育的基本标准和评价方式，发现各类家庭教育的特征及其形成的背景因素。

二　北大学子家庭教育研究的过程

1. 前期准备和确定研究课题

笔者能够运用质的研究方法研究北京大学学子的家庭教育，前提就是我在2000—2001学年曾经赴北京大学做了为期一年的访问学者。虽然我在北大其他方面的学习和研究任务很重，但我始终把陈老师的质的研究方法课作为学习的"重中之重"，投入了较多的时间。质的研究方法课要求学生一边在课堂上听讲，一边在课外作实习。我最初根据自己专长确定了《名牌大学新生成长中的家庭教育因素——对几位北京大学新生及其家长的访谈》的题目。在陈老师的指导下，我对一名加拿大籍华人留学生和一名哲学硕士生进行了较为细致的家庭教育方面的访问和研究，还对一名本科生和一名进修生进行了访谈和分析，获得了一定的运用质的方法研究家庭教育的经验。

我在学习"质的研究方法"课程和进行《名牌大学新生成长中的家庭教育因素》实习研究的后期，已经能够感觉出"质的研究方法"的许多优越性。于是，也就有了再做一些北大学生家庭教育个案研究的思想。不久，我产生了写一本北京大学学生的家庭教育质的研究专著的冲动。2000年12月22日我把自己的想法以一份《"话说"北京大学学生成长中的家庭教育——用质的研究方法探索家庭教育》出版申请书的方式发电子邮件给陈向明老师，12月25日是圣诞节，这天下午陈老师详阅了我的材料，给我提出了中肯的意见。2001年春季开学后，我给住在海苑旅社的室友谈了准备继续研究北大学生的家庭教育的想法，得到这三位分别来自四川、湖南、山东的进修教师的一致支持。3

月中旬，我拿出新修订的北京大学学生家庭教育研究计划和访谈纲要，在北大社会学系和教育学院的部分教师和研究生中征求意见，召开了两次小型论证会，下定决心把北大学子家庭教育研究坚持下去。

2. 选择研究对象和深度访谈

2001年4月，我的研究进入到了确定研究对象阶段。质的研究方法一般采取的是目的性抽样，即以研究对象是否具备完成研究任务的特征及功能。我在确定研究对象（受访人）时主要有两点考虑：其一，受访人必须有较为丰富的家庭教育经历，他感到有话要给研究者诉说，在北大有限的时间里我只能找那些对家庭教育感触较深的学生来谈；其二，尽量选择个人和家庭情况不同的受访人，选取比例相当的新生和毕业生、男生和女生；选取的学生家长应有工人、农民、干部、教师、军官、商人等，尽量在国内多个省、市、区选择，特别要注意每个学生家长教育孩子的态度和方法的特色。从5月初到7月初，我先后找到8位本科生、7位硕士生、10位博士生、4位进修教师（其中2位访问学者）、4位北大教师（其中2位是博士）、2位留学生作了访谈。访谈的过程是非常紧张的、辛苦的，也是十分有趣的、愉快的，至今我还能记住访谈中的许多感人场面。

质的研究十分重视收集资料的过程。对此，我在本书展示每位受访人谈话材料之前都有几段"背景材料"的描述。我同受访人的合作，通常走的是"三部曲"：第一，同受访人面谈或者在电话里协商访谈的目标、内容、方式、时间、地点等，使受访人明确谈话的意图，适当作一些准备。由于质的研究强调研究问题要从受访人的实际出发，所以我在正式访谈之前都要尽可能多地收集受访人及其家庭的材料，以便我的提问更有针对性。第二，同受访人进行有录音的正式访谈。正式访谈一般按照年龄顺序，请受访人介绍在学前、小学、初中、高考前后、大学等阶段"父母对自己进行了哪些教育"、"父母为什么重视这些"、"父母是怎样进行教育的"之类的问题。谈话最后，还要请受访人综合地谈谈父母的人格特征、家庭教育的特色等问题。第三，将初步整理出来的材料反馈给受访人，得到受访人的确认和补充。访谈之后我会尽快听1—2遍录音，提炼出谈话要点，以便评估这次访谈是否达到了目的。如果条件许可我将请人把录音输入电脑打出全文（有的受访人亲自把录音打出），然后阅读和评估访谈效果。此后我同受访人取得联系，请他们确认自己的谈话内容准确无误，并且回答我认为应该补充的问题，这种反馈一般都需要2次，个别的3次以上。绝大多数受访人在确认之后，当场给我写了"同意骆风老师公开使用本人家庭教育访谈材料"的授权书。

3. 研究访谈材料和撰写书稿

初步整理材料之后，我阅读了大量教育学、社会学、心理学、伦理学文章，试图用多学科理论"解读"访谈材料。我还浏览了《哈佛女孩刘亦婷素质培养纪实》、《教子走进清华园》、《王极盛教授谈成功家教》、《全国最优考生家长访谈录》、《36位北大学生的成长历程》等比较畅销的家庭教育纪实书籍，试图从中得到启发。一边阅读访谈材料，一边阅读相关书籍，目的都是为了确定分析框架。经过反复思考，我决定第一步以学生成长的年龄顺序为主线，着重从三个方面分析：家庭教育的内容和方式、家庭教育的环境和父母的观念、家庭教育的背景和应用推广价值，也就是每个学生的家庭教育是怎么做的、为什么会这样做、这样做的意义。第二步结合家长的职业、经济、文化、地域作进一步的分析，阐释每个学生家庭教育的经验教训，概括其特色。第三步要把数十名北大学子的家庭教育联系起来分析对比，从宏观上描述北大学子家庭教育的面貌，阐释这种家庭教育对于孩子成长的意义，推论北大学子家庭教育对于当代中国改善家庭教育的价值。

由于前述准备工作比较充分，2001年10月份在我的脑海里已经浮现出了北大本科生家庭教育的图景，当中国社会科学出版社要求我在年内交稿的时候，就能够在比较短的时间里完成写作任务。从11月初开始，我以平均每天写作3000—5000字或者整理访谈材料7000—8000字的速度迈进，最终在年底基本完成了本科生本近40万字的写作工作。《成才与家教——北京大学学生家庭教育探索》2002年4月出版后获得了家教研究同行的好评，许多朋友来信来电表示祝贺，全国有数十家报刊很快作了介绍；从发行的情况看，读者反映良好，许多读者认为这本书在众多的家教图书中给人耳目一新的感觉，出版不到一个月就第二次印刷。反映北京大学博士研究生家庭教育的《造就卓越人才——北京大学博士生家庭教育探析》是在2002年秋季完成写作任务，2003年春商务印书馆出版。该书出版后同样获得了家教研究同行和广大家长读者的好评，国家和许多省市、高校图书馆将其作为现代家庭教育的经典图书予以收藏，该书还在香港、澳门等地发行，受到海外同胞的喜爱。

我原本计划2004年上半年完成北京大学硕士研究生家庭教育的研究，并同国内几家出版社进行了协商，中国社会科学出版社综合编辑室主任任明先生在没有收到书稿的情况下，本着支持家庭教育专著出版和对于本人高度信任的态度同我签订了出版合同，使我深受鼓舞。然而，2004年是我主持的"十五"规划教育部重点课题《东南沿海地区儿童少年品德问题与家庭教育问题及其对策的研究》最为关键的一年，我要通过各种渠道和人际关系在广东、浙江、福建、上海沿海十多个市、区的40余所中小学做学生与家长的配对问卷，另外还要在香港、澳门的 13 所中小学做了学生与家长的配对问卷；此外，我还承担了广东省教育厅和广州大学的研究任务，过度的劳累使我多次病倒，没有精力进入《幸福两代人——北京大学硕士生家庭教育探秘》的写作状态。另外，还有一个原因就是有几份访谈材料不够完整和深入，我同接受访谈的这些硕士生联络，有的实在没有时间再作补充，个别的因为地址变动失去联系，这样，客观上增加了写作北大硕士生家庭教育研究专著的难度。

我认为，一个有责任心的科学研究人员一定要严肃地对待自己的研究成果，在条件不具备的情况下宁肯推迟一点时间，也不能把不合格的作品给出版社和读者，否则就是亵渎社会和坑害读者。2004—2005 年我曾经有放弃北大硕士生家庭教育研究的想法，但是这种想法最终又被我自己否定。其间，我挤出时间整理了部分材料，又请了三位北大硕士生接受家庭教育的访谈，也认真考虑了自己成长和女儿成长中的家庭教育因素，得到了父母亲撰写的三份材料。2006 年暑假前我主持的教育部重点课题和广东省教育厅重点课题基本完成，使我得以抽出较为集中的时间研究北大硕士生的家庭教育材料，2006 年底基本上完成了书稿。

4. 同原受访人交流和修订书稿

"质的研究方法"强调研究者同研究对象之间的互动，强调通过对于原始材料的反复"品味"提升主题和理论。对此，我是十分重视和认真践行的。我在对北大硕士生访谈及其后分析材料时同他们有过较多的交流，接受访谈的大多数北大硕士生都十分乐意贡献他们的家庭教育故事和经验，不少人接受访谈时就表示自己要亲自校对稿件，保证叙事的准确和再做一些补充。2004—2006 年，我在分析材料和撰写书稿的过程中，曾陆续给部分受访人发出了《幸福两代人——北京大学硕士生家庭教育探秘》写作意见，其原文如下：

> 《造就卓越人才——北京大学博士生家庭教育探析》（42 万字，2003 年 3 月商务印书馆）出版之后，写作北大硕士生家庭教育研究就提到议事日程上来了。这本书是整个北大学子家庭教育研究的最后一本；也是我会花费大力气的一本书。关于这本书的主题思想，我最近一直在思考，希望以我提出的家庭教育概念为指导，给读者提供更为丰富的家庭教育材料和思想。我认为当前人们对于家庭教育概念的认识应当向四个方面转变：第一，从认为家庭教育就是家庭内部的事情，发展到家庭教育是关乎全社会的事情；第二，从认为家庭教育的任务就是学习生活技能、处理家庭人际关系，发展到在各个方面促进家庭成员的身心健康和全面发展；第三，从认为家庭教育就是家长（父母大人）对于子女的教育，发展到家庭成员之间的互相关心、爱护、帮助和启迪；第四，从认为家庭教育只是对学

前孩子的教育，发展到终生教育，即人的一生始终都受家庭教育。因此，我们今天应该以更为宽阔的视野和更加深邃的目光看待家庭教育。

根据上述家庭教育的定义，我初步把这本书定名为《幸福两代人——北京大学硕士生家庭教育探秘》，我希望各位在修订和补充自己的家庭教育访谈材料时应注意以下几点：

第一，把自己的家庭教育放在各个年代的社会背景下来介绍，所以在回忆自己成长故事的时候尽量介绍一些各个年龄段我们的国家和您所在的地区发生过的社会大事，这些事件对于您的家庭和您自己成长有哪些影响；

第二，要把家庭教育放在家庭生活中谈，谈生活事件对于您的学习和进步的影响，教育不一定是父母坐下来"正儿八经"同孩子谈话，家庭教育不是那种专门地对孩子的教育，家庭教育应该是非常随意的、灵活的家庭生活事件对自己成长进步的影响；

第三，家庭教育的内容很多，希望您谈的家庭教育是多方面的，不一定都是学习方面的，身体锻炼、心理健康、人际交往、饮食起居、家务劳动、家庭文化等方面的都可以谈；

第四，家庭教育是两代人之间的互相关心、帮助、启发，希望您也用一定的篇幅谈谈家庭生活中子女对于家长的帮助、启迪，你对大人和整个家庭的发展有过哪些想法和建议，您是怎样表达的，家长是如何倾听您说话、尊重您的意见的，比较您中学时和上大学与上研究生三个阶段在家庭中的地位（比如自己发表的意见在多大程度上被采纳）。

第五，希望您用五分之一以上的篇幅介绍您上大学以来的家庭教育情况，过去的家庭教育研究一般写到18岁，我想在这本书中用一定的篇幅叙述北大学生成年后（大学与研究生期间与家长的互相教育）的家庭教育情况，我把它叫做"高等家庭教育"或"成人家庭教育"。可以写在校期间与家长的书信、电话、经济、感情交流，也可以谈放假回家时做家务、谈心或其他面对面的交流，甚或冲突。

我的意见得到了部分受访人的积极响应，如山东籍的罗鲁舟两次补充材料，直到觉得"真的没有相关材料"；陕西籍的邹秦瑞第一次访谈材料有13个单元2万字，第二次补充材料6个单元六千余字；西藏军旅作家于艺翎寄来了含有记述自己童年生活和家庭教育的文学作品《山高水长》，使我从中获取了她的大量家庭教育素材。还必须说到的是，我敬爱的父亲和母亲支持我回顾和分析自己及女儿成长中的家庭教育因素，我父亲在母亲帮助下先后完成了《忆往昔》（回顾自己成长和工作的历史）、《回忆孩子小的时候》（回忆教育我们姐弟三个的故事)、《童年时的骆晴》(回忆小孙女骆晴成长的故事) 三本共两万多字的材料,并同我一起回忆和分析了多个家庭教育事件的意义。

当然,经过努力有几份北大硕士生家庭教育材料由于种种原因仍不能使用,我只好向原受访人表示遗憾和道歉,并希望这些家庭教育材料在我今后的研究中以某种方式得到反映,我同样会记住这些受访人为我所付出的辛劳。

三　本书的内容特色与阅读提示

本书是我研究北京大学学子家庭教育的系列成果之一(简称硕士生本),本系列的第一本书《成才与家教——北京大学学生家庭教育探索》(简称本科生本) 2002 年 4 月由中国社会科学出版社出版,第二本《造就卓越人才——北京大学博士生家庭教育探析》(简称博士生本) 2003 年 2 月由商务印书馆出版。本系列的几本书是研究性的著作,与一般人理解中的学术著作不同的是,书中没有太多的引经据典,也没有大段的理论分析。我在北大学习期间教授我质的研究方法的陈向明博士在她的《质的研究方法与社会科学研究》中提出了质的研究的写作原则:一是"深描",强调对研究现象进行整体的、情景化的、动态的深度描写;二是注意作者自己的态度和语言,一般不提出十分明确、肯定的政策性建议;三是考虑写作的对象——读者,根据读者的特点使用不同的写作风格。我非常赞同陈向明博士的观点,当然在写作中还必须考虑其他方面的因素。为了充分反映研究的成果,同时又便于读者阅读,我在最后成稿时注意了以下几点:一是力图给读者展现原汁原味的北大硕士生家庭教育面貌,因此不论是访谈部分还是分析部分,都尽量运用北大硕士生的原话;二是力图展示北大硕士生家庭教育的"图景",我对每份访谈录都进行了反复梳理,删去与家教无关的内容,合并相关话题,提炼出纵横交错的家庭教育的基本要素和发展过程;三是力图通过去粗取精、由表及里、由浅入深、由点到面的分析揭示北大硕士生家庭教育的真谛,概括北大硕士生家长教育子女的成功经验;四是力图反映近年来国内外家庭教育研究、主要是本人的研究成果,拓宽家教研究人员和家长读者的视野,提高读者对于家教问题的理论认识。

本书第一章、第二章、第十二章属于总论性的内容,较多吸收了本人近年来研究家庭教育的最新成果,如第一章里的当代家庭教育的评价指标、成人家庭教育的理论与实践,第二章里的当代中国家庭教育研究的进展、改进家庭教育研究的基本原则,第十二章里的北大硕士生家庭教育的理论概括,可能对于家庭教育理论研究人员有较大的启发。本书的第三章至第十一章属于纪实性的内容,每章一个家庭教育个案访谈和分析,根据访谈材料的丰富程度,第四章、第六章、第八章和第十章的分析只做家庭教育经验的"简析",第十一章由于人物较多、过程较为复杂，故篇幅较长。这本书同本人以往的家庭教育研究成果的行文成书方式有很大不同。为使读者能够用较少时间获得较多的收益，建议读者阅读本书时注意以下几点：

第一，从自己感兴趣的章节开始阅读。本书的十二章既有一定的内在联系，又各自成篇，具有相对独立性。读者可以根据自己的需要从任意一章读起，不必按照第一章、第二章、第三章的顺序往后读；可以重点读某些章节，也可以大略读某些章节，只要认真阅读总会有所收益。

第二，在阅读过程中要善于回味和思考。了解和掌握北大硕士生的家庭教育经验随便翻看一下是不可能达到目的的，阅读的过程中一定要认真思考和联想。书中分析部分固然是作者反复整理和研究访谈材料的结果（包含了作者与其他专家讨论的结果），但它不可能完全揭示北大硕士生的家庭教育经验，甚至可能有不当之处，读者通过认真地阅读和思考，也可以提出自己的看法。

第三，再读一些家庭教育研究和相关的书籍。家庭教育看似简单，实际不简单。任何一本书的作用都是有限的，有志于研究家教的学者和总结自己家教经验的家长，应该再看一些家庭教育研究的书籍或者期刊，如能同时读一些教育学、心理学、伦理学、社会学的著作更好。本书参考文献介绍了一些作者熟悉的书籍，读者可以根据自己的需要选读。

第四，大胆借鉴北大硕士生的家庭教育经验。北大硕士生的家庭教育经验来自我们这个时代，北大硕士生家长与当今的多数中小学生家长有着相似的人生经历和生活背景。学习的最终目的在于应用，细心阅读本书的家长应该从书中得到启发，改进家庭教育。当然，不要随便拿自己的家庭与某位北大硕士生的家庭比，更不要无端埋怨自己的孩子笨。

第五，相信自己、相信孩子和从现在做起。多数北大硕士生来自普通家庭，他们在中小学阶段学习成绩有过起伏、品德进步有过曲折。在当今国民经济和科学文化高度发展、家长素质和家庭生活不断提高的时代，家长只要用心都有可能培养出品学兼优的子女，可以说条条道路通北大，就看家长和孩子用心不用心。要树立这种信心，更要有脚踏实地、从日常小事做起的精神。

最后，我非常欢迎读者与我交流家庭教育和家庭教育研究的心得，热切祈盼友人对本书提出批评与建议，来信请寄：510440 广州市白云区元下田村南云溪街 60—403 号，电子信件请发：gdlf2050 @ sina. com 、gdluofeng @ tom. com。

第三章　她从东北军人家庭走向西藏雪域高原

——于艺翎的家庭教育访谈和分析

第一节　背景材料

于艺翎，女，1968年10月生于辽宁大连一个革命军人家庭。小时候，由于父亲所从事工作的性质经常换防，她和家人在东北多处深山老林中的部队营地生活。1973年9月起在黑龙江省海林县铁路子弟小学读书，小学四至五年级时转到吉林省延吉市，1980年到辽宁省铁岭市第二高中读书。1984年入伍，不久考入大连军医学校，毕业后先在沈阳军区后勤部录像室当播音员、编辑，后转到大连、通化等地驻军医院工作，再到基层部队、陆军学院的图书馆、沈阳军区技术侦察局等单位工作。其间先后到过西安政治学院、郑州防空兵学院、解放军艺术学院、北京大学学习进修，获得双学士学位。1988年开始文学创作，1997年随丈夫举家赴西藏，先在西藏军区一通信单位做新闻宣传工作，而后到军区政治部文艺创作室任专职创作员，中校副团级军官，中国作家协会会员。目前，她在北京大学哲学系攻读佛教文化方向的硕士研究生学位。

于艺翎自1988年开始发表作品以来，先后发表诗歌、小说、散文、报告文学等作品100多万字。她以西藏通信女兵参加修建"兰西拉"光缆为背景、展现西藏女兵生活和成长历程创作的中篇小说《一路仰望》，1999年首次发表于《解放军文艺》第6期，《小说月报》在同年第8期转载了该作品，后由中央电视台与兰州军区政治部电视艺术中心共同拍摄成电视连续剧《仰望昆仑》。该剧在中央电视台播出后，先后获得"飞天奖"、"金星奖"、"人口文化奖"等多个全国性奖项。其反映西藏边防官兵生活状态和战斗风采的散文集《山高水长》，获得全军第八届文艺作品评比一等奖。部队组织对她的评价是："注重学习和情操培养，思想境界高，始终保持了思想道德上的高度纯洁。政治素质过硬，政治立场和政治信仰坚定，为人正派。热爱部队生活和本职工作，能耐得住寂寞，经得起诱惑，充分发挥自己特长，以高格调、艺术感染力强的文学作品赢得了广大官兵，特别是基层官兵的喜爱，很好地履行了为基层官兵服务的宗旨。"

我在北京大学访学时和于艺翎住在同一家旅社，看见她总是比别的进修、访学人员忙得多，"我不仅要在北大多学知识，还要坚持创作，觉得读书的时间不够用"。我同她互赠过各自的作品，当她得知我在做家庭教育方面的研究后，表示有兴趣谈自己成长中的家庭教育故事，于是我两次趁着她稍微空闲的时间访问了她，获得了一些这位革命军人后代、西藏军旅作家的家庭教育素材。后来，于艺翎还给我寄来了她的获奖散文集《山高水长》和部队组织对她的评价材料。《山高水长》里有几篇是回忆当年父亲和母亲教育自己成长的，还有几篇是记述她自己进藏后成长感悟的，完善了她的家庭生活和家庭教育素材。经过几年反反复复的整理，终于形成了读者见到的这份文稿。

第二节　访谈内容

1. 我的爸爸是一位功勋卓著的解放军

骆：您好，于艺翎同学！上次我们在一起谈的时间不长，但我已大略知道了您的父母关心和指导你们兄弟姐妹成长的感人历程，今天就请您具体谈谈父母关心和指导你们的情况吧？

于：好的，骆老师。我已经知道了您的要求和思路，我十分乐意同您交谈。现在，就请您提出问题吧？

骆：谢谢，我想请您先简要介绍一下自己和家人的情况，好吗？

于：好的，我是辽宁大连人，1968年10月出生，1973年9月起在黑龙江省海林县铁路子弟小学读书，小学四至五年级时转到吉林省延吉市，1980年到辽宁省铁岭市第二高中读书。1984年入伍，不久考入大连军医学校，毕业后先在沈阳军区后勤部录像室当播音员、编辑，后转到大连、通化等地驻军医院工作，再到基层部队、陆军学院的图书馆、沈阳军区技术侦察局等单位工作。其间先后到过西安政治学院、郑州防空兵学院、解放军艺术学院、北京大学学习进修，获得双学士学位。我1988年开始文学创作并发表作品，1997年随丈夫举家赴西藏，先在西藏军区一通信单位做新闻宣传工作，而后到军区政治部文艺创作室任专职创作员。这些年已有不少文学作品在省级以上大奖赛中获奖。2004年开始在北京大学哲学系攻读佛教文化方向的硕士研究生。

骆：您的经历非常丰富，童年时代多次转学，青年时代在几所大学读书，在多种工作岗位工作，最终举家来到雪域高原西藏从事文学创作。您已有不少作品获大奖，祝贺祝贺，您非常值得我学习。

于：您概括得很好，我接着谈谈家里的情况。我家可以说是个革命军人家庭，父亲 1929 年出生，从小陪人一起读过私塾，17 岁时因识文断字和革命热情高而任农会会长，1947 年入伍，先在东北剿匪，辽沈战役、抗美援朝、珍宝岛战役，等等，都参加了，他上过部队学校，属大学毕业，1979 年在师级干部岗位上病逝。母亲 1937 出生，比爸爸小 8 岁，年轻时上过学，一生主要从事妇科医疗工作和带孩子。我们家有四个兄妹，一个哥哥，一个姐姐，一个弟弟，我排行第三，兄妹四人中三个都在部队工作过，只有姐姐在地方工作。

骆：上次您说到自己受父亲的影响最大，请您详细介绍一下您的父亲。

于：好啊！我的父亲十几岁就在家乡参加了农会，同地主、土匪斗争，由于他又勇敢又有智慧，17 岁就被大伙推举为农会头头，在远近几个村里都非常有名，土匪也非常恨他，多次来袭击农会，企图杀死我父亲。1947 年他带着几十名兄弟加入了解放军队伍，不久就参加了举世闻名的辽沈战役，后来又参加了抗美援朝战争，多次立下大功。

我父亲给我讲过他们在抗美援朝中的一次恶战，那次他们志愿军一个连攻打美国佬和南朝鲜军一个营驻守的山头。打仗一般"易守难攻"，用一个营的兵力攻击一个连的情况比较容易，而那次我父亲所在部队是以一个连的兵力攻击驻守山头的敌人一个营的兵力，武器装备我方也比敌人的装备差得多。志愿军连长带兵一次又一次地往山上冲，山上被打得一棵树也没有了，光秃秃的石头和乱草，我方进攻时一点遮掩也没有，伤亡惨重。总进军的号角吹响了，连长的肠子早被打出来，这时他把自己的肠子推塞回去，把裤子往上提，又把腰带勒紧，他和仅有的几名战友一步一步往上冲，最后是往上爬，流尽最后一滴血。那种场面非常悲壮，战争就是这样残酷。我父亲当时是文化教员，抗美援朝中文化教员和炊事员都算最后梯队，不到万不得已他们一般是按兵不动不上火线的，但看到战友们和连长都倒下了，父亲再也按捺不住心中的怒火，他大喊一声："我们上啊！"就带着剩下的几个炊事员冲了上去，我父亲在这次战斗中也负伤了，我见过我父亲右臂等地方的伤疤。我曾问我父亲害不害怕，父亲说："那时候根本不会害怕，看到战友一个接一个倒下，我们的眼睛都血红了，没有人怕死，心里想的全是要拿下山头。"

骆：您的父亲是一位英雄，敬佩敬佩。那后来呢？

于：抗美援朝胜利后，我们国家建立正规的技侦部队，父亲作为全军优秀军官被选拔到技侦部队工作，又被送到解放军第二政治学院学习。1969 年中苏边境发生珍宝岛战役，父亲带领十几名大学毕业的专业技术军人第一批来到珍宝岛那块冰冷而又惨烈的地方，出色地完成了上级交给的艰巨任务，为取得珍宝岛自卫反击战的胜利作出了贡献，集体和个人荣立二等功，后来还到北京受到毛主席的接见。

骆：爸爸的这些革命经历您是怎么知道的？您觉得它对您的成长影响大吗？

于：大概上小学二三年级的时候吧，爸爸到我所在的学校讲革命传统，爸爸的战友也经常给我们讲爸爸的事迹，我开始有了自己身为革命军人后代光荣的感觉。爸爸自己一般不会讲自己的过去，但我们问他的时候他会说出自己的一些经历。

我认为爸爸对我的影响非常大，我和我的兄弟姐妹都在有形和无形之间受到爸爸的影响，我参加解放军，我从事文学创作，我到艰苦的西藏地区工作，包括我的思想和作风无不受到爸爸的影响，爸爸在我心目中永远是伟大的，亲切的。

2. 小时候我家经常随部队换防搬迁

骆：小时候您常和爸爸妈妈在一起吗？记不记得学前的一些有意义的事情？

于：小时候的事情还记得一些，最大的印象就是爸爸工作忙，经常出差，经常调换地方，也就是随部队换防到新的地方工作。有时候爸爸头一天答应陪我妈妈和孩子们到一个地方玩，可是第二天就不见爸爸人影了，问我妈妈她也不知道，就说是领导给了任务到别处去了，弄得我本来满怀希望挺高兴的，但是突然不见爸爸了心里非常难受和想念他。

骆：许多部队军人工作就是这个特点，一道命令下来说走就走，来不及也不允许向家里人说明情况。我小学五年级有个同桌女同学，她爸爸是一个军人，初一我们两个还是一个班，初二分班不在一起了，再后来我转学了，听说她家也随部队转走了。从洛阳来广州工作后，我时常想起小学与她在一起的往事，前几年我回洛阳时打听她的下落，结果问了好多同学没有一个人知道她后来的情况。那么，你家里其他人是不是也随爸爸转移到新的地方呢？

于：多数情况是爸爸先到一个地方工作几个月，甚至半年以上，然后我妈带着我们几个孩子来到爸爸身边。我在大连的海边出生，童年多次随爸爸换防和家庭迁移到新的地方，由于父亲从事的工作性质所致，那时技侦部队都驻扎在山沟里，东北三省辽宁、吉林、黑龙江的许多大山脚下都有我童年的身影，比如70年代，我们家曾在那个离"林海雪原"威虎山仅有35公里的叫作横道河子的地方住了几年，那里自然风光可谓天下难寻，空气新鲜得让人陶醉。有时家里也在稍微热闹一点的集镇和城市生活一段时间，城镇当然是另外一种景象了。

我想讲一个童年的故事。在那个崇尚英雄的年代，大家心里经常想的就是长大以后要当杨子荣、郭建光那样的英雄，现在的孩子可能不知道当年的样板戏了。有一次我和小伙伴们玩一个游戏，看谁能够把自己装扮成英雄，大家都争着要当，最后有个男孩子"竞争上岗"了，他学着电影里英雄人物在大火堆上就义的样子，把自己的双脚用一根绳子连起来就跳到很深的防空洞里面，还点燃了洞里的废报纸和树枝，结果把自己熏倒了，要不是一只名为虎子的军犬奋力相救，他说不定会在防空洞里面窒息而死。

骆：我小时候也和小朋友玩过这样的游戏，不过是在洛阳回中的荒地点燃了一个小麦秸垛，火燃烧起来以后还真的有点那种壮烈的感觉，好在没有惹出什么大祸。

于：我小时候对世界充满好奇之心，遇事喜欢探个究竟。小时我在姥姥家里住的时间较长，姥姥家那个地方盛行迷信，姥姥常给我讲一些神怪妖狐、恩怨相报、积德行善和投胎转世之类的传说，我不害怕，而且自己也曾信仰老人们的种种离奇说法，希望借助世外的力量解决人们在世间的不平和烦恼。

骆：姥姥家是在农村吗？在姥姥家还有哪些记忆？

于：姥姥家在吉林省延吉市，姥姥还当过街道主任呢。在姥姥家还有一次经历，就是那年的雪下得非常早非常大，可能姥姥她们事先也没有想到 10 月初就会下那么大的雪，刚买的白菜、萝卜、大葱、蒜苗还没有往地窖里装，冬天烧炕的煤炭和柴火也没有去买，老天突然变脸下起大雪，我和姥姥家人都被困在家里，几天没法出门，那时候家里也没有电话可以往外打，好在那几天气温还不是很低，要不然，我们的手脚非被冻坏不可。

骆：您觉得小时候的这些经历对您有哪些影响？

于：小时候经历的影响是多方面的、深远的，比如热爱大山、热爱山里的生活。我父亲自到技侦系统工作后，常年在东北的大山里，率领一队队军事专业技术人员在大山深处建立基地，担任首脑。雪岱山、老黑山、凤凰山等一座座大山都留下了他的足迹。爸爸热爱部队、热爱大山、不畏艰难，1969 年的珍宝岛战役胜利后，他曾指着松涛滚滚的大森林对战友说："我死后用这里的大松木做棺，葬在大森林里足矣。"大山给我一种深厚绵长的感觉，就像人生所应选择的道路。我小时候随爸爸的部队换防多次搬家，19 岁上大连军医学校后，又不断地到西安、郑州、北京上学读书，深刻认识到学无止境这个道理。在工作方面，我也换过多种专业和岗位，我曾在陆军学院做图书管理员，这是别人非常羡慕的工作，白天很少有人来光顾，我自己有充足的时间看书或是悠闲，但我并不感到满足。我父亲曾教导我：人生高境界的取得，在于破万卷书，行万里路。我最终选择到了西藏，走向了一座座大山紧相连的青藏高原，在拉萨一待下去就不愿离开。

骆：西藏的生存环境非常艰苦，我在洛阳工作时同几位退役后到洛阳工作的"老西藏"交谈过，他们说那里原本是不适于人类生存的，空气稀薄、能够吃用的物产不多、常年冰天雪地、和内地交通联系不便，您原来有比较舒适的工作，自愿同丈夫一道进藏的举动是非常高尚的，继承了父亲艰苦奋斗为国家的崇高精神。

3. 爸爸妈妈非常重视我们兄妹的学习

骆：您几岁上的小学？像你们家那种经常迁移的情况，孩子上学是很辛苦的。

于：我的爸爸妈妈非常重视对于我们兄弟姐妹的教育，爸爸从他的经历中深知科学文化知识的重要性，学前就给我们买了不少画册和小人书，爸爸教我们给每本书都包上皮，他用毛笔工工整整地写上了书名和购书时间，教我们爱书。我上学很早，5 岁就开始上学了，此前和刚上小学的一二年级家里经常迁移，这对我们的学习有很大影响，出现了一些不适应的问题。我们兄妹往往在一个地方上学没有半年就走了，而且在深山老林地区的偏僻学校教学质量都比较差，后来爸爸和妈妈商量，为了孩子们的学习就暂时不搬家了，我小学四、五年级是在吉林的延吉市读的，这个阶段爸爸抽空来看我。

骆：哦，爸爸妈妈在您上小学后主要从哪些方面教育您？

于：首先就是爱书读书和买书。父亲虽说后来主要领导军事技术工作，但是他读书的范围很广，买的书非常多，平时当然是看跟他专业有关的书和杂志，但是他更喜欢政治方面的，他曾经一度做政治主官，无论是讲话还是写文章他都不怕，因为他读了许多政治方面的书籍，所以他有一定的政治理论水平；爸爸还喜欢文学，他的案头有不少小说，包括反映解放战争的，反映抗美援朝的，还有反映苏联卫国战争的，他多次跟我说到《钢铁是怎样炼成的》这部小说，他对保尔·柯察金的名言记得非常准确。小时候爸爸妈妈收入还是比较高的，他们经常给我们兄妹买书，还鼓励我们买自己喜欢看的书。我在小学期间就买了不少课外书，刚当兵在哈尔滨新兵连集训的时候一发津贴，我留下一些零用钱就到部队对面的黑龙江大学门口和校园里面买书，自己的钱不够用就叫妈妈、哥哥、姐姐给我寄，买的书没有地方放我还买，办法是让战友帮助我保存一部分看过的书。我每到一个地方总是喜欢到书店逛逛，有好书一定要买的，所以在一个地方待得久了，书店的营业员都认识我。结婚后我依旧喜欢买书，1997 年我到西藏工作时没办法带那么多的书，妈妈只好在她家里专门腾出一间房子存放我的书。

骆：书是知识的源泉，读书是开智的基本途径。除了这一点，爸爸妈妈还从哪些方面教育您？

于：第二点就是要求我们在学习上要有计划性，爸爸妈妈对我们的学习是有要求的，还经常看效果。我记得刚上小学爸爸就要我严肃对待学校的课程，那时我是个5岁的孩子，往往把学习当成听故事，做游戏，不愿背诵课文，不愿做数学题，爸爸说老师布置的任务一定要完成。稍大一点以后，我父母就要求我们每天晚上的学习时间首先要复习课本上的东西，要在9点钟后才能休息。我们部队大院每个星期放映两场电影，当然看电影也是受教育的重要途径，其实看电影对我们来讲是非常高兴的事情，好像不用在家里面看书啊，写作业呀。看电影、看节目有趣轻松，但是除了周末爸爸是不允许我们去看的，即使周末他也要问我们有没有完成学校布置的学习任务。记得我在小学四年级就开始看小说，我觉得字也认得差不多了，就看些小说，这样看下来就慢慢地养成了习惯。但是，我父母还是强调应当以学习课本上的知识为主，要打好科学文化基础，终归文学作品大都是课外的东西，不应该占用太多的时间。

与学习的计划性有关，还有一点就是爸爸妈妈要我们爱护书本和文具，在家里摆放好自己的东西，随时可以根据需要取出某一本书或者文具。我们还把学校的课程表，老师布置的大事贴在墙上，写得工工整整，爸爸妈妈看到了就夸我们做得好。

骆：爸爸妈妈有没有给予你们兄妹具体的的学习辅导？

于：这要看具体情况。我记事起爸爸和我们兄妹在一起生活的时间就不多，他在家里时喜欢看我们小孩子的作业，发现问题肯定要说给我们的，作业马虎他也批评。后来不在一地，他就要我们写信，爸爸看我们的信看得很细心，有问题就圈住，回信时指出要我们下次改正。爸爸还经常教育我要用比喻、拟人等手法写作，他给我写信也特别注意用成语来表达意思，丰富了我的词汇，现在有几封信我还珍藏着。

我从小就有文学爱好，这跟我父母的熏陶也有关，他们都喜欢读书，我父亲对诗词、文学方面都比较喜欢，写得一手漂亮文章，还能写一手好毛笔字。小的时候只要我父亲在的话，我每写一篇作文都要给父亲审查，从标点符号到用词、解词、造句、结构，父亲都非常仔细地看，还给点评，哪个地方写得好，哪个地方写得不足，需要怎样修改。我在小学、初中、高中的作文一直在班上属于范文之类。

4. 爸爸有意识培养我们吃苦耐劳精神

骆：爸爸在品德方面是怎么教育你们的，有没有一些典型的例子？

于：爸爸重视子女的品德完善，有几句话我记忆最深刻，意思是人有大德才会生大智，人拼搏的力量来自于内在，最后的一拼是人格较量。他要求我们兄妹讲礼貌，对别人包括勤务兵也要尊重，他告诫我们无论在哪方面都应该力争上游，有了成绩不能骄傲自满。爸爸对我们兄妹的品德教育是多方面的，长期的细致的，但我印象最深的是他非常注意培养我们具有吃苦耐劳的精神。

关于不怕苦的精神，我先举一个例子。记得我在小学二三年级的时候，有一年快要到放寒假的时候我的脚被开水烫了，那天开水壶放在厨房里，我去拿东西不小心一脚撞倒了水壶，壶里的开水一下子全部灌到我的鞋里头来了。这次烫得非常厉害，当时在褪掉袜子的时候，竟把脚背上的皮层带下来了。

骆：我在1993年秋天也出现过一次这样的事情，那年我在北京师范大学教育系做访问学者，住在学11号楼207室，一天吃过晚饭提了两壶开水走进中间的楼门，一个女生低头从楼上下来把我的两个开水壶撞到一起，一个水壶应声破碎，开水哗地流在我的脚面，一阵热浪过后我的脚马上肿了起来，两个同学把我搀扶回屋后竟然脱不下来鞋子，那个疼痛的感觉现在想起来还害怕。

于：我当时疼痛难忍，不过还是没有哭出来。爸爸知道后一方面安慰我不要害怕，一方面他鼓励我坚持到校上课，在东北冰天雪地的环境中烫伤这类事比较麻烦，特别不容易愈合。所以在一个月后即将开学的时候，脚伤还是很严重的，非常疼的，非常吃力的，那个时候下地行走还比较费劲儿，我记得在那个开学到校的时候我父亲每天把我背到学校，然后放学了再给我背回去，这样差不多一个多月将近两个月的时间，后来脚全部好了之后，就是这样的情况我的课基本上是没有耽误的。当时我的脚这种情况，到了学校后老师说："要不就休息一段时间，然后再把课程慢慢补回来。"但当时我父母没有采纳这样的意见，按父母的要求我也就坚持到底了。

骆：您的爸爸真好！他那么忙，为了不耽误你的课程每天亲自接送多不容易。

于：那时候爸爸每天早上送，中午接，下午又送，晚上再接，一天来回有四次之多。我父母还考虑到我的这个脚行走不太方便，在学校上厕所还是一个问题，这样我母亲每天早晨做点面食，里面尽量减少水分，这对我来讲都是比较难过的。我一到学校就半天，在这半天时间里是不能喝水的。但是通过这件事，我尝到父母对我学习上的要求，还感受到父母对我的关心和疼爱。虽然那时我还很小，但通过这件事对我的意志也是一个锻炼，也懂得了一个道理：不能因为身体上或精神上有一些原因去耽搁重要的事情。

骆：爱劳动是非常重要的道德品质，你的爸爸妈妈是如何培养你具有这方面品质的？

于：你说得对！我觉得无论在哪个年代劳动都是非常重要的，过去如此，现在也是如此。

培养孩子热爱劳动的习惯，我的爸爸妈妈在这方面是非常注意的。我的妈妈非常勤劳，虽说她有文化，是个专业医生，但在家里什么脏活儿累活儿都干，把我们这种爸爸工作忙而顾不上家，子女比较多，诸事繁杂的家庭整理得井井有条、干干净净，所以我小的时候也就自觉不自觉地跟着妈妈干家务活儿了，可以说我小时候是比较勤快的。

爸爸妈妈培养我们兄妹劳动品质还有一个有利条件，就是当时我们住的部队大院里都有许多空地荒地，军官家属是可以自由耕种的，每家都有几块地，每家的地头都用木障子拦一下，怕小鸡进去搞破坏。每到开春的时候，我父母就带着我们种地，我还会种地呢！种一些玉米、豆角、土豆、茄子，还有辣椒、黄瓜这些比较容易成活的。记得那时候我喜欢围着大人玩，有一次我在木障子的里外钻来钻去玩，就是不愿干活儿，我父亲就把我抓回来，说："你如果再乱跑我就用胡子扎你，你不爱劳动就会变修，成为资产阶级。"那个年代我还很小，不知道修正主义和资产阶级是怎么回事，但看见父亲那种口气我就想修正主义和资产阶级肯定不是什么好东西，我就说我不要修正主义，不要资产阶级，我就跟着爸爸一起劳动了。

骆：人生的道路是不平坦的，一个人要想干一番事业尤其需要吃苦耐劳的精神。爸爸传给你吃苦耐劳精神对于你后来的成长，包括现在你在西藏的艰苦环境中工作都有很大的作用吧？

于：是啊！是啊！小时候我父亲就很喜欢我，经常教育我，看样子是要把我也培养成一个合格的军人。由于爸爸的影响，我小时候就有不怕困难的精神。参军后，我在解放军这个革命大熔炉里得到了进一步的锻炼，知道解放军是一支特殊的队伍，具有"一不怕苦、二不怕死"的英雄气概，能够完成党和人民交给的任何艰难任务。我自己也自觉锻炼，比如我曾在陆军学院图书馆这个清闲优哉的部门工作，但我总觉着在这里做的事情太少，这样下去人就没有了激情和锐利，于是就调离了图书馆。后来到技侦局当宣传干事，把原来几个人做的事情全部包揽了下来，宣传教育、新闻报道、党委中心组学习安排、双休日活动、节日活动组织主持等，还有编辑内部刊物的组稿、审稿、编排、校对、印刷、装订统统由我一个人来做，有时候实在忙不过来就找人帮忙。当然我的人缘是不错的，大家都乐意帮助我。我现在也很能吃苦，不仅工作中不怕苦，生活上也不怕苦，有时候还能够以苦为荣、以苦为乐，我在事业上取得的一些成绩很大程度上也是吃苦换来的。

5. 妈妈对于我们兄妹的要求非常严格

骆：您的爸爸工作忙，而且后来又远离你们家，您妈妈照顾和教育你们的担子很重啊！

于：您说的没错，妈妈在照顾和教育我们兄妹上是非常辛苦的，付出是巨大的。特别是父亲同我们几个不在一起生活的时候，教育的重担就落到我母亲的肩上。

妈妈是一个妇产科医生，由于妇产科比较特殊，许多医生不愿意干，她在几家医院都是少有人从事的那种非常辛苦的工作，病人多，她又非常认真地对待患者，所以从上班到下班一直忙个不停，有时回到家里气色都很不好。但是回到家里妈妈不肯闲着，她为我们兄妹几个的健康成长费尽了心机。

骆：您说您的妈妈，我想到了比你妈妈年龄大几岁的我的妈妈，她是洛阳的一个中学教师，她参加工作起每天都有4节历史课，每堂新课前她都要写下厚厚的教案。我妈妈还担任初中的班主任，几乎每天晚上和每个星期天都要去学生家里访问。1958年8月底我出生时，按照当时的工休标准她可以在家休56天产假，但是为了不耽误学生学习，她在我出生后的第3天就按照新学期课程表上课了。由于刚刚生过孩子，母亲身体虚弱，备课时打不起精神，但是一走进教室，母亲就来精神了，她声音清脆，板书清晰，深得学生爱戴。

于：骆老师，您的妈妈是一位深受学生爱戴的人民教师，我的爸爸和妈妈都非常尊敬教师。

骆：请您说说您的妈妈在教育你们兄妹上的情况吧。

于：好的，我觉得我的妈妈对于我们兄妹的要求是非常高、非常严的，用当时的话来说就是高标准，严要求。她要求我们遵守纪律，不得有迟到早退、打架骂人行为；要求我们尊重教师，团结同学，不得骄傲自满；要求我们刻苦学习，作业工整，各门考试成绩名列前茅；要求我们在家听话，搞好自己的卫生，不得懒散。妈妈希望我们几个将来像我爸爸那样觉悟高，技术强，成为优秀人才。而那时我们几个都还是大小不等的小孩子啊！

骆：前面您说爸爸比妈妈大八岁，不知道您的妈妈对您爸爸除了一般夫妻的情爱之外，有没有敬爱和崇拜，她是不是希望你们几个将来成为您爸爸那样的英雄模范人物呢？

于：您分析得很有道理，我妈妈对我爸爸确有敬爱之心，我想她对我们兄妹的要求里的确包含着把我们造就成为爸爸那样的优秀军人的愿望。

骆：那么，您妈妈在教育你们兄妹的方法上有哪些特色呢？

于：我父亲和我母亲他们两个人性格是不太一样的，我母亲的性格是稍微急一点的，而且在教育方式上表现出来就没有我父亲那样的温和与耐心吧！但我现在想来我母亲那样的教育方法也未必就是不行，也应该算是良性的一个方法吧！我记得因为我母亲她一个人带着我们兄弟姐妹四个，工作很忙很劳累的，有时候表现出情绪上的急躁，我记得我母亲是这样的，一般每个星期都要我们兄弟姐妹四个站成一排，然后要求我们把一个星期自己都做了什么事啦，做得好的和做得不好的都要说出来，每个人都要说一遍，对学习我母亲要求是这样的，考试若到90分以下，肯定要罚站，站半个小时或一个小时。

骆：这种方法倒是很有意思，妈妈让你们兄妹几个汇报自己在学校的表现，你能否回忆一下，举例说明妈妈要你们兄妹汇报的情形，她最希望了解哪方面的情况？

于：这种事情遇到的太多了。学习是最主要的，一般先谈学习，后谈上课纪律，如果有测验考试，成绩肯定要谈的。家里面四个小孩难免有些摩擦、争吵，有些时候还会厮打，这实际上是涉及一个团结问题，属"人民内部矛盾"。在学校跟同学的团结问题要汇报，纪律情况也要汇报。如果老师经过我们家，或在部队院里的住宅区走，妈妈见到老师肯定会问一问我们说的情况是不是真的。我妈这种方法持续了好几年，直到我父亲移防到了其他地方。所以长长的几年当中，我母亲一直使用这种方法，这种方法已经成为她的习惯，一个主打的方法，有时礼拜天，一般在下午或晚上我们站成一排，每个人都得说，一般从老大、老二、老三、老四这样的顺序，有时候由小的先说，有时候女孩子先说。

骆：那么，你们兄弟姐妹几个做完汇报以后，你妈妈肯定要有个评价哟？

于：对，妈妈对我们每个人的汇报是有评价的，我们兄弟姐妹四个，我姐姐的性格是属于最好的，女孩性格特征特别明显，各方面我姐姐表现都好，妈妈有时会表扬她几句。相对挨说多的就是男孩了，我哥哥和弟弟，他们两个人有的时候还要挨打。我父亲一般不打的，因为他受的文化教育比我母亲要高一些，我父亲受过大学的教育，在教育的方法上我认为是比我母亲的方法好一点吧。我母亲的方法我觉得有点激进，在那个时候对我们有小小的伤害，但是现在我想这是殊途同归吧，结果都差不多是积极的效果。我母亲的这种方法，如果孩子不愿意说的话，她会非常具体地去问，有时候使我们语无伦次的，尤其是两个男孩，我哥和我弟有的时候要挨巴掌以后再说，就是我姐姐的胆子比较小，看见我妈妈打弟弟有时候吓得直哭，有时候我姐姐也挺有意思的，怕我弟弟挨打，姐姐还要承担一些责任。

骆：作为一个成年人，一个家长，你现在怎样看待妈妈的教育方式？

于：这种方式我是不会采取的。虽然这种方式是有效的，但是我觉得会给我们小孩子带来一些负面效果，造成精神上的负担。这种方法对男孩子有点奏效，因为90分以下要罚站，但是有时玩起来淘气，往往就会忘了。事实上不可能通过几次罚站等惩罚措施就把小孩子的所有问题都解决了，而相反这个时候两代人的关系会搞得特别紧张。

6. 我刚上中学爸爸就不幸离我们而去

骆：您上中学时爸爸对您的指导多吗？

于：我上中学时爸爸仍在大山里做技侦工作，我妈和孩子们每过一段时间才能见到他。这个阶段，我已经知道爸爸的工作是保密的，所以他回家后我也不像过去那样总想知道他在单位做了什么，我能够理解爸爸的工作性质了，他也非常高兴，经常夸我懂事。

骆：爸爸回家后和您谈过哪些话题，这时您对爸爸最深的印象是什么？

于：爸爸在家里和我谈的话题非常广泛，包括思想品德修养，也包括对文学的爱好，爸爸对我的指导都十分具体和有效。在和爸爸最后几年相处中，我还发现爸爸是一个非常讲原则的人，他是一个党性很强的革命军人，共产党员，从来不做违反原则的事。

骆：您能不能通过一两个例子说明爸爸的坚定的原则性呢？

于：我记得比较深的也是比较大的一件事就是哥哥入伍的事情。有一年空军部队来招兵，我哥哥各项体检都合格，就是测试空中感觉能力时他老是旋转头晕。那时候体检比较严格，招兵的人挺喜欢我哥哥，因为他比较精神，但是也不敢贸然带他走。于是我哥哥就回家缠着我父亲，说："爸爸你跟招兵的叔叔说一句话，把我带走，我这个头晕，将来是可以通过训练克服的。"我父亲说还是应该按照规定来，这是一个很大的事，参军一直是我哥从童年以来一直的理想，尤其当空军，但爸爸没有帮他这个忙，按说他是有办法解决的。这种教育方法贯穿我父母教育我们的始终，一方面他们是言传，一方面是身教，身体力行地遵守各项政策和规定，正是他们一直是这样做的，给我们兄妹带来了一种积极的影响吧！

骆：那时候整个社会的风气好，通过开后门拉关系达到个人目的的不多。

于：是啊！那时候大多数干部是不谋私利的。

上中学后爸爸给我的另外一个印象，就是他带病工作和在北京病逝。原来爸爸经常根据工作需要换防，我印象中爸爸的身体是非常棒的，我上中学前没有见过他害病吃药。我记得我父亲患病前一年他的单位是在一个非常神秘的地方，据说日本人当年曾在那里搞过细菌战，我觉得我父亲患病可能跟那里的环境有关，他们单位前后有五个人都得了癌症。我父亲到那里搞了一个机密站，父亲他们在那里建营房、架天线，那里的住房条件是比较差的，取暖都是在房里自己烧火炉。而且那一年感到特别冷，爸爸说他在没有进医院以前总是发低烧。当时我父亲的部队在辽宁，我母亲工作单位在黑龙江，爸爸回来后细心的妈妈劝爸爸去检查检查身体，但是爸爸说顾不上，在家住一两天就要回去，他心里想的尽是工作。我记得这段时间我父亲表现出来的情绪稍微急躁一点，因为他身体不好。这一段时间我父亲给我们每个小孩写信最多，每个月都要写一到两封吧！分别写，给我姐姐写得多一些，因为我姐姐懂事一些，还承担家务。我父亲性格是比较内向的，这段时间总是心事重重，表现出来悲伤，考虑的问题比较多，他有一种不祥的预感。

骆：你爸爸究竟是什么病？后来查出来了吧？

于：爸爸的病发展很快，不到半年就完全病倒了，部队把他送到北京301医院，正赶上是寒假的时候吧，这时我父亲由肺癌转到脑癌，医院都发了病危通知书。母亲一直在北京护理我父亲，我姨妈就把我们带过来，当时我哥高中毕业了，跟着我母亲一块哭。当时我十一二岁，我父亲对我说："要好好学习，将来考上大学。"我非常清晰地记得我父亲说这样的话，可能我父亲还是认为我在兄弟姐妹中是比较聪明的吧！

骆：当时的情况可以说得稍微具体一点吗？你最后一次见你父亲的情景怎样？

于：我在那里待了一段时间，当时医院并没有把癌症的情况告诉我父亲，只告诉了我母亲。我现在想来我父亲是知道的，他只是不给我们说，因为一旦说出来，就等于把这个伤痛公开化了，这是令人不能忍受的事情。但是我父亲在床头有一本书，书皮是黄颜色封面的，那本书叫《与肿瘤作斗争》。脑瘤压迫脑神经，是非常疼的，我父亲一疼的时候就用手反复搓额头，说特别疼，就像骨头裂开了，用锯子锯一样难受。当痛得不行的时候，就打一种叫甘露醇的液体来降低脑颅压。

后来我父亲预感到自己将不久于人世了，单独跟我哥交代了，说："你是家里的老大，应该承担起家庭的责任。"平时在家里我姐姐做家务事相对多一些，我父亲在外地写信最多的人就是我姐姐，现在我姐姐还留着一封信，爸爸信里写的就是觉得她很辛苦，这么小就帮助我母亲承担家庭的重担，还对我姐姐表示感谢！我弟弟比较小，我父亲就对我说："学好数、理、化，将来考上大学"，当时流行着"学好数、理、化，走遍天下也不怕"的口号，那个时候好多人就是这样的，也有人喜欢说"学好数、理、化，为四化作贡献"，我父亲也经常说这样的话。但是我高中后改了文科，一切缘于我对文学的热爱。我先在高中理科读了八个月，实在因为爱文学就转到文科去了。我觉得，我虽然违背了当年我父亲要我学好数、理、化的要求，但是没有违背他希望我自强不息、作出贡献的要求。

骆：我想对于爸爸的"遗嘱"不必机械地理解和贯彻，您的爸爸没有发病前也是支持和鼓励你进行文学创作的，他还辅导过你，关键是为四化建设作贡献、为振兴中华尽力量。对于您后来选择文学，特别是你今天取得了这么多的成绩，九泉之下的父亲肯定会点头微笑的。

于：我想也是，爸爸在孩子的专业兴趣方面从来没有勉强过我的。

7. 妈妈承担起了教育我们兄妹的重任

骆：您父亲去世后，照顾和教育你们兄妹四个的担子全都落在了妈妈的肩上，她一定非常辛苦啊！

于：是的，父亲去世后的一段时间，我们全家人都沉浸在悲痛中"过不来"，尤其是妈妈伤心得最厉害，她对我父亲一直是非常热爱非常依恋的，以至于影响到了她的健康，差不多有一个多月的时间妈妈没有办法上班。但是，我母亲也是一个非常坚强的女性，她也从我父亲身上吸取了刚强的性格，化悲痛为力量，毅然撑起了我们这个有一个刚刚成年和三个未成年孩子的家庭。

骆：您父亲去世时妈妈已经40岁，不知那时她的身体状况如何？

于：应该说不是太好。妈妈一直为家庭操劳，尤其是70年代爸爸常年不在家，我们兄妹几个都处在成长发育的关键阶段，妈妈为我们吃好、穿好、睡好和学习好、表现好付出了难以想象的辛劳。另外，妈妈是一个认真工作、责任心强的医生，工作担子很重，这使她在上班时间无法轻松。所以，那时四十刚出头的妈妈脸上布满了皱纹，发际间出现了一缕缕的银丝，看上去比实际年龄大一些。

骆：爸爸去世时你刚上中学，姐姐、弟弟也在上学，不知道妈妈是怎样关照你们的？

于：首先是保证我们的生活，80年代最初那时候市场经济还没有发展起来，商店不多，商品稀缺，买东西总要排很长的队，因为我妈有军属证这样有时候还可以优先一点，还有部队组织关照，所以我们兄妹的日常生活水平没有因为爸爸的去世受到太大的影响。

骆：妈妈在其他方面怎样教育你们？

于：妈妈退休前还和爸爸在世时差不多，要我们兄妹每过一段时间向她汇报。不过，这时我们的年龄也大了，懂事了许多，妈妈不再像以前那样问的那么具体，批评的那么严厉，妈妈主要关心的是我们的品德进步，教育方式上也比过去温和多了。我们兄妹也比过去更加体谅妈妈的苦心，更加尊重她，特别是我经常同妈妈交心。

骆：请您具体讲讲这几年妈妈怎样指导您进步的。

于：在人生目标上，妈妈要我们学习爸爸的榜样建功立业，为祖国为人民贡献青春。妈妈希望我们兄妹参军，我们四个兄妹中三人入了伍，姐姐虽在地方工作，但是找了当兵的丈夫。记得我高中毕业时年龄比较小，十六七岁那样。我那时喜欢文学，高中毕业那年我报考了大学的中文系，结果分数差了十几分，落到地区师专学校，我没有接受录取。要是再复习一年，考上本科应该没有问题的。那时候刚好有一个当兵的机会，我还想独立，我不知道出于什么样的一种情况和原因，导致我去当兵，就这样出去了。我觉得当兵对我后来的人生道路是有帮助的，因为当兵给予的锻炼是比较大的。第二年我就按照妈妈的意愿报名上军校，因为女生考军校不是通信就是卫生的专业，所以我就和妈妈商量报了大连军医学校。

骆：您的妈妈是一位高年资的医生，正好可以同你一起交流医学问题，不知道这方面您有没有一些故事可以告诉我？

于：妈妈是支持我学医的，尽管她知道做医生辛苦，而且我的爱好又不在医学。妈妈最初讲得比较多的是医德，即做一个医生应该具有的道德修养，她强调应当有怜悯心、同情心、责任心，视病人如亲人才能做好医务工作。妈妈的思想作风深深地影响了我，我在军校实习和医院工作期间对患者是非常尽心的。

记得我在吉林通化驻军医院工作时，抢救过一个因家长反对其恋爱而服敌敌畏自杀的女孩。她第一次被送进军队医院时我已经有两个多月的身孕，半夜被人叫起来后就跑进气味浓烈的急救室一遍又一遍地给这个昏迷的女孩清洗肠胃，虽然隔着厚厚的口罩，我仍被女孩身上那怪异的气味熏呛得嘴唇发麻。四个月后女孩再次服毒自杀被送进我们医院，半夜我带着腹内躁动的胎儿来到急救室，浓烈的药味呛得我想呕吐，那天夜里因为停电既不能开洗胃机又不能用自来水，有人跑到外边的浑河里取水，我则站到高高的凳子上接住别人递过来的大茶缸，一缸子一缸子地往接到女孩胃里的漏斗中倒水，整整两个小时才给她做完了洗胃，而我回到家中头昏得厉害，折腾一宿也睡不着觉。

骆：听了您讲的这个故事，我想您继续在医院工作也会成为一个优秀的军医的。

于：这一点不敢说，因为我的志愿不在医务。后来我还是走上了文学创作的道路，对于我转到文学上来，妈妈也是理解和支持的。

骆：您的妈妈在婚姻恋爱方面对于你们有没有指导？

于：妈妈关心我们的婚姻问题，同我们说过希望孩子找什么样的配偶，她不讲出身，特别注重思想品德。现在我们兄妹们都完满地解决了婚姻大事，我的丈夫原先是一名大学毕业的军官，曾经到过云南老山前线参加作战，后来在全军最高学府国防大学研究生毕业，妈妈非常满意。

妈妈对我的支持最多，她不顾年迈帮助我们带小孩，我在东北几个单位工作和到外地读书时就经常把女儿放在她身边，有时候一放就是半年，妈妈都很乐意帮助我带孩子。我最初在西藏工作时曾经把女儿带在身边半年，她因身体不适应无法继续在西藏了，我母亲知道后非常强烈地要求把小孩送到她的身边去，还想到西藏亲自接，但考虑到我母亲六十多岁的身体状况，不可能要她到西藏接，就把孩子送到沈阳她身边了。这几年我女儿一直在我母亲那里。

　　8. 我们兄妹都受爸爸崇高精神的影响

　　骆：艺翎同学，前面您讲了爸爸妈妈教育你们兄妹的许多故事，您特别提到父亲对于您的影响，我想现在能不能集中讨论一下您的父亲，归纳一下他是怎样影响你们进步的。

　　于：好啊！当时在学校的时候，因为我们兄弟姐妹在学校都是优秀学生，学习名列前茅，在班里都是当班干部，这些成绩都同爸爸的教育和影响有很大的关系。到后来我们家兄弟姐妹工作都非常出色，我们的口碑都很好，都很有人缘的，在处理事情时一般会给别人想得多一点，不自私，面对一些好处也不争。不争不等于不要强，我们都是凭自己的努力取得好成绩的。

　　骆：可不可以从您父亲的军人身份、人格特点来谈呢？

　　于：当然可以，这样的思路容易把握。我父亲首先是一个革命军人，他从17岁就参军，打了不少仗，多次立功，这在前面已经说过。现在我要补充一点的是我父亲担任团职军官后依然保持军人本色，各方面都按照部队的条例办事，一点特殊都没有。我上小学时他是军营的一号首长，早晨起床号一吹，大家都要起床，然后我父亲扎着腰带去出操，很正规的出操。当他出操回来以后，我们洗漱完毕，一个个弄得特别利索。然后我父亲要求我们出去练长跑，我跑几圈后就练功：压腿，腰功，早晨起来我就做这些活动。小时候的练功令我直到现在还受益，我到军校还当过学生文艺队长，这些都是小时候打下的良好基础。父亲在部队30多年，模范履行军人职责，他热爱军队，以军营为家，服从上级领导，关心普通士兵，带领战友完成了一个又一个军事任务，在这个过程中为巩固国防作出了贡献，体现了他的人生价值。我们兄妹从小都看在眼里，记在心里，十分敬佩爸爸，喜爱军营，喜爱绿军装，长大后差不多都走进了军队，成为新一代军人。

　　骆：那么，您的父亲有哪些突出的人格特点呢？

　　于：我觉得最主要的就是吃苦耐劳，奋勇前进。我父亲在战争中是冲锋陷阵的英雄，在国防建设中是艰苦奋斗的模范，从我记事起他就在环境艰苦，甚至是条件恶劣的深山老林里指挥战友们筹建军事基地，直到重病倒下他都不肯离开大山深处。父亲不是不知道在条件舒适的地方生活好，但是他更多地想到的是国防建设的需要，想到的是军人的职责，他觉得只要国防需要，上级有命令再苦再难也要做，而且一定要做好。他的这种精神对于我们兄妹影响很大，父亲母亲也经常进行这方面的教育，所以我们兄妹都是能够吃苦耐劳的。

　　骆：我觉得您和丈夫一道进藏工作本身就是继承父亲遗志、艰苦奋斗的表现。我想听您讲一下自己决定到西藏工作的思想历程，讲讲好吗？

于：我进西藏工作还是由于丈夫的原因，我和丈夫原来都在沈阳军区工作，他到国防大学读研究生期间得知西藏军区特别需要高学历的年轻军官，就征求我的意见要不要去。当时他有这个想法的时候，我也是经过思想斗争的。因为我已经 30 岁，而且女儿也 5 岁多了，这样一来涉及子女教育的重要问题。如果带她去对成长、身体、教育都受到影响，如果不让她去又面临着长期分离的现实。我是经过思想斗争的，人生就是这几十年，真正做点事情也就是这几十年的时光，到西藏艰苦的地方，艰苦是真实的、是实实在在的，当然在这里也比较容易建功立业，做一些在别的地方不一定能够做的事情。我丈夫研究生毕业时国防大学希望他留校工作，北京多家大单位也向他发出了邀请，回东北工作的便利条件更不用说，许多朋友和熟人劝说我们留在北京，但是我们很快下定了到西藏的决心，而且是我同丈夫一起进藏。由于小的时候，我就经常跟着爸爸在东北的大山里奔跑，所以我对群山连绵的西藏一点也不怕，没有去之前我甚至已经神往。我们知道，与别的地方相比西藏更需要我们，西藏虽苦但是我们不怕，我们已经做好了吃苦的准备，能够战胜一切困难。

骆：你们虽然有吃苦的思想准备，但是刚到西藏还是碰到不少难题吧？我想听听你们进藏后的情况。

于：我们是 1997 年第一次进藏的，刚进拉萨，迎头而来的就是缺氧的困扰。这里缺氧大约 40%，气压只有 0.6 个，平地行走相当于内地负重 30 公斤，行走 1 个小时相当于部队武装越野 10 公里。正常人每天接受紫外线辐射量相当于内地的 8 倍，如果站在骄阳下晒一两个钟头，脸上没有不脱皮的。我到西藏最初的不适感觉就是头昏脑涨、胸闷气短，只得靠吸氧来缓解。丈夫虽说没有我的反应那样明显，但同样面色灰青、嘴唇发紫。

西藏地处高天之下厚土之上，生活在这里的人们脚踏厚土、头顶云天。也许是我的生命对这方土地固有的原始状态的一种渴望，抑或一种冲动，我的心都在与这座高原发生强烈的碰撞。我时常为高原上大得出奇红得发紫的太阳而激动，为湛蓝无比的天空、洁白无瑕的云朵而惊奇，为空气清新到能够嗅到高原生物的尿膜而感怀。无论是在山刚水劲、风烈草韧的雪域高原的什么地方，我的灵魂都在慢慢融入，我的生命在这里得到新生，这就是我刚到西藏不久的感言。

骆：我对西藏军人怀有一种敬仰的心情，说一说您最初遇到的西藏军人和"老西藏精神"吧，我知道在西藏工作的津贴比其他地方高得多，但是西藏那样的地理环境对于外来人的伤害也是很大的。

于：20 世纪 50 年代初，十八军将士奉命从四川进军西藏，在根本无路可走的川藏线上"一面进军，一面修路"，在成都到拉萨的 2413 公里的路途上留下 3000 多名官兵的宝贵生命。解放军来到西藏使百万农奴得解放，使民族分裂分子的阴谋被粉碎，使外国侵略者的进攻被击退，保卫了祖国领土的完整统一。在雪域高原的许多军营，我听到了西藏军人平凡生活中的细节，边防某团团长在带领战士巡逻的过程中突然发病，与精疲力竭的军马一起倒在了冰峰谷底；一位营长在高原工作了 21 年，上级为照顾他的身体把他从 4800 米的营地调到 3700 米的拉萨，但他已经不适应 3700 米这种高度，很快又回到 4800 米高的地方，最后死在营地。每一次接触他们，我心灵深处的流泉都会被强烈地碰触溅出眼眶。

从 50 年代开始一代又一代为国戍边的西藏军人，就在这里同西藏各族人民一起战天斗地，建设和发展西藏的经济和社会事业。因为高原缺氧和紫外线强烈，在西藏待上一段时间的军人外表和生理机能就会发生明显的变化：头发稀疏，皮肤粗糙，面颊两朵"高原红"，更重要的是他们形成了坚韧的高原化性格，形成了与西藏这个独特地域相配的"老西藏精神"：特别能吃苦、特别能忍耐、特别能战斗、特别能创业。出现了生命不息、战斗不止的平叛英雄胡汉钊，出现了奋战雀儿山、临死不忘筑路的模范党员张福林，出现了跋涉千难万险的"雪山牦牛"尹祥美，还有许多个像驻守在 5300 米的查果拉上的"高原红色边防队"等先进集体，受到西藏人民、受到党中央和中央军委的高度赞扬。

9. 爸爸精神激励我在文学创作中进步

骆：艺翎同学，前几天我拜读了您的小说《一路仰望》，西藏军区通信部队这些女战士的事迹气壮山河、感人肺腑，听说已改编为电视连续剧。下面，我想请您谈谈父亲对于您从事文学创作的影响。

于：好的。由于父亲的鼓励和指导，我小学四年级就开始写小说之类的东西，那时父亲给我改过作文和小说，1988 年我开始陆续发表小说、散文、诗歌，大量地发表作品是到了西藏之后。这些年写了一些质量比较高的作品，获得了一些文学大奖。我觉得自己在文学方面取得的成绩既有西藏这块高天厚土的"恩赐"，也有父亲的影响。说到父亲的深刻影响，第一方面有他的鼓励和指导，我进藏前就具备了较好的文学素养和创作能力。第二方面就是我有父亲培养的吃苦耐劳精神，我来西藏后已经走遍了除阿里地区和墨脱县以外的所有西藏地区，阿里地区军事上属于新疆军区管辖，墨脱是至今全国唯一不通公路的县份，所以这两个地方我没有去成。我在西藏边关哨卡、高原营区，还有少数民族村落获得了丰富的第一手材料，我在西藏军人和藏汉群众中也获得了创作的激情和动力，我不能不写，我不能不好好地写作啊！

骆：您能不能具体说说自己在西藏基层采访的情况？

于：好啊！文学创作的源泉是现实生活，我到西藏军区政治部文艺创作室做专职创作员就是要了解部队官兵的生活、反映他们的生存状态和精神面貌，所以我刚去西藏就把到基层去作为自己最为重要的任务。到了部队深入生活，特别到了边防一线哨所，的确有一些东西令人非常感动，也引起你的一些思索。并不是说一到一个地方文字的东西就可以马上体现出来，但是每一个地方的所见所闻、亲身经历，都在我的生命中沉淀下去，我相信总有一天它会逐渐地浮上来。

拉萨算是西藏最繁华的城市，布达拉广场、八角街到处都是做生意的和参观以及朝拜的人流，可是在其他地方却寂寞异常。我到拉萨不久就主动要求到基层哨所，一天我来到距拉萨1000公里以外的4700米高原上的一个哨所，这里山上不长一棵树，不活一株苗，夏季吃水要到半山腰的破坑里去取，冬季冰封水坑还要到更远的地方背，一年四季全靠罐头和干菜充饥。山上没有电，和电有关的电灯、电视、收音机等物件全都派不上用场，信件、报纸、杂志也都是几个月送一次，一直得不到"新闻"，简直就像沙漠中的一座"孤堆"。但是军营却充满生机，战士们值勤、训练和学习样样你追我赶，大家都不甘落后，革命英雄主义和革命乐观主义气味十足。战士们最大的愿望，就是在退伍前身着戎装到拉萨照一张相片，但是能够实现这个愿望的人也很少。我在这里采访数天，不仅了解了驻地军人的生活和精神，还从战士们对极端寂寞的极端漠视中深受教益，增添了几分军人的豪气。

我要说的第二个地方，是西藏海拔5000米的一座无名湖哨卡，至今让我难以释怀。1998年冬我第一次来到管辖这个哨卡的海拔4400米的团部，已经在这个团工作了20多年的团长是西安人，长期的恶劣环境使他的头发几乎全部脱落，指甲凹陷成方形，眼睛成为永久性的充血状态。他给我讲了这里冬季的特点，也就是说除非这里的战士其他人根本是不可能上山的，这样不容我多说就否定了我上山的请求。第二年春季到来的时候，我先来到军分区，分区首长知道我的来意后照例告诉我上山艰难和危险的故事与理由，看我坚持要上山他们就派人把我送到无名湖下边的兵站，当时还有新华社军事部的两名年轻女记者，副团长知道是上级领导的意思就安排了9位身强力壮的小伙子送我们上山，看到这些战士为执行这项"重大任务"表现出的略显紧张的样子，我不禁打了一个寒噤，细心的副团长看到我打了寒噤硬是不让我上山。后来，我反反复复地来过几次还是没有能够上去。

在西藏女军人不多，像我这样三十多岁经常在拉萨以外的基层哨所来回奔波的女军人更是凤毛麟角。我父亲是常年在东北的深山老林里工作的军人，我之所以做到了能吃苦，确实是早年受到父亲教育和影响的结果，连我的丈夫也说在我的身上看到了当年老首长的影子。当然，我在接触西藏军人的过程中，也从他们身上学到了"老西藏精神"，丰富和提升了自己的思想感情，逐渐成了一名具有"老西藏精神"的真正西藏军人。

骆：您讲得很感人，那么到西藏后买书和读书的情况怎么样呢？

于：这正是我准备说的父亲影响我的第三个方面。您已经知道我受父亲影响入伍一发津贴就买书，到了西藏我买书和读书的爱好依旧。初到拉萨卖书的店铺不多，经常是逛半天书店买不了几本需要的书，所以1998年、1999年我在内地买了不少书带回拉萨，2000年在北大学习时接受了许多朋友和熟人的赠书。2001年夏天，我从内地探亲后回到拉萨，不知什么原因拉萨一下子增加了许多书店，图书种类大大超出以前，而且有的书店摆着新书目录，读者可以根据需要订购。我高兴地花掉了半年的积蓄，买了差不多1000册书。

通过读书，我具体了解了西藏的历史文化、地理特点，了解了西藏的风土人情和新人新事，扩大了视野，增长了知识。通过读书，特别是阅读前辈们写的有关西藏军人的书刊，比如我读过西藏女诗人杨星火的诗集，清晰地记得她写的《叫我们怎么不歌唱》："辽阔的蓝天雄鹰在飞翔，雪山下面有着无数的宝藏；在那鲜花开满的草地上，有我们可爱的田庄，可爱的牛羊。我们的家乡，生长我们的地方，叫我们怎样不歌唱。"她写的另一首《我是雪山》："风狂我稳如珠穆朗玛，雪压更添我一身光华，我是战士我是雪山，我是血肉铸成的喜马拉雅。"我比较深刻地认识了这支部队的光荣历史和现实任务，了解了祖国人民和藏族同胞对西藏军人的厚爱和期待，懂得了自己今后应该怎样走下去。

10. 我对于家庭和家庭教育的点滴感悟

于：骆老师，和您交谈非常愉快，通过您的问题和我的回答差不多把我几十年间接受父母家庭教育的往事都挖出来了，您的分析和评价也使我提高了对于家庭教育问题的认识，非常感谢您。不过，我还有一些故事和感悟想说出来，不知道您有没有兴趣听？

骆：好啊！您前面讲的对我思考和研究家庭教育很有启发，谢谢。您还有什么要说就讲吧！

于：好的，谢谢！我先说一下西藏军人的家庭和孩子情况。在西藏，许多军人比在内地服役的时间长，这些老兵多数都已经成家，但是由于西藏的环境太艰苦等原因，90%以上的结婚者都没有带家属，少数带家属，即同爱人在一起生活的军人一般也是无法把孩子带在身边的，就是说这些本该既在军营又在家庭的军人是没有家庭相伴的，全家大人小孩都在西藏的已婚军人大概只有百分之一二，西藏军人是非常渴望家的。

骆：家庭对人来说太重要了，小的时候家庭是成长的摇篮，大的时候家庭是生活的温床，年老的时候家庭又是养老的地方。很难想象，一个人没有家庭能过怎样的生活，而生活搞不好就会影响工作和事业，这是最一般的道理。当然，也有因为事业而无法顾及家庭的例外情况，我想许多西藏军人就是这样。

于：您说的没错，西藏军人也有正常人的需要，他们渴望有个完整的家，但是西藏军人的生存环境使他们的愿望无法实现。对于这些，军委领导和军区首长已经注意到了，正在千方百计地改善军人的生存环境，为长期在这里服役的老兵和军官在西藏建立家庭创造条件，比如这几年有些军营盖了条件比较好的家属房，有的军分区援建了附近的幼儿园和中小学，吸引了一些愿意到西藏来的军人家属和子女。

我还想要说的是，西藏军人在艰苦奋斗守边关的同时，也是非常思念家庭中的另一半的，他们的配偶也思念他们，有不少军人家属为了使家庭"复活"，来西藏不久竟献出了宝贵的生命。有一位叫刘燕的四川姑娘与西藏军人黄颂从小在一起，两人青梅竹马、情投意合，黄颂参军时两人还没有捅破那层玻璃纸，在此后五年多的时间里刘燕一直盼望着颂哥哥回来娶她为妻，终于有一天收到了黄颂表白爱情的信笺。刘燕等不到回信与颂哥哥商量就飞到了西藏贡嘎机场，她下了飞机不顾高山反应就乘车去了海拔4800米的岗巴军营，见到刚刚从风雪中值勤下岗的颂哥她幸福的泪水不住地流，然而结婚的第三天她就因急性肺气肿离开了心爱的颂哥哥，离开了人世间。还有一位叫王海的副营长，他的妻子张玉箐千里迢迢从广东赶来西藏的当晚，就出现了高山反应和急性肺气肿，第二天与他永远地告别了。有一份材料透露，50年来到西藏来探望军人丈夫的军嫂，已经有上百人长眠在西藏的雪山高原了。

骆：西藏军人可歌可泣，西藏军人家属同样可歌可泣，难怪不少军人喜欢唱"军功章上有我的一半，也有你的一半"呢！那么，在家庭教育方面你有什么故事和感悟呢？

于：先说我的孩子吧。我在东北部队工作期间生下了女儿，最初我的工作不忙倒也可以享受一些与女儿在一起说笑和玩耍的天伦之乐，后来调到繁忙的宣传工作岗位上就没有太多的时间管孩子了，只好请我母亲帮忙。初到拉萨，我和丈夫是带着孩子来的，孩子和我们一样很不适应西藏的环境，我和丈夫带她到西藏军区八一学校报到，像我们这样一家三口都在西藏生活的军官不多，校长亲自欢迎我的女儿上学，当校长带着我们走进教室时受到了老师和学生长时间的鼓掌欢迎，我也激动地流下了热泪。看到坐在这里的小孩个个面颊上都有两朵"高原红"，我猛然间意识到孩子要经历一场严峻的考验，要同恶劣的环境作斗争才能坚持下去，我又莫名其妙地流下了眼泪。我和丈夫都已经做好了吃苦的准备，年幼的女儿你准备好了吗？

最初，孩子各方面的情况还好，老师也经常夸奖她。但是不到半年她的身体就出现了严重的问题，经常头痛不已，原来油黑的头发变成了沙荒色，而且她坚持不让剪发，说是多留点头发还能保护脑袋，她的皮肤多处皲裂，嘴唇长时间出血，我母亲知道后非常强烈地要求把孙女送到她的身边去，这样我只好把她送回东北老家。回到沈阳没有几天，女儿的身体状况果然好了，当我快要返回西藏军区时，懂事的女儿为我折叠了一只又一只的纸船，临行她告诉我："妈妈，如果沈阳与西藏只是隔着一条海多好！"

骆：您天真可爱的女儿虽说无法继续在西藏继续陪伴你们，无法继续和那里小朋友一起上学，但是她还想着在西藏的日子，想着有一天坐船再去，自由的在沈阳和拉萨之间去去来来！

于：是啊！女儿，我的好女儿。我女儿天真活泼，想象力强，在乘飞机到西藏的途中她指着窗外的云朵，一会儿说是"天女散花了"，一会儿又说是"嫦娥奔月了"，而我这个被称为作家的妈妈却远不及孩子。

说到这里，我还想提到一件事情。有一次，我们全家三人在一起打扑克，女儿手气好，头脑聪颖，记忆力强，很快把我打垮了。输了牌之后的我为女儿加油，"快点，看准，再出几张好牌你爸爸就不行了"，眼看我丈夫也没有招架之力了，女儿却故意出错牌，最后竟然把马上就要赢的牌摊到桌子上哭了，原来女儿认为爸爸应该赢，爸爸输了太可怜。女儿对爸爸的怜悯引起了我的思索，不知从什么时候开始很多为人父母者，杞人忧天般变得多疑而自私，毫不掩饰地趋向于引导孩子学会"不让"、"不给"、"不行"，认定这样才能使孩子成为训练有素的斗士。狭隘的教育方式训练出的可能是斗士，但是这个斗士可能一生处于孤军巷战，而真正的勇士将背负责任，坦荡胸怀，永远站在高处，行进在路途漫漫的人生大路上。现在的一部分家长，在教育孩子过程中似乎忽略了许多东西，面对这善于否定的世界，我们最终应当肯定什么呢？我认为，情感教育、爱心滋润、真善美熏陶才应该是教育之根本。

骆：我赞成您的看法，再说说父母对于您的教育影响吧！

于：我的进步成长，父母的功劳大于其他任何人，我今天的成绩就是父母教育的证明。我觉得我到了西藏，能下这个决心，跟从小的家庭教育以及我父亲的军人作风有关。因为我父亲一直是在很艰苦的地方建功立业的。我觉得我父亲那种言传身教的影响是深入人心、透彻到灵魂的。有的时候我觉得人很奇怪，其实他对你的影响并不是重复过去的一种样式，或者是一种具体的东西，有的时候是另一种样式，给你呈现出来事物的本质。因为我从小就跟着我父亲钻到山沟里面，一直觉得我有大山的那种情结。西藏那个地方是群山耸立的，就像歌里唱的那样"一座座山川紧相连"。就是本着对大山的情结,使得我走向大山的深处,走向人生的高处。

骆:您说得真好,谢谢!今天就谈到这里吧。

第三节 家庭教育分析

于艺翎1968年10月生于辽宁大连一个革命军人家庭,小时候长时间生活在东北深山老林中的部队营地,还受父亲换防、家庭搬迁的影响多次转学,父亲在完成繁忙的部队工作的同时,关心孩子们的成长,给他们买书,鼓励他们读书和买书,学好学校开设的各门功课,身体力行地培养孩子吃苦耐劳的品质,帮助女儿克服烫伤坚持上学,积极参加垦荒劳动。后来父亲与孩子们不在一地生活,他仍然通过书信联系和定期回家指导孩子们进步;妈妈严格要求几个孩子,通过每周听取孩子们汇报品德和学习表现掌握情况,并对孩子成长中出现的问题作出评价和引导,保证了几个孩子在校品学兼优、在家爱劳动爱学习。于艺翎1984年入伍不久在母亲支持下考入大连军医学校,毕业后在驻军医院工作,其间母亲对她进行了医德医术的启蒙,往后于艺翎转到沈阳军区基层部队、技侦局等岗位工作,先后到过解放军艺术学院等高校学习,母亲都给予坚定的支持,并在照顾她的女儿方面发挥了很大作用。1997年于艺翎随丈夫进入西藏,经常到道路崎岖、空气稀薄的边防哨卡采访,深入基层了解守边官兵的艰难工作和崇高思想,创作了大量反映西藏军人生活的优秀作品,自己也成为具有"老西藏精神"的合格军官。

一 类属分析

1. 教育目标。从于艺翎的谈话中可以看出,她的父母亲是希望她将来成长为一位优秀的人才,为祖国作出贡献,她的母亲具体地期望她成为一个像父亲那样的优秀军人:(1)小时候我父亲就很喜欢我,经常教育我,看样子是要把我也培养成一个军人。(2)我妈妈对我爸爸确有敬爱之心,我想她对我们兄妹的要求里的确包含着把我们造就成为爸爸那样的优秀军人的思想。(3)我父亲曾教导我:人生高境界的取得,在于破万卷书,行万里路。(4)我们兄妹从小都十分敬佩爸爸,喜爱军营、喜爱绿军装,长大后差不多都走进了军队,成为新一代军人。(5)在人生目标上,妈妈要我们学习爸爸的榜样建功立业,为祖国为人民贡献青春。

2. 教育内容。从于艺翎的谈话中可以看出,她的父母亲对她进行了有目的、有计划的教育,培养她读书爱书的习惯,注重吃苦耐劳的教育:(1)我的爸爸妈妈非常重视对于我们兄妹的教育,学前就给我们买了不少画册和图书。(2)上小学后,父母对我们的教育首先就是爱书读书和买书。(3)要求我们在学习上要有计划性,爸爸妈妈对我们的学习是有要求的,还经常看效果的。(4)我印象最深的是他非常注意培养我们具有吃苦耐劳的革命精神。(5)培养孩子热爱劳动的习惯,我的爸爸妈妈在这方面是非常注意的。(6)爸爸具有艰苦奋斗、奋勇前进的精神,他的这种精神对于我们兄妹影响很大,父亲母亲也经常对我们进行这方面的教育。(7)妈妈最初讲得比较多的是医德,即做一个医生应该具有的道德修养,她强调应当有怜悯心、同情心、责任心,视病人如亲人才能做好医务工作。(8)妈妈关心我们的婚姻问题,说过希望孩子找什么样的配偶,她不讲出身,特别注重思想品德。

3. 教育方法。于艺翎的父母通过多种方法教育孩子,多数方法都有比较好的效果,她在谈话中讲到的有:(1)学前就给我们买了不少画册和图书,爸爸教我们给每本书都包上皮,他用毛笔工工整整地写上了书名和购书时间。(2)爸爸一般自己不会说自己的过去,但是我们问他的时候他也会告诉我们自己经历的那些事情。(3)爸爸对于我们的信看的很细心,有问题就圈住,回信时就要我们下次不能再犯同样的错误。(4)有一次我钻到木障子的外面又钻进来玩,就是不愿干活,我父亲就把我抓回来,吓唬用胡子扎我。(5)我母亲一般每个星期都要我们兄弟姐妹四个站成一排,要求我们把一个星期做了什么事,好的要说,做得不好的也要说,考试得 90 分以下,肯定自己要被罚站。(6)爸爸教育我们一方面是言传,一方面是身教,身体力行地遵守各项政策和规定,给我们兄妹带来了一种积极的影响。

4. 亲子关系。于艺翎的谈话讲述了她父母工作虽然忙,但是对她兄妹的关心和教育还是比较具体的,妈妈后来还帮助她带女儿:(1)我记事起爸爸和我们兄妹在一起生活的时间就不多,他在家里时喜欢看我们小孩子的作业,发现问题肯定要说给我们的,作业马虎他也批评。(2)爸爸和妈妈商量,为了孩子的学习就暂时不搬家了,我小学四五年级是在吉林的延吉市读的,这个阶段是爸爸每月抽空回来看我们。(3)爸爸知道我的脚烫伤后一方面安慰我不要害怕,一方面他鼓励我坚持到校上课,那时候我父亲每天把我背到学校。(4)回到家里妈妈不肯闲着,她为我们兄妹几个的健康成长费尽了心机。(5)父亲去世后的一段时间,我们全家人都沉浸在悲痛中"过不来",尤其是妈妈伤心得最厉害,她对我父亲一直是非常热爱非常依恋的。(6)妈妈不再像以前那样问的那么具体、批评的那么严厉,教育方式上也比过去温柔多了。我们兄妹也比过去更加体谅妈妈的苦心,更加尊重她老人家,特别是我经常同妈妈交心。(7)她不顾年迈帮助我们带小孩,我在东北几个单位工作和到外地读书时经常把女儿放在她身边，有时候一放就是半年，妈妈都很乐意帮助我带孩子。

5. 家长素质。于艺翎的父亲和母亲都是思想品质好、专业技术过硬、又非常关心子女成长的人，尤其于艺翎的父亲是一个功勋卓著的军官，无形中给了子女良好影响：（1）我的父亲十几岁就在家乡参加了农会，同地主、土匪斗争，由于他勇敢和有智慧，17岁就被大伙推举为农会头头，在远近几个村里都非常有名。（2）抗美援朝回国后父亲被选拔到技侦部队，1969年中苏边境发生珍宝岛战役，父亲带领十几名大学毕业的专业技术军人出色地完成了上级交给的艰巨任务，集体和个人荣立二等功，后来还到北京受到毛主席的接见。（3）妈妈是一个妇产科医生，她在几家医院都是她自己一个人从事那种非常辛苦的工作，她非常认真地对待患者，从上班到下班一直忙个不停。（4）我父亲担任团职军官后依然保持军人本色，各方面都按照部队的条例办事。我上小学时他是军营的一号首长，早晨起床号一吹，然后我父亲扎着腰带去出操，很正规的出操。（5）我母亲也是一个非常坚强的女性，她也从我父亲身上吸取了刚强的性格，化悲痛为力量，毅然撑起了我们这个有一个刚刚成年和三个未成年孩子的家庭。（6）我父亲在战争中是冲锋陷阵的英雄，在国防建设中是艰苦奋斗的模范，从我记事起他就在环境艰苦甚至是条件恶劣的深山老林里指挥战友们筹建军事基地，直到重病倒下他都不肯离开大山深处。

6. 家庭条件。于艺翎的家庭具有野战部队家属的特点，经常换防使家庭住址不得不迁移，父母收入较高，她们一家的生活条件是有保障的：（1）我在大连的海边出生，童年多次随爸爸换防和家庭迁移来到新的地方，东北三省辽宁、吉林、黑龙江的许多大山脚下都有我童年的身影。（2）小时候爸爸妈妈收入还是比较高的，他们经常给我们兄妹买书，还鼓励我们买自己喜欢看的书，我在小学期间就买了不少课外书。（3）小时候我们住的部队大院里头都有许多空地荒地，军官家属是可以自由耕种的，有些家庭都有几块地。（4）父亲去世后，由于部队组织关照，所以我们兄妹的日常生活水平没有因为爸爸的去世受到太大的影响。（5）我到西藏最初的不适感觉就是头昏脑涨、胸闷气短，只得靠吸氧来缓解。丈夫虽说没有我的反应那样明显，但同样面色灰青、嘴唇发紫。

二　情景分析

1. 随父亲换防搬家的童年阶段。这个阶段从出生到小学三年级，于艺翎随她的父亲换防从大连来到东北大山中的几处军营，受到父亲和母亲的照顾和教导，并目睹了父亲作为军营中一号首长的风采：（1）小时候最大的印象就是爸爸工作忙，经常随部队换防到新的地方工作，有时候爸爸头一天答应陪我妈妈和孩子们到一个地方玩，可是第二天就不见爸爸人影了。(2) 上小学二三年级的时候吧，爸爸到我所在的学校讲革命传统，我才有了自己是光荣的革命军人子女的感觉。(3) 小时候爸爸妈妈收入还是比较高的，他们经常给我们兄妹买书，还鼓励我们买自己喜欢看的书，我在小学期间就买了不少课外书。(4) 一上学，爸爸就要求我们在学习上要有计划性，爸爸妈妈对我们的学习是有要求的，还经常看效果的。(5) 我在小学二三年级的时候，有一年快要到放寒假的时候我的脚被开水烫了，爸爸知道后一方面安慰我不要害怕，一方面鼓励我坚持到校上课，他不顾工作繁忙每天背我上学。(6) 小时候我们住的部队大院里头都有许多空地荒地，军官家属是可以自由耕种的，有些家庭都有几块地，我就经常同父母一起在院子里种菜。

2. 随母亲在东北上中小学阶段。为了孩子安稳地上学读书，于艺翎的父母亲决定把家留在原地一段时间，从此于艺翎母亲和兄妹不用随父亲工作单位进山，于艺翎在城里读完了小学和中学：(1) 爸爸和妈妈商量，为了孩子的学习就暂时不搬家了，我小学四五年级是在吉林的延吉市读的，这个阶段是爸爸每月抽空回来看我们。(2) 爸爸和我们兄妹不在一地，他就要我们写信，爸爸对于我们的信看的很细心，有问题就圈住，回信时就要我们下次不能再犯同样的错误。(3) 妈妈是一个妇产科医生，她从事那种非常辛苦的工作，有时回到家里气色都很难看。但是回到家里妈妈不肯闲着，她为我们兄妹几个的健康成长费尽了心机。(4) 我母亲一般每个星期都要我们兄弟姐妹四个站成一排，要求我们汇报一个星期做了什么事，考试得到 90 分以下，肯定要被罚站。(5) 这时我父亲由肺癌转到脑癌，医院都发了病危通知书。当时我十一二岁，父亲对我说："要好好学习，将来考上大学。"(6) 爸爸去世后妈妈教育方式上也比过去温和多了。我们兄妹也比过去更加体谅妈妈的苦心、更加尊重她老人家。

3. 在沈阳军区服役和上学阶段。高中毕业后第二年于艺翎参军到沈阳军区某部队，不久考入大连军医学校，毕业之后做了一段军医，其后在部队工作一段时间又去上学读书，妈妈给了她无微不至的关怀：(1) 妈妈希望我们兄妹参军，高中毕业那年报考了大学的中文系，考试时差了十几分，那时候刚好有一个当兵的机会，我就这样出去了。(2) 妈妈是支持我学医的，妈妈最初讲得比较多的是医德，她强调应当有怜悯心、同情心、责任心，视病人如亲人才能做好医务工作。(3) 妈妈关心我们的婚姻问题，同我们说过希望孩子找什么样的配偶，她不讲出身，特别注重思想品德。(4) 她不顾年迈帮助我们带小孩，我在东北几个单位工作和到外地读书时就经常把女儿放在她身边，有时候一放就是半年，妈妈都很乐意帮助我带孩子。

4. 在西藏工作和生活阶段。这个阶段，于艺翎随丈夫一起来到了条件艰苦的西藏军区工作，而且经常奔赴常年积雪、高寒缺氧的边防哨所采访，父母的光辉榜样不断激励着她建功立业：（1）由于小的时候，我就经常跟着爸爸在东北的大山里奔跑，所以我对群山连绵的西藏一点也不怕，没有去之前我甚至已经神往。（2）我觉得自己在文学方面取得的成绩既有西藏这块高天厚土的"恩赐"，也有父亲的深刻影响。（3）我在接触西藏军人的过程中，也从他们身上学到了"老西藏精神"，丰富和提升了自己的思想感情，逐渐成了一名具有"老西藏精神"的西藏军人。（4）我高兴地花掉了半年的积蓄，买了差不多1000册书。通过读书，特别是阅读前辈们写的有关西藏军人的书刊，我比较深刻地认识了这支部队的光荣历史和现实任务，了解了祖国人民和藏族同胞对西藏军人的厚爱和期待，懂得了自己今后应该怎样走下去。（5）初到拉萨，孩子和我们一样很不适应西藏的环境，当校长带着我们走进教室时受到了老师和学生长时间的鼓掌欢迎，我也激动地流下了热泪。看到坐在这里的小孩个个面颊上都有两朵"高原红"，我猛然间意识到孩子要经历一场严峻的考验，我又莫名其妙地流下了眼泪。（6）孩子在西藏不到半年，身体就出现了严重的问题，经常头痛不已，我母亲知道后非常强烈要求把孙女送到她的身边去，这样我只好把她送回东北老家。

三 家庭教育的基本经验

第一，对于子女的成长具有明确目标。于艺翎的父亲是一位功勋卓著的解放军军官，她的母亲是一位医德医术皆优的妇科专家，基于对祖国的热爱、对事业的忠诚，他们对于孩子的成长目标是非常明确的，希望她将来成为社会主义革命和建设事业的接班人，成为能够为祖国作出贡献的优秀人才。他们在女儿童年的时候就对她寄予很大希望，在于艺翎逐渐长大以后，父母亲对她的成长更是高标准、严要求，她的母亲则具体地期望她成为一个像父亲那样的优秀军人。为此，她的父亲母亲克服家庭住址经常随部队搬迁所带来的困难，对她进行了精心的培养，很小的时候就引导她读书爱书，培养她吃苦耐劳的品德，用父爱和母爱点点滴滴地滋润她的心田，使她从小就喜爱军营、十分敬佩爸爸，长大后走进了军队，成为新一代军人，最终成为一位在西藏边防建功立业的优秀军官。

第二，引导孩子养成读书爱书的习惯。于艺翎的父母亲都是有一定科学文化的专业人士，尤其她的父亲从朝鲜战场归来后进入军队院校学习，深知科学文化的价值，非常重视引导女儿爱书读书，在孩子上学前就为她买来大量的画册和小人书，细心地教孩子识字和阅读。于艺翎上学后，她的父亲又郑重其事地告诉她一定要安排好学习时间，每天首先要完成学校老师布置的学习任务再做其他事情。于艺翎在小学四年级初步显露出写作的天赋后，她的父亲给予热情鼓励和细心辅导，并且赋予她购买自己喜欢的书籍的权利，这对已经产生了读书和写作兴趣的女儿是一个极大的鞭策，促使女儿的思想感情日益丰富、写作能力不断提高。于艺翎参军后第一个月的津贴就差不多全用来买书，其后无论是在部队基层工作，还是到院校读书，包括后来在拉萨工作时，她都把读书当作人生进步的重要手段，通过读书不断丰富自己的精神世界。

第三，培养孩子具有吃苦耐劳的品质。于艺翎的父亲在军队院校毕业后，常年在天寒地冻、人烟稀少的东北大山里从事军事技侦工作，而且根据工作任务的变换经常转移到新的营地工作，作为军人后代的于艺翎从小就体验了随部队换防迁家的辛苦。于艺翎年龄稍大以后，她的父母注意从日常生活中培养她做好自己的生活事宜、按时保质完成作业、积极参加生产劳动等，使她懂得吃苦耐劳的意义。而后，她的父母亲又通过鼓励和帮助她在脚面严重烫伤的情况下坚持上学，锻炼了她的意志力。于艺翎的父亲英年早逝，她的母亲带领子女走出悲伤，通过克服家庭生活中的困难继续培养孩子吃苦耐劳的品质，最终使女儿具备了不怕困难、乐于奉献的优良品德，放弃轻松的图书馆管理员工作、承担繁重忙碌的宣传干事工作，而后奔赴常年积雪、高寒缺氧的西藏工作，而且经常离开拉萨到条件更为艰苦的基层哨卡采访。

第四，父母高尚品德对子女的榜样作用。于艺翎的父亲是一位受到过毛主席接见的老英雄，他担任沈阳军区某部队首长后依然像过去那样起床出操，完全按照部队的管理条例办事；儿子高中毕业报名参军体检出了问题，他坚持不打招呼，不让孩子违纪参军；尤其是他深知革命军人必须以祖国利益高于一切，常年在条件艰苦的大山深处工作，从来不为个人私事影响工作，直到生命的最后一天。于艺翎的母亲是一位医德优良、医术高超的妇产科医生，多年来在仅有一人当班的妇科工作，视病人为亲人，救治了大量患者；于艺翎的母亲在家庭生活中，经常是从早晨忙到夜晚，用自己的辛劳换得子女的幸福，退休后还不顾年老体弱抚养小外孙女。于艺翎兄妹深受父母的榜样影响，如今已是知名作家的她深情地说：“我觉得自己取得的成绩既有西藏这块高天厚土的‘恩赐’，也有父亲的深刻影响，父亲的优秀品德对我影响至深。”

第四章 她成长在贵州命运曲折的知识分子家庭

——高菲的家庭教育访谈和分析

第一节 背景材料

高菲，女，1977年生于贵州省六盘水市老鹰山镇，是两姐妹中的妹妹，6岁起在老鹰山煤矿子弟学校读书，三年级时随父母到六盘水市市区上学，一年后又随父母到省会贵阳市上小学，就读的是贵州师范大学的附小，初中在这家师范院校的附中就读，高中阶段在贵阳另一家重点中学就读。她在中小学期间多次被评为优秀学生和优秀学生干部。1995年考入北京大学本科，1999年大学本科毕业后在北大继续读硕士研究生。她的爸爸大专毕业，最初在黔西南六盘水市的老鹰山煤矿子弟学校任教，后来调动到贵阳的一个统战部门工作，母亲护理学校毕业，曾在六盘水市医院做护士和院长，后到贵阳一家大医院做护士长。

我是在北大社会学系研究生课堂上认识高菲的，当我向她介绍自己的研究和期望她成为我的被试者的时候，或许是由于她自己就做过一些社会调查的缘故，高菲在我讲明自己的意图之后，她马上表示愿意接受访问。只是过了一会儿，她告诉我自己的家教可能"不突出"，希望我再考虑考虑是否真的找她。我也确实认真想过，我觉得找几位家教"不突出"的研究生谈谈也好，这样正好可以和那些家教比较突出的研究生作些对比。

5月底的一个晚上，我如约来到她住宿的女研究生楼，进入四个人住的一间房子，只见双人床和桌子、书架把屋子填得满满的，我简直不知道往哪里站，更不用说坐下来，但早已习以为常的高菲和她的两个室友却笑盈盈地招呼我坐下，递上一杯专门为我准备的咖啡。我和她们闲聊了几句话，其间不时有电话打进来，从高菲和她的室友互相转接电话的情景中看得出来她们的关系非常亲密。起初，我曾经怀疑在这样狭小又有他人在场的房间谈话是否方便，可是谈吐自如的高菲却毫无离开房间的意思，过了几分钟后我也没有这个担心了。于是，高菲帮我插上收录机电源后就开始谈话了。高菲从她那很有身份的爷爷谈起，看得出来她对自己的爷爷辈是充满敬意的。接着她谈到了自己小学阶段父母两次迁移对她的影响，谈到初中时母亲为了孩子而耽误了自己晋升职务和高中时父亲身患重病还十分牵挂她的时候心情激动。最后，她还谈到长得非常漂亮、远在英国的姐姐对她的影响。

几天后，高菲打电话告诉我录音材料已经打印出来了，我们相约了时间、地点，当她把打印好的访谈材料交给我时，还附带一份同意我"公开使用"的授权书。由于6月份我在北大的日子安排得很紧，一直未能认真地阅读这份材料。后来，我认真阅读了高菲的家庭教育访谈录，通过电话和电子邮件同她交谈过几次，补充了一些材料，最终获得了这份虽然简短但又耐人寻味的家庭教育材料。

第二节　访谈内容

1. 我生于一个命运曲折的知识分子家庭

骆：高菲同学，谢谢您这么爽快就答应接受我的访谈。

高：骆老师，您不必客气。现在我就先介绍自己和家庭的基本情况，我1977年出生于贵州省六盘水市的一个小镇，8岁随父母转到六盘水市区；9岁随父母到贵阳，中小学阶段多次搬家，1995年我考上了北大。

骆：哦，您的成长历史过程非常明了，下面说一说家里人的情况吧。

高：我的爷爷和奶奶是20世纪二三十年代的高级知识分子。爷爷名牌大学毕业，解放前曾经做过国民党的高级官员，解放以后被划为历史反革命，从40多岁一直到70多岁才恢复人身自由。奶奶出身于大地主家庭，并且接受过高等教育，解放以后由于爷爷的原因和自身的历史问题被解职，长期没有工作。奶奶生育了我的父亲及兄弟姐妹8个孩子，我的父亲排行第七。我的外公解放前拥有自办产业，因而他的成分属于民族资本家，但是因为在解放前后很快将产业送与当地政府，解放后没有受到什么太大的伤害；外婆是绸庄老板的女儿，他们一共育有9个孩子，2个在童年时夭折，我妈妈排行第五。

骆：您的祖上不一般啊！但在20年前的"文化大革命"中不仅不会引以为豪，还根本不敢对别人说，否则说了就会倒霉。下面，请您说说父母亲的情况吧。

高：好的，我爸爸5岁的时候，爷爷离家去劳动改造，直到他成年基本上都是在奶奶和几个兄姐的照顾下成长的，几十年根本没有见到爷爷的机会。父亲自小成绩就非常优秀，考上重点高中后，曾有过一次报考飞行员的机会，他自己非常喜欢这个职业，现在家里还留着他画的整本飞机模型的结构图，都很漂亮。父亲虽然各种身体和文化能力的测验都顺利通过，但是在最后却因为爷爷的历史问题被强迫改报煤炭中专，父亲上的这所学校后改为大专，因而父亲的学历是大专。爸爸最初在黔西南的六盘水市郊的老鹰山煤矿子弟学校任教，后来调动来到了贵阳的一个统战部门工作，他对现在从事的工作岗位一直是不太满意的，因为他还是喜欢当教师。

我妈妈的经历相对要顺利一些，虽然她父母过去家产不少，但妈妈小的时候家庭并不富裕，不过外公、外婆、兄弟姐妹在一起生活倒是比较顺畅的。我妈妈很聪明，从小学四年级跳级到初中，但是严重偏科，不喜欢某些课程，后来她报考了卫校。爸爸的工作经历不是很顺利，而妈妈毕业后做护士，几年内升任护士长；后由于工作突出一直在做护理工作。曾有一件憾事，就是那时医院做人事调整时，曾把护理工作中有问题的护士通过培训转成医生，而妈妈却因为工作优秀而失去这样一次机会，真是不可思议。不过，我妈妈后来担任六盘水市一家医院的院长。但是，她到贵阳后因为一些原因只任科护士长。我有一个比我大四岁的姐姐，她大学毕业以后工作了几年，现在转到了英国定居。

2. 爸爸妈妈和爷爷奶奶对我的启蒙教育

骆：现在，我们谈谈您小时候大人教育您的情况吧。

高：我上小学以前，爸爸的工作是在一所学校里做高中语文老师，一般晚上他会教我算术、一些简单的拼音。

骆：这个大概是几岁的时候？

高：我也说不准了，大概是四五岁吧。特别是在妈妈晚上医院要开会的时候，我会跟爸爸在家里学数学。爸爸把学习当作是一种强制任务，如果我没学会哭也没有用，要一直到答对了才能睡觉。妈妈心比较软，不赞成爸爸那样逼着孩子学习，所以那个时候我很担心妈妈晚上开会，这样就没有人替我说话了。可能也就是这样，爸爸在我的心目中一直都是很权威的，小的时候很怕他，但是也很亲近他的。

一般情况下晚上爸爸批改作业，所以我和妈妈先睡。一般爸爸会放音乐（用电唱机），印象里挺深的，觉得心里面挺安宁的。父母给我订阅一些儿童读物多年，记得每月总有一天跟着妈妈去领刚到的刊物；他们还给我买了很多小人书，晚上睡觉的时候妈妈会给我讲一些故事，一般都是小人书上的故事，有的时候很多天都讲同一个故事，现在我还记得贝尔的故事。

骆：您小的时候我们国家刚刚实行改革开放政策，全国上下都非常重视开发智力、培养人才，所以出了不少这方面的刊物和书籍。我是50年代末出生的，小时候根本没有开发智力的刊物，你记不记得订了什么刊物？

高：有《智力开发》、《故事大王》等等，还有《365夜故事》、《伊索寓言》那些书籍，小人书买了几十本，有的小人书现在父母还特意帮我留着。

骆：童年您有没有见过爷爷，前面您说过爷爷在旧社会就是个了不起的人物。

高：最开心的就是见到爷爷了，童年每年爸爸放假都会带着全家人回贵阳，记得5岁时爷爷送了我一套积木，我一直都很喜欢，觉得爷爷与其他长辈送的东西的品位很不一样。他们一般好像都是送我吃的和小玩具比较多。我能感觉到在家庭中，可能是因为爷爷多年不在家的缘故，所以子女对他的敬重多一些，而对奶奶更亲近些。但是对我自己而言觉得奶奶比较不易亲近，可能是因为那时她实际上是家中的权威的缘故吧。爷爷家很重视礼节，有很多规矩，孩子对大人说话不会很随便；彼此很客气，也比较含蓄。

骆：您小时候到外婆家的次数多不多？

高：因为去外公外婆家比较少，所以记忆不是很多。外公家亲戚间关系很融洽，特别是很随和，约束比较少。因此，我自己更亲近妈妈这边的亲戚。记得每次去遵义，印象很深的就是外婆总是给我买棒棒糖，在我的记忆中，外婆特别地善良而且和蔼，有的时候觉得什么事情有些委屈，不知不觉也会希望有外婆在就好了。

爷爷家的家庭风格对我的影响主要在于：培养了待人接物方面的一些礼节；因为爷爷奶奶早年经历比较多，听他们谈到与中共党史中的一些历史人物的往来、历史与人间的关系，自己的视野因此也比较开阔。外公家的家庭风格对我的影响主要在于：比较深地体会亲戚间亲情的含义；懂得坦率沟通的重要性。虽然同祖辈总的接触不多，但是他们带给我一个大家庭的概念，特别是逢年过节，也特别的有气氛，这也是我现在对一些传统习俗很怀念的原因。

骆：小时候你到过幼儿园吗？

高：到过。上学以前，因为所在地区的幼儿园质量不高，所以有的时候妈妈把我关在家里，一般我也不会哭闹。因为她会放一些零食在家里；而且我有很多小人书，也有比较多的玩具。父母上班的时候自己在家玩，没有什么问题；他们下班回家，吃完饭以后，我就会出去找小朋友玩。母亲说我的性格天生就是比较乐观的，而且我自己也认为是这样的。5岁左右的时候，妈妈特意给我买了5只很小的电报鸡作为我的"宠物"，后来养活了一只，童年的这位小伙伴带给我很多欢乐，我也从中懂得了应该爱护动物。

骆：您现在还记得学前的这些故事，那么这些经历对于您后来的成长有什么价值呢？

高：我觉得这些经历，好的影响是我自己比较独立；不好的影响就是我不是很善于交朋友，因为从小就比较能够"自得其乐"吧，这也是父母希望我能够有所改进的地方。总的来说，我感觉自己童年是安全的、温暖的、幸福的。我想这对于后来我的成长影响很大，对自己比较自信。

3. 小学时家庭多次搬迁对我的深刻影响

骆：现在，说说您上小学的情况吧。

高：好。我是1983年开始上小学的，那时候我父亲还在六盘水市郊区一个叫做老鹰山煤矿子弟学校的地方教书，我也在这里正式开始了上学的历史。

骆：哦，这个学校的情况怎么样，还有没有一些印象？

高：印象不深，主要是后来在我三年级时搬家了，一二年级太小。不过，据我父亲讲，这所学校地处大山里面，校舍简陋，交通不便，生活条件不好，应该是不太好的学校吧。学校规模也不大，主要就是招收矿上的子弟上学，还有少量当地群众的孩子上学。

我们家常常搬家，如果从出生前爸爸妈妈有的第一个家，到现在我们的家庭住址的话中间搬过近10次。父母在每一个工作的地方，都曾经搬过几次家。有的时候在一个地方住得久一点，爸妈就会把家具调整一下，换换新。我觉得这些经历，使我或多或少有一些不稳定的感觉，但是对一个地方也总是会挺留恋的，可能是因为父母到了一个新的地方也常常提起过去的家。

骆：经常搬家，您觉得它对您有什么影响？

高：对于我来说，小朋友总是不能一直在一起很长时间，但是每到一个地方，我觉得适应的都比较快，所以一定程度上说，也培养了我的独立性。小学一二年级，三四年级，五六年级分别在几个不同的地方上学。不过童年的时候，因为住在妈妈医院宿舍里，小朋友还是很多的。常常中午父母也不关家门，我自己就会出去玩，然后自己回家。但是搬到贵阳以后，邻里的关系比较冷淡，所以我的朋友从那时起就仅限于同学了，这可能也对我能够结交各种不同的朋友有一定的影响。

骆：您能不能具体回忆一下搬家的情况？

高：我小学一二年级是在父亲所在的子弟学校读书。当时因为幼儿园质量不好，父母决定让我早一点儿读书。记得上学的前一天父母和自己都挺高兴的，爸爸还送了我一本新买的《新华字典》。那时，我第一次看见有那么多汉字的大书，感觉非常好，真是知识的海洋。学前懂一点算术，也会写一些字。这一时期，每天的作业都经过父母的检查，常常得到表扬，做完作业就跟爸爸学折纸。

我家在我三四年级时搬到了六盘水市区，这段时期，父母的工作都比较忙，才到一个新地方要做好工作。而自己也很贪玩，成绩滑到班上3、4名。那时只要按时回家，晚上9点睡觉就可以，他们一般没有再每天过问我的学习。那时我也常常会给家里找麻烦，比如父母亲被学校叫去挨训，父亲对我当时的评价是"七岁、八岁狗都嫌"。

骆：您的父母亲怎样处理这种事情？具体说说吧。

高：有一件事情是这样的，四年级期末考试的时候，自己以为会按照历年第一天数学第二天语文的惯例考试。第一天考完数学的下午就在家里睡觉。姐姐的同学到家里来玩，她的弟弟跟我同校，看见我还在家就问我姐姐。"你妹妹怎么在家呢？我弟弟说今天下午考试。"我姐姐就说，"一定是你弟想出去玩，骗你的吧。"后来下午四五点的时候，我的两个好朋友到我家来看我，问我是不是因为生病了，所以没参加语文考试。当时自己确实也很担心，后来妈妈下班我姐告诉她后，我觉得她比我还着急。她马上带着我找到班主任语文老师问能否补考，后来就补考了一次。老师当时趁机告了我的状，说我在班里很固执。回家的途中，妈妈就比较严肃地跟我说这个问题，但是当时我对固执的理解也不是很深，妈妈说我比较喜欢屡教不改，但那次并没有惩罚我。

骆：当时老师说你固执，你能不能接受？

高：我当时好像是有些反感，觉得这似乎是不好的一种评价，但是也没有太多的想这个问题。后来妈妈就批评我，让我多听老师的话。我觉得这件事，她没有一味地责怪我，还是听了我说的原因，并且积极地帮我想办法处理这个问题，没有对我造成太大的负面影响。而且确实从此以后，我对老师的态度比以前要顺从。

骆：还有没有其他有趣的记忆？

高：另一件事就是：我和我的同桌，一个男孩关系不好，我就跟我姐姐说了，说他总是欺负我；那时我姐姐读初三，有一天她下课后来找我，途中碰到了我和这个男孩，我姐姐就比较凶地对他说："你别再欺负我妹妹！"……那个男孩就拿个扫帚到处乱舞，我姐姐用书包挡了一下，却剐到了他的眼角，擦破了皮。当时我姐姐和我就已经有些担心，后来他就和另外一个同学跑去找我妈妈。我妈妈给他上了药，也没太搞清楚发生了什么事，回来以后就问我们事情的经过。正在我们要说的时候，这个同学的妈妈就带着他到我们家来了。

骆：哦，他妈可能要告你了，看你妈妈怎么处理吧？

高：当时有一件有趣的事情发生了，就是他们先到了我家的楼下问我们家的地址，楼下的叔叔同我们家关系很好，看到"来着不善"就先乱说了一个地方，还说不认识我们。然后迅速地跑到我们家说有人很不高兴地来找你们。很不巧，他们到我家的时候，这位叔叔也在。后来怎么解决的我已经记不太清了，好像让我认了错；记得解决得双方都还可以接受吧。父母好像也没有怎么惩罚我。我想可能是有两个原因，一方面可能是觉得两个孩子都有不对的地方；另一方面可能是因为这位叔叔的这种举动，缓和了父母的情绪。

4. 爸爸妈妈为了我而影响了自己的升职

骆：您前面说过，小学五年级又搬家一次，具体情况怎样？

高：我五年级的时候，已经恢复地位的爷爷，觉得因为他的缘故爸爸是几个孩子中受到影响比较大的，就通过他的关系把爸爸调到了贵阳，进了一个统战部门，妈妈调入省医院。因为妈妈在六盘水的时候已经任市医院院长，所以调省医院后的职位本应当是护理部主任，但是当时省医一位年纪较大的老护士（后来得知，因为妈妈的到任，她可能退休前不能升任该职了）反映认为妈妈太年轻，又是从另一个市调来的，应当先熟悉工作，所以刚开始是安排妈妈从科护士长做起。印象里妈妈没有特别的不快，但是工作比过去辛苦。

骆：你妈妈怎样看待工作调动？我想他们那时候正当年，调动单位多了，说不定要影响自己的前程呢！

高：您说的没错。这也是妈妈工作生涯中的一次挫折吧，后来因为一些原因，妈妈没有再升职。其中有几次调任整个外科护士长，但是她都拒绝了。这是因为妈妈是很乐观的人，同时也比较重视自由的，她认为在一个科室里和大家相处融洽比升职重要。她过去的一位同事对我说："你妈妈都是为了你和你姐到贵阳教育质量高一些，不然她的前景会很好。"后来妈妈自己也曾遗憾地对我说："为了你们，我牺牲了自己的事业。"

骆：听了妈妈的话，您当时有什么感想？

高：我觉得这些话，让自己有一些压力，觉得应该对妈妈有所补偿。从她的身上，我学到了一个人应该怎样定位自己的生活和工作。在认真工作、进取的同时，我妈妈并不是权利欲很重的人。我很喜欢她的性格，妈妈善良、平和、宽容、乐观而且很有决断力，很多时候也是因为她的开导、鼓励和支持，我能够对事情有比较好的判断。有的时候面对一些选择无法决定，也是她告诉我"做事情不要太多的犹豫，要当机立断"。

骆：你爸爸同时调到贵阳工作，他的情况怎么样？

高：我爸爸的工作调动也不甚如意。过去爸爸的事业心很强，任教有很多成绩，但是到了这样一个统战部门，基本上只是按章办事，不是教育工作部门，没有太多创新的机会，人事关系又相对复杂，爸爸后来就有些心灰意懒了。从爸爸身上，我看到了社会不利于个人发展的方面。因为爸爸工作上不是很顺心，他对家庭比较投入。我想这样对于我的成长反而是有好处的，看到父母都同样的关心我，重视我的学习，对我是一种鼓励。

骆：那么，你自己转学的情况怎么样？还顺利吧？

高：我自己转学也出了点问题。刚开始叔叔通过好友联系到一所重点小学

（叔叔的两个女儿，我的堂姐和堂妹都在这个学校）。但是，我录取考试却考得很差，记得好像没及格。爸爸知道了都不敢相信。之后，在这年的整个9月份没有上学。我爸爸妈妈带着我和姐姐，因为当时单位上还没有分房子，所以是跟爷爷奶奶挤着住，爷爷奶奶是住在贵州师范大学里面，师范大学里面有一所附属小学，爸爸……我自己记不太清了，但是爸爸说有几次下班回来的时候，看见我在那个小学教室的门口走来走去，也不知道在干什么。他就觉得很难过，希望我能早一天正式上学。

骆：你爸爸着急啊！1995年我初到广州工作，女儿9月份开学时还没有办好转学手续，我也是很着急的，孩子没有学校上是大事情。

高：那时我爸爸比我还着急，后来通过爸爸的领导联系到一所普通小学。但是，到报到的那天，说好的那个班的班主任却不同意收我。因为当时市里面在评选优秀老师和优秀班级，这个老师认为我已经一个月没上学，到了他们班可能会拖后腿，所以无论如何都不同意。记得开始是妈妈陪着我在教学楼下面等爸爸上去商量，后来妈妈等不及自己也上去了。最后，答应接收我的是五年级1班，语文老师是彭金华老师，数学老师是徐老师。当时我印象里很深的一句话就是徐老师对我说："就看你的期中考试考得怎么样了。"后来才知道其实这个班是那个年级最好的一个班，当时这个老师是因为看见我妈妈实在是哭得太可怜了。

骆：真是可怜天下父母心啊！不管怎么样，你妈妈的哭打动了老师。

高：因为当时和我同龄的堂姐堂妹已经开学一个多月了，徐老师告诉我妈妈老师上课留的作业，然后我自己让妈妈也买了一些相关的辅导材料，回家全部做了一遍，可能是因为这些缘故吧，所以成绩和学习没有落后，期中考试的时候考了班上的第二名。记得徐老师胖胖的，很和蔼，就跟我说"我开始喜欢你了"，从此以后我就在这个班上读书。一直到六年级小学毕业的时候考了班上的第一名，就直升到贵州师范大学附属中学，当时也是进了一个重点班。

骆：转回贵阳，你同爷爷奶奶见面次数多吗？他们对你有什么影响？

高：自从上学以来，我每个假期回到贵阳，爷爷都会问三个同年级孩子的成绩，然后按照成绩高低发"奖学金"，因为我每次考试都是最高的，所以每次都多一点。而奶奶就不同，她给三个人的奖励都一样。

5. 爸爸妈妈爱护我这个爱美的初中女生

骆：初中你考进了贵州师范大学的附中，不简单啊！说说师大附中给你的最初印象吧？

高：师大附中是贵州的名牌中学，名牌学校各方面条件就是好，学校的高楼建筑、运动操场、图书馆，都是一流的。师大附中的学生有这样一个情况，除了全省招收的尖子学生之外，主要是师大老师的孩子，还有就是武警、公安厅的孩子，所以人员不是很复杂，能考进来很不容易。

骆：你在初中那个班的情况怎样？据说许多家长认为，孩子不仅要考进名校，还要进入好班才有希望。不知道你所在班里的情况如何？

高：我们班的那个老师却是很特别，班主任是位女老师，长得很漂亮，声音也很好听，但是整个初中三年她的教育过于严厉，甚至是不近人情。印象里很深的是曾经几位学习比较优秀的同学因为一些原因成绩滑坡，从此我觉得他们的人生也有所改变吧；还有一些确实本来成绩就不好的孩子得不到她的鼓励，反而被她讽刺挖苦，有一些就可能，我觉得是她故意的迫使这些同学退学了。

骆：哦，有这样的老师，如果她这样做，那就太不好了。我觉得家长完全可以采取行动向学校汇报她的不良行为及其后果，不知道你家大人有没有这样做？

高：没有，我妈没有举报。我可以举一举这个老师很独特的例子，我们是7点40分上早自习，但是这个老师要求我们每一个人7点20分来，我记得很清楚那天是7点整到教室，那一天天还挺黑的……从此以后我们班早自习比正常规定的时间要早几十分钟；而且早自习的时候，她规定我们必须要大声朗读，她会走到每一排听每个人是不是真的读出声音来了；还有就是课间操的时候，先做眼睛保健操她不让我们把最后八八拍做完，让我们全班同学提前到操场，然后笔直地站好，不能动，哪怕什么地方痒，你都不能挠，不能互相说话，做操的时候必须很精神，所以我们班曾经有几次，就是学校并不要求做课间操，只要求做眼睛保健操，而我们班同学都傻傻地站在操场里，全校同学都看着我们，觉得挺可笑的，课间休息的时候就这样过去了，如果这位老师站在教室门口，就绝对不会有同学离开教室，大家也不敢说什么话。

骆：她管得很严。你们当时对她有没有好感？

高：没有，我们班里只有个别她特别喜欢的同学。我进这个班时它是年级第一名，后来成绩就是后几名了。当时不知道为什么班上有一个男同学和女同学对这位老师特别喜欢，班上其他同学都不喜欢她。这个老师对女孩子的穿着、男孩子玩的都管理很严。比如说女孩子不能戴头花，更别说披肩发。印象特别深的一件事情，是初二的时候，爸爸给我剪成短头发，就是上海头那种，但是也不知道为何，老师认为我剪成了当时流行的一种发式，这个老师是非常古板的，当时非常生气，上课的当天，就在全班批评我，认为我因为爱美打扮什么的。

骆：你感到委屈，感到没有面子吧？恐怕要父母亲支持你！

高：我记得后来是哭着回家的，回家以后就跟爸爸说了，我爸爸也不知道是怎么回事，不知道是不是以为剪的不够短，当时已经是齐耳了，却被老师当作披肩发。但是后来老师还是不满意，批评我。我的妈妈就去跟这个老师谈，我记得当时爸爸妈妈都是很爱护我的，因为他们认为我没有错。我妈妈就告诉她头发确实是我爸爸给我剪的，没有吹也没有烫。但是老师说："不管怎么说高菲剪的这个头发和同学不一样，女孩子要不就是长头发，要不就是运动头，剪成这样很影响班风。"

骆：这位老师说的太严重了，不过80年代人们的思想还不开化，什么都会当作不好的东西滥批一通。没有办法，我估计你爸爸妈妈难以说服这位老师。

高：是的。妈妈回来跟爸爸商量，就说既然老师仍然不接受的话，只有我们让步。就带我去理发店剪头发，理发师说我爸爸给剪的这个头发这么短，就是剪成男生头都不容易了，但是还是又剪了。我觉得爸爸妈妈在同老师的接触中是很冷静的，他们知道这个班主任是有一些特点的，没有一味地压制我，没有要求我完全按照老师的要求做。

6. 爸爸妈妈对于我的学习和交往的指导

骆：你在初中时的学习情况怎么样？父母亲在这方面是怎么指导你的？

高：我觉得好像没有几次得第一名，一般都是三四名。中考也考得不是特别好，只是另一所重点中学的普通班的水平。当时师大附中曾经特别把学习成绩比较好的学生召集起来，希望大家留在本校。我觉得爸爸妈妈他们这一点特别好，他们没有按照老师的建议就决定让我到另外一所学校。因为他们觉得我这个初中的老师确实不怎么样，从这三年他们和这个老师接触以及对校风的了解，他们还是决定让我考另一所学校。我记得爸爸还特意对老师强调是因为家住得远的原因（离师大附中远），免得老师尴尬。

骆：小学时爸爸对你的学习抓得很具体，中学时情况怎么样？

高：学习方面，主要辅导数学和语文；他们对于我在班上的排名特别重视。而这个老师也很爱排名次，所以父母对我这段时期的学习情况是很了解的，并且也要求我要认真学习。

骆：你对这个名次有什么感觉？比如自己成绩靠前是不是挺自豪的？

高：我觉得自豪是有的，但是后来没有排在前面也没有太多难过。因为当时挺贪玩儿，爱看漫画书和小说什么的。学习上不是很努力。

骆：那你妈妈知不知道这个情况？

高：她知道。有一件事情，我有一个好朋友，有一次她的爸爸向班主任告状，说我自己看课外闲书还带他的女儿一起看，影响学习。后来老师告诉了我的父母。他们在帮我整理房间的时候也看到过我买的漫画。当然他们是不允许的，但是没有撕掉。爸爸妈妈对我进行批评，要求我要好好学习，还规定了看这些课外书的时间。

骆：当时你很快接受了吗？

高：我觉得这种批评是没有用的。因为兴趣爱好的缘故，我还是偷偷看的。虽然这样，父母还是很信任我的。他们从来不会在我学习的房间外"偷窥"。爸爸批评我的时候爱说"响鼓不用重锤"。我觉得因为他们的信任，一方面钻了小空子；另一方面自我约束也会多一些。

骆：那你觉得这些课外书对你自己成长有什么好处吗？

高：我觉得很有好处。比如说锻炼了一个人的想象力，对调节自己的性情很有帮助，因为这些课外书的世界是很丰富的。看漫画从一个侧面培养了自己的一些对美丽的认识，这是有别于正统美学教育中能够学习的道德，漫画是很唯美的。因为课内知识是很局限的，所以那时起我就爱看漫画。

骆：你初中的时候交朋友多不多？

高：我觉得一直交朋友都不是很多。在每一个阶段都会有一到两个好朋友，并且一直到现在都很要好。但是像别的孩子有很多朋友玩得很好的就没有。现在父母比较爱提醒我这一点，他们有的时候会说这是他们教育我失败的地方。因为他们对我保护的心理太重，管教严格的同时，没有太注意培养我同别人交往的能力，所以我的性格比较内向。

骆：中学阶段，爸爸妈妈有没有带你外出旅游？

高：这方面我父母亲还是比较重视的，记得小的时候旅游的情况是，5岁的时候到了北京、沈阳，在贵州省内每年都会外出旅游，或远或近都要有一两次。初三中考以后，妈妈带我到四川去玩，去了成都、重庆。这一次的旅游到了峨眉山、都江堰……我觉得对于我学习地理和历史是有好处的。这一点父母比较注意，一般到了一个地方他们会尽可能给我讲历史背景，不会玩过就忘的。我觉得旅游很开阔视野，增长知识，也能让人有比较广阔的胸襟，对孩子的教育是很重要的。

7. 高考前后爸爸妈妈对我的关怀和指导

骆：上高中后你的学习怎么样，父母在这方面对你的要求高不高？

高：刚考入高中时，成绩很一般。后来第一学期期中考试，考了班级第三名，进步比较大。老师也刮目相看，鼓励比较多，特别是数学老师。我觉得在教育中如果一位老师能够真正地对一个学生投入一定的关心，他只要给一点点特别的关心，这个孩子都会成长得很好，对自己很有自信，也会自律。高一的寒假我自己曾经把数学、物理、化学的课后作业全部重作了一遍。我觉得这对于后来高三的学习很有帮助，因为这样即使平时没有考到最高分，基础也是挺扎实的。对于高三的冲刺很重要。

骆：你在高考前后，父母是否很重视？

高：他们不仅重视，而且很紧张。父母的作息，整个高三一年比我的还"严格"，也很注意我的饮食，他们觉得在功课上不能很好的辅导我，在"后勤"上就很注意了。后来妈妈说她觉得她的神经都快不行了。当时好像什么事情都不存在了，只有高考一件事。当时我们家旁边有建筑工地彻夜工作；有音像店总是放歌，父母就去和他们商量，一次不成就再去，后来那些吵闹杂乱的情况还是有点减少，我很感激他们为了我作了这么多的努力。

骆：请你描述在高中阶段一个假期的家庭生活情况。

高：除了出去玩的话每一个假期都差不多。一般父母会要求我每天都看书，假期开始的时候会要求订一个假期计划，但是执不执行就看自己了。假期我是很自由的，在家里的时候，在父母下班以前我会先把饭做好，等父母回来以后帮他们洗洗菜；有的时候也洗碗。父母要求每天起床以后要收拾房间。假期总是和堂姐和堂妹一起玩，去奶奶家。一般就是在大学校园里逛，看电视，打扑克。

骆：刚才说父母紧张，那么父母看见你这种不紧不慢的情况也不干涉？

高：假期他们给的自由挺多的。我觉得我的爸爸妈妈确实很重视教育，同父母的兄弟姐妹相比，对子女投入的心血是比较多的。但是，在高中一二年级的假期他们管我不是太严，也可能觉得我懂事了，自己知道学习了，就没有管的那样严厉。

骆：高考填报志愿是你自己决定的？这个过程中你父母亲起了什么作用？你能考入北大真是了不起啊！

高：当时的情况是这样的，北大在贵州省招9个文科，南开招6个。正式报考以前，父母带着我询问了很多人，包括教委主任、考上重点大学的孩子的家长等等。本来想要报考南开大学，但是因为听到的负面消息实在是太多了，临填正式报名表的前一天晚上，我突然对爸爸说，如果考南开大学我就不愿参加高考了（我的成绩可以做推荐生），我想考北大。后来爸爸一点儿也没有试图说服我，而是和妈妈一起支持我，一家人都很高兴地报考了北大。可能就是家庭对自己的信心，让我鼓起了勇气。最初的甄选是全家人在思考，最后按我爸爸的话说是我"一锤子定的"。

骆：高中阶段，家里还有哪些重要事情对你有影响？

高：就是我父亲得了重病。

骆：哦，什么病？具体情况如何？

高：可能是脑膜炎吧，在高一的期末，爸爸因为脑膜炎病得很重，曾经下了三次病危通知书。在照顾爸爸的过程中，我也体会到了妈妈对爸爸的态度和其他亲戚对爸爸态度上的差异很大，妈妈是尽心尽力地照顾爸爸，无论行动上还是心情、态度上都看得出来妈妈对爸爸的深情，有的亲戚这时候的表现就不真切，从中也让我开始怀疑亲戚对一个人的分量怎样。

骆：那你父亲在同病魔作斗争的时候的态度对你有什么影响。

高：爸爸在昏迷醒过来以后，并没有表现出痛苦。我觉得他很乐观，常常跟我讲他治病的一些感受，比如什么地方怎么疼，但不是悲伤的，而是积极配合医生的。因为那个时候，我每天放学就去医院，和爸爸聊得比较多，他常常问我每天学习的情况，有的时候也聊聊他年轻的时候怎样。尽管他心里想让我陪他多说说话，但他经常催促我回家做作业，不想影响我的学习。爸爸在我的面前很坚强，也很欣慰地对我说过，因为妈妈和两个女儿让他很幸福。我觉得爸爸在这么重的病前都是乐观的，也给了我自己一种信心。觉得只要努力，什么难关咬咬牙都能够克服的。

骆：爸爸生病时和你谈论最多的是什么？

高：因为我父母跟我谈话从来不会和我只谈学习，而会有很多内容，我感觉爸爸他很关心我，他还对别人说他有这么好的妻子他是很高兴的，有这样的孩子他也觉得很欣慰。可能因为父母的情绪是积极的，我一般对事情的看法也都比较积极、健康吧。

8. 我对爸爸妈妈人格特征及影响的评价

骆：你能不能做个自我评价？还有你在中小学有没有评上什么奖？有什么特长？

高：我从小学一年级到高中三年级差不多都是三好学生，高二高三是市级三好学生，其他的好像都是校级吧。没有什么特长，因为自己对学习一些技能没有长性。爸爸教过我二胡、书法和绘画，但是我都只懂了个基本要领就荒废了，没有坚持学下去。

我想能够到北大读书，应该很好地感谢我的父母。因为在我的成长过程中，他们一直都注意给我一个稳定的优良的环境，他们自己的牺牲都很多。而且常常提到"身教重于言教"，我想他们在工作与生活中的言行对我的影响很大。与父母的互动很多，使我从他们身上学到了很多东西。特别是面对工作上的失意、生活中的困难时，都要以一种积极的态度去面对。但是，父母的真诚与善良也的确遇到了问题，所以我个人对公平在生活中的含义有一些思考。在向他们学习的过程中，很遗憾没有继承妈妈的决断能力和爸爸对任何事情的坦然。自己是比较爱犹豫，而且过于敏感的人。

骆：请你稍微总结一下，你觉得家庭成员中哪一位对你影响最大？

高：我觉得每一位家庭成员对我的影响是不同方面的。爸爸教会了我做人的道理，比如对长辈要有礼貌；遇事要讲道理；一个人要自强自立，要勇敢等等。而且，从他身上我还能明显地体会到"无用武之地"的遗憾，所以我很尊敬他。

骆：那么，你父亲是怎样一个人？

高：我父亲这个人吧，比较迂腐，但是很仁义的人。记得小时候有一次吃饭的时候对我说："滴水之恩，当涌泉相报。"我觉得父亲给我讲的这些道理虽然是在后来的成长中才逐渐明白的，但是对我的影响确实很大，自己心里面明白什么可为，什么不可为，虽然有的标准可能不正确。父亲做人方面不够圆滑，包括在亲戚中也不够圆滑。我的爷爷确实很疼爱我的大伯伯，因为是长子吧；奶奶喜欢我的小叔。但是一般有什么家庭问题，我的父亲不是磨开，而是出面解决，最后往往别人的怒火都针对父亲。他很孝顺，我的婶婶告诉我，爸爸在煤校读书的时候，在闹饥荒，爸爸因为是学生有口粮，而奶奶和叔叔因为都没有职业，所以很困难，爸爸每星期都把自己的口粮省下来带回去给奶奶和叔叔，后来自己得了二号病。还有，父亲这个人挺浪漫的，比如说出去采风回来，会带鲜花给妈妈。

骆：该说妈妈了吧？

高：妈妈教会了我应当做一个善良、乐观的人。因为她自己心胸很开阔，而且做事情决断很快，长大以后比较喜欢同她谈一些问题。因为我自身性格有些爱犹豫，同妈妈谈谈会帮助我作决定。我妈妈是非常善良的人，我觉得她很可爱。妈妈这个人很大气，但是很急躁。她有些信佛。父母最爱讲的就是他们是姐姐和我的避风港，有什么事情都不用害怕。希望我们能够尽可能的发展自己，做一个成功的人。我想这对于姐姐和我的学习是很有影响的，因为我们知道父母总是在支持着我们，所以对学习和今后的生活都是比较有信心的。

骆：前面你多次谈到姐姐，说说姐姐对你的影响吧。

高：我姐姐长得很漂亮而且很聪明，至少是我认为。我想可能我从小就有些崇拜她吧。她是 5 岁读的小学；23 岁去英国读的 MBA，现已留在那里工作。当我遇到什么问题和她说的时候，她不是告诉我该怎么办，而是给我一个思路。特别爱拿自己作例子，说自己碰到这样的事情时是怎样处理的。比如说交朋友，应该怎样保护自己等等。

我记得有一次她跟我说："有些话我跟你讲了，但是你不一定觉得我对，还可能觉得我根本没明白你的问题，但是等你自己经历了，你就知道我说的意思了。"我觉得我的生活经历中很多次印证她的话。我姐姐很喜欢我，她总是说我们俩是世界上最像的人，因为都是结合了父母的一些特点。姐妹之间也会闹别扭，但是都很快就会过去。我爸爸性格上很慢，妈妈很急，我就像我爸爸，我姐姐像我妈妈。

骆：父母有没有跟你谈过做什么样的人，你如何评价他或她的人格？

高：刚上小学的时候，有一次妈妈跟我讲过一个比较抽象的身份，就是说：以后你去做科学家吧。然后我就自己以为自己将来一定就是做科学家；后来小学的时候，父母对我说以后就考清华大学吧，其实那个时候我最多只知道读书可以读到高中（因为父亲在教高中语文）。但是到了研究生阶段他们担心我只懂学习，其他生活能力太弱。他们不会具体地要求我做怎样的工作，只希望我能有奋斗的精神，做一个进取的人。

骆：你觉得他们在教育你的过程中最重视的是什么？

高：我想是人品。做人要有礼貌，要诚实等等。在奶奶家礼节上是比较注意的，长幼的顺序是很明确的。有的时候我不守"规矩"，爸爸就会很严厉地跟我说：你这样别的人家看到了会说我们家没家教！我觉得这样的话的威慑力是很强的，让我有一定的羞耻观吧。

另一方面，就是一定要有好的成绩。我想父母期望我成为一个学习好、生活能力强的孩子。我觉得自己也许学习还可以，算是良好；但是在人际交往方面确实不是很成熟，因为我自小就比较内向，父母也没有强制和不认识的小朋友玩，因为我一般碰到"生人"时，自己就会要求回家之类的。我想在走出校门以后，在社会生活中，人际交往的能力是很重要的，这是他们现在希望我注意的问题。

骆：好的，今天晚上就谈这些吧，谢谢！

第三节　家庭教育简析

高菲 1977 年生于贵州省六盘水市的一个命运曲折的知识分子家庭，她的祖辈新中国成立前有的是国民党政府的高官，有的是开发实业成功的大资本家，在新中国成立后相当长的时间里处于不利境地。她学前就受到在六盘水郊外老鹰山煤矿子弟学校执教的父亲的启蒙教育，经常听故事、识字和算数，她 6 岁起在老鹰山煤矿子弟学校读书，每年暑假还随父母回贵阳探望已经安度晚年的爷爷奶奶和外公外婆，从老人那里得到智慧的启迪和道德的训练。高菲三年级时随父母到六盘水市市区上学，一年后又随父母到省会贵阳市，为了使她能够上一所质量比较好的小学，家人费尽心机，终于使她进入贵州师范大学的附小。然而，为了孩子能够来到省城读书，高菲的父亲调入了自己不喜欢的政府机关工作，母亲失掉了六盘水市医院院长的职务，只能在省城一家大医院里做专科的护士长。也许是为了报答爸爸妈妈的恩情，也许是为了帮助爸爸妈妈补回损失，高菲在这里努力学习，以优异的成绩考入了师大附中这所省重点中学。然而，满怀期望和追求的高菲在初中却遇到了一个思想保守、对学生要求苛刻的班主任，爸爸妈妈知道孩子不开心就经常同她谈话，协调女儿与老师的关系，安慰和鼓励她继续努力学习。在爸爸妈妈支持下，高菲高中时转到另一所重点中学，以平常心态学习和生活，三年中学习成绩又上了档次，考入北京大学。

考察高菲的家庭教育历程，笔者认为以下三个方面是值得赞赏和借鉴的：

第一，对于孩子成长过程的高度重视。高菲的祖辈是科学文化素质很高的人，由于历史原因新中国成立后长期得不到发挥，她的父母也有较高的科学文化素质，但是受环境制约也无法充分实现自己的理想，因此她的祖辈和父辈对她这个聪明可爱的孩子寄予极大期望，都尽力把她培养成为有用之才。无论是还没有上学的时候爸爸在老鹰山煤矿的家里教她识字、算数，还是回到贵阳时老人对她的礼貌教育，都表明了两代家长对后辈成长的重视；高菲上小学后家里先后多次迁移家庭住址，爸爸妈妈为了她到条件好一些的城市读书，不惜失去自己满意的工作环境调回贵阳，还有妈妈为了把她转入师大附小所付出的泪水，都体现了长辈把孩子的前途放在了极其重要的地位的思想，激励着高菲努力学习、不断取得优异成绩。

高菲在访谈中多次谈到父辈和祖辈对她成长的高度重视和采取的重要措施，比如：（1）爸爸把学习当做是一种强制任务，如果我没学会哭也没有用，要一直到答对了才能睡觉。（2）妈妈的一位同事对我说："你妈妈都是为了你和你姐到贵阳教育质量高一些，不然她的前景会很好。"后来妈妈自己也曾遗憾地对我说："为了你们，我牺牲了自己的事业。"（3）因为爸爸工作上不是很顺心，他对家庭比较投入。我想这样对于我的成长反而是有好处的，直到父母都同样的关心我，重视我的学习，对我是一种鼓励。（4）记得开始是妈妈陪着我在教学楼下面等爸爸上去商量，后来妈妈等不及自己也上去了，当时这个老师是因为看见我妈妈实在是哭得太可怜了才答应接收我。（5）父母的作息，整个高三一年比我的还"严格"，也很注意我的饮食，他们觉得在功课上不能很好的辅导我，在"后勤"上就很注意了。（6）我觉得我的爸爸妈妈确实很重视教育，同父母的兄弟姐妹相比，对子女投入的心血是比较多的。

第二，灵活的教育方式和温馨的家庭氛围。高菲出生的时候，她的家是在黔西南六盘水市郊外的老鹰山煤矿，父母的生活和工作条件都很艰苦，她刚上小学的时候父母亲正处于干事业的高峰年龄，在单位里承担任着重要的业务工作，尤其她的母亲做了六盘水市医院院长。怎样在艰苦的环境中和忙于繁重工作的同时照顾和教育自己的孩子呢？我们看到高菲的父亲和母亲从实际出发，采取了许多灵活的教育方式培养孩子，使孩子从听故事、看画册、猜谜语、旅游、交谈等轻松有趣的活动中获得了知识和教益。当孩子上学后，高菲的父母指导女儿协调与同学、老师的关系，帮助不善表达的女儿说明情况，化解了矛盾和误解，消除了不快情绪。在家庭生活中他们对女儿宽严结合、慈爱有加，除了生活上尽量让孩子得到满足外，还同女儿谈心聊天，尊重女儿的兴趣和爱好。高菲的爷爷奶奶、外公外婆虽然与她在一起的时间不多，但是他们也非常关心这个小女孩，发挥老人见多识广的优势，通过讲故事、说笑话、发奖品等细小事情鼓励和指导高菲的进步。

高菲多次谈到父辈和祖辈灵活的教育方式和温馨的家庭氛围，比较直接谈的地方有：（1）四五岁时他们就给我买了很多小人书，晚上睡觉的时候妈妈会给我讲一些故事，一般都是小人书上的故事。（2）5岁的时候父母带我到了北京、沈阳，在贵州省内每年都会外出旅游，或远或近都要有一两次。（3）我觉得爸爸妈妈在同老师的接触中是很冷静的，他们知道这个班主任是有一些特点的，没有一味地压制我，没有要求我完全按照老师的要求做。（4）在高中一二年级的假期他们管我不是太严，也可能觉得我懂事了，自己知道学习了，就没有管得那样严厉。（5）与父母的互动很多，使我从他们身上学到了很多东西。特别是面对工作上的失意、生活中的困难时，都要以一种积极的态度去面对。（6）我每个假期回到贵阳，爷爷都会问三个同年级孩子的成绩，然后按照成绩高低发"奖学金"，因为我每次考试都是最高的，所以每次都多一点。

第三，多位长辈积极人格的综合影响。高菲成长在一个与众不同的家庭，她的多位长辈具有独特的人生经历和积极人格，长辈的积极人格从不同领域促进了她的成长。高菲父亲母亲儿童少年时代就十分聪明和勤奋，但是由于家庭背景"问题"只得上中专学校，青年时代他们在各自工作岗位上都取得了相当的成绩，但是为了孩子获得更好的教育条件，毅然放弃熟悉的工作来到省城贵阳，在不顺心的工作环境中他们没有怨天尤人，而是通过把较多的精力放在教育女儿上展示生命的光辉，无形中促使女儿了解社会的复杂，增强了信心、勇气和乐观，练就了平和、宽容和果断。高菲的爷爷奶奶在旧中国受过良好的高等教育，曾经权高位重，新中国建立后长期被监管，晚年他们获得自由后一方面享受生活，另一方面为儿孙尽一点心，对于高菲形成勤奋学习、礼貌待人等品德起了积极作用；高菲的外公外婆在旧中国就有自己的企业，非常富有，新中国成立之初他们把资产交给人民政府，长期过着比较俭朴的生活，高菲在同外公外婆接触中，学到了他们的善良和蔼、坦诚无欺。

　　在接受访谈时，高菲谈到父辈和祖辈积极人格对自己影响的地方主要是：（1）爸爸教会了我做人的道理，比如对长辈要有礼貌；遇事要讲道理；一个人要自强自立，要勇敢等等。（2）妈妈善良、平和、宽容、乐观而且很有决断力，很多时候也是因为她的开导、鼓励和支持，我能够对事情有比较好的判断。（3）我觉得爸爸在这么重的病前都是乐观的，也给了我一种信心，觉得只要努力，什么难关咬咬牙都能够克服的。（4）父母一直都注意给我一个稳定的优良的环境，他们自己的牺牲都很多，我想他们在工作与生活中的言行对我的影响很大。（5）5岁时爷爷送了我一套积木，我一直很喜欢，觉得爷爷与其他长辈送的东西的品位很不一样。（6）外婆特别的善良而且和蔼，有的时候觉得什么事情有些委屈，不知不觉也会希望有外婆在就好了。

第五章　她来自新疆乌鲁木齐的
高校领导家庭

——古丽娜的家庭教育访谈和分析

第一节　背景材料

　　古丽娜，女，维吾尔族，1977 年出生于新疆乌鲁木齐市，家里有一个比她大 4 岁的哥哥。1984 年起在乌鲁木齐市一所多民族小学读书，1990 年上普通中学，1993 年上重点高中，1996 年考入北京大学，2000 年大学毕业后直接升入本校研究生。她的父亲 53 岁，60 年代从吐鲁番考入新疆大学，并从这里毕业留校工作，80 年代后一边从事教学、科研工作，一边从事行政工作，90 年代后期已调入新疆另一所大学担任校级领导；她的母亲 51 岁，从伊犁考进乌鲁木齐的护士学校毕业后，长期在乌鲁木齐从事医护工作，80 年代调入新疆大学幼儿园做医师工作。

　　找到维吾尔族女研究生古丽娜做访谈对象费了不少工夫。确定从事北大研究生家庭教育研究后，我开始请自己在北大认识的七八位朋友"寻找对象"，希望找到 2—3 位来自西部少数民族地区的女研究生做家庭教育话题的受访人，当然，受访人最好是少数民族。北大虽大，但是少数民族的女研究生并不是太多。五一过后，终于有了线索，有两位朋友告诉我维吾尔族女研究生古丽娜适合做我的访谈对象，其中一位已经联系到古丽娜同屋的另一位女研究生。过了一个星期，我终于能够直接同古丽娜通电话了，我在电话中介绍了自己的研究情况，她在电话中详细地询问了我访问她的目的、要求，但没有答应马上接受我的采访。我在耐心地等待古丽娜的时候，忽然想起来了刚刚接受过家庭教育访谈的艾买提（艾买提的家庭教育访谈报告，见中国社会科学出版社 2002 年出版的《成才与家教——北京大学学生家庭教育探索》第十一章）也是来自乌鲁木齐的，于是我很快找到艾买提询问他是否认识古丽娜，艾买提说："我和他哥哥都在新疆大学工作，关系很好；我来北大以后找过她多次，前天晚上我们和人大的十来个维族同学还在一起通宵娱乐呢。"事隔一天，艾买提就帮助我约定了同古丽娜谈话的时间、地点，他还告诉我古丽娜愿意来西苑旅社我的住处。

6月2日是一个非常炎热的日子，这天一大早气温就很高，中午大概有35°—36°，我专门买来一些冷饮等待古丽娜。下午3点半钟，头戴遮阳帽的古丽娜来了，估计她的身高在1.65—1.66米之间，圆圆的脸庞很是漂亮。虽然我和她过去没有见过面，但第一次在一起并不觉得陌生，我们一边喝茶水一边闲聊了七八分钟就进入正题了。古丽娜先介绍了她的父母从伊犁和吐鲁番到乌鲁木齐后创业的艰难过程，接着诉说了自己很小的时候被关在家里的情景，谈到小学时与男生一起"疯狂"的经历，她的声音和眼睛里露出一种自豪的神情，一直在低头记录的我也不由自主地抬头看了她一眼，我一时还无法把眼前这位北大女研究生"还原为"那个十来岁的勇敢无比的维族小女孩。古丽娜的汉语说得非常流畅，节奏不紧不慢，她用了近三个小时回答了我的全部问题。将近晚上7点钟时她起身要走，我看留她吃饭无用，就请来了艾买提过来给我们照相，"咔擦"、"咔嚓"，两张合影留了下来。

一个星期后，我约古丽娜和先期已经接受过我采访的艾买提来到颐和园附近的一家伊斯兰餐厅，我们三人一起饮酒和吃饭，一起畅谈自己的家乡和亲人，诉说各自家乡的风土人情，互相加深了了解和友情。我向古丽娜叙述了自己初步整理出的她的家庭教育经历要点，她表示认可后给我写了"同意公开使用"的授权书。我对古丽娜的访谈准备得比较细致，她谈的非常到位，所以这篇材料整理和成文比较顺利。

第二节　访谈内容

1. 我的父母亲都是从外地到乌鲁木齐工作的

骆：古丽娜，现在我们就开始谈，好吗？

古：嗯，好的。

骆：请你先介绍一下自己的简历。

古：我出生在新疆的乌鲁木齐。我父母，先从我父亲说起吧，他是一个典型的农民家庭出身的人，他小时候的家庭非常非常的穷，爷爷奶奶非常穷。

骆：那你父亲这个家庭有兄弟几个？你父亲是老几？

古：大概有10个吧，我父亲应该是老三。

骆：你小时候有没有印象是回到爷爷奶奶或者姥爷姥姥家里去？

古：几乎没有，几乎没有，非常少。我母亲是出生在地主家庭的，比较有钱。我母亲是伊犁人，我父亲是吐鲁番人。后来我父亲考取了新疆大学，并留校当了新疆大学的老师。我母亲考到了乌鲁木齐的一个卫生学校，学的护理专业，后来也留在了乌鲁木齐，最后到医院去工作，当了一名护士。所以我出生是属于在一个大学校园里，就是一直在大学里成长，到现在为止我们家还在新疆大学里。我的父亲开始是学校里的普通教师，后来做了行政工作，现在是一所大学的校长。我母亲一开始是在医院里工作，后来也调到了学校，做了幼儿园里的保健医生。

骆：你是哪一年出生的？

古：1977年，在乌鲁木齐的一个医院里出生的。

骆：小学和中学都在乌鲁木齐读书？

古：对，对。小学是在新疆大学的附属小学，初中也是在那儿的附中。我的初中学习成绩比较好，后来就去了外面的高中，一个乌鲁木齐的重点中学，再往后就上了大学了。

骆：哪一年考入大学的？

古：1996年。

骆：是北大？直接考入北大的？

古：对啊。

骆：读了四年，然后就考研？

古：对，还是社会学系。

古：我小的时候我爷爷奶奶都在农村，我很小的时候就跟爸爸妈妈在乌鲁木齐市生活。我还有一个哥哥，他出生以后一直住在姥姥家。所以我从出生到三四岁的时候，我印象记得都是一个人在家里。爸爸妈妈工作很忙，非常忙。一开始，我还没有去幼儿园的时候，我记得他们就老把我锁在屋子里，反正我一觉醒来家里就没人了，好像要中午的时候或者晚上家里才有人。上了幼儿园以后好像才有跟哥哥一起生活的概念。

骆：你对自己三四岁的时候有没有一些比较具体的有趣的印象？能够记得的事情？比如有没有到过爷爷奶奶家，或者姥爷姥姥家？

古：这个我记不清楚了，我姥爷好像很早就去世了。我母亲他们家的情况很复杂，所以很少跟我们提起他们家里的事情。包括后来我上了大学，我觉得她好像想找我说这些事情，但是因为一直没有机会吧，所以现在我也不知道。

骆：你母亲在他们兄弟姐妹当中排行第几？

古：我母亲她们姐妹三个，我母亲是最小的。她可能从小就娇生惯养吧，我母亲的脾气挺倔的。我父亲兄弟姐妹十个，所以从小学会了互相忍让。我记得她们一发生争执我母亲就老赢，我想跟他们各自小时候的家庭有关。

骆：小时候爸爸妈妈经常带你出去玩吗？

古：三四岁的时候我没有什么印象了，但是听我爸我妈说，那时候他们工作非常非常忙。他们说他们一般回家后就看见我常常拿着一个囊（面饼）一样的东西啃着，眼巴巴地隔着铁门趴在铁门上往外头看，在看他们什么时候回来。我想可能那段时间都是这么度过的，都是一个人在家里，也没有出去跟伙伴玩，都是在家里自己跟自己玩。

骆：刚才你说到你三四岁的时候你父亲总是让你一个人在家里玩，那就是肯定感到很孤独吧？

古：小时候还不知道孤独是什么。

骆：但是说如果父母总是在你身边吧，你就觉得会幸福得多吧？

古：有可能，但是我没有那种经验啊。

骆：你父母在这个阶段做些什么事情，为什么顾不上照顾你，后来你有没有听他们说，在你小时候老是顾不上照顾你的原因是什么？

古：有。后来长大了以后他们就说我小时候很多事情。因为乌鲁木齐是新疆首府，我父母都是从外地到乌鲁木齐来的，我爸爸是大学读完以后留校，当时是老师，我妈妈也留在医院里，在医院里做医生，但是他们在乌鲁木齐一点根基都没有，要靠个人的奋斗和努力嘛。所以那时候我爸爸的课很多，他要经常备课上课，还有写东西啊，翻译东西。我妈妈因为在医院里，所以经常要早班，有的时候上白天班，有的时候是晚班。反正我经常记得有时候好像很多天都看不见我妈妈，好像有那种感觉。

除此之外，我一个人留在家里，因为我们家是两个孩子，还有我哥哥嘛，他们就更顾不上我哥哥了，所以我哥哥就被送到了我姥姥家养大的。后来，听我爸我妈说，有一段时间我哥上了小学以后，我爸我妈就觉得是不是应该把他接回来呢，老是搁在姥姥家不合适。他们就把我哥接回来了，接回来以后，我哥哥死活都不肯叫爸爸、妈妈。后来有一次上学要收学费，跟家长要钱什么的，我哥回家还是不跟我爸爸妈妈说话。然后学校问：为什么不交钱？他不说，他说我没钱。结果学校直接找到家里以后，家里才知道有这么一回事。这就说明他们那时候可能都非常非常的忙，很少去我姥姥家看我哥哥，所以我一个人在家里也是理所当然的事了。

2. 我三四岁就喜欢跟着哥哥在外边"疯玩"

骆：哦，你比你哥哥情况还好，反正是在父母身边。你后来上了幼儿园？

古：对。

骆：那你上幼儿园时期家里生活有什么特点？因为你说三四岁的时候父母不怎么管你，但是把你锁在家里，上幼儿园的时候父母还像以前一样管，你是独自去幼儿园的吗？他们管得会不会多了一点？

古：父母不会那样严管，好像基本上都是一个人去幼儿园，自己去，自己回。而且我没有觉得有什么不对，因为我们在院子里的那些孩子们都是那样的，他们也好像很少父母亲带去的。我们经常就自己一起去，一起回来。而且从幼儿园回来也不直接回家去，找个什么地方就玩去了、疯去了这样。

骆：父母对你这种行为他们也不在意？

古：对，他们觉得是非常自然的行为。

骆：上幼儿园的情况有没有一些记忆？

古：有。上幼儿园的时候就觉得生活发生了特别大的改变，因为我哥回来上小学了，他对我的影响非常大。我上了幼儿园以后，我爸我妈还是非常忙，一直都非常忙。那时候我记得特别清楚，虽然幼儿园也在这所大学的院子里，但是离我们家非常远。不管是冬天还是夏天，基本上都是我自己去自己回来，反正跟一大堆的小孩一块嘛。因为我哥是男孩子，非常野蛮，我爸我妈根本没有时间管我，所以我就跟着我哥到处跑。完了我跟着我哥也非常地疯狂，以前是老待在家里，后来是从不想着家里。每次都是到吃饭了，被我妈妈拧着耳朵就拽回去了。

骆：那你哥哥比你大几岁？

古：大我4岁。

骆：哦，那他比你知道的事情要多得多了？可以带着你玩？

古：对呀。

骆：这个时候有没有一些比较具体的生活事件或者游戏玩耍能够在你脑海里印象比较深的？

古：有啊，跟着我哥一块爬树。我们住的后面有一个大的农场，那时候好像种的有玉米很多东西，我们就偷，偷完了就烤来吃。还有在我们新疆有一个节日叫"古尔邦节"，完了"古尔邦节"就是"宰牲节"，到那时候要宰羊。那时候我们家住的是平房，有个院子，很早前就买了一只小瘦羊，也没太多钱买肥羊，养肥了再宰。那我就跟我哥天天在那个农场后面放养。反正好多好多这种游戏，我觉得在那个时候非常好玩。

骆：那个时候的生活是丰富多彩的？

古：对，现在想起来都觉得非常棒。

骆：这可能对你后来的性格会有一些影响吧？

古：我想是的。

骆：最初小的时候你是一个人在家里的，这个时候你接触外面的人比较多了，而且这是非常自由自在的。我想你把这个情况讲得具体一点好不好？

古：那时候玩很多游戏，因为跟着我哥哥，他就有好多男生的朋友，跟他们一块玩。我们经常在一起就玩一些比较危险的游戏，刚才讲到的，比如说爬树啊，跟男生一块打架啊之类的。其实这些都是很危险的游戏，但我小的时候就觉得好玩、刺激，都不会管这些事情的后果。我还非常好胜，要玩就要玩好。但是如果一旦真的失败了也不会觉得有什么，因为从小就觉得要尽力去做，但是被打败的时候周围也不会有太多的人会嘲笑你，因为大家都是一样的，有得有失，有成功也有失败，从小是这样的。所以我想长大了以后也觉得还是要争取要努力，觉得有信心就行了，如果失败了也不会遭受太大的打击，我想不会。

骆：这个对你性格还是有很大的影响哦。

古：对。

骆：你哥哥后来的情况怎么样？现在已经早该工作了吧？

古：我哥哥后来上完中学以后上的是中专学校，是一个经贸类的中专学校，后来才补的大专和大本的学位，当然早已经工作了。

3. 父亲让我上汉族小学，母亲让我上维族校

骆：你是几岁上的小学？

古：7 岁。

骆：从幼儿园到小学你觉得有没有什么变化？

古：我觉得变化可能是在四五年级的时候吧，幼儿园到三年级基本上没什么变化。我自己有一些印象，后来听小学时候同学讲述的也是。我小时候特别野蛮，老是在学校里闯祸，我跟同学打架、说脏话。我记得我爸爸还被叫到学校里，老师还要和他谈话，找他谈了两次话，好像就说：你的孩子不好好学习什么的。反正那时候我成绩也挺差的嘛。一放学我就跟着我哥到外面去玩了，就那样疯玩。后来上了小学五年级，小学是六年制的，我的成绩有所好转，就是一下子就好像到了那个尖子生的位置，而且性格、脾气好像跟以前都有特别大的不同。以前跟同学不高兴就骂人、打架那样，后来好像也不是了，很少再吵架什么的了。结果那时候我的小学老师也都说：我们都特别奇怪那时候你为什么会有那么大的转变呢？一下子就从一个特别野蛮的小女孩变成了一个特别乖的、特别听话的孩子。

骆：你觉得你这个变化和父母有没有关系？或者说他们有没有采取什么措施促使你从刚才你所讲的，就是很野蛮的这样一种情况变得好一些？

古：我爸爸妈妈从小到现在对我的教育方式，主要都是以我自己为重心的。我觉得好像在我们新疆这种氛围里，反正是在小学嘛，父母亲都并不认为你的小学成绩有多重要。他们可能觉得给你一个自由的空间没有什么不好，好像家里来了客人呀，就一起玩玩跳跳的。我跟着我哥出去，到处玩啊什么的，他们并没有觉得有什么不好。觉得我的转变跟他们的影响不是非常大，我觉得

可能那时候影响特别大的是学校的教育环境给我的影响。

骆：就是说你的学习成绩的转变还是老师采取了一些措施哦。

古：对。因为我上的是汉族学校。我们那里分两种学校，一个是民族学校（维族学校），一个是汉族学校（多民族学校）。我上那个多民族学校的时候还不会说汉语。我当时印象特别深的就是我爸爸拉着我去报到，7岁的时候嘛。完了我就知道我要去上汉族学校，跟汉族孩子一块玩，当时死活都不肯去。我记得非常清楚就是我爸是把我拽去报到的，他硬要让我上这个学校，因为我小时候的伙伴都是维吾尔族孩子，我不会说汉语，我怎么能上汉族学校？但那时候我爸爸的态度是非常强硬的，就说：你要去，你要去上这个学校。如果在以前，比如说上小学以前的时候，我在学习成绩各个方面我爸很少是这么强硬的，我父亲很少是这么强烈地要求我必须要怎么怎么样。但是那件事情我印象很深，他是拽着我去的，我哭啊，闹啊，那时候我非常坏啊，后来还是去了。去了以后怎么样呢？成绩怎么样呢？要是不好，我爸会跟我说：要好好学习。但是我都不管他的，我的性格和我的脾气好像跟我周围的孩子截然不同，我很难和他们相容，就是难以相处得很好。他们都是放学了回家做功课，穿着也非常干净。我基本上是每次玩完了都乱七八糟，穿得脏脏的就去学校了。结果我印象特别深的是，就是我的小学老师对我好像非常地不屑一顾的。

骆：爸爸把你送到了多民族学校，不知道你妈妈的态度怎样？她支持不支持你到汉族学校？

古：我妈妈是不赞成爸爸的做法的，我们那个社会还是一个比较保守的社会，他们觉得让男孩子去上汉族学校也不应该让女孩子去上，妈妈认为我应该在本民族学校读书，但是一直在家里当家的妈妈，不知道为什么在我上什么样的学校的问题上没有坚持，所以我从小学到上大学都是在汉族学校读的。

有一次印象特别深，因为我们一次写字比赛，我非常认真地写，我很少会这么认真地写，那次是很认真地写，写得可能很不错。因为我交的时候老师就说：啊，你这字写得真的很不错，你看他都没你写得好。后来过了一些日子公布比赛结果，我当时非常高兴，我觉得肯定会有我，结果没有我的名字了。我就去问老师："老师，你不是说我写得好吗？为什么没我的名字？"结果那老师就跟我说，还把我的作业本拿出来，我作业那时候写得很乱，拿出来说：你看看你这个字，你把你的作业本拿出去什么样？展出来给大家看看。反正老师就非常不屑地走了。而且上课回答问题，这个题我会，老师也不会叫我，因为他觉得我起来也会回答错。所以这些对我的打击都非常地大，因为我平常跟伙伴们出去玩，玩游戏也好，玩什么东西也好，我是非常好胜的。我觉得玩就要玩好，结果在学校里受到打击了，而且我们当时环境也是，一个班基本上都是汉族学生，维吾尔族只是一两个那样。反正那些时候，可能二三年级三四年级就越来越受这种打击，我就觉得我一定要把成绩搞上去，后来成绩就一下子好起来了。

4. 小学阶段父母亲对于我的学习成绩要求不高

骆：你上了小学以后父母亲对你的学习成绩是不是比较关心？

古：我好像没有这种印象，非常少吧。但是小学的时候会开家长会嘛，家长会一开成绩就公布出来了，看到孩子成绩不好回家免不了肯定会批评一下，说：你怎么不好好学啊什么的。但是好像那时候我同龄的孩子都是这样，我印象特别深的就是有个小女孩，她的成绩不好，父亲就拿皮带抽她。我印象特别深，当时我特别不能理解。而且我当时就觉得自己想做什么就可以去做什么，学习是非常烦的一件事情，不想学习，上课小动作也特别多，我也不好好听。但是我没有印象我父母亲因为这样而打过我，或者罚过我，没有。但我想批评或者督促我学习，都会有，应该有，但是印象不是太深。

骆：就是说你父亲对你还是很放得开的，让你自己去学习，然后去玩耍。

古：对。

骆：我想他们也不像其他家长那样过于严厉。

古：对，对。

骆：下面你能不能再做一些比较，你父母对你的态度，那就是概括说来，比较民主？就讲小学阶段你母亲，或者你父亲有没有像朋友一样和你在一块玩耍、说话？

古：有啊。我印象特别深的就是在玩耍方面。因为我小学的时候还住在平房，我家院子的平房，那时候我父亲就陪我打羽毛球、乒乓球什么的。以后什么乒乓球，篮球场，我父亲那时候还跟我去打乒乓球，非常小的时候就经常打，所以我现在的乒乓球打得不错。他们好多人都说：你是不是练过专业的？我说：没有，只不过特别小的时候，家里人就陪着我玩嘛。有个晚上我作业还没做，我爸问我：你作业做完了吗？我说：没做完。没做就没做吧，他说完也没有督促我做作业就把我拎出去玩了。我们那边的夜市特别多，吃个饭啊，在外面散散步什么的。所以我觉得那段日子过得丰富多彩、非常舒服，虽然我在学校里过得不太好。

骆：学校功课比较紧吧？那是什么原因？

古：对。我那时候上的小学，虽然不是重点小学，但是一直抓升学率，是各个方面都不错的那种学校。而且，汉族学校的风格还是不太一样，它就会觉得学习是最最重要的事情，其他的事都是很次要的。但是在我们看来，那个时候学习跟别的事情都一样的。就是说我不会把它看得非常非常重要，我的感觉是这样的。

骆：那你在小学的时候你母亲有没有带你玩一玩啊？

古：没有。我的母亲非常非常的忙，她在一家医院，那医院离我们家非常远，而且她经常要倒班什么的。那时候我印象就是好像我家里做饭什么的都是我父亲做的。而且我母亲是非常非常勤劳、和蔼、洁净的人。那时候我们家平房的院子里的地板是砖铺的地，我跟我母亲都是用布头洗那个地，手擦那个地，就不用说屋里的干净程度了，而且是每天必做的一件事情。所以，我印象就是她每天都忙着打扫卫生和工作，好像对我管教不是特别多。

骆：在小学期间你觉得你母亲还有哪些行为、做的事，你的印象比较深？不一定是她直接教你，比如说像你刚才讲，她打扫卫生这么仔细，那还有没有其他方面？

古：母亲的那些行为对我肯定有影响。还有一个就是我母亲也是一个十分倔强的人，特别的犟脾气，我印象特别深的就是不管谁跟她发生了争执，最后赢的人都会是她。比如说要办件什么事情，我父亲给一个意见，我母亲给一个意见，但最后都会用我母亲的意见来办。她是非常倔强的一个人，我印象特别深。而且因为她的这个倔强，父亲和母亲也发生了很多争执，我小学的时候就有很多印象。但是最终都是因为我妈妈的倔脾气，就跟她打扫卫生一样，非得把它打扫干净了才行，我对这印象很深。

骆：这个你能不能讲得具体一点？最好先讲一个比较具体的故事，再说你当时对这个事情有没有什么理解？

古：我好像记不太清楚具体的事例了。但我当时的印象就是，如果我父亲和我母亲一发生争执啊，我父亲是属于比较理性的，分析一件事情，我那时看来我觉得我母亲总是很感性的一个人。两个人发生争执，我母亲虽然很感性，但她很倔强，非常倔强，非要你们都得听我的，不听我的不行，她就是这么想。所以我那时候，我就会觉得我父亲分析得那么有道理，他说的肯定是对的，我觉得他的都是对的。我老觉得我母亲是无理取闹的，为什么最后还是要听她的。那时候非常不能理解，最后就觉得这事情非常不公平了，那时候给我的印象就是这样的。

骆：这可能在你心里也会有一种追求公平的愿望吧？

古：对。

骆：从这个所谓不公平的事件当中你觉得好像很多事情都是要公平，公平是最好的。

古：对，但是我当时我好像也感觉有意识就是脾气很犟的话，总会有好处。

骆：会取得胜利。

古：对，我就是这么想的。

5. 初中阶段父亲指导我学习，还抽空陪着我玩

骆：你哥哥什么时候上的中学？他给你哪些印象深刻的事件？

古：我哥哥跟我一样也很贪玩，我印象特别深的是我上小学大概三四年级的时候，因为我哥上的是维吾尔族学校，是五年制的，那时候他都好像上初一初二了，我就记得我哥哥每天都跟我一块玩。可是他的成绩就特别好，我的成绩就特别差。所以我那时老是想不通，老觉得哥哥是个特别聪明的人，我就比较笨，我哥哥不用努力就能拿到好成绩，我觉得我一定要非常非常努力才能拿到好成绩。

骆：这可能是两种情况，他上的维吾尔族学校那个教学内容、教学的方法方式适合他。

古：对。现在想起来他上的学校与我上的就是不一样，那时我不会想到这个问题。然而那时候就有自卑感，觉得他也跟我一块天天在玩，他的成绩就能那么好，我怎么就这么差，就是那种印象。

骆：这件事情从另外一个方面看，反而激励了你要努力吧，要不然就觉得有一点没面子了。后来到了中学，你的学习成绩怎么样？

古：算是特别拔尖的吧。

骆：父母对你的学习成绩会不会经常过问？比如说在你成绩好的时候，听到好消息的时候会不会有一些奖励？

古：没有。他们听到好消息以后，说到奖励可能就是饭做得好一点，没有特别的奖励，或者是出去吃顿饭什么的，这种出去吃饭的印象我都很少，但可能他们会夸我，但至多夸两三句，就这样。

骆：他们可能也是重视成绩的，但在你面前没有表露，表现出不特别在意。

古：对，这个事情也是。我刚跟你说，后来我不知跟母亲谈话什么的，我才知道。以前我老觉得我父母亲对我的事情不在意，他们都会说你想怎么做你就怎么做，但事实上他们都会在我不在的时候，我的父亲跟母亲都会对我做的事情有一个看法和想法，觉得应该要怎样，只是他们很少当面跟我提，除非我真的需要帮助的时候。

骆：就是他们有些看法有些想法不一定通过语言来表露给你的，恐怕更多地通过他们的行为，他们自己那种为人处世来影响你。

古：对，我想是的。

骆：这个方面你能不能讲讲，初中阶段你父母哪些方面做得特别好，你印

象特别深，觉得将来你也要像父母一样去做，这方面你能不能讲一讲？

古：我父亲当时不是老师了，已经到了行政部门，是人事处。据我了解，人事处应该属于社交活动比较多。我估计要是别的人在人事处的话，会经常出去喝酒应酬，而我父亲他并不怎么出去同别人吃饭。对我印象特别深的是我初中的时候，我父母亲有很多时间陪我，我上小学的时候我父亲就陪我打球。后来初中的时候我父亲还陪我打球，我当时非常自豪，因为我父亲他陪我打篮球，当时在篮球场就只有我父亲这样一个大人，其他都是小孩，打乒乓球的时候也是。而那时候我母亲因为回新大了，就经常有很多时间做饭，晚上我们一家人出去散步，周末的时候一块儿去动物园，或者是带我到亲戚家玩玩，或者是去上街。所以，当时的感觉就是他们很在意我。

骆：就是他们想办法多一些时间陪你，就不一定要用语言来教育你，你从他们跟你在一块通过他们那种为人处世告诉你应该怎么做。

古：对，而且当时我的感觉就是说也是很自然的。我觉得就是应该下了班一家人一块出去什么的，不会有很多的讨论，不会有很多的计划，说我们要怎么怎么做。我印象特别深的是，有一次我去一个同学家玩，我去他们家，看见一个表格上写着：周一做什么的，周二做什么的，周一吃什么饭，周二吃什么饭。我当时非常奇怪，我不明白为什么会有这么一张表格，因为在我们家好像很多事情都是很自然就发生了，不需要什么计划，不需要什么规则。

骆：你父母带你到亲戚家玩，能不能讲一次印象比较深的？

古：去亲戚家里玩的印象对我都比较深。我们家亲戚，因为我母亲家比较有钱，都到了乌鲁木齐，我父亲的家族一直都在吐鲁番，我父亲是吐鲁番的，我母亲是伊犁的。所以我基本上都是去我母亲的亲戚家玩，我母亲反对我上汉语学校，因为她也是受这个家族的影响，我母亲这个家族除了我上的是汉语学校，其他人上的都是维语学校。所以我去亲戚家里一般都很热闹，非常热闹的，一去大家都闹闹哄哄，家里还特别放着音乐、唱歌、跳舞什么的。所以，我特别喜欢去这些亲戚家，一去我就赖着不回来，甚至先把我妈打发走，比如说周末假期的时候我是住上好几天才回来的。

6. 母亲指导我学习生活本领，还关心我的心事

骆：中学阶段，你和母亲的思想交流是不是比以前多了一些？

古：对，多很多。因为一个是我母亲有时间了，她的生活也有规律了。再一个是上了初中以后，女孩子的生理啊、心理啊变化大了，跟母亲的交流也就自然而然的多了。而且我母亲是个很倔强的人，比如说我发生了什么事，她看出来以后，就会先过来问我，就想帮我。有一次上初中的时候，有一个特别可怕的大男生老在门口堵我，当时我吓坏了，开始也不说，但是到最后我真的是

觉得非常可怕，而且有的时候会觉得这种事情很严重。后来，有一次我跟我母亲去散步，来到了一个花园旁边，我母亲说：坐一会吧，我就坐下来了，母亲就说：你没事吧？一听我就哭。哭了以后我母亲当时第一反应就是脸一绷，就说：你哭什么？有什么可哭的？后来我还是哭，哭着就把事儿说了出来，之后我母亲就对我说：我一直以为你是一个勇敢的孩子，你父亲虽然从不在你面前说，但我们觉得你一直是个勇敢的孩子。当时我就不哭了，事情就过去了。

骆：这个是她有意让你知道要怎么样处理了。

古：对，而且她在很大程度上加强了我的勇气！好像打了一个强心针。

骆：你母亲有没有带你做一些家务这个时候？

古：有呀，我可以做好多家务的，基本上我母亲以前做的那些家务都由我来做了，反正是半自愿半强迫的了，做家务挺累的嘛，也不太愿意做。但是我母亲一定要让我做的，一定要把地扫了，而且扫不干净还要我再扫，这也没什么商量的余地。我母亲认为一个女孩子在家务方面一定要过关，这是她的观点，可能也跟她从小受的影响有关吧，到现在为止她都是这样认为的。

骆：初中阶段你觉得还有没有其他对你影响特别大的事情？再回忆一下。

古：初中有的事情可能和家里没什么关系吧。我所在的学校是附属学校，是一般的中学，所以它有义务去招本学区的学生，本来招的一批学生进来特别差劲，不是一般差劲，而且特别调皮，有点像我小学时候一样。而且上课不高兴了还会跟老师顶嘴啊、甩门就走啊什么的。但他们却是心肠非常好的小孩，非常讲义气，我们好学生的那些好像上课不能迟到什么的，而对他们都无所谓。我反而有一段时间跟他们玩得也特别好，可能还是跟我小学的时候打下的基础有关吧。

我们当时在班上有很多学习好的学生都不屑于跟他们交往，觉得他们学习成绩差，差得不行。但是我特别喜欢跟他们在一起，后来我们成了非常好的朋友，现在都有联系，经常会打电话问：你怎么样，我怎么样。他们现在其实大学都没有上嘛，好多人现在都自己开个小文具店，开出租车，好几个直到现在还有联系。他们当时对朋友很关心，无私的关心，那时候学习也挺紧张，很多人根本不会愿意花很多时间跟朋友相处。但是他们不会，他们虽然学习不好，但是愿意花时间和朋友在一起，朋友阿，同学啊出现了什么问题，他们会真心地去帮忙，所以他们对我的影响也特别大。

骆：那你和他们交往这个事情有没有跟父母谈过啊？

古：没有，怕父母干涉。因为就牵涉到一个问题，因为初中的时候很多交往的朋友都是男生，而且我上的班是汉族班，汉族的孩子。我母亲不让我上汉族学校一个最大的担忧，就是我那个结婚的问题。她就非常怕我谈恋爱，因为很多同学和同学会恋爱，结婚这样，找一个汉族人。从小对我的男生同学打电话来她就会把电话挂了。这是她一个很强硬的地方，很传统，比如说这个家庭卫生，还有一个女孩子应该具备的基本的东西，在这些方面我母亲是很传统的，也是很固执的，我说过她脾气很倔强。而且最终的结果因为她的脾气倔强，所以最后基本上在这些方面都是她说了算。后来我同学不给我打电话，我们有什么事情都在学校说了算，所以我跟他们出去玩我不跟我父母亲讲。

7. 父母同我谈论人生理想、鼓励我课余学弹琴

骆：在初中阶段，你父母有没有跟你谈起希望你将来成为一个什么样的人，对你的期望是什么？

古：我母亲受传统的影响非常多，所以她一直希望我成为一个典型的维吾尔族女孩子，做家务呀，操持得非常好呀。因为我母亲18岁的时候就结婚了，所以初中时她就跟我讲将来家庭应该要怎么样的。而且我母亲很会收拾房子，我们家收拾得非常漂亮，这些方面她对我的影响特别多。上街都会老领我看看这家里的摆设什么的，所以我对这个也很感兴趣。我现在也是，买些什么东西摆在宿舍里，这样可能跟我母亲有关。那我父亲就会跟我说教，我要有理想什么，这种比较大的问题。我初中的时候可能跟学校的教育有关，我老想当个科学家什么的。那我父亲从来不会说：不，你不准怎么怎么，他就会说：你想要干什么，那你就努力吧。

骆：你当时的理想是科学家，而你父亲没有很明确地让你做什么。在做人方面他有没有给你提出一些原则？例如说诚实啊，要进取啊，这个方面有没有？经常去鼓励你要努力做到的那种品质？

古：我想应该有。记得没有什么非常具体的例子。但我想很多时候家里人肯定会问你一件什么事情，小孩子你说谎不说谎，家里人都会一眼看出来，但是小的时候家里人没有因为我说谎就打过我的，我想他们会引导我要诚实。

骆：哦，总的来说，就是希望你成才，将来各方面做得更好。

古：对。比如说我做一个什么事情，他们通过鼓励来教育我。不会很明确地说这个人最好不要向他学习。也不会要我坐在一个地方，非常认真严肃地跟我谈话要怎么怎么样。我都没有这种印象。但是，现在至少我觉得自己还是一个比较诚实的人吧。

骆：你说的鼓励能不能讲得具体一点？举个例子吧，比如说家里经常鼓励你。

古：比如说玩吧，玩一个什么样的东西，我父亲会教我这个东西怎么玩才好，打球怎么打才能打好。我要打得好，父亲会说：啊，打得好。然后再陪我多玩一会。因为那时他的时间有限，有的时候他玩一会儿就得走了。但是，他

陪我多玩一会儿，对我来说是一种极大的激励。学习上也是这样的，我要不会的话，他们会教我，还会说：那你好好做。我觉得都是很自然的，我没有什么觉得是特别的。

骆：你说学习上教你，怎么教？有没有什么具体的例子？

古：有。我父母亲小时候上的都是维语学校，他们汉语都不是特别好。但数理化方面我父亲还都能帮我。对我影响特别大的就是，我小的时候，你知道我们这个民族热爱唱歌跳舞、热爱音乐，我上小学的时候我父母带我去艺校，学跳舞。后来我的音乐老师说：这个孩子挺有音乐天赋的。那时候我们学校正好进了一批手风琴，我小学那时候还没有什么根基，那时我父母亲又非常忙，我母亲当时就问我想不想学拉手风琴，我就觉得好玩，就说想学。后来我父母亲就真的给我买了一架。我现在想起来其实很不容易，因为他们当时的支付能力非常有限，而且我也没有专门去上艺术学校，是业余的嘛，那个艺术学校是专门去学，这以后都不上学了。但当时他们的考虑就是让我做一个业余爱好者，他们就买给我了。我当时觉得很理所当然，他们买了就买了，没有觉得有什么问题。但事后想起来，其实他们很多做的事情好像没有把我拉下来，认认真真地问我：你是不是真的想干这个事情，将来要当音乐家。他们就觉得这对我来说是一个挺重要的部分，所以他们就买给我了，鼓励我去了，就这样。

8. 高中阶段学习压力大，父母常常设法安慰我

骆：你上的是一个重点高中？

古：对。

骆：你在选择这个学校的时候好像父母亲并不特别在意吧？

古：对，对，对。他们当时对我选择这所学校不是很在意，我初中的班主任给我提供了这个条件，他说：报吧，成绩挺不错的。然后我就上了，上了以后我还是抱着那种心态上的，但我想这个学校当时对我的影响是非常大的。它是重点中学，而且是很多人都挤破脑门进去的中学，说得实在一点就是学校的环境非常压抑，这是我从小到大没有经历过的。所以应该说高中三年，是我到现在为止人生中最痛苦的三年。

骆：这个期间学习特别紧张，是吧？

古：对，非常紧张。学习压力非常大。因为我们一个年级8个班，而且它还要按成绩分快慢班。这是以前从没有过的情况。就是我的父母，在家里也不会强制我，给我很大的压力，但是学校的环境给了我非常大的压力。因为我还是很好胜的嘛，8个班要排成绩，每次考试排成绩，然后要公榜，到高考的时候分快慢班，成绩好的进快班，就是将来进重点大学的，成绩不好的上慢班。有一段时间我都觉得自己快要崩溃了。幸好还是父母亲跟我说：你尽力做好

啊。上了重点大学固然最好，上了普通大学也一样可以造就人才。他们一直给我关心，所以我觉得很多人在高中的时候就受不了这种环境，也许他们不习惯这种环境吧，我上高中的时候有一段时间非常非常难受，根本适应不了这种高强度的学习，特别大的压力。一度成绩下滑得非常厉害。一开始进去的时候还可以，第一学期的时候，成绩不错。但到了高二，第一学期的时候成绩一度下滑到班里的四十多名，我们班有五十多人。

骆：你这个班是重点班还是普通班？

古：那个时候还没有分，高二下半学期按平时成绩和一次考试分才分的。所以，那时候成绩下滑得特别厉害，觉得日子没法过了，没希望了。但是家里也没有给我太多的压力。他们也老去开家长会什么的，开家长会的时候，孩子成绩不好，父母也肯定觉得挺不好受，挺没面子，但是我父亲他从不觉得。他做的唯一一件事情，就是要怎么样帮我。后来他给我请了家教，那时候在乌鲁木齐请家教还是很罕见的。一个是资金有限，再一个很多家长都觉得她在学校已经有老师了，还请什么家教呢？但我父亲就不这么想，他觉得我需要这个他就帮我。然后他就给我请家教，他当时给我补数学，当时数学一度是非常差，数学本来一直是我的强项，但到了高中就变成了我的弱项。因为班里数学好的孩子非常多，而且当时习题的难度非常高，经常做一些很难的题，就做不出来。当时我们中学的一个历史老师，也是我后来的班主任对我特别好。反正各方面的因素，把我从低谷里缓解出来了。

骆：在这么紧张的阶段，你父母除了请家教以外，还有什么措施来帮助你让成绩走出低谷？

古：还是保持原来的生活，一种比较舒服的，平稳的，不是太高强度的，压力不大的，有节奏的生活。我觉得这个非常重要，可以帮我缓解一下压力。

骆：像礼拜六礼拜天会不会还会像过去那样子出去玩一玩呢？

古：会，不会太大的变化。

骆：那就是说虽然星期天没有学习，放松了，还有其他的学习时间。

古：对。这也是后来影响到我大学的生活，因为那时候我很多同学天天起来早读，除了星期天。我相信效率最重要，心态也很重要。我并不认为每一分钟都要学习，整天就是非常着急，非常急地复习，成绩都似乎上不去，题都似乎做不出来，心态特别不好。而且那时候有段时间，我甚至经常半夜三四点钟醒来学习，不想让家里人知道，上了表 3 点钟醒来学，断断续续地 5 点钟再睡。生活没有节奏，到最后搞得精神很不好，对家里人发脾气，比如饭做得不好了，不要打扰我，不要同我说话，不要问我这个问我那个，反正有的是借口发脾气。那时候我印象特别深的是，我母亲是个脾气很倔强的人，以前我哭了，我母亲都会说：你哭什么？那时候我的脾气我父母亲都让我发泄出来。而我自己发泄完了，后来回到屋里就觉得很不好意思，觉得这个很不对，完了我才出去跟父母亲说：我刚才怎么怎么了。他们才耐心地安抚一下我，他们就和我出去吃顿好的，经常是这样子。

骆：你经常道歉？

古：对。到现在我觉得做了什么不好的事情，我也经常道歉，我会觉得不好意思的，这是我应该做的。

骆：父母对你的道歉也会有表扬吗？

古：不会。我一般道歉的时候，他们会批评我，不是批评我道歉的行为，而是批评我刚才的行为。

骆：就是在刚才的时候，他觉得在那个时候不好批评你，因为你正在火头上，这个时候可能会帮助你分析说一些应该怎么样去做。

古：对。而且他们批评我不会说，批评我发脾气，同时批评我这种急躁心态，对待学习、对待压力的心态。给我做一些这种分析。

骆：你能不能举个例子？

古：这种例子很多的，那时我特别不高兴了就跟他们乱发脾气，但是一下子可能没有什么特别的具体的例子回忆起来。

9. 父亲指导考分一般的我成功考上了北京大学

骆：在你高考前最紧张的日子父母他们是怎么样关心你的？

古：他们最具体的做法就是陪着我。我父母特别不鼓励我在家里学习，这也是我父亲的学习方法，可能他从小家里孩子多，他经常跑出去学习。他经常鼓励我早上起来到湖边看书背书什么的。那段时间我母亲的整个生活节奏也慢下来了，我父亲还是比较忙。我母亲经常一大早的时候陪着我一起出去，我有时候晚上睡得很晚，早上很难起来，我母亲就鼓励我起来，起来以后做完早饭她就一块跟我出去，拿两个小鞭子。我和母亲一大早就一块出去，她读读小说，读读报纸什么的，我在一边看书。晚上回来，就是下午放学回来，吃完饭以后一般都是我父母亲一块陪我出去，先是跟我说说话，陪我散散步什么的。然后他们就自己干自己的事，我就一直在外面学到天黑以后回家。他们都不让学得太晚，就说：睡吧，这么晚，明天还要早起呢。

骆：这样的效果你还是觉得比较好吧？

古：对。因为他们给我的感觉是一块关心我，让我早点休息，注意我的身体，督促我加油，一起努力。这个感觉很重要。

骆：你报考了北京大学，以你当时的考试成绩有把握吗？

古：高考前夕爸爸经常跟我说：一定要考好，一定要考到什么什么大学。

而且，即使他们很长时间坚持这种做法的时候，他们给我的感觉就是，考不上重点，就考新疆大学，在这里也可以出人头地，这种看法、这种观点非常重要。

骆：当时你能不能接受他们这个观念？

古：对，我能接受。我自己的想法也是这样的，可能跟他们有关，我就觉得我要努力，我要考上最好的大学，但如果考不到，就读新疆大学我也一定要学好，我将来也一定能当个人才。报志愿的时候我们是先考，估分，以后才报志愿。我成绩出来，分数还可以，估计还比较高，后来回来就报学校，我父亲非常认真，他还请了几个招生办的人，那些比较有经验的人来帮我选报志愿，就让我报了这个志愿。

当时我有很多选择，像北大，人大，还有民族大学、师大等，当时我就想，这几个学校我都要报，按层次类别报。当时我爸给我的意见就是：你要不上北大，要不就上新疆大学。后来我说：这算什么意思。我爸说：北大是最好的学校，北京离这儿这么远，花这么多时间去我不反对，但是你要花这么多精力去某某大学那样的一般大学我就不同意了。他觉得很花时间很花精力，而且可能学习的效果还不如在新疆大学，因为新疆大学毕竟也是重点大学，是新疆最好的大学。他们当时就跟我说这些事情，他说他的意见是这样的，当时我很犹豫，我觉得自己能上北大的。而且我一直感觉就是即使上不了北大，上新大也挺好，后来我真的就只报了两所学校，上不了北大我就上新大了。

交志愿的时候看见同学的志愿都满了，老师说你是不是要再考虑一下，我说我就这样。结果我考上了，通知下来了，上北京大学，通知下来以后挺高兴的，但也没有高兴成什么样。因为当时报志愿的时候没想过如果考不上会怎样。我父亲当时这种很理性的说法，对我来说是挺重要的。虽然我当时如果真的报了某某大学，后来还是上了北大，但我心里好像也会觉得要是上不了北大，还会在北京，但是当时报完以后就觉得幸好上了北大，要不就在乌鲁木齐了，来不了北京了。

骆：当年北大在你们自治区那里招生很少吧？

古：对，当年就招了三个。

骆：那真的好不容易啊。

古：是的。关键是很多人都不敢报，就是想到在内地上好的大学，他们都想要是北大上不了怎么办。我觉得我不是，我要是考不到北大我就到新大，我觉得没什么损失，我觉得没什么大不了的，所以我就报了。后来来北京的时候同火车的很多人的成绩都比我高，他们都非常想上北大，但怕上不了，觉得高不可攀就没报名。后来他们听了我的经历都哭了，有一个只考了中国青年政治学院，我觉得她没报好名，我觉得她亏在她自己胆量这方面，另一个是她的家庭，他们大人也应该鼓励她，要敢报，上不了就上别的。我们家里人就是这么鼓励我的，你报这个，你上不了北大就上新大，没什么可商量的，没什么可考虑的环境，我觉得这就是她失败的原因。报志愿当时说也有好多因素在一起，所以我觉得我就报了，大胆地报了。当时那女孩在火车上哭得很厉害，非常地伤心，但那也没有办法。

10. 父母亲指导我较快适应了在北京的大学生活

骆：你考来的时候父母没有送你来吗？

古：没有，他们只把我送到了火车站。

骆：看来，他们的心态是比较平稳的了？

古：对。我当时很生气。因为我觉得我怕，我没去过北京，那么远，也没有什么认识的人，如果没有学校的车来接，我怎么办，特别着急。后来我爸说：有学校车到车站去接，你有什么可怕的呀。他就是这么一种反应，他说去了就行了，老师，还有很多同学会接的。而且他们当时来北京也确实很不方便，又这么远，我说：那好吧。他们就送我到火车站，后来我来到北京发现除了我以外大家都是父母亲送来的。后来回去还跟他们说：你看别人都是父母亲送的，就我是一个人来。但是现在想起来，父母他们这样做也是很正确的。

骆：这个可能对你独立生活是一种锻炼。

古：对。

骆：那你来到北京之后和父母的交往，例如说通信、打电话多不多？

古：多。刚来的时候基本上几天就打一次电话回家，一打就哭，哭了就被训：哭什么？有什么好哭的？我就是这样的。

骆：刚来的时候打电话除了互诉思念以外，还会谈些什么？

古：学习、生活，比如说饮食习惯什么的。因为饮食方式不一样嘛，这边都是米食，那边都是面食，宿舍里也有很多的矛盾，因为生活习惯的不同会出很多的矛盾，这个不习惯，那个不习惯。我打电话和父亲说的时候，他就说："你管别人干吗？不要管别人，你管好自己就行了。"他就是这样说的。这个对我影响很大。他还教我有什么问题就坦白地说，比如说我有什么问题实在解决不了，那你就直接跟他说，如果两人谈不了，那再说吧，他觉得没有什么问题解决不了的。在他看来，船到桥头自然直。

骆：你有没有按照他的意见去做？有没有什么例子？

古：有。我们宿舍有一个女孩子，特别喜欢把乱七八糟的东西放在吃饭的桌子上，这个是我特别不能忍受的事。一开始我就在忍，忍得我非常难受，后来我就受不了了，我就和她说，说了以后，她就和我起了争执，说·"我就是喜欢这样做，宿舍不是你一个人的。"我就说："那我们就把桌子分成两半，你一半我一半。"后来我打电话跟家里人说：我跟我宿舍的人吵架了，我母亲就教我要好好跟她说，实在不行，那你就别用桌子了，可以去食堂吃。后来我就跟我同学说："不如我们互相迁就一下吧，不要吵了。"后来我就经常去食堂吃饭，不怎么回宿舍吃饭了。很多这样的小事，现在我们原宿舍的，两个北京的女孩回家了，还有一个去外地工作了，剩下我们三个外地的关系特别好。包括别人看了也会说：你们宿舍关系这么好嘛。好像很多宿舍的关系处理得都不是特别好。不光是我一个人的原因，因为他们做事都非常有原则，很有人格魅力的这种同学，所以现在相处得特别好，我也觉得特别难得。

骆：你觉得这是不是真诚起了作用？可以说大家从不同的地方来，真心相待可能就比较容易相处了。人际摩擦多，有人就埋在心里，像仇恨一样，那也不好，说出来能解决就解决，解决不了还可以努力，但是不影响关系。

古：对，我不能接受但我可以包容嘛，我是那种原则。其实说处得好，也是大的方面来说，小的方面吵架，两三天不说话呀，这种事情是非常多的。当时就觉得很难受，觉得宿舍生活怎么会这样。但现在想起来，觉得如果没有那么多摩擦，那么多的开诚布公，就不会有现在的友谊了。

骆：经过一段摩擦，大家就慢慢地理解了。

11. 早年独立生活经验帮助我在北京大学生活

骆：那你觉得你初中阶段做家务对你在北大的生活有没有影响？

古：有啊！我觉得印象特别深的就是到了大学以后，我去别人的宿舍，看到非常乱、非常脏，我特别不能忍受。我们自己的宿舍一定要收拾干净。而且我在大学里，很多人说这个北大无美女什么的，其实我一直觉得这个东西不是看天生的长相，而在后天，比如说穿得干净、利落这也是很重要的。我觉得一个人整洁是生活中很重要的事情，这是我母亲灌输给我的一个概念。我不认为说我学习好了，那我什么都可以不要了，那我觉得这是一个不完整的人生，所以我看见别人只知道学习，别的什么都不管的，就非常着急，但那毕竟是他们自己的生活嘛，我只能要求自己。觉得学习不能放单炮，比如说注意自己的言行举止，穿得干净利落，自己也舒服，让别人也舒服，我觉得这是一个很重要的部分，到现在我都是这样想的，也是这样做的。

骆：按照有人说的，就是要做一个完整的人吧。

古：对，做个完整的人。

骆：学业方面有一些追求，达到一个比较好的水平，但在生活方面也不能太邋遢。

古：对，因为我觉得生活是很重要的，而且它跟学习是互相促进的，我是这种想法。

骆：那你觉得从你现在这种情况看，能不能讲讲你的学业和生活是怎样促进的？能不能拿同学来比，你觉得你这方面做得好，觉得同学做得不好啊，具体讲一讲。

古：我觉得我上了大学以后生活还是自然而有规律的那种，我该去洗衣服，我该去洗澡，我该去锻炼，我该去学习，我都让它按着程序来，非常自然。我不觉得这有什么很特殊的地方。一般跟朋友在一起也是聊天，也不会谈这些事情，比如说有些时候有些人不太注意生活，生活习惯这方面我不能太忍受，但是我认为每个人都有自己的生活方式，他有他的看法，我有我的看法，我不能强行把我的看法强加给他，我是这么想的。但是后来大学毕业的时候，一大帮同学在一起，他们跟我说：我其实真觉得你大学的生活很充实的。

我不太清楚别人跟朋友的关系怎么样，我是有很多朋友，而且处得都不错，都是互相往来的那种，我喜欢他们，他们也喜欢我。我觉得这个可能跟很多方面有关，做人态度还有生活方面，后来他们就跟我说：你看你这个不缺那个也不缺，而且也有朋友什么的。他们的能力强，可能才意识到。也许我的比较完整一些吧，比他们活得丰富多彩一点吧。

骆：你的这些看法和独立生活经验实际上都是在初中阶段奠定的？

古：对啊，初中阶段就有的，当年爸爸妈妈给了指导和榜样。

骆：我们再谈一个相关的话题，你小学上的是汉语小学，很早就掌握了汉语，不知语言方面你是如何看待当年爸爸"逼你"上汉族小学的？

古：当时我爸爸就非得让我上汉族学校，到最后的时候包括考大学到现在，如果我没有读汉族学校，我今天就没有这条路了。但是从感性方面讲，我小学的时候学维吾尔语，只是跟我父亲在家里学，但他并不强迫我做任何事情。可是我一直都没有用，不能读也不能写，就是说，我与人交流没有问题，口头交流没有问题的，但读和写是绝对有问题的。比如说我与维吾尔族的同学在一起，他们每个人都属于非常热情的、性格非常开朗的那种，能在一起唱歌，跳舞。但是我读小学的时候就失去了这种机会，所以我跟他们在一起的时候一比就显得很拘谨了，他们就显得特别开朗，而且又能唱又能跳。所以我自己可能从感性方面来讲，我要是上了维吾尔族学校，我就会跟他们一样，非常热情啊，非常开朗啊，是那种性格的人。所以有得也有失吧！但总的来说上汉族小学对个人发展是有利的。

12. 珍惜生命努力学习和热爱生活、享受生活

骆：你能不能谈谈自己在北大的学习和理想？

古：我考入北大以后，比较快地适应了北大的生活节奏，就是说很快就像

大多数女大学生、男大学生一样听课、读书、讨论、作业了，有时也单独请教老师，有时也到基层单位做一些调查，四年时间感觉挺快的，不知道怎么就过去了，这不，我已经上了研究生。

骆：是啊，大学生活四年一转眼就过去了，北大多数学生都是非常用功的，你在北大本科阶段用功吗？

古：不用功行吗？我肯定是比较用功的学生之一。因为我能够来到北京大学不容易，父母亲为了培养我花费了巨大努力，付出了常人难以做到的辛劳。我们维吾尔人虽说喜欢自由自在，但是我也感受到时代发展对于我们的要求不断提高，今后要想做点什么事情，就必须有深厚的文化基础，所以我在北大是比较用功的，几年下来也算是"熬过来"的。当然，我不是最用功的，假期我总是回乌鲁木齐同家人欢聚，而北大有些同学放假是不回老家的。

骆：你说过在北大读本科期间人大有一名少数民族同学考取研究生后自杀，你对这件事有什么看法？不知道同他那个民族性格有没有关系？

古：我小时候玩的时候不光我一个玩，我们一大帮的孩子玩。我们一大帮的孩子其实在一定程度上，我觉得能反映我们这个民族的小孩在小时候的生活。所以其实他们很多人长大以后都跟我一样，就是属于性格比较外向型的，比较热情的，对很多事情的承受力都比较强。所以当时一听到这个消息我们都吃了一惊，因为我们那里这种情况是很少的。一个是跟我们这个民族的个性有关，跟我们的宗教有关。后来那个自杀的研究生的父亲来了以后就说：我当初就不应该逼着他来上这个研究生。就因为他是被迫的，所以他最后受不了，最终跳楼了，所以我觉得可能也跟他们的家庭教育有关，这个事情对我触动比较大。我觉得小时候家庭的教育太重要了。所以一般我听说北大、清华有人跳楼，我觉得真不可思议，我觉得什么能比生命更重要呢？有什么能比生活在这个世界上有父母亲、有朋友更重要呢？我是非常不理解他们为什么要这么做的。

骆：他们太不珍惜生命了，要珍惜生命。

古：对，要珍惜生命。生命是父母亲给的，你没有资格去剥夺它！热爱生命，而且家里人就要让你自由地成长，这是一个自然的规律。我觉得我的父母亲可能就是那样长大的，所以他们认为我也应该这么长大，而且到现在我觉得，虽然好多人觉得上北大了不起，是不是有特殊的途径，我觉得不是，我觉得我成长到今天都是自然的过程。

骆：你小的时候自由自在地玩，非常热爱运动，现在上了大学没有那么轻松了。放假回家和父母在一起生活的情形怎么样？

古：我回家的时候都是家里人带着我到处跑，因为新疆很大，玩的地方特别多。我上了大学以后，家庭的基础就比较好了，经济富裕很多，父母的时间也多了，所以他们愿意带着我到处跑。基本上每个暑假我们都会去外地玩，大概十几二十天的，一般很少留在家的。去外地玩对我影响特别大，每次我回家都跟父母亲去好多地方，四年下来好像整个新疆都玩遍了。他们也是有心安排，就安排我正好回家的时候，假期那段时间，安排我跟他们一块儿去玩，每次都玩得很开心，很长见识。我觉得旅游对这个人非常好。所以现在包括五一、国庆的时候我都会找同学去玩，不会在宿舍休息。我每次回家玩得都特别开心，这对自己的性格培养也特别好，看了很多东西，你就会觉得真的好多东西比你生活在校园狭隘的范围要多得多，而且生活里头有太多的东西，好像就觉得比自己最初在学校学的东西要多，你就会感受很多东西，你不会让自己那么狭隘。

骆：旅游的时候父母给你讲过什么东西没有，特别是做人这个方面？

古：不会，我们出去玩是很轻松的。父母亲给我讲的都是沿路的风俗风情这些东西，不会跟我讲你该怎么做人，很少。我小时候受这方面的教育好像都不太多。

骆：那你能不能举些特别深刻、特别愉快的例子？

古：在1998年那一次，我们去玩，那整个地方都是冰山，有少数民族。当时离电影《冰山上的来客》的拍摄地点不远，不太远，后来我父母就说去看看，就去了。后来到了那个冰山，那地方特别远，那里天、冰、水的颜色都是灰色的，我当时就觉得那种感觉特别舒服，特别是跟家人一起，我从来没见过那种景色嘛，就觉得自己都融到那里头去了。后来离那里不远就有哈萨克族的小县城，我以前没见过哈萨克族，在乌鲁木齐就算见过也是像我们穿着我们这种服装。但在那个小县里，他们穿着自己民族的服装，说着自己民族的语言。他们的语言和维语很像，很多能听懂。那个生活习俗，房间的布局都很新奇，很好玩，和他们交流知道很多事情，觉得会有这么多不同的人，不同的生活方式。

13. 父亲支持我考研究生，母亲要我嫁维族男

骆：父母给你大学毕业以后的前途有过什么意见？

古：大学毕业选择将来前途的时候，他们只是给了我几种选择，可以就业啊什么的，但是最终由我决定。当然当时我母亲特别希望我能回新疆陪陪她，毕竟上年纪了，我长大了老在外头读书。而我母亲受这个维族传统影响非常大，她老觉得女孩子上了大学，尤其上了北大，一般觉得再没有什么还要继续学的，觉得我应该回去找一份好工作，嫁人这样子。我母亲其实跟我说过很多这个方面的问题，但是我父亲非常支持我继续读书。我其实当时还想上，我觉

得在大学里学到的东西非常少，尤其快到毕业的时候，回想起来我觉得我在大学里其实什么都没有学，所以当时我跟父亲说了我的想法，他从很实际的方面来考虑，这种学历的重要性，继续深造的重要性，他是非常支持我的，反而我母亲就不怎么支持我，她也和我讨论过这个问题，尤其在我们那个社会，到目前为止像我这种女孩很少，就是上了汉语学校，上了大本，在北大上，然后继续上研究生，将来可能还想出国，非常少。

我家里人都是一直处于一种非常一般的生活状态。我母亲也可能不太习惯家里一下子出现了一个这么另类的人，跟那个社会不一样的人。我们那个社会包括我亲戚嘛，都说：可以了，还上吗？你看你都这么大岁数了是应该考虑一下家庭问题了。而且他们很担心我这么下去可能不会找一个穆斯林结婚，在这点上我的父母也会有争执和冲突。但最终不管他们持什么样的意见，最后的选择权还是给了我。最后我对我母亲说：我还是想上，我知道你考虑到的很多问题，这些问题你也应该放心，我毕竟是一个大人了，很多事情我自己能思考，而且我能选择我自己的道路了。后来母亲就让我去了，也支持我。

骆：你的父母对于你的婚姻问题也会经常谈一谈？

古：对。我父亲不谈，他会觉得不好意思，但我母亲会谈，我母亲自始至终都很担心。因为维吾尔族社会舆论的压力非常大，以前也发生过维汉通婚的事情，但是，这种事情所承受的社会压力是非常非常大的，是很可怕的。我说过我家一直是一般的家庭，我母亲比较保守，所以她非常害怕。再说，她很倔强，她会重复地跟我说这个问题。她要我找本民族的。但对我来说，这个范围很小，在北京，在北大就只有 10 个维吾尔族学生。

骆：将来还想不想回去？

古：我想回去。一个是我习惯这个社会，比如说在北大吧，和我的朋友不管是交往还是什么，我基本上还是跟他们是一个生活圈，所以我习惯这个社会。再一个是我父母亲比如说我留北京了，他们是不会愿意来北京的，因为维吾尔族的社会和这里的社会是两种社会嘛，他们不能习惯这里。我觉得我也不会一个人留在这里的，而不跟父母亲在一个城市，不太可能，因为和父母在一起感觉非常舒服，这也是我一个比较不好的弱点吧，虽然我去了不少的地方，但是我还想回到父母亲住的地方。而且我觉得自己学了这么多，应该回去为自己的民族、社会做点什么的。到现在我一直都有这种感觉，而且这种感觉对我继续深造学习起了一个激励的作用。因为我要有目标我才能奋斗，要有这种激励的东西，否则我觉得我就没有力气，没有力量。

骆：在婚姻标准方面除了要找个穆斯林以外，你母亲有没有什么其他特别的期望，比如说找到的这个人要本分一点，要有本事，等等，这方面有没有特别强调？

古：我母亲有两条标准，第一是人品要好，这是最重要的；第二是对我要好，要能真心诚意地对我就够了。

骆：这第二条很容易理解，那么"人品好"具体来讲是怎样要求的？

古：人品好其实就是要符合我们那个社会的规矩了，本分、诚实、勤奋、工作努力这些方面。

骆：就这两条，也没有其他更多的？

古：没有。到现在为止都是这样的。

骆：你的家里好像很民主的，不像有的家长，他们觉得自己的女儿读书读得多就对婚姻期待太高。

古：我刚说过我母亲始终觉得生活是很重要的，她会觉得读书是生活的一部分，不是说生活是读书的一部分。我觉得这种关系是比较正常的关系。

骆：这种观念你也是接受的吧？

古：对，我是完全同意她的观点的。

14. 概括父亲、母亲的人格特征及对我的影响

骆：好，我们现在简单地概括一下。你觉得你父亲有什么特点，作为一个成年人，作为一个父亲，他跟别人比较起来有哪些不同，对你影响特别深？

古：我父亲给我影响特别深，第一个他为人特别好，就包括在家庭对我那样。而且他不是说要特意地去营造一种特别的人际关系，而是说他这个人心地特别好，为人非常善良，所以周围的人事关系都处得非常好。像我刚才说的陪我去玩球，陪我去学习，他不是特意的，都是自然发生的。这个我觉得非常不同于别人的，因为长大了我就觉得很多周围人都很伪善，非常功利，但在我家里不会。包括在我学业、婚姻等方面，他都是这种态度，所以这点非常重要。

第二个我父亲是很勤奋的人，我父亲开始的时候一点根基都没有，他不善于阿谀奉承的，他能做到现在的领导，都是靠自己努力得来的。很多人做了行政工作以后就不代课了，不写东西了，但是我父亲没有。他今年已经53岁了，可是他还在学校代课和写东西，他经常中午的时候就在办公室学习，这对我影响很大，我觉得勤奋很重要。

第三点就是我父亲很明智，在每次重要的选择关头，他总是给我摆出事态的轻重，会给我一个理性的考虑，但他最终会给我选择，说你要怎么做，这是很关键的，很重要的。就说这几点对我影响很大。还有一点就是他跟我母亲的关系上，这也是对我一个很大的影响。他们经常会有很多争执，而且母亲是非理性的，很感性的，我父亲却很平淡，他会让着她。我觉得当时这样很不公平，但现在看来我觉得一个家庭就是要这样的容忍和爱护。我父亲特别有这种

精神，他非常有度量。而且他这个度量也不是刻意的，我觉得是真心的，而且他觉得很多很小的问题，我母亲是他的爱人，他的妻子，他觉得没有关系。就像有的时候花点钱花点精力，只要我母亲高兴，他也会很高兴，这让我觉得家庭很温暖。

骆：那你讲讲你母亲的特点。

古：第一个就是很倔强，非常的倔强。什么事情包括跟我，有时候我们在家里我跟我母亲同样喜欢一件东西，有的时候父亲买什么吃的，我说我喜欢，我母亲说她也喜欢，通常最后她会胜利。她虽然倔强，但心地善良，她拿到手特别高兴，她胜利以后，会有点小孩子脾气，但最后还是会给我的。所以，这种事情发生久了以后，我就不跟她争了，因为我知道我不争她也会给我的。而且她在做事情、人际关系上，只要她觉得对，她就会坚持到底的。

第二点就是她很开诚布公，有什么事情都说，这也是给我影响很大的。比如有时候我说：我喜欢上了一个男孩子。她就会鼓励我说：那你就去告诉他，就去争取他。我觉得很多人不会真的去做，觉得一个女孩子是不会这样的。但是我母亲就会鼓励我说：你要是这么想的，你就去做。包括刚才在宿舍的关系上，这也是她的特别之处吧。

第三点就是对生活的热爱，我不知道别的人对生活的热爱是怎么样，但我母亲是一点一滴的，包括一顿饭做得是否可口，家里是否收拾得整洁，家里人的衣服是否都穿得整齐，这都是她所关注的。这些我觉得对我影响特别大。

骆：你觉得父母对你的期望，你自己基本上都做到了吧，他对你成为一个怎么样的人有哪些期望？

古：我觉得应该是吧，因为他们的期望不是让我上个名牌大学什么的，他们的期望就是让我生活得好，能够独立，能够自己去做自己想做的事情。

骆：你觉得你现在是不是有些方面超越了你父母那一代？在自己的思想素质、心理素质这些方面，感觉到有没有？

古：如果说仅从学业这方面来说，比如说从学习能力上，我算是超越他们了。但是我觉得在做人的方面，对人的方面，跟人相处这些方面，还有对生活的态度方面，我觉得还是不如他们，还得向他们学习。因为我觉得我现在还是在读书，一旦有压力的时候还是会紧张，还是会找他们跟他们说我怎么怎么回事。

现在想起来我遇到的压力和他们比起来实在太小了，他们要承受太多的压力。他们要承受工作的压力，现在竞争上岗、下岗，还有哥哥的婚姻问题、生活问题，他们要承受这么多压力的时候，他们从来不跟我说，他们什么时候都是高兴的。可是我有时会因一件事情不高兴，我会觉得怎么会这样呢，怎么会有这么多不公平的事。他们不会，他们会尽量地把事情做好，不会去怨天尤人。这些都是值得我去学习的。

第三节　家庭教育分析

古丽娜 1977 年出生于新疆乌鲁木齐市，由于他的父母亲在乌鲁木齐没有特别的背景，所以最初的生活条件和工作环境都比较艰苦，为此只得把大儿子送到伊犁，小女儿古丽娜则被关在家里，直到哥哥回到乌鲁木齐上学古丽娜才有了出去玩的自由。古丽娜到了上学年龄，爸爸要送她上多民族学校，妈妈则希望女儿上维族小学，一向当家的妈妈这次让爸爸做了主，古丽娜在多民族小学入了学，仍和学前差不多每天追随哥哥在外"疯玩"，爸爸还抽空同她一起打球。小学四五年级古丽娜像换了一个人似的，一改往日不在乎仪表、不在乎学习成绩的表现，成了年级学习尖子生。1990 年她来到新疆大学附属中学，这时已经担任学校人事处长的父亲仍然抽出时间同她一起打球，还具体辅导她的功课，鼓励他将来做一个有作为的人；母亲调动来到父亲单位照顾家庭的时间多了，指导女儿学习生活，希望她掌握维吾尔妇女传统的生活本领，帮助她克服与男同学交往中的困惑。高中是古丽娜最为痛苦的三年，学习压力大导致睡眠不足，以至于情绪也受很大影响。父母一方面从心理上安慰她，一方面专门请来了家教辅导她，母亲每天早晨陪她到湖边读书，父亲指导她大胆报考北京大学一举成功。上了大学的古丽娜在父母亲指导下很快适应了北大的环境，在学业上不断取得骄人的成绩，母亲希望她尽快找到称心如意的维族郎君，父亲则鼓励她考上研究生，假期她还回到新疆同父母一起旅游享受生活。

一　类属分析

1. 教育目标。古丽娜父母在女儿小时候对她没有太多的要求，但是随着女儿的成长，父亲希望女儿成为一个有文化、有作为的人，母亲考虑较多的是孩子的生活幸福：（1）让你自由地成长，这是一个自然的规律，我觉得我的父母亲可能就是那样长大的，所以他们认为我也应该这么长大。（2）父母亲都并不认为你的小学成绩有多重要。他们可能觉得给你一个自由的空间没有什么不好，好像家里来了客人呀，就一起玩玩跳跳的。（3）我母亲受传统的影响非常多，所以她一直希望我成为一个典型的维吾尔族女孩子，做家务呀，操持得非常好呀。（4）初中的时候我老想当个科学家，我父亲就会说：你想要干什么，那你就努力吧。（5）我母亲始终觉得生活是很重要的，她会觉得读书是生活的一部分，不是说生活是读书的一部分。（6）我父亲非常支持我继续读书，他从很实际的方面来考虑，这种学历的重要性，继续深造的重要性，他是非常支持我的。

2. 教育内容。古丽娜父母的教育内容比较丰富，两人从多方面指导和帮助女儿：（1）那时候我父亲就陪我打羽毛球、乒乓球什么的，非常小的时候就经常打，所以我现在乒乓球打得不错。（2）我跟我母亲都是用布头洗那个地，手擦那个地，就不用说屋里的干净程度了，而且是每天必做的一件事情。（3）我母亲就对我说：我一直以为你是一个勇敢的孩子，你父亲虽然从不在你面前说，但我们觉得你一直是个勇敢的孩子。当时我就不哭了，事情就过去了。（4）我母亲经常一大早陪着我一起出去，早上很难起来，我母亲就鼓励我起来，起来以后做完早饭她就一块儿跟我出去。（5）每次我回家都跟父母亲去好多地方，四年下来好像整个新疆都玩遍了。他们也是有心安排，每次都玩得很开心，很长见识。

3. 教育方法。古丽娜父母对她的家庭方法相当灵活，对孩子以说服教育为主：（1）我爸我妈根本没有时间管我，所以我就跟着我哥到处跑。（2）我不想学习，上课小动作也特别多，但是我没有印象我父母亲因为这样而打过我，或者罚过我。但我想批评或者督促我学习都会有。（3）他们听到好消息以后，说到奖励可能就是饭做得好一点，没有特别的奖励。（4）我觉得就是应该下了班一家人一块儿出去，不会有很多的讨论，不会有很多的计划。（5）后来他给我请了家教，那时候在乌鲁木齐请家教还是很罕见的，他觉得我需要这个他就帮我。（6）我父母特别不鼓励我在家里学习，这也是我父亲的学习方法，他经常鼓励我早上起来到湖边看书背书。

4. 亲子关系。古丽娜的父母对孩子一直是非常关怀的，尽量同她一起娱乐，减轻其思想负担：（1）我小学的时候父亲就陪我打球，后来初中的时候我父亲还陪我打球，我当时非常自豪，当时在篮球场就只有我父亲这样一个大人。（2）我的父亲跟母亲都会对我做的事情有一个看法和想法，只是他们很少当面跟我提，除非我真的需要帮助的时候。（3）我母亲因为回新大了，就经常有很多时间做饭，晚上我们一家人出去散步，周末的时候一块儿去动物园，或者是带我到亲戚家玩玩，或者是去上街。（4）孩子成绩不好，父母也肯定觉得挺不好受，但是我父亲他从不觉得，后来他给我请了家教，那时候在乌鲁木齐请家教还是很罕见的。（5）有一段时间我都觉得自己快要崩溃了，幸好还是父母亲跟我说：你尽力做好啊，上了重点大学固然最好，上了普通大学也一样可以造就人才，他们一直给我关心。

5. 家长素质。古丽娜父亲最初是来自吐鲁番农民家庭的新疆大学毕业生，母亲最初是出生于伊犁富裕家庭的女护士，几十年的生活锻炼了他们：

（1）我父亲考取了新疆大学，并留校当了新疆大学的老师，开始是学校里的普通教师，后来做了行政工作，现在是一所大学的校长。（2）我母亲考到了乌鲁木齐的一个卫生学校，学的护理专业，开始是在医院里工作，当了一名护士，后来也调到了学校，做了幼儿园里的保健医生。（3）我母亲是最小的，我母亲的脾气挺倔的。我父亲家里兄弟姐妹10个，所以从小学会了互相忍让。（4）他们经常会有很多争执，而且母亲是非理性的，很感性的，我父亲却很平淡，他会让着她的，他非常有度量。（5）很多人做了行政工作以后就不代课、不写东西了，我父亲今年已经53岁，可是他还在学校代课和写东西，他经常中午的时候就在办公室学习。

6. 家庭条件。古丽娜的父母亲都是从外地考到乌鲁木齐后留下来工作的，从最初的艰苦条件逐步发展到现在比较优裕的生活条件：（1）爸爸妈妈工作很忙，他们就老把我锁在屋子里，反正我一觉醒来家里就没人了，好像要中午的时候或者晚上家里才有人。（2）那时候我们家住的是平房，很早前就买了一只小瘦羊，也没太多钱买肥羊，养肥了再宰。（3）我的母亲非常非常的忙，医院离我们家非常远，我印象就是好像我家里的饭都是我父亲做的。（4）而那时候我母亲因为回新大了，就经常有很多时间做饭，周末的时候一块去动物园，或者是带我到亲戚家玩玩，或者是去上街。（5）我母亲当时就问我想不想拉手风琴，我觉得好玩，就说想学，我父母亲就真的给我买了一架，他们当时的支付能力非常有限。（6）我上了大学以后，家庭的基础就比较好了，经济富裕许多，父母的时间也多了，所以他们愿意带着我到处跑。

二　情景分析

1. 学前阶段。古丽娜最早的记忆是被关在屋子里，后来是同哥哥一起"疯玩"：（1）爸爸妈妈工作很忙，我还没有去幼儿园的时候，我记得他们就老把我锁在屋子里，反正我一觉醒来家里就没人了，好像要中午的时候或者晚上家里才有人。（2）父母不会那样严管，好像基本上都是一个人去幼儿园，自己去，自己回。（3）我哥是男孩子，非常野蛮，我爸我妈根本没有时间管我，所以我就跟着我哥到处跑。（4）那时候我们家住的是平房，很早前就买了一只小瘦羊，也没太多钱买肥羊，养肥了再宰。（5）因为从小就觉得要尽力去做，但是被打败的时候周围也不会有太多的人嘲笑你，因为大家都是一样的，有得有失，有成功也有失败。

2. 小学阶段。古丽娜的父母对她上哪类学校意见不一，最终上了汉语学校，后来妈妈来到爸爸单位工作，生活上方便了许多：（1）我不会说汉语，我怎么能上汉族学校？但那时候我爸爸的态度是非常强硬的，就说：你要去，你要去上这个学校。（2）妈妈认为我应该在本民族学校读书，但是一直在家里当家的妈妈，不知道为什么在我上什么样的学校的问题上没有坚持，所以我从小学到大学都是在汉族学校读的。（3）学习是非常烦的一件事情，不想学习，上课小动作也特别多，我也不好好听。但是我没有印象就是说我父母亲因为这样而打过我，或者罚过我，没有。（4）而那时候我母亲因为回新大了，就经常有很多时间做饭，周末的时候一块去动物园，或者是带我到亲戚家玩玩，或者去上街。（5）父亲和我母亲也发生过很多争执，我小学的时候就有很多印象，但是最终都是因为我妈妈的倔脾气，就跟她打扫卫生一样，非得把它打扫干净了才行。

3. 中学阶段。古丽娜的母亲对女儿进行了多方面的生活教育，父亲关心孩子的学习，高中时帮助孩子减轻压力，最终指导女儿考入了北大：（1）我母亲一定要让我做的，而且扫不干净还要我再扫，我母亲认为一个女孩子在家务方面一定要过关。（2）因为我母亲18岁的时候就结婚了，所以初中时她就跟我讲将来家庭应该要怎么样的。（3）我母亲当时就问我想不想拉手风琴，后来我父母亲就真的给我买了一架，他们当时的支付能力是非常有限的。（4）开家长会的时候，孩子成绩不好，父母也肯定觉得挺不好受，但是我父亲他从不觉得，后来他给我请了家教，那时候在乌鲁木齐请家教还是很罕见的。（5）高中时家里还是保持原来的生活，一种比较舒服的，不是太高强度的，有节奏的生活。我觉得这个非常重要，可以帮我缓解一下压力。（6）我爸说北大是最好的学校，北京离这儿这么远，花时间去我不反对，但是你要花这么多精力和时间去某某大学那样一般的大学我就不同意了。

4. 大学阶段。古丽娜的爸爸妈妈经常同女儿通电话，告诫她处理好与同宿舍的同学关系，鼓励女儿努力学习，但是在要不要报考研究生上父母二人意见不一致：（1）我打电话和父亲说的时候，他就说："你管别人干吗？不要管别人，你管好自己就行了。"他就是这样说的，这个对我影响很大。（2）我跟我宿舍的人吵架了，我母亲就教我要好好跟她说，实在不行，那你就别用桌子了，可以去食堂吃。（3）我觉得我上了大学以后生活还是自然而有规律的那种，我该去洗衣服，我该去洗澡，我该去锻炼，我该去学习，我都让它按着程序来，非常自然。（4）我们维吾尔人虽说喜欢自由自在，但是我也感受到时代发展对于我们的要求不断提高，所以我在北大是比较用功的。（5）我父亲非常支持我继续读书，他从很实际的方面来考虑，这种学历的重要性，继续深造的重要性，他是非常支持我的。（6）而我母亲受传统影响非常大，她老觉得女孩子上了大学，尤其上了北大，一般觉得再没有什么还要继续学的，觉得我应该回去找一份好工作，嫁人这样子。

5. 研究生阶段。古丽娜母亲根据维吾尔族传统对女儿进行婚姻教育，父母还表达了希望她将来回去的愿望：（1）我家里人都是一直处于一种非常一般的生活状态，我母亲也可能不太习惯家里一下子出现了一个这么另类的人，跟那个社会不一样的人。（2）最后我对我母亲说：我还是想上研究生，我知道你考虑到的很多问题，这些问题你也应该放心，我毕竟是一个大人了，我能选择我自己的道路了。（3）我说过我家一直是一般的家庭，我母亲比较保守，她会重复地跟我说这个问题，她要我找本民族的。（4）我母亲有两条标准，第一是人品要好，这是最重要的；第二是对我要好，要能真心诚意地对我就够了。（5）我觉得我也不会一个人留在这里的，而不跟父母亲在一个城市，因为和父母在一起感觉非常舒服，这也是我一个比较不好的弱点吧。

三　家庭教育的基本经验

第一，生活和学业兼顾的教育目标。古丽娜的父亲和母亲分别是维吾尔族教师—干部和护士—医师，他们都受共同的民族家庭教育传统的影响，这就使他们在教育女儿的目标上既有共同的地方，比如两人都重视女儿的生活幸福，主张女儿掌握一定的生活技能，都希望女儿具有一定的学业成就，具备大学本科的文化水平。但是，古丽娜父母不同的家庭背景和文化差异、职业差异对他们的教育目标也有影响，这主要表现在他们对于女儿究竟达到哪种层次的生活水准和学业水准有不同的期待，如古丽娜母亲希望女儿完全按照维吾尔族传统的标准寻找夫君，父亲则支持孩子在本科基础上继续攻读研究生。古丽娜父母在生活中是一对时有争吵的恩爱夫妻，妻子性格倔强，丈夫胸怀宽广，看得更远一些，主导着家庭生活和教育子女的航程，巧妙地与妻子求同存异，坚持了使女儿生活和学业共同进步的教育目标，并把这一目标落实在20多年的家庭教育实践中，培养了一个生活素质和学业水平双优的北大硕士研究生。

第二，自由与宽松的家庭教育环境。古丽娜的父母秉承了维吾尔民族自由豪放的性格特征，或许她的父母早年的家庭生活就十分自由自在，所以当她小的时候家庭生活也是比较宽松的，父母对于她的日常活动限制不多，对于她的学习成绩要求不高，对于她的优点和缺点没有刻意评论，更没有严厉惩罚她的过错，这使她免去了当今我国内地大多数学生繁重的学习负担和某些家长近似苛刻的教育要求，能够轻松愉快地玩乐和学习，用她自己的话说就是整天跟着哥哥"疯玩"。古丽娜上中学后，父母对于她的教育有所加强，妈妈教给她维吾尔族妇女生活的基本技能，要求她经常做家务劳动，爸爸对她学习方面的要求逐渐提高，而且专门请家庭教师辅导她的功课，鼓励她将来成为一名科学家，但是爸爸还抽空同她一起打球、一家人周末的时候还照样去亲戚家玩玩，或者是去上街，减缓了她因高考临近而不断增加的压力，使她在重点中学紧张的气氛中保持了正常的心态，在高考中较好地发挥了自己的水平，进入了万人仰慕的北京大学。

第三，自然和细致入微的教育措施。家庭教育不是专门的教育活动，而是结合家庭生活的人格力量和环境影响，古丽娜的父母亲在教育孩子的过程中深知家庭教育和自己女儿的特点，在尊重自然、尊重女儿的基础上对她进行教育，取得了良好的成果。在女儿上小学的时候，她的父母并没有把学习成绩看得多么重要，孩子在学校被老师批评了他们并不马上在家里也作出"反应"，孩子受到了老师表扬他们也没有给予奖励，父亲为孩子能做的高兴事就是陪她打球和说笑。在女儿上中学后，她的父母对于学习重视了起来，但也没有给孩子施加压力，而是通过具体的辅导和请家庭教师帮助她提高成绩；高中阶段孩子的压力空前增大，但是父母始终让她保持平和的心态对待高考，即使学习再紧张也要保持周末全家外出郊游的习惯，她的母亲还陪她每天在湖边晨读以增强记忆。古丽娜到北京上学后，他的父母亲告诫她与宿舍同学"求同存异"，女儿假期回来后与全家一起旅游，等等，充分展示了自然的家庭教育方式。

第四，事业和家庭双赢的家长哲学。家长肩负着家庭生活和教育子女的重任，但是家长又不是专门的职业，现实中绝大多数家长都有一份或几份工作，他或她必须通过努力工作获得一定的经济收入，才谈得上养育和教育子女。古丽娜的父母亲都是从外地考到乌鲁木齐读书后留下来工作的，最初繁重的工作使他们没有办法亲自带养孩子，拮据的经济条件也使他们无法请人照顾孩子，他们只好忍痛把儿子送到姥姥家、把女儿锁在家里，条件稍有改善他们马上把儿子接过来上学，兄妹二人也成了玩伴。古丽娜的父亲经过多年奋斗在单位站住了脚跟，当上了中层干部，但是他对自己要求仍然很严，坚持授课和写东西，经常利用中午的时间在办公室学习新知。与此同时，他设法把妻子调动到了自己的单位，使得妻子有充足的时间打理家务，两人分工合作，共同承担教育女儿的任务。虽然古丽娜父亲的工作很忙，但是照样抽空陪女儿打篮球，参加女儿班里的家长会，主动与女儿谈理想，给学习滑坡的女儿请家教，使女儿在高考中取得了好成绩，而自己也因待人诚恳、工作出色担任了新疆某大学校长的领导职务。

第六章　她远自韩国汉城勤劳
致富的商人家庭

——李淑英的家庭教育访谈和分析

第一节　背景材料

李淑英，女，1972 年出生在韩国首都汉城（现名首尔），7 岁时开始在汉城上小学，后来就接着上了中学和大学，大学期间积极投身进步学生运动。1996 年来我国首都北京做留学生，2001 年在北京大学获得社会学硕士学位。李淑英能够讲流利的汉语，她喜欢同中国人交流。她的父亲和母亲都是高中毕业，在汉城从做小生意起家，逐渐发展到有一定规模的大型商店，家庭也逐渐富裕起来了。李淑英姐妹共有三人，她是大姐姐。

我和来自韩国的留学生李淑英在北大社会学系都是家庭社会学专业大师杨善华教授的弟子，但我们却只是在李淑英的硕士毕业论文答辩会上匆匆见过一面。不过，也就是见过的这一面使我对她有了比较好的印象，也使后来对她的访谈成为可能。经过与杨教授及社会学系其他老师磋商，我打电话到李淑英在北京的家里，接电话的是一位讲韩国话的老年妇女，不过她懂得一点汉语，她用不熟练的汉语告诉我说李淑英已经回韩国，请我两个星期后再联系。5 月初我再次联系时李淑英刚刚回到北京，从电话中我还得知她在 3 月底已经从北大拿到了硕士毕业证书，正在家里准备报考博士研究生。"她人已毕业，还要不要找她谈家教呢？"我稍微犹豫了一会儿，还是告诉了她我想请她做家庭教育访谈对象的想法，她也稍微考虑了片刻就告诉我她同意接受采访，接着我们商量了访谈的时间和地点。

5 月 19 日下午 2 点，我来到了北大勺园留学生楼的大门前厅处等待李淑英的到来，15 分钟过去了，大门前厅进进出出的人不少，就是不见李淑英的影子，"难道她忘记了此事？"我又等了 5 分钟便起身在留学生楼的大门前厅附近走动了一小会儿，大约又过了 10 分钟一位身着横条汗衫的女士来到了我的面前，我们两个互相打量着对方，"您是骆风老师吧？我来以后到处找您，不想您在这儿等我。"原来李淑英是按时到的，只是她今天的装束打扮和做论文答辩时的着装差别太大，以至于我无法认出来了。互相致歉之后，我和李淑英开始了谈话。我们的话题是从她的生活经历和家人的基本情况开始的，接着李淑英谈了"母亲教育我养成勤俭节约的习惯"、"父母教育我从小就要诚实和礼貌"、"父亲很早就注意培养我的独立性"、"父母指导我在姐妹中起带头作用"、"父母支持我在同学中间广交朋友"等话题。后来，我还请李淑英介绍了"90年代以来韩国年轻人离婚率上升"、"伴随现代化的家庭结构、规模变化"、"现在的家长都重视对于孩子的教育"等背景材料，看来韩国和我们中国的现代化进程一样，社会变迁引起家庭教育的一系列变迁。

　　把她的访谈材料整理出来之后，我和她通过几次电话和电子邮件，她对这篇访谈稿作了很多的补充。我还通过阅读《韩国的现代化：一个儒教国家的道路》、《当代韩国史》等专著进一步了解和分析李淑英成长的韩国社会背景，加深对其家庭教育的理解。

第二节　访谈内容

1. 我的生活经历和家人的基本情况

　　骆：李淑英同学，你好！非常感谢您从老远的地方赶来接受我的访问！

　　李：骆风老师，您好！我十分乐意同您交谈，您有哪些问题就提吧！

　　骆：谢谢，我想请你先简要介绍一下自己和家人的情况，好吗？

　　李：我是韩国汉城人，1972年出生，后来就在汉城长大，读了小学、中学和大学。

　　骆：你是什么时候开始上小学的？

　　李：韩国的学制同中国的学制差不多，我是在7岁时上的小学，后来就接着上了中学和大学。

　　骆：可不可以问一下你是在韩国哪所大学就读的？学的什么专业？

　　李：我在韩国上的是一家非常有名的大学，读的是社会科学专业。

　　骆：记不记得在中小学的学习和其他方面的情况了，比如你的学习成绩、担任干部情况？

　　李：大致记得一些，我的学习成绩总的来说是比较好的，但是也有某些学科和某些时段学习成绩不太好，每当遇到这种情况我的母亲都比较着急，而我的父亲虽然着急但是不表现出来，爸爸信任我，他知道我能够克服困难取得进步。还有，您问的当学生干部的情况，我是经常担任干部的，热心为大家服务，在这个过程中也锻炼了自己。

　　骆：那么，你的父母亲对于你担任学生干部的态度呢？

李：他们是支持的，鼓励的，但是也没有太过关心和指导，偶尔听我说说这方面的情况。

骆：下面，请你说说家里的情况。

李：我出生时父母亲是汉城的小商人，他们都是高中毕业，在汉城做自己的生意。

骆：做生意是非常辛苦的，特别是创业阶段。

李：是啊！父母亲都很勤劳，记得小时候家里很穷很穷，父母每天从早忙到晚，至今我记得小时候他们在家里那种疲惫的神情，好像说话也没有一点力气。后来在我读中学的时候他们办起了比较大的公司，家里逐渐富裕了。

骆：我读过几本韩国现当代史的书，略知近几十年来韩国社会和经济发展的历程，深感大韩民族那种民族自尊、坚忍不拔、勇于牺牲、创造一流的精神令人感动。我想，你的父母亲大概就是那种勇于克服困难、不断取得成功的商人吧？

李：可以这么说吧，用中国话来说他们确实是通过勤劳而致富的，我上中学以后父母和家里的情况是不错的，大家再也不用担心吃穿等生活问题了。

骆：可不可以介绍家里的一些其他情况？

李：好啊，我们家里有三个女孩，我是老大，大学毕业后来到中国，在北京大学做留学生，前后已经四年多了，现在已经取得了社会学硕士学位。两个妹妹现在的情况也不错。

骆：这么说你们家里有三朵金花，我的家乡有"女儿孝顺胜过男"的说法，我想你的父母现在应该是非常幸福的吧！

李：我们姐妹对父母的身体健康都很关心，他们都还满意，但我父亲觉得家里没有男孩子也有点遗憾。

2. 母亲教育我养成勤俭节约的习惯

骆：现在我们把话题转向你小时候的家庭教育，你印象中父母亲主要是从哪方面教育您的？

李：我印象最深的是妈妈节约的习惯。

骆：能不能举一些例子说明妈妈是怎样节约、怎样让你节约。

李：我小时候家庭不是那么富裕的，而且我爸爸妈妈都很辛苦，挣来一点钱很不容易，家里吃的穿的都不好。

骆：我们都知道韩国在 20 世纪上半叶日本殖民统治时期非常落后和贫穷，大韩民国建立后政治斗争一直很尖锐，特别是军人统治了相当长的时间，你出生时的 70 年代初韩国的国民经济已经有所发展，但是大多数居民家庭生活还比较拮据，商品供应也比较匮乏。

李：是啊！我记得上学前妈妈从来没有给我买过一件昂贵的东西，衣服或者玩具都是非常一般的。有的时候我没有礼貌地给她施加压力，要给我买这个，给我买那个的，都是耍小孩子的脾气嘛，可是她根本不听我讲的话，她从来没有随随便便地给我买一些东西，她总是很有计划地、很有规矩地给我买东西，她一旦说好，几天以后保准给我买一个称心的东西，这种东西都是我所需要的，我不需要的她从来没有给我买过。

骆：你的妈妈是个商人，她有经济头脑，她知道怎么给你买东西。

李：是啊，她没有给我买过好东西，就是因为第一个她没有钱；第二她是有规矩的，对孩子的教育是有规矩的，这是她的规矩。现在来看，我也有孩子了，我不知不觉地像我妈妈一样，对我孩子要这个要那个，从来没有随随便便答应过给他买，这些东西必须是真正需要的才考虑一下是否给他买。

骆：你继承了妈妈的传统，也就是说现在你承认妈妈这样做是对的，小时候可不是这样吧？

李：那时候当然不懂事啊，非常生气，经常大闹，有时还不吃饭，但是我妈妈非常有原则，她不会随便让我，现在我觉得妈妈那样做是对的。

骆：小时候你妈妈有没有带你们去旅游，或者到饭馆里面吃饭？

李：我想没有。我从小就在家里吃，记忆中很少出外到饭馆。

骆：哦，一般都在家里吃父母做的饭。那么，在穿衣方面妈妈有没有给你这个长女买一些称心如意的帽子啊、裙子啊，什么的？

李：我记得小的时候为了买衣服有一些特别尴尬的事情呢！我一直到 9 岁 10 岁穿的袜子一般都是有洞的。我特别讨厌有洞的袜子，那时我总想扔掉，不过我妈妈不会扔掉，她是缝起来再让我穿。那时候我们班的孩子当中除了我以外，没有人会穿这种袜子的，所以我觉得特别不好意思，觉得很丢脸的。不过，妈妈总说补一补还能穿，妈妈补好了我就不得不穿了。

3. 经济条件好了父母仍然勤俭节约

骆：刚才你说上初中时家里经济条件有了很大的改善，能不能说具体一点？

李：主要就是我爸爸妈妈最初开的商店赚了比较多的钱，他们在汉城市区又开了一家更大的商店，光是职员就有上百个，顾客多销售好，赚钱更多，家里买了两台车，一台运送货物、一台是接送我父亲上班和出外联系业务。

骆：家里住房条件和生活用品有没有变化？

李：当然也有变化，80 年代中期我家换了新房，90 年代初父亲还在他的老家又买了一套房子，80 年代中期我家购买了多种家用电器，比如洗衣机、电冰箱、摄像机都是名牌货，吃穿自然也比以前有所改善。不过，我父母依然像过去那样节约，爸爸很少买名牌衣服，妈妈穿得更是平常，买东西时他们都会仔细考虑才决定。

骆：你们家里后来的条件好了，爸爸妈妈手里有钱了，他们对你花钱方面有没有放得比较开一些？或者说不那么讲究节约了？

李：我上中学时父母挣的钱确实多了起来，家里生活水平比从前提高了，但是父母亲还是比较节约的，也没有给我太多的零用钱。

骆：父母对你花钱又没有一个规定，比如每个月有一定的数额？

李：是的，家里给我钱还是很有规矩的，一个月给多少钱是有范围的，在这个月中我们姐妹可以自由地花这些钱，可是超过这个限度家里就不管了，所以家里经济条件好了并没有对我特别优惠，还是和从前一样给我那么多的钱。

骆：在用钱上你的父母有没有对你做过一些具体的指导？

李：我妈妈说给我一个月的钱不能超过，现在你大了你想买什么就买什么吧，超过了就要等到下个月了。我爸爸要我们姐妹几个帮他做点事情，比如给他擦皮鞋，做了事情有一点报酬，我们姊妹三个都抢着做，可是得到的报酬却是很少的。

骆：那么你对父母这样做有没有不满的情绪？

李：有两件事情至今想起来心里还不舒服。小时候，就是快要上小学的时候，我很想买一个娃娃——塑料娃娃，可是始终没有买，这个娃娃太贵了，我没有那么多的钱，买不到，我知道家里钱不多也就没有敢向爸爸妈妈诉说这个心愿。一直到很久，也就是我自己有了自己的住房时我才买了一个漂亮的塑料娃娃，了却了长久的心愿。

骆：很多女孩子都是这样的，喜欢布娃娃、塑料娃娃、绒毛娃娃之类的东西。那么，另外一件事情是什么呢？

李：这是快上高中时候的事情了，那时候学校流行运动装，大多数同学只买几个牌子比较响亮的运动服，我喜欢体育，自然也想像其他同学那样希望早些穿上名牌运动装，可是这些名牌运动装价钱也确实昂贵，用自己积攒的零花钱需要好长时间才能凑够。于是我就向妈妈张口了，我知道爸爸很严肃，所以就试探妈妈的口气。

骆：那你妈妈她是什么态度呢？

李：我妈妈的态度很矛盾，她一方面不希望我多花钱，另一方面也同情我，不希望我在吃穿上低于其他同学。妈妈在家里不当家，所以她让我去试探爸爸的态度。

骆：那你是不是很快就去找爸爸了？

李：没有马上去，我知道爸爸是很讲原则的，所以我反复想了好多理由，最后才鼓足勇气给爸爸说我想要买运动装的理由。

骆：你爸爸没有同意吧？

李：是啊！爸爸不同意，他也讲了他自己不同意的理由，而且非常严肃。爸爸越是不同意我越是想要，我曾同他大声争吵，这是从前我不敢做的。但是，爸爸还是不同意。后来，我要妈妈向爸爸转达我的要求——把下半年的零花钱提前一次给我，我说自己今后不买零食也要运动装，但是，他们还是没有答应。直到后来我积攒的钱够买运动服装时才去买，所以，我是上了高中才有运动装的，比别的同学晚了一两年。

骆：哦，你爸爸妈妈对你花钱方面真的是很严格的。

李：我从来没有乱花钱的，可是我的大妹妹像一个大男孩一样，给她的钱不到一周就花完了，她去找我妈妈要，妈妈肯定不给，她到我这里要，我也只能给她一点点。我小的时候，只有学钢琴花了家里另外给的一些钱。

4.父亲教育我从小就要诚实礼貌

骆：前面主要讲的是母亲教育你的故事，下面我想请您讲讲父亲是如何教育你的。

李：我的爸爸平时和我们姐妹三个说话不多，主要是忙得很。我爸爸做生意几十年，他知道做生意不是那么容易，有的时候遇到麻烦他会发脾气，特别是跟妈妈发脾气特别大，可见他的性格并不是那么好。但是，他做生意是成功的，我们那个街上没有几个人能比得上他。

骆：不知道爸爸在品德方面对你们姐妹几个有没有要求？

李：当然有，我们几个小孩子问他怎样跟人打交道时，他总是跟我们说，做人要诚实，要正直不要骗人，我父亲很讲信义，就是他没有想过太高的利润，他从来没有坑过人，也从来没有说话不兑现的。这给了我们姐妹三个极大的影响，反正我现在还觉得我达不到我爸爸的那种诚信的水平。

骆：这方面你能不能讲的具体一些？

李：首先是爸爸对人非常诚实，从来不卖那些利润高的假货、水货，有时候他降价处理商品也不像有的商家那样把这种商品说得那么好和原来价格多么高，等等。再者，他有时候也给我们讲一些反面的例子警告我们不能说假话，爸爸多次告诉我们，他的一个商业朋友不讲信用，人家花高价买了他的机器不能用，找他换他还不讲理，结果吃亏的人气愤地带来一帮打手把他的商店砸了，那个老板躲起来不敢报警，后来也没有客人来买他的东西了，不久他的商店就倒闭了，他们家里的几个人都失业了。

骆：这种例子的说服力是很强的，我想它对你们都有警示作用。那么，你的父亲对你还进行了哪些其他方面的品德教育？

李：有啊，我觉得做人道德的范围特别广，除了做人要诚实外，还要礼貌，恭敬崇敬长者，我觉得我爸爸是很谦虚的，他对别人非常好，讲礼貌，无论他是小老板的时候，还是后来做了比较大的老板的时候他都非常和气，很少对职员发火，这对我们姐妹们是有影响的。

骆：韩国人和我们中国人一样，都尊崇儒家文化，讲究礼仪，我在电视上看到韩国民众见面时互相鞠躬，你小时候有没有受过这种教育？

李：有啊，小时候爸爸妈妈就这样教育我，要给年长者鞠躬，我也很自觉地这样做。后来年龄大了反而不愿给人鞠躬了，不知道是什么思想引起的。我爸爸每天早上出门，晚上回来都是很晚，开始他还没有发觉我的变化，后来发现我不想鞠躬了就很生气。有一次是星期六他回来的比较早，他回来看到我在看电视而没有向他问候，就要我一定站起来，有时还训斥一顿，说我太没有礼貌，这样出去在社会上怎么做人。那时候我往往不知道怎样回答，显得十分紧张，这时我妈妈也会告诉我这是你的不对，你应该好好地给你爸爸鞠躬。经过几次这样的教育，后来我就再没有发生过这样不礼貌的事了。

骆：你现在以一个成年人的眼光，来评价你父亲这样做对不对。

李：我同意我爸爸的看法，我对我的孩子讲故事也都是这样的，让他知道做人才是最重要的，应该诚实礼貌，我不断重复讲这样的思想教育内容。

骆：不光是你接受了父亲的诚实礼貌，还让你的孩子继承了你父亲的这种思想。

李：是的，应该如此。

5. 父亲很早就注意培养我的独立性

李：现在，我想讲的就是我的父亲很早就注意培养我的独立性。

骆：好啊！请你讲的具体一些。

李：父亲是自己干出来的，他起家的时候很艰难，我的父亲总是一大早就起床出门，很晚很晚才回来。他每次回家进门的样子我还记得，走路的时候总是驼着背，两只胳膊耷拉着放在胸前面，手脖僵硬。他总是很早很早出门，为的是养活家庭，他这么辛苦，却从来没有给我们说过他自己多么辛苦。

骆：那时候他有没有请一些亲戚和朋友帮助他？

李：有些亲戚邻居愿意帮忙可是他不要，有时候人家一定来，他也不好阻拦，别人干了那些活最后都是给予公平的报酬，虽然给的不多。

骆：你父亲这么做，是不是有一种思想支配着？

李：哦，我也说不清。不过，记得爸爸给我讲一句话"只有自己才是最可靠的"，不知道这是不是他的思想，也不知道这种看法是不是正确？

骆：我觉着你爸爸这样讲一定有它的原因，常言道"生意好做，伙计难当"，人际关系是非常复杂的，有时候别人不一定愿意帮忙或者别人帮不了你的忙，最终还是靠自己。在我们中国革命最艰苦的年代就有"自力更生，丰衣足食"的提法，不知道您听说过没有？

李：听说过的，这是毛主席在延安时提的口号，对于鼓舞革命根据地的军民战胜困难起了很大的作用，是不是？

骆：对啊！你还很了解中国革命史呢！下面说说父亲是怎样培养你的独立性的吧。

李：好的。记得很小的时候爸爸就对我说过："你自己的事情你要自己管，不能指望我来替你做。"他整天忙于生意，几乎没有"照顾"过我，有时候我真的对他有很大的怨言。

骆：爸爸说这段话的时候你大约几岁？

李：准确的年龄记不得了，反正还没有上学。小学时的一天我忘记带午饭了，盼望着家里来人送饭，可是中午别的同学都吃完饭了我们家也没有人来，我饿得哭了起来。后来妈妈告诉我，那天她曾经乞求爸爸给我送午饭，但是爸爸却说："这是她的错，别送。"还有一次下雨，别的同学的家长纷纷到学校给孩子送伞，可我家里就是没人来。放学时我淋着雨回到家中想对爸爸发火，可他却冷冷地说："下这么一点雨算什么，不想叫雨淋着就自己带伞嘛！"

骆：法国教育家卢梭提倡过"自然后果教育法"，就是让犯错误的人自己承担由于过失带来的痛苦，促使犯错误者反省和改正。不知道你爸爸的这种做法能不能叫做"自然后果教育法"，反正它肯定会让你记忆深刻。

李：小时候我对爸爸的做法很不理解，我甚至怀疑爸爸是否爱我。当我长大了，特别是当我来到中国留学之后，就觉得爸爸培养我的独立性对于我吃苦耐劳、取得优异成绩是多么重要啊！

6. 父母指导我在姐妹中起带头作用

骆：你们家里有三个女孩子。不知道你们姊妹三个的关系怎么样啊？

李：现在特别好，我觉得我们三个女孩的关系非常好，可是我们小的时候也经常闹别扭。

骆：你们三个之间关系好和父母有没有关系？在你们小的时候父母有没有指导你们搞好关系？比如要求大的照顾小的、小的听大的话，有没有啊？

李：有，一定有。没有父母的管教，我们三个会闹翻天的。

骆：哦，我请你具体讲一讲是怎么回事。

李：我和我的第一个妹妹相差一年，小时候她特别没有礼貌、不听话。她的个子比我高，她根本不听我的话，所以小时候经常吵架，而且我的这个妹妹像男孩一样特别顽皮，还经常动手打人，我就经常被她打。我妈妈发现这种情况就用扫帚打她，而且我爸爸也经常打她。她比我挨打的次数多得多，父母的责打有一定效用，但是有效的时间很短，过不了多久她就会再做错事，因此我爸妈有时也会给她讲一些道理。

骆：这是你们小时候的情况，后来情况慢慢好了吧？

李：对，她慢慢懂事以后就听我的话了，而且遇到困难还找我讲心里话，包括前面讲过的她没有零花钱了也是先向我要。

骆：在你们三个姊妹当中，你有没有起到那种领头的作用，比如姐妹们发生了争执你会主持正义？

李：是啊，我会这样做的。我的第一个妹妹有时欺负第二个妹妹，我当然要管的。

骆：那么，你的小妹妹比较听话吧？

李：对，她没有大妹妹那样淘气。但是，她有时也会令我爸爸妈妈生气，我爸爸我妈妈打我妹妹的时候还要打我。他们说这是你老大的责任，你没有照顾好你的妹妹。他们一直都是这样的，从来没有只打妹妹不打我的情况。

骆：你爸爸妈妈的这种做法还是很特别的，你有没有觉得爸爸妈妈对你有更高的期望？

李：这个我至今说不准，有可能，他们可能是希望我听话、在各方面表现得优秀，给两个妹妹树立榜样，所以对我的要求就高了一点。

骆：你觉得父母主要打淘气的妹妹还是打你？我以为惩罚谁应有一个责任问题。

李：那时我也没有想过这样的问题，反正挨打心里总是不舒服的。但我觉得这也是很有用的。挨打的时候妹妹会有一点很对不起我的感觉，所以后来就很听我的话。小妹妹和我年龄差得比较大，她从来没有和我拌过嘴的。

骆：作为老大，你觉得父母对你的要求是否比两个妹妹要高一些？

李：是的。那时父母还要我承担打扫房间卫生的事情，我妈妈她特别看不顺我这样的懒，特别不喜欢我的房间乱七八糟。但我是不愿意打扫我的房间，不知道自觉地整理好我的房间，妈妈对此总是严厉批评，"这是你的房间就应该你来管。"我还记得我妈妈有时还会为此打我，尽管有时我忙得顾不过来，但妈妈就是不替我打扫房间，这也许是对我要求高的表现。

7. 父母信任我在同学中间结交朋友

骆：你在中小学时期结交朋友的情况如何？父母亲对此是什么态度？

李：我是比较喜欢交友的，从小学到大学我有不少朋友，父母都不愿管，我也没有什么事情瞒着他们，我会很大方地告诉他们。

骆：在交朋友方面，你父母是不是很关心？如果交了异性朋友他们管不管呢？

李：他们也不是那么关心，他们有时是关心，有时问我你的那个朋友是谁？他的爸爸妈妈做什么工作？他有没有兄弟姐妹呀？然后我回答了他们就不管了。我有时会带这样的朋友来家里一起玩，同他们分享一些好吃的东西，有时候我也会到同学家里去玩。

骆：你有没有同学到你家里吃饭？

李：有啊，但不是那么经常。我有时也去别人家里吃饭，而且我的父母都熟悉我的朋友。

骆：那你在这方面和父母之间的沟通还不错吧？

李：是啊！我的两个妹妹也是这样的，她们的朋友也是经常来我们家里玩，她们的朋友都认识我，我也认识她们。我在大学时谈过一个男朋友，他是我们系的，我妈妈说是吗？那你把他带来吧让我们看看，于是我跟他约好时间就带回我们家见了我的父母，然后一起吃饭、喝茶，说了几句话就没有什么了。他们什么也没有问，他们也没有说过他有什么不好，他们觉得我有了男朋友给父母看看是应该的，其他就不管了。我们就继续交往下去了。

骆：这样看来你的父母很信任你，你觉得大人的信任对你成长有什么作用？

李：我觉得得到父母信任是非常幸福、非常开心的，我有支配自己行为的自由，但是我班里其他同学就不一定是这种"待遇"了，有些家长是不让孩子与异性交往的，特别是女生家长总是叮嘱女儿一放学就回家。

骆：你曾讲过父母非常重视培养你的独立性，你觉得父母鼓励你交朋友和前面讲的独立性有矛盾吗？

李：不矛盾，独立性是要我独立自主、吃苦耐劳，这不是说封闭自己，什么事情都是一个人。

骆：我想应该如此。那么，父母在培养您的交往能力方面还有哪些措施？

李：要说措施也不多，他们没有时间带我去亲戚朋友家里，也没有带我去哪里旅游。只是偶然会同我一起参加一些公益活动、文体活动，比如打打球之类的。

骆：从您现在的人生经历来看，您觉得家长培养孩子的交往能力是否重要？

李：重要，非常重要。因为现在的社会需要人与人之间的交往，需要大家合作，早年学习和掌握了交往的本领，对于后来团结同事、合作做事都是非常有帮助的。

8. 我不听父亲劝告参加学生进步运动

骆：你家里三个孩子都是女性，对此你的父亲有没有不高兴，有没有要一个男孩子的想法？

李：我的家里没有男孩，就我们三个女孩，我知道爸爸不喜欢我们都是女孩子。我知道我的成绩好他就会高兴，所以我就千方百计让他高兴，让他把我看作男孩。我经常想怎么会让他高兴，可是他从来没有说过让我去学习，你应该好好学习，我妈妈也是这样的。

骆：你父母在你小的时候有没有在一起讨论过教育孩子的事情？比如孩子应该怎样成长，有哪些优缺点，或者给孩子买什么东西之类的问题？

李：没有。他们没有讨论，我的家庭不是那么民主的，我爸爸的权威是很大的，他一个人决定了就要我们大家去执行。

骆：你小时候有没有受到这种权威性的影响？

李：我特别讨厌，不喜欢他这种做法。他总是要求子女服从，而不考虑我们小孩子有哪些想法。我有的时候很想反抗他，跟他斗嘴、拌嘴，中学时就多了，上了大学特别多。

骆：你们的许多想法不一样吧？

李：对呀，可是他从来没有接受过我的意见，他一旦决定了就从不接受别人意见，他越老就越固执。

骆：他现在有多大年龄？他现在还在干着自己的公司？

李：爸爸60多岁了，现在他已经不做公司的事情了。

骆：你说到上大学时你们两代人经常斗嘴、交锋，能否说得具体一些？

李：你读过我们韩国现当代史就知道上个世纪后半叶，韩国经历了长期、复杂、曲折的政治斗争，在韩国的多次政治斗争中大学生都扮演了非常重要的角色，对于民族进步和政治民主发挥了极大的作用。我小时候就敬佩那些勇敢斗争的人，上大学时我曾加入一个学生进步团体，那时韩国的许多大学生都加入到了这个团体来了，但我的爸爸特别不喜欢我参加这些组织的活动，我一上大学他就告诉我别干这个。

骆：我知道你说的这些学生运动的重要意义，可以说没有学生运动，韩国的社会民主和经济发展不一定能够达到今天这种程度，难道你的爸爸不支持你参加进步的政治活动？

李：我父亲是很保守的，很封建的，当然不允许我参加那些活动了！我也反抗他，我是很自主的人，是独立思考的人，所以我不听他的话了。那时我每天回来都很晚，一般都是12点多，有时候一两点才回来，有一次我一进门就知道他还没睡觉，他在沙发上等着我，他说你过来跟我谈谈，我们在一起谈了没几句话就吵起来。他还把客厅里的一把椅子狠狠地摔了一下，我很害怕，一夜都没有睡觉。当时我决定离家出走，我以后再也不回来了。我一大早就出门了，然后我好几天待在学校里没回家。

骆：看得出来你当年是个非常进步、非常勇敢的大学生。不过当时你有没有想过，你的父亲是担心你被捕入狱，还是在政治上不赞成你的立场？

李：这个说不准，我的爸爸一般是不过问政治的。也许，你说的两种因素都有，但我是不会妥协的。有一天我妈妈来学校找我了，要我回去，她说你这是干什么，我们都为你担心啊！回家去吧！我也只好回家了。从此以后，我爸爸好久不同我说话，他一看见我就烦。这样的事情发生了两三次，持续了很久，我同爸爸的关系很差。

骆：两代人思想上有矛盾对立，包括尖锐对立都是正常的。不过，亲情也是不能丢的。

李：我上大学三年级的时候，我爸爸有点放弃了，"这是你的人生立场，我管不着吗！"他就不管我参加学生运动的事了。然后我也有点后悔了，后悔当时自己对爸爸那么凶，对爸爸不礼貌、不理解，有对不起他的感觉。三年级的时候我学习很用功，得了奖学金，我爸爸也恢复了对我的信任。以前我不学习搞运动，他不满意。现在我一边学习，一边搞运动，他的态度也转变了。

骆：你觉得爸爸的专制有没有对你产生消极的影响？

李：有是有，应该有啊，不过具体后果说不清，我也有点专制的性格吧，是他遗传的或者说是继承的吧。上大学的时候我是有点问题，我经常听别人说我有点专制，"你自己决定的就执行"。可是大学毕业以后我自己感觉性格上是有那么一些问题，现在不是那么明显了。因为我曾有意识地锻炼自己，努力听取别人的意见。

骆：你是不是也会对自己决定了的事情不愿改正，这也会影响人际关系吧？

李：曾经是，现在已经改了过来。

9. 父母不太重视我的在校学习成绩

骆：前面谈了好多话题，现在我们来谈谈学习问题，或者说你父母是如何关心你的学习的？

李：好吧，首先要说的是我的爸爸妈妈他们觉得学习好不是最重要的，做人才是最重要的。他们从来没有跟我说你应该好好学习，你应该上最好的大学。再者，他们做生意确实忙，所以他们对于我的学习关心得不多。

骆：你在学前读过书吗？五六岁到七八岁的时候家里可供你阅读的书籍、报刊多吗？

李：我在幼儿园读过一些小画册书，学过简单的数字和常用字，其他就没有像现在的幼儿园高年级孩子那样的学习了。上学前家里买过或者是从幼儿园带回的一些画册和报纸，但是爸爸妈妈并没有给我们专门订阅报纸和杂志。

骆：那么，你还记得学前学习方面的哪些事情呢？比如你小的时候在家里看电视多不多？

李：我小的时候看动画片很多，我喜欢看动画片，早上7点半到8点，还有下午放学的时候5点半到6点半播放动画片，我一定是要看的。其他的节目我不喜欢看。

骆：对于你看节目，父母他们管吗？

李：不管。然而到高中时就没有时间看了，我放学时间是晚上10点多，根本没有时间看节目。

骆：你小的时候在家里参加过绘画、钢琴之类的学习吗？

李：我小的时候，只有学钢琴花了一些钱。现在韩国各地有许多补习功课和培训技能的机构，尤其是放假时英语班、数学班、计算机班、舞蹈班多得很，不少家长花钱很多送孩子去，这和我小的时候大不一样了。

骆：现在的家长更关心孩子的学习成绩和专长。能不能回忆一下，你是从哪个年级开始学习成绩明显地优于同学的呢？你觉得取得这样的好成绩父母给了哪些方面的帮助？当你告诉他们自己取得好成绩时，父母有什么样的表示？

李：小学的学习成绩记不清了，大概三四年级学习成绩就比较突出。我学习努力可能跟爸爸妈妈认认真真做生意有关，是他们努力工作的精神和作风影响了我，我在三四年级就懂得用好成绩讨爸爸妈妈欢心了。父母对于我的学习成绩虽然感到高兴，可是并不当成重要的事情，所以没有什么奖励的东西。

骆：在过去的20年尤其是小学到高中这10年不到的时间你的学习成绩有没有滑落，如果有请你尽力说明父母的态度和做法，具体一些。

李：我的学习成绩当然有起落的时候，但不是太大的起落，父母一般是不在意的，我自己能够想办法克服困难。

骆：父母是否关心你的学习习惯的养成，培养你注意认真、及时、干净完成作业，鼓励你阅读课外书籍、支持你参加学科竞赛？请举例说明。

李：父母当然希望我有认真、及时、干净完成作业的习惯，但是他们在这个方面没有用心培养我，也没有鼓励我阅读课外书籍、支持我参加学科竞赛，而是我自己对自己学习方面要求比较高，经常取得好成绩告诉爸爸妈妈，使他们为女儿感到自豪和兴奋。

骆：那么在中小学时期，你父母有无经常和你的老师取得联系？问问你的学习，了解你在学校的表现。

李：没有，从来没有，我的爸爸特别不喜欢家长们去学校谈孩子的事情。因为，那时候有的家长喜欢给教师钱、送礼，这种现象特别严重。有的老师对于收了钱的孩子特别照顾，这是一种严重的社会消极现象，我爸爸从来没有找过老师、没有送过钱，所以我爸爸妈妈不太喜欢和老师见面联系。

10. 伴随现代化的家庭结构、规模变化

骆：李淑英同学，现在我想同你交谈一下近几十年来韩国婚姻家庭方面的变化，进而了解现代化的发展对于韩国家庭教育的影响，你看从哪个角度开始谈好啊？

李：我想从韩国人口迁移和家庭结构的变化开始谈吧。我国在朴正熙执政时期经历了高速发展的三个经济发展五年计划，1960 年到 1970 年国民生产总值由 23 亿美元增至 81 亿美元，年均增长率达到 9.1%，从 1971 年到 1979 年国民生产总值由 95 亿美元增至 614 亿美元，年均增长率达到 9.9%，是当时世界上发展最快的国家之一。这么快的经济发展，必然伴随经济结构调整和劳动力的转移，这当然也必然影响到家庭结构的变迁。

骆：中国现代化进程也伴随经济结构调整和劳动力的转移，主要表现就是 80 年代后期以来大量的农民工进入城市，在中国南方的珠江三角洲地区外来人口超过了本地居民的 2—3 倍，有些城镇甚至是 3—5 倍。

李：韩国人口是 60 年代后期伴随着经济发展开始大规模迁移的，我上小学的 80 年代年轻人大都进城工作了，像中国的民工进城市打工，留在农村的就是老人，而且老人也不愿意让孩子在乡村劳动了。

骆：那么，农村居民的生活状况有什么变化？

李：城市家庭和农村很不一样。城市绝大部分是两代人的小家庭，即只有父母与子女的核心家庭，只有少数是三代人在一起住的，而且年轻人一般不愿与老人一起生活。在农村情况就大不一样了，农村大部分是只有老人，老两口在一起住，没有子女的，几乎没有年轻人，老人的生活都是十分清苦的。

骆：你们韩国的这些老人宁肯自己在乡村孤独生活，也支持孩子进城，真是感人！为了孩了牺牲自己的幸福同我们中国的老人一样可歌可泣！那么这些年轻人的孩子——也就是老人的孙子辈也进了城吧？

李：是的，都跟着进了城市。

骆：那么韩国有许多新兴城市吧？农民最初进城怎么生活的？

李：是的，这些新兴城市大多是在原来的大城市周围，离农村比较远。农村和城市的生活水平相差很大，城市一般都有中等以上的收入，农村的收入很低，许多老人穷的可怜。

骆：那么，最近十年来韩国城乡经济和家庭情况有哪些新的变化？

李：最近十年来没有什么大的变化，变化是在 80 年代完成的。

骆：现在韩国年轻一代的家长生养子女的数量一般有几个呢？

李：一般是两个，还有不少是一个，三个子女的极少。

骆：政府有没有节制人口方面的政策？

李：没有，很久以前提倡过而不是强令生育一个子女，现在早就没有这方面的意见了，年轻人大部分不愿多生孩子，一个孩子的家庭也相当普遍。

11. 90 年代以来韩国年轻人离婚率上升

骆：现在，请你谈谈韩国近几年婚姻—家庭稳定的情况好吗？你觉得离婚率上升和经济发展有没有关系？20 世纪 80 年代韩国是亚洲四小龙之一，经过多年发展到 90 年代韩国国民经济和居民生活水平都有很大提高？对吧？

李：说到韩国婚姻—家庭稳定性的问题，还是从影响婚姻—家庭的经济和社会变迁谈起，如前所说，七八十年代大量农村青年来到城市工作，来到城市的这些人大多数逐渐富裕了，而留在农村的人口却依然过着贫穷的生活。来到城里找到工作的年轻人收入较高，思想新潮，具有了独立生活的能力和意识，不愿再受传统的婚姻—家庭观念束缚，结婚离婚就不像过去的人那样认真严肃了，男女交往比较自由。

骆：你说的这种打工者婚姻家庭观念新潮、结婚离婚过于自由的情况，在中国同样存在，我在广东、浙江、福建三省家庭教育的调查中，发现许多单亲家庭属于进城的外来工，家庭不幸孩子受到的影响最严重。

李：可以说 90 年代以来韩国成年人的婚姻稳定性越来越差，离婚者越来越多。因此在 90 年代中期婚姻问题在韩国引起了极大的社会反响。究其原因，由于女性的就业率提高、女性的自我意识提高、女性不满婚姻生活等，就决定提出来离婚。

骆：可否说韩国多数人的离婚首先是有女性提出来的？

李：是的，是的。

骆：过去韩国的农村妇女同中国的农村妇女一样一般是在家里服侍丈夫、照顾小孩，后来她们就不想待在家里了，希望自己出来挣钱，要求出来工作的妇女多了吧？

李：是的，农村妇女出来的很多，城市妇女不愿待在家里的更多，多数城市适龄女性都有自己的工作。

骆：那么，离婚率的上升也和妇女的解放有关？

李：是的，是的，还有一点就是人们对婚姻的观念也变了？

骆：怎么变的？

李：过去人们对于婚姻看的很重要，很神圣，不能离婚。现在人们不那么看了，离婚没有什么了不起，离就离吧！社会会自然地接受这个事实的。

骆：就是说离婚者在就业、升职等方面不会受到太多的影响吧？

李：是的。他们也不会觉得离婚有什么不道德的感觉。

骆：离婚对于成年的男女当事人可能是一种解脱和解放，可是家长离婚对于未成年的孩子无疑是一场灾难和严重伤害，不知道韩国家长是如何看待和处理这个问题的？

李：我同意您的说法，离婚对于孩子的不良影响的确很大，我有几个离婚和再婚的同学，每次见到他们的孩子就能感觉到他们的伤心和无奈以及可怜。不过，家长要离婚，孩子也是没有办法干预的。

骆：是的，孩子无法干预家长的离婚和再婚，但是家长们应当考虑离婚和再婚对于孩子的影响。我认为，一个相关的问题就是应当教育年轻人正确对待两性关系，不知道现在韩国的家长是否重视对于孩子的性教育？

李：现在青少年的性教育是一个突出的问题。政府和学校没有系统的措施开展青少年的性教育，多数家长虽然重视孩子的性教育，但是也没有找到有效的教育措施。

骆：现在青年一代的性观念和以前相比有哪些不同？

李：是有很大的不同，我看过一个报纸，上面有一份调查报告，说现在的中小学生缺乏性知识，不知道怎样对待自己的性和他人（指异性）的性。而且他们比较早的时候就有了女朋友、男朋友，交往得比较深，有的很年轻的女孩就有了怀孕和堕胎的经验。还有的初中女孩和40岁、50岁的男人交往，为的是得到钱。

骆：看来必须加强青少年的性教育，但是究竟怎样进行教育，确实需要认真研究。

李：对啊，对啊！

12. 现在韩国家长都重视对孩子的教育

骆：从你自己的成长过程中看，家庭教育的作用是否重要？

李：是的，家庭教育非常重要，对我的影响很大。

骆：你觉得现在韩国的家长们对于孩子的成长是否重视？

李：现在韩国父母对于孩子的教育非常重视，都有"望子成龙"的愿望。希望孩子考上大学，而且能到国外去留学。几个月前我看过韩国的电视，现在特别流行出国移民，家长这样做的一个重要原因就是为了孩子的教育。在韩国孩子的教育费用特别的昂贵，有些收入低的家庭往往感到吃不消。

骆：那么用于孩子的支出大概会占到家庭收入的多少呢？在中国有的家长把一半以上的收入用于孩子，韩国的家长用多少钱来培养孩子呢？

李：大概也有占到一半的吧？家长们觉得孩子的前途是非常非常重要的，他们都会千方百计让孩子上最好的大学，而公立学校即韩国的公共教育不能满足家长们的这些需要，所以不少家长把孩子送到私人的培训机构里。几乎所有的学生都要上这些私人的培训机构，有的孩子要同时上四个这样的私人培训机构，这样才能考上国内的好大学，或者将来出国留学。

骆：在我们中国比较发达的城镇家庭都鼓励孩子课余参加特长训练，比如学钢琴、电子琴、跳舞、绘画、书法，现在电脑班、英语班很多，不知韩国有没有这类情况？

李：有，非常普遍，从学前的幼儿班，到对大学毕业生出国留学的培训班遍布各地，来的学生络绎不绝，我自己从小到20多岁来北京前就上过好多个这种高收费的培训班。

骆：现在韩国中学毕业生能够上大学的比例有多大？

李：大概十个中间有两三个吧。

骆：哦，难怪上大学的竞争那么激烈。那么，家长们除了增加投入，通常还会采取哪些措施？

李：就是严格管理孩子，检查他们的作业，给钱奖励成绩提高的孩子，也有的家长采取强硬的手段控制孩子活动，甚至体罚孩子。

骆：那么，你觉得现在韩国的年轻一代，或者具体说就是现在的中小学生同上一代有哪些不同？他们有什么样的理想和追求？

李：他们没有理想。他们没有追求。他们就知道追求明星，讲究个人享乐。我教过在北京的韩国商人家里的孩子，他们的大人管得很严，要求他们考上好的大学，要求孩子努力学习，但不知道怎样教育孩子，不知道怎样从其他方面教育孩子。我遇到过不少孩子不想学习，讨厌父母，不听家长的教导。

骆：你讲的情况和我们中国城市的情况差不多。看来，加强家庭教育指导不仅是我们中国的事情。那么，韩国家长除了在学业方面特别重视，还在哪些方面重视对于子女的教育呢？比如他们重视孩子的品德和性教育吗？

李：是的，现在的家长特别关心品德和性教育，家长都会要求孩子尊重大人、尊敬老人。

骆：这方面家长们是怎么做的？请讲具体一些。

李：从小就对孩子进行训练，模仿别人见了老人就磕头，问候"您好！"让孩子从小就知道见了别人就要磕头、说您好。如果孩子不这样做，家长就严厉批评，甚至体罚。

骆：体罚孩子不好，现在体罚孩子的家长多吗？

李：应该说现在多数家长都有民主和平等意识，经常打孩子的家长比起我上中小学的时候少多了，但是仍然有一部分家长以武力作为展示家长权威的有效手段。

骆：好，今天我们就谈到这里，谢谢！

李：谢谢骆老师！

第三节　家庭教育简析

李淑英女士1972年出生在韩国首都汉城，当时她的父母亲都是刚刚创业的小商人，家境贫穷，吃的用的都非常普通，李淑英想买一件自己喜欢的玩具父母也没有满足，直到上小学李淑英还穿带洞的袜子。李淑英7岁时开始在汉城上小学，在她上中学时经过几年奋斗的父母亲成了有一定实力的大商人，家里面置买了空调、汽车等高档消费品，但是她父母亲仍然注重节约，给孩子的零花钱依然保持在原有的水平。李淑英的父母亲注重对于女儿的诚实和礼貌教育，并且以身作则地教育她待人以诚、待人以礼，同时从细微之处培养孩子的独立意识和独立能力，要她在学习好功课的同时安排好自己的生活饮食起居。李淑英的父母对长女要求较高，李淑英平时要帮助妹妹的学习和生活，如果妹妹犯了严重错误她也会被"株连"而受惩罚。对于女儿与同学交往，李淑英的父母也是支持和鼓励的，除了厉行父母职责面见一下女儿的重要朋友之外，并未约束女儿的交往，包括女儿与男朋友的交往，这给了女儿很大的自信和生活空间。像韩国的大多数家长一样，李淑英的父母亲期盼女儿学习成绩好，但是他们没有刻意强调学习成绩的重要性，也没有采取专门措施提高孩子的学习成绩，而是通过严格的品德教育使女儿懂得事理，自觉地学习。

由于获得的李淑英父母教育女儿的材料还不够丰富，笔者无法对其家庭教育作出全面的分析和评价。但是，我认为李淑英父母在以下几方面做得是非常好的，值得家长们学习：

第一，树立以诚待客、勤劳致富的榜样。李淑英的父母亲属于韩国战后成长起来的年轻一代，他们是在艰难的条件下度过儿童少年时代的，饱尝了贫穷生活的辛酸，虽然他们结婚的时候韩国经济已经起飞，但是他们像多数韩国国民一样仍不富裕，从小本买卖起家，一步一个脚印地发家致富，在大女儿上小学的时候家境逐渐好转，当女儿进入初中的时候他们终于成为拥有相当资产的大商店老板，家里置买了空调、汽车等高档消费品。李淑英父母教育女儿不重长篇大论的说教，而主要是通过自己的模范行为引导女儿的，他们经商发家的过程中以诚待客，决不欺骗误导顾客，不断赢得顾客的信任和赞誉，营业额逐年扩大；他们经商非常勤勉和用心，十分注意节俭，以降低进货和销售商品的成本，就是家里钱多了也决不乱花。他们努力保障女儿的生活和学习必需品，但是对于孩子生活上的过分要求坚决拒绝。对于父母亲的这些行为，女儿看在眼里记在心里，加上父母偶尔言谈，逐渐深入到李淑英的脑海，变成她的做人道德和行为习惯，激励她在学业和其他方面不断追求优异。

李淑英在访谈中多次提到父母的榜样作用，其中直接的言论有：（1）他总是跟我们说，做人要诚实，要正直不要骗人，我父亲很讲信义他从来没有坑过人，也从来没有说话不兑现的。（2）他总是很早很早就出门，为的是养活家庭，他这么辛苦，却从来没有给我们说过他自己多么辛苦。（3）家里富裕了，我父母依然像过去那样节约，爸爸很少买名牌衣服，妈妈穿得更是平常，买东西时他们都会仔细考虑才决定。（4）我爸爸是很谦虚的，他对别人非常好，讲礼貌，无论他是小老板的时候，还是后来做了比较大的老板的时候他都非常和气，这对我们姐妹是有影响的。（5）我学习努力可能跟爸爸妈妈认认真真做生意有关，是他们努力工作的精神和作风影响了我。

第二，重视对子女进行优良品德的培养。李淑英的父母亲都是高中毕业生，在他们那个年代的商人中算是有一定文化知识的人，他们承袭了东方文化中重视家庭教育的传统，对于女儿的成长和教育是非常重视的，在做好商店经营的同时花费了相当的精力教育女儿，李淑英的父亲有时候累得说话也没有力气，但还是以各种方式表达关心女儿的心意。他们对女儿的教育中突出了道德品质的培养，在孩子没有上学的时候就教育她养成节俭的习惯，李淑英的母亲总是很有计划地、很讲规矩地给女儿买东西，从不乱花钱讨得女儿的欢心，父亲经常以身边的实例教育孩子待人要诚实，还训练她见到长者养成鞠躬问候的习惯，当女儿在大学期间参加学生运动时，他的父亲也出于关怀劝其小心谨慎，尽管女儿与父亲的政治信念不同。李淑英父母把家庭教育女儿的主要精力放在了品德教育方面，但这不等于他们不关心和企盼女儿学业优异，事实上李淑英父母对女儿品德教育的结果不仅在孩子思想品德上，也在孩子学业进步上，他们的三个女儿后来处境都不错就是最好的回答。

李淑英在访谈中多次提到父母重视品德教育，其中直接的言论有：（1）有一次是星期六他回来的比较早，他回来看到我在看电视而没有向他问候，就要我一定站起来，有时还训斥一顿，说我太没有礼貌，这样出去在社会上怎么做人。（2）她从来没有随随便便地给我买一些东西，她总是很有计划地、很有规矩地给我买东西，这种东西都是我所需要的，我不需要的她从来没有给我买过。（3）我一直到9岁10岁穿的袜子一般都是有洞的。我特别讨厌有洞的袜子，那时我总想扔掉，不过我妈妈不会扔掉，她是缝起来再让我穿。（4）我的爸爸妈妈他们觉得学习好不是最重要的，做人是最重要的，他们从来没有跟我说你应该好好学习，你应该上最好的大学。（5）我爸爸我妈妈打我妹妹的时候还要打我，他们说这是你老大的责任，你没有照顾好你的妹妹。他们一直都是这样的，从来没有只打妹妹不打我的情况。

第三，父亲威严和母亲仁慈的家庭氛围。当代韩国依然是一个有浓厚男权色彩的国家，像韩国大多数城市居民家庭一样，在李淑英家里父亲具有至高无上的地位，经常是以严肃的面孔出现，决定着包括子女教育在内的家庭大事；而她的母亲在家里面没有什么地位，听任丈夫的调遣，通常只起到配角的作用，但是她对几个女儿比较和气。李淑英的父亲生意繁忙，平时早出晚归，能够轻松地长时间地和孩子在一起交谈的不多，但是他始终把女儿的成长放在心上，在大方向上把握着对女儿的教育，着重培养诚实、礼貌、节俭、勤劳等优良品德，对于女儿要求很严，以至于孩子们惧怕他；李淑英的母亲总体上是赞同丈夫教育女儿方面的观点的，但是她对女儿的态度比较随和、做法比较细腻，与女儿平时的感情交流比较多，她在孩子的零花钱、做家务问题上配合丈夫教育女儿，使她们理解父亲的苦心，起到了丈夫所不能起的作用。李淑英的父母在家庭生活和教育女儿的过程中，一个威严，一个仁慈，一个主导，一个辅助，互相支持，相得益彰，保证了家庭的生活气氛和教育子女的效果。

李淑英在访谈中提到父亲威严和母亲仁慈的言论有：（1）小学时的一天我忘记带午饭了，盼望着家里来人送饭，可是中午别的同学都吃完饭了我们家也没有人来，后来妈妈告诉我，那天她曾经乞求爸爸给我送午饭，但是爸爸却说："这是她的错，别送。"（2）记得很小的时候爸爸就对我说过："你自己的事情你要自己管，不能指望我来替你做。"他整天忙于生意，几乎没有"照顾"过我，有时候我真的对他有很大的怨言。（3）那时父母还要我承担打扫房间卫生的事情，我妈妈她特别看不顺我这样的懒，特别不喜欢我的房间乱七八糟的，妈妈对此总是严厉批评，"这是你的房间就应该你来管"。（4）我父亲是很保守的，很封建的，当然不允许我参加那些活动了！我也反抗他，我是很自主的人，是独立思考的人，所以我不听他的话了。（5）有一天我妈妈来学校找我了，要我回去，她说你这是干什么，我们都为你担心啊！回家去吧！我也只好回家了。

当然，李淑英的家庭教育并非十全十美，她的父亲母亲都有一些落后的封建思想，比如对女儿的态度过于严厉，对女儿的学习关心不够，家庭民主气氛不够浓厚，这是我们在学习李淑英家庭教育优点的同时应当避免的。

第七章 他成长在山东邹县的
新型农民之家

—— 罗鲁舟的家庭教育访谈和分析

第一节 背景材料

罗鲁舟，男，1977 年生于山东省济宁市邹县（现邹城市），是兄弟两人中的哥哥，1984 年起在本村上小学，不久父母就设法送他到教学条件较好的县城读书，初中上的是市级重点学校，高中也是重点学校。1995 年考取南京大学读书，毕业后复习一年，于 2000 年考入北京大学硕士研究生，2003 年毕业进入中共北京市委某部门工作。罗鲁舟的父亲小学毕业，由于"文化大革命"的缘故，未曾读完初中就在当地务农了，改革开放后在当地做工经商赚了不少钱，现在是村干部。母亲未曾上学读书，长期在农村以家务为主，有时做一些农活，有时也同丈夫一起打工经商。

我是在北大社会学系的《教育社会学专题研究》课堂上认识罗鲁舟的，这位衣着朴素、言语不多的研究生学习十分用功，每周二的课他总是提前几分钟到达，下课时经常会再问老师几个问题。他对于我在课堂上介绍自己的研究成果《东南沿海地区儿童少年品德状况与家庭德育状况的研究》（全国教育科学"九五"规划课题）很感兴趣，下课时他还索取了我的一份长达 30 页的研究报告。当天中午，我同罗鲁舟和他的一位同学在北大学四食堂又见面了。我们三人一边吃饭，一边聊天，我有意识地询问他们的家庭生活和家庭教育状况，最后，我说："我是专门研究家庭教育的，我想找个时间具体了解一下你们的父母教育你们的情况，不知道你们肯不肯给我 2—3 个小时？"他们异口同声地说："可以，可以。"事隔三天，碰巧我又在学四食堂碰见这两位研究生，旧话重提，这次另一位研究生先开口了："骆老师那天说让我们谈谈自己的家庭教育，我回去之后认真想过了，现在还真的理不出头绪呢？不如叫罗鲁舟先讲吧！"我把目光转向罗鲁舟，他很庄重，也很自豪地告诉我："骆老师您约时间吧，我乐意把家父家母教育自己的情况讲给您听！"

不久的一天晚上，罗鲁舟来到我在北京西苑附近住的海苑旅社 207 房间，我请他喝了一杯凉开水，又请人给我们两个人照了两张访谈情景的工作照。接着就进行了大约两个半小时的访谈。对于自己的母亲，罗鲁舟显得尤为感激，谈话中他眼里多次闪动感激的泪水，很快，两个半小时过去了。我感到还有一些东西没有说，就向罗提出了一些问题，罗有一种"不好意思"的表情，"怎么办呢？"过了一会儿，罗鲁舟告诉我"有些东西真的不好讲，我回去再仔细想想，用电脑打出来好不好？"

一周后，罗鲁舟带着打印好的材料和磁盘来了。当天晚上，我就认真阅读了罗鲁舟打印出的这次访谈的文字材料，我觉得这篇材料很朴实、也很感人，记述了改革开放后一对农村新型农民夫妻对待生活、对待子女的态度和做法，对于相同背景的家长来说有一定的借鉴意义。同时，我觉得描写罗鲁舟家庭生活的内容还不够，反映上大学以来家长关心和鼓励他材料也不够，于是就发E－mail给他，请他再抽时间作一些补充，他先后两次给我补充材料。

罗鲁舟同学非常重视我的家庭教育访谈这件事，从北大毕业前夕，他还告诉了自己在研三时期的家庭教育情况，又补充了许多中小学期间的家庭教育故事，终于使我获得了他的比较完整的家庭教育材料。

第二节　访谈内容

1. 我出生于一个勤劳致富的农民家庭

骆：罗鲁舟，你好！现在我们就开始谈你的家庭教育情况好吗？

罗：好啊！首先非常感谢骆老师能给我这样一个难得的机会，让我来介绍我的家庭教育。我觉得，父母对我的影响极大，自己的家庭教育还是比较成功的，或许我的家庭教育能给现在的家长一些启发，因此前几天就答应骆老师的要求了。

现在我先做一个自我介绍。我叫罗鲁舟，山东邹城人，1977年出生的。小学和中学都是在家乡的学校上的。1995年考入南京大学社会学系，2000年考上北大社会学系的研究生。

我父母都是农民出身，我爸爸上初中的时候，"文化大革命"开始了。听我奶奶讲，爸爸那时整天在学校里干活，基本上不上课。没多久，爸爸就离校为家里出力干活了。可以说，我爸应该算是个初中文化程度吧。但我爸脑子好使，有经济头脑，可以说是有一定的前瞻力，也就是有那种能敏锐地把握社会发展动向的能力，有很强的决断力，而且极能吃苦。我爸先是做过打石工（就是在山上开凿石头），做建筑工。后来家里买了个拖拉机，我妈妈帮着我爸一起搞个体运输。积累了资金后，我爸拉起了一个建筑队，再后来我爸和他的一些朋友合伙先后办了几个小厂子，如轧钢厂、面粉厂等。现在，我爸把那些厂子卖了，在村里的村主任竞选中，我爸以较大优势当选。但不知为什么，在我的印象中，爸爸做农活不多，可能也是家里分到的田地一直不多，现在则是家里已经没有地了，而且在农忙时有很多同族的人，就是一个姓的，和一些亲戚帮忙。总之呢，经过我爸和我妈的艰苦奋斗，我们家从一个社会下层走到了农村社会中的上层，在整个社会中能算中等，或偏上一点。家境也算较好，家资也算殷实吧，按照以前的说法，也可以说是地主了。

骆：不容易啊，等会儿再具体说说爸爸妈妈勤劳致富的具体情况吧。

罗：我爸妈经过多年努力改善了家庭状况，但我爸爸的几个兄弟，或是他们脑子不好使，或是好吃懒做，现在都还处在温饱的水平上。

说说我妈和弟弟，我妈没上过几天学，应该说在夜校里补习过半年的文化，主要是那时姥姥家里孩子多，需要我妈带几个。说句开玩笑的话，我妈是斗大的字不识几个。但我妈脑子聪明，会持家，又会为人处世，乐于帮人，没有一个人不说她是"贤妻良母"。妈妈除了在我上小学的一段时间里，帮我爸搞运输外，她做的基本上就是家里的活，主要是家务、照顾我们的生活，农活干的也不多。家里还有一个弟弟，高中/中专毕业，现在一家国企上班。

骆：小时候的事情还记不记得？能不能讲一两件有趣的事情？

罗：要说小学以前的家庭生活，我实在记不清楚了。有一件小事，我妈多次提起，我还记得。我妈常对我们说，客人在家吃饭，不能上桌子和客人一起吃，要等客人走了才能吃，或者坐在别的地方吃，这是我们那一带的规矩。我很小很小的时候，一次家里有客人吃饭，我没有上桌子，我在一旁偷偷地问我妈："还有没有剩下好吃的？"我妈常拿这件事对别人说，我很小的时候就懂事，懂道理，懂规矩。

骆：请你说一说爷爷奶奶的事情吧？

罗：对于爷爷奶奶教育我的事儿，我实在记不清楚了。估计爷爷、奶奶对我基本上没有什么影响。对我影响最大的也就是妈妈了，我妈妈是一个品德高尚、能力很强的人，不用苦思冥想我就能说出妈妈教育我的许多事情。

骆：哦，那你就先说说小时候妈妈在品德上对你的影响吧。

罗：一是尊重别人。从我很小的时候，我妈就开始教我，如果亲朋来了，或去人家串门，或者在路上碰上认识的人，都要主动和人家微笑打招呼。即使到家门口要饭的乞丐，我妈也要求我们在给人家东西的时候，绝不能给人家什么不好的脸色看。我把妈妈教我的这点归结为"待人以礼"。

二是给人热心的帮助，乐于助人，特别是要"给那些处于困难的人温暖"。我妈常说的一句话是"将心比心"，我二舅家的三个孩子上学，几个叔叔家的孩子上学，都是我妈通过各种关系，介绍到城里的学校。我大舅家的孩子考学时，由于他转学把学籍转丢了，也是我妈托亲戚、朋友的关系，把他的学籍办好，他才得以顺利考上。族里、邻里谁家有病人，我妈肯定会拿上东西去看望人家。一年半前，我的一个婶子务工出了事故，最后是高位瘫痪，但我的这个叔叔人极其老实，办事能力差，他们家的事情都是我爸我妈一手帮他们操持的。我这个婶子的住院、医疗、出院，和务工单位打官司，给他们家翻盖房子，给几个孩子找干活的地方。我爸我妈真是尽到了"为兄为嫂"的责任。我把这点归结为"与人为善"。

三是要善于团结人，不怕自己吃亏，用我妈的话说是"要能包憨"、"宰相肚里能撑船"。拿我妈处理妯娌关系来说，我有几个婶子属于农村中那种"不太讲理"那种人。一般情况下，我妈是不和她们计较的。在迫不得已的情况下，才会和她们理论理论，和她们"以心比心"地讲道理。所以，妯娌们对我妈是"敬畏有加"。同时，我妈教育我们绝不占别人的一点小便宜。比如，从很小的时候，到别人家串门，人家的东西绝对不动，吃的东西，人家不给绝对不要。但是，对待别人却极其慷慨大方。

四是对那些"不怎么样"的人，敬而远之。这就有点策略上的考虑了，我妈碰到那些即使自己不喜欢的人，也会主动和他们打招呼，但不会主动和这些人走近。当我的判断是非的能力越来越强时，我妈常给我说一些我们都熟悉的人怎样怎样，后来发现，果真如此。我不得不佩服我妈的眼力。但也从我妈与这些人的交往上，学会了怎样和自己不喜欢的人打交道。

总之，我妈方方面面的人缘都非常好。用我妈的话讲，"咱不能让谁说个'不'字"。我妈以自己的言传身教使我懂得了怎样与人处理、协调好关系。

2. 爸妈千方百计让我就读优质的学校

骆：下面，请你从小学开始具体谈谈爸爸妈妈是如何教育你的，好吗？

罗：可以说，爸妈非常非常的重视我的教育，他们一开始就设法让我到城里去上质量高的学校。小学一年级我是在村里的小学上的，从二年级开始，我就开始在城里的小学上学了。能到城里上学，是父母通过亲戚或朋友的途径为我找的。当然，能到城里上学，与我家所在的村子离城很近也有关，应该说，我家的村子是离城最近的一个村子。我想，当时我父母的想法中，有现在部分家长那种"择校"的想法的可能性很小。但我敢肯定的是，父母肯定是觉得，城里的小学比村里的小学的质量要高得多。他们肯定是"望子成龙"，期望我有出息，希望我能考上大学，而到城里上学肯定要比在村里上学实现他们对我的期望的可能性更大一些。因此，父母为了我能去城里上条件好一些的学校，真是千方百计，想尽办法。

骆：那么，你就具体说说爸爸妈妈是怎样把你送到县城的吧？

罗：我模糊地记得，爸爸一开始找了两个学校，人家都没有接受我的意思，我猜想可能因为我是农村户口的原因。后来，我爸又让他的一个城里朋友帮忙，因为他参与了刚建成的一所城里小学的建设，与该小学的领导认识。后来，在我这位大爷，按城市里的说法叫伯伯的人的帮忙下，我进入了该小学。那是1985年10月份前后的事情。这个小学的名字现在叫邹城市第二实验小学。当时刚建成招生的时候，学校的教学质量不是最好的。但现在已经发展成我们家乡最好的一所小学。这应该说，我的求学过程有一个非常好的开端。

我还记得，我那位大爷帮忙的时候，还开了一个玩笑。他家非常富有，当时要淘汰一台14寸的东芝牌彩电，其实，当时大彩电才刚刚出现。他对我爸爸妈妈开玩笑说，我可以给你的孩子在县城找学上，但你们要买我家的这台彩电。我妈说，只要能让我家小伟（我的小名）到城里上学，我们就买。后来，我去城里上学了，彩电也买了。现在父母和我对我的这位大爷也是感激之至，直到现在两家也有联系。我考上北大后，我们两家在饭店里吃了一顿饭，以示庆祝。

骆：现在城乡差别没有消除，农村孩子在受教育方面比城里、包括县城差的不少，要完全解决这个问题恐怕短时间不行，这种情况下家长的觉悟是很重要的。

罗：实际上，像我父母这样有远见的人，特别是在农村，并不多见。我是我们村里第一个到城里上学的孩子。并不是谁家有钱都会这样做的，比如我家前院的一个邻居，是个体户，家里也有很多的钱，但对孩子的教育缺乏远见，现在他的两个孩子都在上初中，仍在乡镇的一所普通中学里上。

骆：除了把你送到县城的好学校以外，大人还怎样鼓励你努力学习？

罗：父母对我的学习是非常关心的，除了以前说的让我上质量好的学校外，还从一些别人看来的小事表明他们非常重视我的学习。我记得小学三年级时，有一次数学考了全班第二，那天晚上，爸爸给一个来家串门的邻居说起了这件事，脸上流露出很自豪的神情。我也觉得很光荣，也在心里想，以后都要拿出好成绩来，才能报答父母。更让我没想到的是，第二天，爸爸没有像往常一样让我回家吃饭，而是带我在一个很有名的饺子店吃了一顿饺子，那是在1986年的事情，那时能在外面吃顿饺子，也算是有点奢侈了。虽然，我爸也没有说这是给我的奖励，但我想，他正是以这种无语的方式来奖励我。

骆：你爸爸或妈妈有没有督促你的学习？先说你爸具体怎样关心你的学习吧。

罗：虽然，我爸平时不大过问我们学习的具体情况，但对我和弟弟的学习要求还是非常的严格。我弟弟由于不好好学习，曾被我爸打过几次，也可以说每次都是痛打，一次打得腿好几天不能好好走路。由于我学习一直很勤奋，成绩也一直不算差，所以没有挨过打。在我的印象中，在学习上爸爸几乎没有批评过我。只有过一次由于没考好，受到了爸爸的严厉批评。那也是小学三年级的时候，有一次我一门功课没有考好，我本来是很难过的，没有心情吃饭，当时已经拿起一个馒头要吃饭了，但爸爸突然说了一句："没考好，还想吃饭啊？"当时我就大哭了。以后我在学习上很自觉、很努力，成绩也一直不错，爸爸再也没有说过我什么。

骆：那么，妈妈是怎样关怀你的？具体说说，妈妈是怎样关照你和弟弟的吧。

罗：好，我妈每天都起得很早，给我们准备早饭，饭做好后，就喊我们起床，让我们吃饭，等我们吃完后，她把我们送出家门，千叮咛，万嘱咐，要我们路上注意安全。在我的印象，从来不记得，因为妈妈睡懒觉，而让我们没有吃上早饭。当然，有时也可能起晚一些，赶不上上课了，妈妈就给我们一些零花钱，让我们在课间买吃的。

骆：你家离县城有多远？你是怎样上学去的？

罗：我家离学校有五六里，上小学的时候我还不会骑自行车，妈妈每天，一天四趟，都接送我和弟弟。不顾刮风、下雨，还是下雪。直到现在，我们村里很多人都常常提起妈妈接送我们的事情。他们常对我妈说，你没有白接送他们，你供孩子供得有功了，就是说我和弟弟都从农村里考出来，妈妈的功劳最大。我弟弟在上二年级的时候，也到二实小来上了。四五年级的时候弟弟开始骑自行车，弟弟开始能带我了，妈妈就不用每天接送我们了。

3. 在中学阶段爸妈更加关心我的成长

骆：小学毕业后，你到哪里读的中学？

罗：到了考初中的时候，又碰到了一个大麻烦。城里的初中不收农村户口的孩子。当我知道这个消息后，回到家放声大哭，午饭都没有吃。父母一时也没有了办法。但是很快就开始托城里的各种关系，以让我能上城里的初中。在我大了一些后，听妈妈讲，当事情有了眉目的时候，学校那边也出现了一个转机。事情是这样的，当时的一所初中，就是现在的邹城市第四中学，当时叫邹县第二十中学，要我所在二实小推荐三名农村户口的学生去四中学习，当然是要品学兼优的学生。当时学校里推荐了我，这样我也顺利地上了城里的一所初中，虽然也费了一些周折。令我自豪的是，在家乡的几十所初中中，四中——我的母校是全县最好的一所初中，至少是最好的之一。上高中的时候，因为是全县通考，不再区分农村户口与非农村户口。我顺利考上县里最好的高中——

邹城市第一中学。

　　骆：那你父母为你能上好一点的学校真的很用心啊！你上中学后，他们为了你的成长采取了哪些措施？

　　罗：父母为了给我创造一个良好的学习环境，也是花了大力气的。父母通过各种途径努力和班主任搞好关系。如上初中后，班主任得知我爸爸是干建筑的，就请我爸爸的建筑队帮他们家干了一点活，我爸只是象征性地收了老师一点钱。从此，父母和班主任就比较熟了。在高中时，我妈年轻时的一个老朋友在学校传达室工作，我妈就通过她和班主任建立了良好的关系。这样，我爸爸妈妈可以从班主任那里具体地了解我的学习情况，也得到了班主任更多的关照，老师们都愿意非常具体地指导和帮助我学习，使我有了一个十分有利的学习环境。这样，我在中学时除了想着学习、考大学外，其余也没有什么事情。

　　骆：在生活方面呢？妈妈肯定很在意的吧？

　　罗：是的。妈妈的早饭每天都很及时，中午我们自己在学校买着吃。我想说的是，我作为一个农村出来的孩子，从小学二年级就开始在城里上学，周围的同学都是城里的孩子，但我从来没有过自卑感。这也与父母的做法有关。我妈经常说："人家吃什么，你就吃什么，不要让人家看不起。"妈妈经常给我们买新衣服穿，把我们打扮得和城里的孩子差不多，以至外面的人根本分别不出我们是城里的孩子还是农村的孩子。学校里要是有捐款的活动，我往往捐得最多，我妈也特别支持。我妈常对别人说："宁肯自己少吃，也不能亏了孩子。"因此，从小到大，我和弟弟从来没有觉得比城里的孩子低一等，虽然他们的父母或是干部，或者做别的很好的工作，我们家是农民。我的自信心是从家里培养出来的，这一点对于我后来的进步也有很大的作用。

　　骆：自信心对小孩子的成长是非常重要的，你妈让你在学校吃好不仅有利于你的身体健康，还培养了你的自信心。

　　罗：由于功课紧，我们到初中后，每天晚上都要上晚自习了。我家所在的村子虽然离城里最近，家里离学校有五六里地，但其中三分之一还是土路，一到雨雪天，就泥泞得很难走。那时初中要上晚自习，但这段土路没有路灯，我和弟弟很害怕。这样，每天晚上妈妈都在我们约定的一个地方等我们下课，接我们回家。下雨、下雪天气，她还要到学校里给我们送雨伞、雨衣。尤其是雨雪天，车子不能骑，只能推着走，这其中的情景仍历历在目。

　　另外，每天晚上上完自习回家后，妈妈觉得我们还是大孩子，肯定早饿得不行了，妈妈早早就准备好了可口的饭菜。初中和高中的时候，功课任务很紧，每天晚上回家仍需要再看一会儿书，妈妈就坐着等我，直到我学完习，洗漱完，睡觉后，妈妈才睡觉。我也没有这样的印象，就是，我还在学习的时候，妈妈就已经睡觉了。父母不仅操心让我上城里的学校，妈妈更在生活上给了我无微不至的关怀，使我觉得，如果不好好学习，实在愧对父母。

骆：那么，你妈妈在关怀你生活的同时，有没有指导你学做一些家务事？

罗：在生活方面，妈妈的照顾是那样的细致。为了让我有更多的学习时间，我妈从来不让我干家务，衣服也是给我洗的。一日三餐让我们吃得好，吃得有营养。妈妈总是说，多拿点时间学习吧。吃饭的时候，妈妈总是给我们盛好汤、盛好菜，我也不记得，什么时候吃完饭后，去刷一下碗。从来没做过家务，说起来也是很惭愧的事情。当然，并不是说我不热爱劳动，但妈妈总觉得我们应该把时间都用在学习上，而不让我做家务。夏天中午我们睡午觉的时候，妈妈总是给我们闷好茶，等我们醒来后，马上就能喝到不冷不热的茶水了。我还记得，一次冬天在家里洗澡，洗完后，一想里面穿的衣服肯定是凉的，但是，我妈妈早就把里面穿的衣服放在暖气片上给烘暖和了。那个时候，真是强烈地感受到了什么是"母爱"。记得那时我妈的一句名言就是："大人活着，不就是为了孩子吗？"……（激动得泣不成声）

骆：在我们中国许多母亲就是这样的仁慈，对孩子无微不至，妈妈的爱对你的学习起了很大的促进作用吧？

罗：是啊！就是现在我在外地上学，我妈老是挂牵我吃不好，每次打电话回家，我妈总是说："吃好，家里又不是过不去。""别不舍得花钱，反正挣的钱都是要人花的。"妈妈就是这样无微不至地照顾我们，这是激励我努力学习的一个强大动力。可以说，我之所以现在能考上大学、考上北大研究生，与妈妈的这种体贴入微的照顾分不开的，要归功于妈妈的照顾。正是这种照顾，使我从来没有遇到生活上不顺心的事情，这种照顾给我带来莫大的激励，我在心里对自己说，如果不好好学习，怎么能对得起照顾我的妈妈？！

4. 爸妈艰苦创业的精神激励我刻苦学习

骆：刚才你说到父亲原来是普通农民，后来一步一步创业，发家致富。现在，我就想请你谈谈父母是如何艰苦创业的吧。

罗：我先讲讲小时候家里的情况吧。我三四岁之前，家里非常地穷。我妈妈经常会谈起这段时期的事情，以激发我们的学习斗志。那时候，家里四口人住在一间不足20平方的房子里，我出生不多久，父母就和爷爷奶奶分家了，一年半后，就有了我弟弟。对了，这里插一句话，我妈是在干了一整夜的活后，她也没有觉得累，第二天早上生下的我弟弟，这件事对现代的人简直就是不可想象的事情。家里穷到这种境地，就是一个月只能吃一茶碗油，还是那种比较小的茶碗，可不是那种很大的茶碗。我刚出生后，因为油吃得很少，我妈没有奶水，每天夜里我都饿得哭。我爸一时也没有办法，听我妈讲，我爸有好几夜翻来覆去睡不着觉，我想他那时肯定也下了一定要活出个人样的决心。后来，听邻居讲，我那时饿得人又瘦又小又黑，和一个干瘦小老头差不多。后来，在父母的苦干下，也恰逢党的改革开放政策的实行，家里处境一天比一天好。到上小学四五年级的时候，家里的处境彻底改变了，一直到现在都是比较富裕的。

骆：那你说一下父母艰苦创业的历程吧。

罗：80 年代初，在我上小学之前，我爸做过三种活，先是在山上打石头，再是当建筑工，后来和一个本家，即一个姓的邻居，合伙买了一辆拖拉机搞运输。这期间的一件事，我妈多次提起。那是我爸在山上打石头的时候，中午是可以休息的，但人家休息的时候，我爸却不休息，他又去做别的活了。就是说，我爸是一个极能吃苦的人。就这样积累下来，我爸比别人多赚了 170 块钱，就拿出了 120 块钱，买了一块"上海牌"手表，那是我们村里人第一块自己花钱买的手表，也是村里的第三块手表，另外两个，一个是村干部戴的，另一个是那个人在外地的亲戚给他买的，但都是普通的 30 多块钱的那种。而在当时，手表中应该说是"上海牌"的最有名。

骆：你爸爸能挣会花，当时在农村戴手表还要有点勇气，一般人戴不起表还喜欢乱说，有的还讽刺戴表的人急着死才买表呢！

罗：还有这等事情？那时人们观念太落后了。我上小学后，家里出了一笔钱，又贷了一笔款，我们家自己买了一辆拖拉机。家乡有一个大型国企，叫兖州矿业集团，是个煤炭企业，现在也是全国唯一一家不亏损的煤炭企业，以前叫兖州矿务局。兖州是我们县北面的一个县，古九州之一。这个国企虽然以兖州命名，但实际上三分之二的煤炭储量都分布在我们县。有煤就有电，大约就在我上小学的时候开始建设邹县电厂，这个电厂现在可能是全国最大的火力发电厂。我爸正是看中这个机遇，才贷款自己买了一辆拖拉机，搞物资运输，为发电厂的建设运输建设物资，如砖头。那时的创业境况和现在不同。那时，只要肯干，能吃苦，就肯定能赚钱。现在就不行了，体力劳动已赚不了大钱了。那时，邹县发电厂建设正忙，根本不用考虑运输的东西卖不出去。因为，那时活太多了，我妈就帮我爸一起干。我爸和我妈真是非常非常的能吃苦，别人累了就休息，我爸和我妈即使再累，也很少休息。那时家里的确赚了一笔钱，积累了我爸以后发展的资金。听我一个做工人的亲戚说，那时他一个月工资是 100 多块，而我爸和我妈一个月下来就能收入 1000 多块，那是在 80 年代初期的事情，1000 块是一个怎样的概念。

骆：你爸爸妈妈真不简单，通过自己的辛勤劳动积累了资金，这无论从改善自己生活，还是发展生产来说都是非常了不起的！

罗：是啊！我在上小学期间，可能主要在一年级的时候，家里还养了几十只鸡，也不知为什么，这么小的年纪，我和我弟弟就很懂事，那一段时间，父母早出晚归，我和我弟弟就养这几十只鸡。我妈常提到这样一种情形，说是我们俩是这样喂鸡的。鸡多，为了不让鸡叼到，我和我弟弟一个人在栅栏外面用竿子赶着鸡，另一个到栅栏里给鸡倒食料。每每想起这种情形，我的心里就不免激动。当然，那时我们家人吃鸡蛋吃鸡肉都是很平常的事了，而村子里一般群众不到春节、中秋那样的重要节日是根本没有鸡吃的。

骆：爸爸妈妈的艰苦创业，你觉得对你有什么影响？

罗：父母的创业历程深深地激励了我。由于父母的艰苦创业，我家由非常贫困上升到了农村社会中的上层，在整个中国社会中能算到中等偏上。当然，这都是由于父母的艰苦奋斗创出来的。这对我的影响就是，使我认识到，只要努力拼搏，就会有所成就。对我来说，要想有大的出路和出息，就要考上大学。很小的时候，我的心里就有一种隐隐约约的想法，那就是我要上大学。

从上学的那一天起，心里就有一股隐隐约约的动力，那就是，一定要好好学习。可以说，我一直很勤奋，很刻苦。当然，由于我的天赋并不是很好，小学的时候，成绩只能算中上。到了初中的时候，成绩进一步上升，在班里平均3—5名。到了高二到文科班后，成绩又上了一个台阶。在两年中，在文科班的总排名一直是前三名，能在一半的情况下拿第一。我回想起来，初三和高中的三年是最苦的四年，特别是初三和高三的时候，夜里12点睡觉，早上6点起床，中午只睡半小时。那时最大的心愿就是能在星期六下午不用上课的时候，睡一下午，把一星期的觉都补回来。就是在路上的时间我也不舍得浪费，我是边骑车边看书。现在想来，我的确是很刻苦，但有时候也刻苦得过了头，犯了死学的大忌，结果是看坏了眼睛，学坏了身体。到高三下学期的时候，有很长一段时间由于太紧张，经常失眠。由于一直未能调整到最佳的状态，导致了高考没有正常发挥，在文科班只考了第五名。我想这也是一个值得吸取的教训。我之所以这样刻苦，一方面是父母吃苦耐劳的精神感染了我，另一方面是妈妈无微不至的照顾激励了我。

5. 我在南大本科期间的家庭教育故事

骆：你是哪年考入大学的？现在我想了解一下你大学期间的家庭教育情况。

罗：好的，我先说说高考填志愿的情况。填写志愿的时候，我爸爸听从了我的班主任的建议，想让我报中国人民大学。但是，当时我的学习状态很差，对能否考上人大的把握不大。我清晰地记得，当时的压力很大，主要是若人大走不了的话，只能走第二志愿比较差一点的学校。我觉得还是要求稳。当时听说南京大学也不错，在我们高中的宣传墙报上说南大还是中国最好的四所学校之一，我记得当时这四所学校是北大、清华、南大、中国科大。但根据往年的录取分数，南大比人大的低一些。于是我决定报南大。因为班主任觉得我能走人大，我爸也信了班主任的意见。他也是非常强烈地主张我报人大。因为，毕竟在家乡，人大的名声比南大的更大一些，这样事情就僵持了。我妈虽然不懂填志愿这方面的事情，但她认为班主任的意见错不了。她就私下里问我，既然你班主任觉得行，你怎么不报人大呢。我就向妈妈解释了一番，我妈倒似乎理解了。她就出来说话劝我爸了，她对我爸说："孩子愿意报什么就让他报什么呗。"我想，当时我爸肯定也是气得要命，但他并没有强迫我听从他的意志。就这样，我按照自己的意愿填报了南大。

骆：你爸爸能够这样相当不错，因为在农村，多数当家的家长对孩子的想法是不管不问的，像报考志愿这样的大事肯定是父母做主了。

罗：上大学前，我对家里的事情是不管不问的，只管一心学习。上大学后，我开始逐渐了解家里的事情，也开始间接地接触社会，对很多问题和现象也开始有自己的看法。我妈是非常热心助人的，给亲戚、朋友帮过很多忙，留人家在家吃饭更是常事，有时也有如借钱这样的事情，但我妈从未在这上面和人家产生过什么矛盾。但我听说过几个亲戚之间，虽然是亲兄弟姐妹，有时也会因为这种事情闹矛盾。我就问我妈这是怎么回事呢？我妈说，给人家帮忙归帮忙，这是人与人之间情分的事，但要是说到借钱这样牵涉到钱上的事情时，还是分清楚好，要"先小人，后君子"，这样人情才能长久。

骆：亲戚邻居之间因为钱财的事闹矛盾很常见，你妈是怎样指导你处理这种问题的呢？

罗：我妈有时就用我爸的事情来教育我。我爸有一个很大的缺点，尤其在生意场上，用我妈的话讲"不热（喜欢）跟人家算账"，比如，在我爸开一些小公司期间，人家欠的钱，我爸不去要，欠人家钱，我爸也不给人家，经常招致我妈的批评。虽然我不知道详情究竟如何，但我还是接受我妈的观点。我把这种为人处世的方式归结为"钱是钱，感情是感情"。比如，我很乐于助人，人家找我帮忙，我肯定会给予力所能及的帮助，对待别人也要一定的礼数，朋友同学从外地来了，我能帮忙的就帮忙，该"接风饯行"的也一定去做，我把我的这种方式归纳为"待人以礼，与人为善"。所以，经过研究生三年，我在班里有了非常好的口碑，2003年3月份，班里推选"北京大学优秀毕业生"，我得了最多票。但是对涉及钱的事情，我是要尽量算清的。比如，借人家多少钱，一定要记在记事本上，防止忘了，而且一定尽快及时归还。所以，我的人缘极好，但从未在利益上和别人发生冲突。

骆：上大学期间你爸爸也对你进行过思想教育吧？

罗：这还要说我爸创业的事情。刚才说到我上小学四五年级的时候，家里已经积累了相当的资金。那时邹县电厂也基本上建设得差不多了。我爸就把拖拉机给了我两个叔叔，自己投资拉起了一个建筑队。至于规模有多大，我也没问过，可能属于中等规模的那种。恰逢这时又有一个比较好的机遇，镇里决定投资建设一个比较大的乡镇企业，因为家乡是孟子故里，企业的名字叫"孟府酒坊"。我爸的建筑队是建设这个乡镇企业的几个建筑工程队之一，承包这个工程是有很大的收益的。当我读高中的时候，我爸又把建筑队转卖给别人了，和几个朋友合伙先后办了几个小厂子，如轧钢厂、面粉厂和物资供销公司，在这一系列的活动中他帮了不少人，有的已经进入致富的行列。

我上大学后，也就是90年代中期，各个行业的竞争越来越激烈，生意越来越不好做。我爸这一段的事业并不像前两次那样取得了很大的成功，他办的这些厂子和公司也就是略有盈余，我的感觉是这样。1997年的时候，村里换了支书，因为我爸有经济头脑，他就邀请我爸做村里的农工商总经理，帮他抓经济工作。我爸思虑再三，他觉得自己已经富裕了，应该给乡亲们做点事情了，最后答应了做农工商总经理。1999年的时候，村主任换届选举，我爸参加了竞选，最后以较大优势当选。这些年他办的那些厂子和公司也赚了一些钱，村里面修路、安装广播电视、改造学校，爸爸出了不少钱。爸爸在做这些事情的时候也会同我交谈，他觉得我是家里的大儿子，上了大学应该参与家里的一些事情处理，从这些事情上我看出爸爸现在对大家很有爱心，在做一些集体致富的事情吧，对我很有教育意义。

骆：你爸爸对你的学习关心不关心？你有没有告诉他自己的学习情况？

罗：肯定关心，他希望我学好，掌握真本事。不过，爸爸很信任我，除了第一学期回家时问过我一些具体情况之外，后来他基本不问我的学习情况，因为有些内容我说了他也不明白，反正他相信我这个儿子不差。

6. 爸爸为了支持我考研特意买了空调

骆：你爸爸勤劳致富，上了大学你可以回老家工作呀，当然也可以有别的考虑。

罗：是的，大学二年级我就开始考虑大学毕业后的事情，因为南大有的学生大学三年级就提前考研究生了。我在这个事情上也差不多考虑了一年，犹犹豫豫，大三下学期，我决定考研。在此之前爸爸妈妈也知道我的心思，不过都没有表态，知道我下定决心后，父母也是坚决支持。不论是对我来说，还是对父母来说，家里能出一个研究生的意义太重大了。我们村里虽然出过一些本科生，但还没有出个一个研究生。我决定实现这个突破，我觉得能考上研究生，就是对父母对我关怀的最大的回报，就是自己最大的孝心，只有这样才能"以显父母"。过去几十年间我爸在生活上对我照顾得比较少，我一直认为爸爸就只知道赚钱。后来，我的一位朋友对我讲，我刚上大学的时候，我爸有一段时间也想我想得哭，爸爸并不是不关心孩子。……（激动得泣不成声）唉，父母之恩，何以报答！！！

骆：那么，家人是怎样给予你支持的？

罗：爸爸虽然支持我考研究生，但是当我决定考研的时候，为报哪个学校的研究生，也和他有过一场冲突。事情是这样的，我的想法是既然已经是大学生了，考研就有冒一下风险的资本了，我不想继续留在南大了，我想考到北京去，因为北京的发展潜力更大一些，于是第一年考的时候，我选择了人大。但我爸却认为，能考上研究生就行了，不在乎是哪个学校的，他想让我报我们南大自己的研究生，因为毕竟本校考本校更容易。他还把我们村里一个有名望的人的话搬出来，说："哪个学校的研究生不都是研究生？"我想，我爸之所以让我报自己学校的研究生，他这时反而是求稳的了，可能对他来说，我能考上研究生，他已经觉得很光荣了，而不在乎是哪个学校的了。虽然考人大研究生的难度更大一些，但我决定还是冒一下险。我爸仍坚持他的求稳的想法，每次通电话的时候，总是问我想通没有，再摆出我应该报南大的一大堆理由。在离考研报名还有十几天的时候，村里有一个到南京出差的机会，实际上不需要我爸去，但他利用这个机会跑到南京，又是劝我还是报自己学校的研究生。

骆：那么，最后的情况怎么样呢？

罗：最后，我报了人大，他也是没有办法。这次他没有对我大发雷霆，非要服从他的意志不可。暑假里，我想到中国人民大学来看一下，了解一些信息，也获取一些资料。我爸知道后，在很忙的工作间隙，抽出几天时间，陪我到了北京。我们住在一个老乡家比较旧的房子里，等到把事情安排妥当后，我爸才回去。1998年夏天我国天气反常，热得厉害。我正在家准备考研，看书时头上脸上的汗水不住地往下流。我爸和我妈看在眼里，疼在心里，为了给我创造一个好的学习环境，竟然化了好几千元买了一台空调！其实家里并不是特别需要空调，而且我在家里也就待一两个月。用上空调，当时我的心里真是感慨万千。

但可惜的是，由于我英语一直不好，考研的时候未能过线。结果1999年考研未果。当时，我面临这样的选择，我是继续考研，还是找工作。思虑再三，我觉得还是继续考。当我把想法告诉爸爸的时候，他没有说什么。我知道，他并不是不赞同我考，而是怕给我太大的压力。我妈说："只要你愿意学，家里就供你。"这样我就踏上了第二次考研的征程。

骆：你把考研当作一次征程，说明你把它看得很重。你大学毕业后没有就业，自己没有经济来源，父母的理解和支持对你是很重要的。

罗：第二年，即1999年8月17号，这是令我终生难忘的日子，在一位老乡的帮助下，我在北大小南门外租了一间民房，复习考研。每两个星期左右，我就往家里打一次电话，我爸总是说："不要复习太紧张，自己也不要有什么压力，只要尽你自己的力量就行了。能考上更好，考不上再来一年就是了。"我妈总是说："不要难为自己，钱该花就得花，吃好喝好。"从8月17号到考完试，我记得一共是五个月零十天，从家里来时，带了2000块钱，中途家里又寄了两次，每次2000。考完试回家后，我把剩的800块钱如数交给了父母。妈妈还埋怨我为什么剩这么多。五个多月一共花了5200块钱。这就是我的父母，不仅为我教育作了巨大的物质投资，更作了精神上的巨大投资。

值得欣慰的是，我终于如愿以偿地考到了北京，而且是著名的北京大学，我爸和我妈高兴得不得了。我清晰地记得，在等录取通知书的那段时间里，我爸比我还着急。我知道，他是想看看北大研究生的录取通知书是什么样的，我也知道，他心里多么希望自己的孩子有出息。

7. 我在北大读研期间的家庭教育故事

骆：你是2000年9月来到北京大学读研的，说来也快两年了。你读研期间和家里的联系多不多？爸爸妈妈有哪些教育？

罗：这里我就专门谈谈自己找女朋友的事情吧。上研究生之前，我虽然也对一两个女孩子有好感，但因为各种原因，没正式谈过恋爱。上了研究生后，我想这个问题也应该提到日程上了。其实，父母也明里或暗里提醒我，也该谈恋爱了。我对父母什么事情都不隐瞒的，所以，在这方面如果有了进展，就在合适的时候给父母说一下。

骆：你爸爸妈妈对于你谈女朋友是一种什么样的态度呢？

罗：我妈是个非常持重的人，如果用古语说是那种"洁身自好"、"守身如玉"的人，她就是那种对待婚恋非常地严肃、慎重的人。

谈到这方面的问题，我想起妈妈给我讲过一个故事。我妈大约16岁左右的时候，那还是1970年的时候，就从老家——一个山村出来到县城里干活了，可能是大姨夫介绍的，用现在的话，叫"打工"，住在家在县城的大姨家。那时干的是建筑工，建三层高的邹县一中。当时干建筑的女工不多，可能一个建筑队里只有几个，但男建筑工比较多。我妈说，和那些男建筑工说话，她和他们站得离得都比较远。如果谁是想靠得比较近和我妈说话，我妈绝不同意。我妈还常说，那时在老家的时候，她也是"红卫兵"，经常有活动。但在开会或学习的时候，我妈都不愿意和那些男红卫兵坐得比较近。当然，老一辈人的观念是保守传统了一些，但也不能说没有道理。试想，如果社会上的每个人都能比较恰当地处理好男女之间交往时的距离问题，我们的社会就会少多少是非！

骆：你妈她们老一辈的人观念是保守了一些。但在处理男女交往中保持恰当的距离，不在感情上犯错误，你妈的观点也是有一定道理的。

罗：总而言之，妈妈的教育对我的影响是非常大的。一是，在与女同学的交往中做得非常恰当，关系都处理得非常好。我和女生都很少开玩笑，更不会像一些人一样，在言语上有轻狂之处。对待女同学，就像对待自己的姐妹一样，尊重她们，如果有困难找我帮忙，热心地给予力所能及的帮助，但一是一，二是二，是好朋友关系，就按好朋友的标准与之交往，是普通朋友，就按普通朋友的标准与之交往，总之，与女生交往要严格按照社会规范和社会角色的要求去做。二是，如果碰不到合适的，绝不谈恋爱，绝不在感情上随随便便。我妈说，如果谈恋爱失败的话，这种伤害对女生更大。设身处地地想想，是很有道理的，如果对双方都伤害的，应该是对女生的伤害更大。在现实中，或听别人说，或亲眼目睹，双方恋爱后，甚至都同居了，但最后因为某种原因分手，使得女生在某方面处于很尴尬的境地。所以，我的做法是，如果觉得哪个女孩子还不错，可以正常交往；但如果在交往中发现有不合适的地方，绝不再往下发展。除非我觉得有和她结婚的可能，我才可能和她谈恋爱。我的"双方合适"论和传统保守的观点经常遭到别人的批判，但我也无怨无悔，坚信自己是正确的，我想上天也一定不会亏待我的。

骆：但愿你能早日找到如意的女朋友，我相信你有这个福气。这两年你在读研期间回老家勤不勤？回去后做些什么事情？

罗：一般假期都是回老家过的。我们家乡过春节时，有一个很重要的风俗，就是必须到本家、邻里和其他一些关系好的人家里去拜年，而且要磕头。这个风俗很重要，主要起到联络感情、融洽关系的作用，在我们那里就是上了年纪的老人也要磕头的。上大学以前，因为还是孩子和学生的缘故，我妈不要求我这样去做。上大学后，开始让我和弟弟这样去做。我是愿意去拜年的，但对磕头越来越不习惯，后来开始找借口不去。但每一次又被我妈逼着去。如果我不去的话，我妈肯定要生气，而我实在不想在过年的时候惹她生气，每次又不得不去。在我妈看来，如果不去，是个非常不合规矩的举动，而且在她看来，和周围的人处理好关系非常地重要，这也是她一直教育我们去做的事情。这件事情告诉我，在社会上为人处世，有时不得不做一些自己不情愿的事情。至于在家庭生活方面的事情，主要就是春节一定要吃一顿团圆饭，我妈非常强调这一点，我想这和别的人家没有什么大的区别。这对我的影响就是，我也非常的重视亲情。比如，上大学以来，每隔一两个星期，我就要往家打电话。

骆：你现在进入研三了，既要写论文，又要找工作，一定很忙。你还同过去一样与父母联系吗？父母对于你找工作有什么意见？

罗：在研究生的第三年，面临着找工作和写毕业论文两件大事情，时常生活于挫折、打击和苦恼之中，总无法静下心来做件事情。在这段时间，毕业论文做访谈，做文献，很不顺利。主要是在访谈搜集实地资料的过程中，进入难，真心配合的、愿意帮助的不多，比如给别人打过多次电话之后，人家才肯愿意接受一次访谈。

骆：我想你爸爸妈妈更关心的是你的工作问题吧？

罗：对啊，他们想着我无论如何都能完成论文的，所以这方面不太关心，也使不上劲。

具体说说找工作的事情吧，从 12 月份参加第一次面试起，历经数次挫折、打击，直到 4 月中旬工作基本定下来，不过结果还算不错，定在了北京市政府研究室。原因呢，客观上的，今年就业形势极其严峻，社会学专业在找工作上没有什么优势；主观上就是，自己在很多方面还不成熟，比如，面试时有时紧张，心理素质不好，口头表达能力很一般。当然，虽然挫折也不是什么大不了的事情，而且经历挫折也有利于自己的成长和成熟，但毕竟在挫折和打击面前，苦恼、情绪低落还是不能避免的。就是在这 4 个月中，父母给了我最大的支持和心理上的安慰。物质上的支持且不说，如为联系一个上海公务员的工作，前后去了上海三次，光路费就花了近 1700 块钱。更大的是精神上的支持。几乎每星期，我爸或我妈都会打电话过来，问我工作进展的情况。在面临选择和困难时，给我出主意、想办法。在遇到挫折时，安慰我慢慢来，不要急躁，从来都不会埋怨我什么。当工作基本定下来后，我的想法是，第一个告诉的人，就是我的父母。如果没有他们的支持和安慰，我真的不知道怎么渡过这段时间。

8. 妈妈谆谆教导使我懂得做人的道理（上）

骆：前面我们谈了不少，就是说你从小童到研究生期间的家庭教育故事。最后，我想请你集中谈谈爸爸妈妈的人格特征，以及这无形的因素对于你的影响。前面你反复讲母亲的伟大，我觉得你妈妈是一个高尚高明的妈妈，先具体谈谈你的妈妈好吗？

罗：我妈是个极其勤劳、能吃苦的人，这在前面已经说了。每当想起母亲为我所做的一切，我的心里就非常的激动，眼眶就滋润了，热泪盈眶啊。我的妈妈是一个极其善良、勤劳的人，我家周围的人，没有一个人不说她是"贤妻良母"的。下面，我想从几个方面谈谈妈妈对我的影响：

第一，妈妈教育我从小要"争气"，要做个有出息的人。甚至，在我刚出生的时候，她就开始对我的相貌进行"改造"。使得我对自己的人生期望和人生目标也很高。举一个例子，我妈说，后脑勺睡得平才好看，才能戴得住乌纱帽，才是能当大官的人。其实，在我妈眼里，她希望我们有出息，就是要做大官。于是，她就很注意我们小时候睡觉的姿势。我睡觉的时候，头一偏，我妈就会把我的头摆正。结果，我妈真把我的后脑勺"改造"得很平。我想，这也许是她自认为自己生平做的比较满意的一件事。我妈的话语中常带有激励，比如"孩子，自己要给自己争气，不要跟那些没出息的人学"。让我觉得自己能成为一个有出息的人。我妈还抓住一些机会，给我们讲家里以前是怎样的苦，她和我爸又是怎样吃的苦。每当听完我妈讲的故事后，我的心里就特别激动，就更加要求自己刻苦地学习，去努力地拼搏。就是说，我妈成功地将对我的期望转化为我对自己的期望。

第二，我妈教育我们要讲"规矩"。我妈常说："没有规矩，不成方圆。"我很小的时候，我妈就给我讲吃饭的规矩，比如，大家在一个桌上吃饭，但你只能吃你那边的菜，就是只能吃靠你最近的那边的菜。别人那边的菜即使再好吃，也不能去夹。小时候到人家玩，我妈总是要求我们，人家不给东西吃，绝不能给人家要。人家的东西，绝不能乱动。我妈还常教育我们要懂礼貌。见了大人或长辈，绝不能不说话，该叫什么就要叫什么，但不能多言多语，也不能大声大气。在路上见人，要主动和人家打招呼。

要是我做得很好，妈妈就会夸我"懂事"，就是懂道理。这往往会成为一种正面的激励，激励我做得更好。比如，我妈常说我小的时候就很懂事。我妈常提这么一件事情。那是小学一年级的时候，我家养了很多的鸡，一次我的一个姨，就是我妈妈的妹妹来我们家，我姨走的时候，我对她说："姨，你拿一些鸡蛋回家吧。"说完，我就跑到鸡栅栏里拾了一些鸡蛋往我姨的提兜里放。我小小的年纪就这么会为人处世。我妈常拿这件事来夸我。当然，得到妈妈的夸奖，我心里很自豪。于是乎，就努力让自己做得更好。

第三，我妈常教育我人不能忘本，要知恩必报。小学二年级，我遇到了一大劫难。那是在冬天下雪的一大中午，我去上学。因为下雪，有段路中间都是泥，我就沿路边走。谁知风雪刮断了一根电线，耷拉在路边的墙上，我没有看见，结果触电了。幸亏一个居民恰巧出来，看到我被电击了，马上用自己的棉大衣把电线给甩开，然后又喊来周围的居民把我送到了医院。虽然我整整昏迷了15个小时，但总算被抢救回来了。如果没有这个大爷救我，我早就见上帝了。从那以后，十五六年来，逢年过节，我和我妈一定要去他家看望他，以报答对我的救命之恩。我妈常说："没有人家救你，也就没有你的今天，什么时候都不能忘了人家。"所以，凡是对我有恩的人，我是终生不忘。从上学以来，从小学到大学，有数位老师对我非常好，我想，如果没有他们对我的培养，我也可能就没有今天的这种境地。因此，每年元旦或春节，我总是通过各种方式向他们拜年、祝福、问好，或是打电话，或是寄贺卡，或是亲自上门拜访。我常想，只有这样才能表达我对他们的一片感激之情。

其实，我妈所讲的规矩，不能忘本，以及我妈所夸的我的"懂事"，就是做人的道理。明白做人的道理，树立了我的良好的人品。优良品质是一个人立世做事业的根本，不仅对我们当学生的时候重要，对我们以后在社会上与方方面面的人打交道也很重要。自从上学以来，我基本上年年是学校的"三好学生"，高二的时候是济宁市的"三好学生"，高三时获济宁市的"优秀学生干部"，每年全校也就是能有 20 个人左右能获市级"三好学生"或优干的奖励。大四的时候，是"南京大学三好学生"，当时，班里一共只有 5 个校级奖励的指标。我的这些成绩的获得，都是与我妈对我进行的做人的教育分不开的，要归功于我妈对我进行的优良人品的培养。

要是我做得不好，我妈会毫不客气地提出批评。在我们那里，如果是骑车的话，见了邻居，打招呼要下车。一次我和我妈一起出去，和邻居打招呼的时候，我没有下车。其实既不是忘了，也不是不想，只是想偷一次懒，我妈知道之后对我提出了批评："你怎么能这样呢，越大反而越不懂事了。"

第四，我妈常教育我要和同学搞好关系，要团结同学。我家虽在农村，但我们村离学校很近，从在城里小学开始，我基本上一直走读。上高中的时候，班里考来很多其他乡镇的同学，他们一般都是住校。每逢农历的一些重大节日，如端午、二月二等，或家里做了好吃的时候，我妈总让我从家里把一些好吃的东西带给那些住校的同学吃，因为他们回不了家。

由于我的成绩好，班里一些同学经常向我请教一些学习方面的问题，比如他们有的题不会做，让我给他们讲一讲，我从来都是热情地给他们解答，直到给他们讲明白为止。我从来没有因为给他们讲题而感到厌烦。上高中的时候，每逢寒暑假放假，我就把关系好的一帮同学叫到家里，大吃大喝一通。都是我妈妈做饭，但是，我妈从来没有因为我把很多同学带回家而不高兴。很多同学都对我妈的待人热情留下深刻的印象。有一件事值得一提，那是有两次我都不在家，我的两个同学来了，我妈就让他们吃住在家里。就是说，不论我在不在家，我妈都非常热情地接待我的同学。

9. 妈妈谆谆教导使我懂得做人的道理（下）

骆：你的这些话说得非常好，别急，再想一想妈妈对你还有哪些影响？

罗：我讲第五，我妈不仅待我的同学热情，就是对其他人也很热心，乐于帮助那些有困难的人。到我们家来做客的亲戚朋友，我妈总要热情地留下他们吃饭。亲戚朋友来借钱，只要他们不是那种借钱不还或不是那种不讲义气的人，我妈总会多少给予他们一定的援助。有这么一件事，我的一个本家大爷的儿子结婚，但我这个大爷腿脚不好，也没有亲兄弟，我的大娘人老实，不大会处理这么重大的事情。我妈妈就主动帮他家料理他儿子的婚事，里里外外地忙活，他们家里人很感激我妈妈。其实呢，我妈做的好事几天几夜也说不完。我妈常说："你替人家着想，人家才会替你着想。"

　　就是对那些素不相识的弱者，我妈也会给予力所能及的帮助。有时会有要饭的，就是乞丐到我家来乞讨，我妈总是会拿出不少的东西给他们。我妈常拿她爷爷的例子来教育我们。要是有乞丐到她爷爷家来要饭，她爷爷就会命令家里的人马上给乞丐拿东西。在妈妈的这种影响下，可以说，我也是个富有同情心的人。看到路边的乞丐心里就很不是滋味，能给他们一点钱就给一点，只可惜自己身单力薄，无法改变他们的处境。

　　我妈的热情待人给我的影响很大。在这种影响下，我也变成了一个乐于助人的人。不论谁有困难，只要找到我，只要我能做一点力所能及的帮助，我都不会推辞。因此，我与周围的人关系非常的好，我的人缘非常的好。但我妈也常教育我该和什么样的人交朋友，不能和什么样的人交朋友。我妈常说："要和那些忠厚老实的同学交朋友，不要和那些待人不实在的人打交道。"

　　我妈常教育我尽量少给别人添麻烦，要求我站在别人的角度上来替别人着想。虽然我妈总是热心地留人家在我家吃饭，可她极少在别人家吃饭，我妈说："不愿意给人家添麻烦。"我妈常教育我不要占小便宜，要做个老实人。我妈总是说那些占小便宜的人是"鸡骨头蛤蟆肉，有什么大出息"。（由于充满了感情，罗鲁舟眼睛有点湿润，而且也显得有点累。）

　　骆：你说的这些都很重要，你妈妈在做人方面对你的指导非常具体。前几天我访问北大一个本科生，他的妈妈让我久久记在心里。他妈妈不仅对人好，而且对家里养的鸡、猪，园子里种的菜、花，田里的稻都有一种很深厚的感情，她不是把它们看成家畜或者作物这样没有人性的东西，而是以她那种朴素的心境去爱着它们，比如菜园子里的一块大蒜苗地有几棵倒掉了，虽然她一天的劳动很累了，但她还会特地跑过去把它扶起来，一边心疼地唠叨快起来，有时候她养的鸡得病长鸡虱，她就去给鸡捉虱子，有时还把它抱在怀里。

　　罗：我说第六吧。我妈要求我要严格要求自己，但要宽以待人，为人处世不能因小失大，要不拘小节，吃亏也没什么。有一次，一个同学借了我钱没有还，我回家给妈妈说了。我妈说："人家可能忘了，也可能因为别的事情一时没想起来。但你千万别直接问人家要，这样不好。再说，不就是那一点钱吗，咱又不缺那个钱。千万不能因为这么点钱伤了同学的感情。"我妈就是这么一个通情达理的人。因此，和同学出去玩的时候，很少搞什么 AA 制，自己出的钱总是多些。和同学一块吃饭的时候，如果我能掏钱的话，就很少让别人掏钱。我妈从来不会因为我这样在外面"吃了亏"而批评我，反而常常支持我这种做法。

第七，我妈常教育我为人正派，身正不怕影子斜。我妈几次提起过有这么一件事，那还是我爸刚买了那块手表的时候，村里丢了一头牛，我爷爷是村里的饲养员，那时可能还未实行家庭承包责任制，牛仍然属于村集体所有，我爷爷就是为村里养牛的。那天牛丢失的时候，我爸恰逢不在家，而我爸那块新手表买来也没有多长时间。所以，村里的一些人开始怀疑是我爸偷的。现在看来偷头牛是件很小的事情，但在当时却是大事，要判很多年刑的。家里的一些亲戚很害怕，但我妈了解我爸的为人，他当时是因为别的事情不在家。在那一段时间，我妈天天为我爸打气，给我爸以激励。没多久，案子就破了，是村里的另外一个人偷的，加在我爸身上的风言风语也就没了。我妈常以这个事教育我们说，"身正不怕影子斜，人正不怕脚歪"，以后遇到这样的事情，千万不能心虚，不是自己干的就不是自己干的，终于水落石出的时候，别人就是想冤枉你也没有用。

第八，我妈常教育我要孝敬老人、尊重长辈。我对我奶奶非常地孝顺。不过实事求是地讲，我奶奶很多方面做得并不好，比如，我很小的时候，我奶奶就把我们家给分出去了，分给我们家的东西还很少，这也是我家在我小的时候非常贫困的一个原因。当然，这些都是过去的事情了，再提也没什么意义了。我妈也常这样说："允许她这样，但不能允许咱不孝顺。"所以，我妈是不计前嫌，从来没有因为我奶奶以前一些不好而记恨于她。我还记得小时候，我妈要是做了好吃的，就会派我和弟弟给我奶奶送过去。现在我奶奶和我大爷即我爸的亲哥哥一起过。现在呢，我妈每月都会把应该给我奶奶的养老月份钱给她，逢年过节，平日里隔三差五就会买些肉、水果和蔬菜给她送过去，没煤的时候给她买煤，没面的时候给她买面，总之，缺啥买啥，有了病给她看。我妈常说："与其老人死了后大哭，不如在她活着的时候多给她一口东西吃。""像我这样，即使他奶奶百年后，我不哭，也不会有人笑话。"实际上街坊邻居也都是看在眼里的，无不夸我妈做事周到，知道她孝顺老人。

在我妈的影响下，我和弟弟也都是知道孝顺老人的孩子。比如，我上高三那年，我奶奶生了一场大病，在那一段时间里，我和弟弟每天放学后，总要去看望我奶奶。上大学后，每逢放假回家，我的第一件事，就是去看我奶奶。平日里，我奶奶孤伶一人，我每隔几天就去陪她聊天。可以说，正是在我妈的影响，邻居没有一个人不说我和弟弟是孝顺孩子的。

骆：你讲了妈妈的八点影响对你影响极深。能不能说妈妈的这些教育、要求、榜样和表扬、批评已经深深地刻记到你的脑海里，融入你的血液里，成为你今天的思想观念和行为方式呢？

罗：完全可以这样说。另外，我还想要说的是"天下夫妻没有不吵架的"，但我的父母很少在我们兄弟面前吵架。当然，也有过数次，但对我们的学习没有产生任何负面的影响。后来，妈妈"披露"说，当他们吵架的时候，只要听到我们放学回来了，我妈会对我爸说："我不跟你争了，你要是影响孩子的学习，我和你拼命。"这样，他们之间的很多争吵我们都不知道。我爸的脾气非常不好，吵起架来经常会动手打我妈，我妈有时很伤心地说："要不是为了两个孩子，我才不跟他过，自己死了算了。"妈妈的忍辱负重常常成为我努力学习的动力，她的人格力量对我的影响至深。

10. 爸爸对我的影响及"家庭教育误区"

骆：说完妈妈，再说说爸爸的影响吧？父亲非常支持你刻苦读书，使你从一个普通的农家子弟成了名牌大学的研究生。

罗：好，其实我爸爸在家里的地位非常重要，我们家由普通农民跃升为比较富裕的农民，主要是我爸爸的勇敢、聪敏和勤劳。我爸爸对人也很善良，非常实在，多数情况下也是比较随和的，我能够读到研究生应当感激爸爸，没有爸爸的支持，我说不定也就是中学毕业在家务农了，而且现在这个年龄可能也结婚有小孩子了。

骆：是啊，按照农村孩子的一般情况，也就是中学毕业回家务农，往后结婚和添丁，绝大多数农家子女就是这样一代又一代循环的。

罗：爸爸对我的影响，主要是他所具有的艰苦创业精神。父母创业阶段，非常能吃苦。以前我也提过，就是给建设邹县电厂拉砖头的时候，如果人家一天能运五趟，我爸他们能运七八趟。因为别人休息的时候，他们不休息，就是吃饭也很将就。有时候，时间赶紧了，就不吃饭，让我们现在的年轻人真是不敢想象。爸爸和妈妈通过艰苦奋斗，改变了自己的社会地位，这给我留下了至深的印象。总结为一句话，那就是父亲极能吃苦，而且头脑灵活，因为我父亲先后转过几次行业。对我的影响就是，做事业既要苦干，又要会巧干。当然，这是一种潜移默化的影响，以前并没有明确地意识到，现在经过访谈的总结，能深刻地体会到这一点。

我要说的第二点，就是父亲非常的开明，其开明程度就是在城市中也不多见。家里的大事，包括我和弟弟上学、工作一般是爸爸来管的。但是我爸很少对我学习、生活中的一些大事横加干涉。前面我说过，其实我爸爸是很有主见的人，而且有时候脾气也不好，在家里跟我妈争吵、打我妈的事情也不少。但是他对我的事情，一般是讲出他自己的想法，但若是我的想法和他的想法不一样，他绝不会粗暴地把自己的意志强加于我，而更多的是采取说服教育的方法。要是最后我和我爸仍不能达到一致意见，一般他就会遂了我的想法，这从考大学和考研究生的结果都可以证明。

骆：你觉得你的性格与父母亲的要求是否相符？

罗：我的性格特征，我妈非常的满意，与我妈的期望比较一致。因为我的性格也主要受我妈的影响，在这方面受我爸的影响很小。我爸觉得我太老实，与他的期望有一定的差距。我爸在外面做事多年，不像我妈多从正面评价人与人之间的关系，可能更多地看到了人与人之间关系的负面。比如，对我做的同一件事情，我妈基本上表示支持和理解，我爸则有时会说我太"实诚"。

骆：现在报刊上常常讲"家庭教育误区"，也就是父母不当的教育给孩子的负面影响，不知道你能不能就此谈谈你家的情况？

罗：当然，不是说我父母的教育就是十全十美的，他们也有不足之处。比如，在我小的时候妈妈一直要求我们，大人和长辈说话的时候不要插嘴，不要多说话。于是，我就逐渐形成这样的习惯，听别人说话的时候，只要听，而不去积极地思考别人说得对不对，即使别人说得不对，一般也不会去反驳。这样，我不大喜欢在大庭广众之下表达自己的想法，使得我的口才和口头表达能力都比较差。即使肚里有东西，有时也不能很好地表达。我想，这要靠自己的后天努力去克服了，也不能埋怨父母。

小城市和农村的父母对孩子的要求，只体现在学习成绩上，对孩子的全面发展并不重视。或者说，他们还没有这种意识，即使有，也往往受到种种条件的限制。比如，即使想让孩子学学画画，学弹某种乐器，在小城市和农村也没有这种条件。我的父母也是如此。我现在强烈地感受到，比起大城市出来的孩子，我们在音乐、体育、美术上往往没有一技之长，虽然我们的为人处世和其他一些方面的才能要比他们强得多。

骆：好的，我们的谈话就到这里吧，加上你几次补充的那些材料，已经比较完满了，谢谢你。

第三节　家庭教育分析

罗鲁舟 1977 年生于山东省济宁市邹县（现邹城市），他的父亲是小学毕业的农民，母亲未曾上学读书，但是他们都非常聪明能干，两人结婚前就走出村庄，投入了打工挣钱和承包致富的行列，结婚后共同艰苦奋斗，成为勤劳致富的新型农民。罗鲁舟的父母深知文化知识的重要性，也深知普通农民的辛苦，所以他们对于孩子的学习非常重视，罗鲁舟在本村上了一年小学，他父母就设法送他到教学条件较好的县城读书，要求他一定取得好成绩，到孩子上初中时父母同样花费很大周折把他送入新创办的县重点学校，并同班主任建立了密切联系，掌握他学习的具体情况，以自己艰苦创业、勤劳致富的经历激励孩子努力学习。高中时罗鲁舟考进了市里的重点学校，父母继续创业，父亲当选为村干部，两代人平等的交流越来越多，罗鲁舟1995年考入南京大学，品行和学业一直不错，大三期间父亲专门到南京探望，同他商谈报考研究生的学校，还为了他暑假在家复习考试专门买了一台空调机进行室内降温。经过两年连续考试，他终于在2000年9月考入北京大学攻读硕士研究生，读研期间，父母在婚姻指导、就业指导、人际交往等方面继续对他进行教育。

一　类属分析

1. 教育目标。罗鲁舟父母秉承了"望子成龙"的中国传统家庭教育的终极目的，对于孩子的期望是非常宏大的，并通过把孩子送入"质优学校"实践自己的教育目标：（1）妈妈教育我从小要"争气"，要做个有出息的人，她希望我们有出息，就是要做大官。（2）在我很小的时候他们肯定是"望子成龙"，期望我有出息，希望我能考上大学，而到城里上学肯定要比在村里上学实现他们期望的可能性大一些。（3）父母为了给我创造一个良好的学习环境，也是花了大力气的，父母通过各种途径和班主任搞好关系。（4）我爸平时不大过问我们学习的具体情况，但对我和弟弟的学习要求还是非常地严格，弟弟由于不好好学习，曾被我爸打过几次，每次都是痛打。（5）大三下学期我决定考研，在此之前爸爸妈妈也知道我的心思，知道我下定决心后父母也是坚决支持。

2. 教育内容。罗鲁舟的父母文化水平不高，直接对孩子进行的科学文化教育不多，他们比较多的是通过家庭生活的熏陶和道德的灌输教育孩子的：（1）我三四岁之前，家里非常地穷，我妈妈经常会谈起这段时期的事情，以激发我们的学习斗志。（2）父母的艰苦奋斗对我的影响就是，使我认识到只要努力拼搏就会有所成就，对我来说要想有大的出路和出息，就要考上大学。（3）学校里要是有捐款的活动，我往往捐得最多，我妈也特别支持。我妈常对别人说："宁肯自己少吃，也不能亏了孩子。"（4）从我很小的时候，我妈就开始教我，如果亲朋来了，或去人家串门，或者在路上碰上认识的人，都要主动和人家微笑打招呼。（5）研究生最后半年，我爸或我妈几乎每星期都打来电话，问我工作进展情况。面临选择和困难时，给我出主意、想办法。在遇到挫折时，安慰我慢慢来，不要急躁，从来都不会埋怨我。

3. 教育方法。罗鲁舟的父母亲经常通过表扬、批评、说服教育、奖励等方法教育他，而且他们还通过联络老师间接地影响孩子：（1）妈妈教育我从小要"争气"，要做个有出息的人，使得我对自己的人生期望和人生目标也很高。（2）有一次数学考了全班第二，那天爸爸给一个来家串门的邻居说这件事时脸上流露出很自豪的神情。我也觉得很光荣，在心里想以后都要拿出好成绩来，才能报答父母。（3）第二天，爸爸带我在一个很有名的饺子店吃了一顿，虽然我爸没有说这是给我的奖励，但我想他正是以这种无语的方式来奖励我。（4）有一次我一门功课没有考好，当时已经拿起一个馒头要吃饭了，但爸爸突然说了一句："没考好，还想吃饭啊？"（5）为了让我有更多的学习时间，我妈从来不让我干家务，衣服也是给洗好。妈妈总是说，多拿点时间学习吧。（6）我妈对我爸说："孩子愿意报什么就让他报什么呗。"我想当时我爸肯定也是气得要命，但他并没有强迫我听从他的意志。（7）爸爸在做这些事情的时候也会同我交谈，他觉得我是家里的大儿子，上了大学应该参与家里的一些事情处理。（8）爸爸很信任我，除了第一学期回家时问过我一些具体情况之外，后来他基本不问我的学习情况，反正他相信我这个儿子不差。

4. 亲子关系。罗鲁舟的父母亲非常地爱他，为了孩子成长付出了巨大心血，他也非常感激父母：（1）在我刚出生的时候，妈妈就对我的相貌进行"改造"，使得我对自己的人生期望和人生目标也很高。（2）我妈每天都起得很早，给我们准备早饭，饭做好后，就喊我们起床，等我们吃完后，她把我们送出家门，千叮咛，万嘱咐，要我们路上注意安全。（3）上小学的时候我还不会骑自行车，妈妈每天，一天四趟，都接送我和弟弟，不顾刮风、下雨，还是下雪。（4）父母为了我能去城里上条件好一些的学校，真是千方百计，想尽办法。（5）我妈妈早就把里面穿的衣服放在暖气片上给烘暖和了，那个时候真是强烈地感受到了什么是"母爱"。记得那时我妈的一句名言就是："大人活着，不就是为了孩子吗？"（6）每次打电话回家，我妈总是说："别不舍得花钱，反正挣的钱都是要人花的"，这是激励我努力学习的一个强大动力。

5. 家长素质。罗鲁舟的父母文化水平不高，但是奋发有为，成为勤劳致富的能手，他们乐于帮助别人，具有高尚的道德品质：（1）我爸爸上初中的时候，"文化大革命"开始了，可以说我爸应该算是个初中文化程度吧。（2）我爸脑子好使，有经济头脑，有那种能敏锐地把握社会发展动向的能力。（3）我妈没上过几天学，应该说在夜校里补习过半年的文化。（4）我妈脑子聪明，会持家，又会为人处世，心地善良，乐于帮人，没有一个人不说她是"贤妻良母"的。（5）我妈常给我说一些我们都熟悉的人怎样怎样，后来发现，果真如此，我不得不佩服我妈的眼力。（6）妈妈除了在我上小学的一段时间里，帮我爸搞运输外，她做的基本上就是家里的活，主要是家务、照顾我们的生活。（7）我爸思虑再三，他觉得自己已经富裕了，应该给乡亲们做点事情了，最后答应了做农工商总经理。1999年村主任换届选举，我爸最后以较大优势当选。（8）父亲极能吃苦，而且头脑灵活，因为我父亲先后转过几次行业。对我的影响就是，做事业既要苦干，又要会巧干。

6. 家庭条件。在父母的努力下不，罗鲁舟上学时家庭的生活条件有了很大的改善：（1）我刚出生后，因为油吃得很少，我妈没有奶水，每天夜里我都饿得哭。（2）在父母的苦干下，家里处境一天比一天好，到上小学四五年级的时候，家里的处境彻底改变了，一直到现在都是比较富裕的。（3）那时我们家人吃鸡蛋吃鸡肉都是很平常的事了，而村子里一般群众不到春节、中秋那样的重要节日是根本没有鸡吃的。（4）我上小学四五年级的时候，家里已经积累了相当的资金。那时邹县电厂也基本上建设得差不多了，我爸投资自己拉起了一个建筑队。（5）为了给我创造一个好的学习环境，竟然花了好几千元买了一台空调！其实家里并不是特别需要空调。（6）经过我爸和我妈的艰苦奋斗，我们家从一个社会下层走到了农村社会中的上层，在整个社会中能算中等，或偏上一点。

二　情景分析

1. 上学前的童年阶段。罗鲁舟对于自己的童年记忆不多，但是有些事情还是无法忘却的：（1）妈妈教育我从小要"争气"，要做个有出息的人。甚至在我刚出生的时候，她就开始对我的相貌进行"改造"。使得我对自己的人生期望和人生目标也很高。（2）我刚出生后，因为油吃得很少，我妈没有奶水，每天夜里我都饿得哭。（3）我很小很小的时候，一次家里有客人吃饭，我没有上桌子，我在一旁偷偷地问我妈："还有没有剩下好吃的？"我妈常拿这件事对别人说，我很小的时候就懂事，懂规矩。

2. 小学阶段。罗鲁舟小学一年级在本村上的，二年级起就到条件较好的县城小学了，而且家庭生活条件发生了很大变化：（1）我妈说，只要能让我家小伟到城里上学，我们就买。后来，我也去城里上学了，彩电也买了。（2）妈妈除了在我上小学的一段时间里，帮我爸搞运输外，她做的基本上就是家里的活，主要是家务、照顾我们的生活。（3）在城里上学，周围的同学都是城里的孩子，我妈经常说："人家吃什么，你就吃什么，不要让人家看不起。"（4）有一次数学考了全班第二，那天爸爸给一个来家串门的邻居说这件事时脸上流露出很自豪的神情。（5）有一次我一门功课没有考好，当时已经拿起一个馒头要吃饭了，但爸爸突然说了一句："没考好，还想吃饭啊？"当时我就大哭了。(6) 在父母的苦干下，家里处境一天比一天好，到上小学四五年级的时候，家里的处境彻底改变了，一直到现在都是比较富裕的。

3. 中学阶段。罗鲁舟在县（高中时改为市）里读，这期间父母非常支持他读书学习：(1) 我妈年轻时的一个老朋友在学校传达室工作，我妈就通过她和班主任那边建立了良好的关系，使我有了一个十分有利的学习环境。(2) 为了让我有更多的学习时间，我妈从来不让我干家务，衣服也是给洗好的。妈妈总是说，多拿点时间学习吧。(3) 每天晚上妈妈都在我们约定的一个地方等我们下课，接我们回家。(4) 因为班主任觉得我能走人大，我爸也信了班主任的意见，他也是非常强烈地主张我报人大。(5) 我妈出来说话劝我爸了，"孩子愿意报什么就让他报什么呗。"我爸他并没有强迫我听从他的意志。(6) 当我读高中的时候，我爸又把建筑队转卖给别人了，和几个朋友合伙先后办了几个小厂子，在这一系列的活动中他帮了不少人，有的已经进入致富的行列。

4. 大学阶段。罗鲁舟的父母继续关心孩子的成长，对他进行了处理金钱与人情关系的教育，还支持他考研究生：(1) 我妈告诉我钱方面的事情，她说给人家帮忙归帮忙，是人与人之间情分的事，但要是说到借钱这样的牵涉到钱上的事情时，还是分清楚好，这样人情才能长久。(2) 爸爸在做这些事情的时候也会同我交谈，他觉得我是家里的大儿子，上了大学应该参与家里的一些事情处理。(3) 爸爸很信任我，除了第一学期回家时问过我一些具体情况之外，后来他基本不问我的学习情况，反正他相信我这个儿子不差。(4) 大三下学期我决定考研，在此之前爸爸妈妈也知道我的心思，知道我下定决心后父母也是坚决支持。(5) 我想到中国人民大学来看一下，我爸知道后抽出几天时间，陪我到了北京。(6) 为了给我创造一个好的学习环境，竟然花了好几千元买了一台空调。

5. 研究生阶段。罗鲁舟的父母在孩子的研究生阶段，关心孩子找女朋友、教育他尊重家乡风俗习惯，还关心他研究生毕业时如何找到合适工作：(1) 父母也明里或暗里提醒我，该谈恋爱了，我对父母什么事情都不隐瞒的，在这方面如果有了进展就在合适的时候给父母说一下。(2) 我是愿意去拜年的，但对磕头越来越不习惯，后来开始找借口不去，但每一次又被我妈逼着去。(3) 在家庭生活方面的事情，主要就是春节一定要吃一顿团圆饭，我妈非常强调这一点，我想这和别人家没有什么大的区别。(4) 研究生最后半年，我爸或我妈几乎每星期都打来电话，问我工作进展情况。面临选择和困难时，给我出主意、想办法。在遇到挫折时，安慰我慢慢来，不要急躁，从来都不会埋怨我。

三 家庭教育的基本经验

1. 千方百计把孩子培养成高级人才。罗鲁舟的父母从小生活在农村，他们经历了"文化大革命"的动乱岁月，也经历了改革开放后外出打工和勤劳致富的幸福年代，他们了解农民世世代代贫穷生活的主要根源就是没有文化，所以对于孩子上学读书有着强烈的愿望，当然读书最终是为了"要做大官"，这种愿望正好与我国"望子成龙"的传统家庭教育的终极目的相吻合，于是成为他们培养孩子的强大动力。罗鲁舟出生不久，他的母亲就对他作了"整容"，以便将来孩子有官相，经常教育他从小要"争气"，要做个有出息的人。父母到处托人和送礼把他转到了县城一家条件较好的小学读书，他的父亲对于孩子学习的表现赏罚分明，曾严厉责打学习马虎的罗鲁舟弟弟，上初中时，他的父母仍然设法使他在县城的一所重点中学就读。而后当孩子报考大学时，罗鲁舟的父亲就根据班主任的意见让他报名中国人民大学，但是也尊重孩子希望上南京大学的愿望。当孩子在南大读书时，他的父母又尊重他的意见支持他报考研究生，经过两年努力终于走进北大大校园。

2. 尽力给孩子创造适宜的物质条件。孩子只有吃好了才能正常发育，才能精力充沛地读书学习，但在我国贫困地区的普通农户做到"让孩子吃好"谈何容易！为了使家庭摆脱贫穷、为了孩子有一个好生活，罗鲁舟父母很早就加入到打工者的行列，他的父亲先是在山上打石头，再是当建筑工，后来和一个本家的邻居，合伙买了一辆拖拉机搞运输逐渐走上了致富路。罗鲁舟的母亲在家庭经济略有宽裕的时候就很注意孩子的吃，尽力给孩子提供美味可口的饭食，当他们夫妻两个在外面做工的时候家里喂了一大群鸡，家人平时就可以随便吃鸡蛋和鸡肉。罗鲁舟在县城的小学搭伙，妈妈告诉他"人家吃什么，你就吃什么，不要让人家看不起。"他小学二年级时家里为了把他送到县城读书，就以"打赌"的方式买回了一台旧彩电，他大学毕业在家里复习备考研究生时父亲又买回了空调机，使他这个农民家庭的生活条件远远超越了当地的一般农户。

3. 对孩子进行细致入微的品德教育。道德代表着人的发展的社会价值，提供了人的发展的内在动力，因而有智慧的家长和教师都懂得对孩子道德教育的意义。罗鲁舟的父母在致富路上一路奔跑取得了成功，他们根据自己的经验深知"为人处世"的极端重要性，从小就对孩子进行细致入微的道德教育：一是尊重别人；二是给人热心的帮助；三是要善于团结人，不怕自己吃亏；四是对那些"不怎么样"的人，敬而远之。在访谈即将结束时，罗鲁舟又总结了母亲道德教育的八大领域：第一，妈妈教育我从小要"争气"，要做个有出息的人；第二，我妈教育我们要讲"规矩"；第三，我妈常教育我人不能忘本，要知恩必报；第四，我妈常教育我要和同学搞好关系，要团结同学；第五，我妈不仅待我的同学热情，就是对其他人也很热心，乐于帮助那些有困难的人；第六，我妈要求我要严格要求自己，但要宽以待人，为人处世不能因小失大，吃亏也没什么；第七，我妈常教育我为人正派，身正不怕影子斜；第八，我妈常教育我要孝敬老人、尊重长辈。

4. 和谐家庭充满两代人之间的亲情。家庭本来就应该是生活的温床、人生的避风港，但是家庭又是年龄、性别、能力、地位和生活经历不同的人所组成的俱乐部，弄得不好就会闹矛盾，家庭矛盾不仅使家庭成员心情不快，也直接和间接影响着孩子的成长。虽说罗鲁舟的家庭也有不快之处，但是总体上保持了和谐，亲情战胜了矛盾。这首先归功于他的父亲是一个头脑灵活、不怕吃苦的人，经过多年努力积攒了一笔钱财，保证了家庭生活的经济基础；同时，罗鲁舟的父亲也是一个深爱孩子、尊重孩子的人，虽说他的脾气不好，但也不把自己的意志强加在孩子头上，在孩子报考大学和研究生两件大事上他采取的是说服教育和平等协商的态度，其次，要归功于罗鲁舟的母亲以家为乐、长年辛劳，把家里家外的关系协调得非常顺，日子非常好；同时，罗鲁舟的母亲具有深明大义、忍辱负重的美德，不计较公婆分家时的吝啬，不在乎丈夫发脾气时的粗暴，"要不是为了两个孩子，我才不跟他过，自己死了算了。"

当然，在罗鲁舟父母对孩子的家庭教育中也存在着一些不足，主要表现是：

第一，在孩子小时候对他的限制较多，大人和长辈说话的时候不能插嘴，不能随意表达自己的思想和意愿，这样就妨碍了孩子表达能力的发展，甚至禁锢了孩子的思想，压制了孩子的创新思维和创新能力。

第二，对于孩子生活照顾得过于周到，从起床到睡觉几乎都包办了，家务劳动几乎一点也不做，孩子虽说生活在农村和农民家庭，但是没有真正体验到农民的劳动和生活，这对他将来的独立生活是不利的。

第三，对于孩子的培养主要是品德进步和学习成绩，对于孩子的兴趣和特长没有顾及，对于孩子的身体锻炼和心理健康关心不够，这固然同农村教育条件和生活环境有关，但是家长主观上也是没有重视的。

第八章 他来自云南中部工商重镇的商人家庭

——杨云雄的家庭教育访谈和分析

第一节 背景材料

杨云雄，男，回族，1978 年出生于云南省楚雄彝族自治州禄丰县的一个工商重镇，是 4 个兄弟姐妹中最小的弟弟。他 1984 年起在镇上读小学，1990 年到县里读初中，1993 年考入楚雄市的一所省级重点中学，1996 年考取北京的中央民族大学，2000 年考入北京大学研究生。他的父亲 1949 年生，一直在当地镇上的一家土产公司工作；他的母亲 1953 年生，也在同一家土产公司上班，他的父母亲都是高中毕业，在这家土产公司分别担任统计人员和会计，他的家庭生活水平在当地一直是属于比较高的。

我和杨云雄是在北大教育学院陈向明老师《质的研究方法》课上认识的，我们虽然在课堂上偶尔发言讨论问题时知道对方是谁，但在课下却没有一点联系，这主要是大家都非常忙。2001 年 3 月我确定了在北大作学生家庭教育研究之后，寻找访谈对象成为第一等大事。3 月底的一天，我来到中央民族大学教育科学研究所的滕星教授家里做客，恰值这时杨云雄回母校拜访滕星老师，我们还应滕星教授之邀到一家饭馆就餐，席间免不了"拉家常"，得知他来自于云南楚雄的一个商人之家，又是回族，我就在他提前离席之际告诉滕星先生自己有意请他做家庭教育方面的访谈，滕教授说："可以，可以，他肯定会有故事讲给你。"于是回到北大之后我就把自己的想法告诉了杨云雄，自然他很乐意。

4 月中旬的一天，我来到杨云雄的宿舍，同他进行了一个多小时的交谈，由于我俩是《质的研究方法》课的学友，知道怎样提问和回答，所以谈得非常投机，可惜这次交谈时收录机出了毛病，中间不得不停顿下来。转眼五一放长假，回来后又要参加在教育学院举办的一项重要国际学术交流会议，所以第二次访谈就只好放在了下旬。5 月 24 日上午 10 点，上完两节课后我们在教育学院的电脑房内接着一个月前的家教话题往下面说，这次杨云雄讲得更有逻辑，说到"小学时父母只让我同家教好的同学交往"、"初中时父母改变了过于严厉的教育方式"、"高中阶段父母同我探讨如何改进学习方式"，他都滔滔不绝，其间我临时增加了"家乡特殊的地理环境的影响"、"父亲母亲的人格特征及其影响"等问题。12点刚过，杨云雄告诉我："我要说的就这些了，谢谢骆老师对我的访问"，这样就结束了访谈。

第二节　访谈内容

1. 我来自云南中部一个小镇的回族商人家庭

骆：你好，我们上次已经商谈了访谈的内容。下面我想请你先介绍一下你家庭的基本情况和自己上小学、中学的基本情况吧。

杨：好，我先谈自己的情况吧。我是1978年生的，现在是23岁，我是6岁上的小学，上的是我们镇里的中心小学。初中我上的是我们县里的一所中学，离我家很近，大概两三公里吧，属于普通中学，高中上的是我们那个地区的一中，是云南省的一所省重点中学。我初中阶段还是住家的，每天都是走读的，骑车或者走路，高中就住校了，1996年考入中央民族大学，2000年9月考到了北大的教育学院，攻读硕士学位研究生。

骆：你简单地介绍一下你的父母和家庭的情况吧。

杨：我们家在云南省楚雄彝族自治州绿丰县的一个乡镇，这个镇是西南的工业重镇，云南最大的盐矿和煤矿都在这里。我的家乡在20世纪一二十年代的时候就发现了煤矿和盐矿。当时国民党的一个爱国将领在这里驻军，发动部队和当地周围的人采矿，在盐矿和煤矿之间的中心点建立了这个小镇。我们那个地方长期以来，特别是从抗战以来一直都是云南中部的一个咽喉，滇缅公路都是从这儿经过，成一个十字形的地形，还连着周围的一些地区。我父母都是在镇上的土产公司工作，我母亲是单位的会计，我父亲是单位的统计员，他们现在都退休了。我父亲已经50多岁了，母亲也快50岁了。我还有两个哥哥和一个姐姐，总共兄妹4个人。

骆：那么，你能不能谈谈哥哥姐姐对你的影响？

杨：我的哥哥姐姐都比我大十多岁。我有个姐姐在公司干，她上了大专。有的时候我的姐姐对我就像对自己的孩子一样，使我感受到一种慈爱。比如我读小学三年级左右，她在另一个县里工作，她一到假期就把我接到她所在的县，去享受农村的很多乐趣。现在也一样，就算是到了高中，甚至大学，她都给我寄钱，经常给我买东西。特别平时回家，她总是要帮我买皮鞋啊、衣服啊，如果不买，她无论如何也会给我一些钱，叫我想买什么就买些什么。

骆：我觉得你姐姐弥补了你和你父母之间的代沟吧。在某种意义上有一种母亲的味道吧？

杨：对。

骆：那么，你的大哥呢？

杨：我觉得他给我的照顾也是很多的，经常给我钱！我觉得非常幸福，我的家庭是非常好的，非常和睦的。说到我的哥哥姐姐，我都非常自豪，他们的关系非常好，你看不出他们有矛盾，互相也是常常来往的。我读高中的时候，哥哥姐姐有空都会来看看我，即使不是出差。刚上大学的时候，北京的消费比较高，我姐就说："别怕，如果父母支持不了，有什么困难，还有我们几个嘛。"

骆：他们在你人生的道路上，如做人做事方面有没有一些指导，或者你遇到什么问题有没有向他们讨教啊？

杨：但我和他们的思想情感上的交流还是不太多，尽管比父母的多。有的时候就是有些问题，学校里面的事情我还就是不想和他们说。我也不知道为什么。这也是我曾经思考过的问题，为什么我不愿意跟他们讲这些。

骆：或者你们人生的立足点不一样吧。你现在是北大的研究生，而他们已经是中年人了，所以还是有一点代沟吧。

杨：对，你分析得很有道理。

骆：你好像还有个特征，就是少数民族，对吗？

杨：是的，我是回族。

骆：那你家乡，你的民族的特殊东西在你身上的影响呢？

杨：呵呵，这方面我可能谈不出什么啦。我是回族主要是继承了父亲的民族，我母亲是汉族，我的父亲是回族。但由于我的父亲很小就离开了家乡，他9岁就离家了，他的家乡只有回族，他却一直在外面读书、漂泊。后来回去也没有融入那个民族的环境里去，很多回族的事情我也不太清楚，所以，我在这方面也谈不出什么东西来。很多民族习惯我是没有接触过的，比如入清真教的洗礼，我也不太清楚，也没有接受过特殊的民族教育。

2. 家乡特殊的地理环境对我小时候的影响

骆：你刚才说过你们家乡是西南的工业重镇，那么你们家乡的交通很发达？

杨：对。因为工业发达，所以交通也比较发达。我们那个镇离我们县城有20多公里，离我们那里的自治州首府有50公里，交通都比较便利。

骆：当地是以矿业为主的，另外还有农业？

杨：对，当地大多数人都是矿上的职工，其他就是在镇上生活的人了。可能在很久以前就是这样，但是两个矿都有自己的一套系统，包括教育系统，从幼儿园到中专都设立了，都有自己独立的一个系统。我家就住在那个小镇上。有这些矿才有这个小镇，但是小镇不是直接为那些矿服务的，而是为这周围的人服务的，它也不归矿上管理。在这个小镇的周围，有一些农村，都住着一些农民，主要靠种植水稻和烟叶生活。

骆：那么，在你爷爷或姥爷那一代就是在这个小镇上住的吗？

杨：不。我父亲小时候居住的地方离我家现在居住的地方可能有二三十公里，是另外的一个镇。那个小镇主要是以产盐为主。那个小镇的名字叫"黑井"，那个小镇最早在《后汉书》里面就有记载。

骆：你爷爷的职业是什么？家里富有吧？

杨：我的爷爷奶奶是当地的地主这一类的，他们有很多的田地，把这些田给别人种，自己的生活肯定是比较富有的，应该算是地主吧。

骆：你觉得出生在这个地方，从滇中比较发达、比较富裕的地方，这种比较富裕的家庭以及地理环境上的影响来说，对你有什么影响？

杨：据我现在反省，我觉得地理的影响非常的深刻。因为我所居住的小镇在我周围的那一片地区交通比较发达，所以我所见的、所经历的要比我家乡周围的人可以说是多一些的。因为那个地方是个交通要点，那地方还有铁路经过，所以这方面的影响对我来说是潜移默化的。我所说的潜移默化就是指因为交通很便利，所以我看见接触了很多各种各样的人，于是我有了出去看看世界的欲望。我觉得外面的世界更广，更大。

骆：就是想自己或者说是对自己未来有了宏大的理想，有了一点概念？

杨：也不能这么说得太宏观了。小时候我对公路和铁路的感觉就是我老想知道路的尽头是什么，我就想出去看看，一直有这样的想法。这是我心里最深沉的一种想法吧。去看世界的深沉的想法决定了我选择读高中。那时候初中毕业，我可以上当地比较好的中专，我完全可以上，上了就可以有工作，但是我没有去读，而是选择了高中。我选择了我们那个地区唯一的一所重点中学。然后，到了高中毕业我就选择了来北京。对于这些，当然不是直接的，那时的意识还不是十分明确，现在我的反省发掘是潜移默化的。

骆：当时你作为一个小学生，一个中学生，对你未来的生活是不是有一些期望？

杨：对，当时我也想不清楚，但是，现在我反省，我有那个念头可能是和我这些有关系的。

骆：你现在来了北京，你怎么看你家附近的民风和生活环境？

杨：那是一种小镇的生活方式，但是工业化的生活。那里有很田园色彩的，非常安静的小镇的生活。虽然不能说是民风淳朴，但大家都非常友好、善良。这些对我到了北京还是有很多影响的。我还是很怀念那时的生活的，很甜美。

3. 小学时父母对我的管教随年龄逐渐放松

骆：你能不能说一下小时候的一些家庭教育的事情？例如说还没读书或者刚刚读小学的时候？

杨：那时候，父母对我是非常严厉的，特别在没有上学的时候。后来我的母亲和我的哥哥姐姐给我说，我小时候是非常调皮的一个人。他们经常说，我经常是吃着饭就跑了，碗一扔，就不知道跑到哪里去了，要过很久，才能把我找回来，再给我吃饭。所以我父亲有的时候就很火，也因为各种事情没少打我。但是我母亲后来和我说，当时我外婆还在，她在我读小学四年级的时候去世的。当时我的外婆老是护着我，我父亲一说要打我，她就说什么都要护着我。我小时候也真的比较调皮，没少挨打。我感觉直至到初中，我能回忆得非常清楚我的成长历程之中，父母的教养方式不再是特别严厉的管束。

骆：那么，你的父母后来对你的教育方式有没有转变？

杨：到了小学后面就逐渐转变了，对我管的事情就越来越少了。我能回忆非常清楚的记忆，从小学后期阶段他们管我的事情就越来越少。一开始我比较调皮。我上小学的时候很捣蛋，比如说说小话什么的，这个老毛病一直持续到了高中。他们一开始对我是很严格的，每天晚上要求我学习到几点，作业做完了一定要拿出来交给他们检查，然后再想出一些作业来让我去做。我爸书法写得非常好，经常手把手地教我书法。后来他们觉得这些事情不应该管得太多了，他们教了我书法很久，他感觉到我也不是非常愿意学那个东西的，后来管得就越来越少了。后来就只是问一句"你作业做完啦?"我说做完了，他们就说你看电视吧之类的。我一直有一种非常好的感觉，就是我父母对我一直是很信任的，这些也体现在后来我上了高中和大学之后的生活费的问题，例如他们从不问我的生活费的用途的。我觉得这给我的感觉都非常的好，我觉得这是一个很强的动力。

骆：我想，小学阶段父母是很用心教育你的，你能不能再具体讲一下你父母是怎样影响你的？

杨：我刚才说觉得我的家庭一直是非常严谨的，在子女和父母之间的交流是非常严谨的，家庭里没有太多的娱乐，我在家里从来没有和父亲打过扑克什么的，我们的交流更多的是言语的交流，比如说看电视时因为什么事情聊起来什么的。家庭的娱乐一直都很少，这些可能对我现在也有很大影响，我觉得这就造成了我现在是一个不怎么会娱乐的人。很多朋友觉得我这个人有点拘谨，就是因为从小就这样子。

骆：会不会是因为你父母工作比较忙、事情特别多有关系？或者是因为你小学的时候学习负担比较重造成的？

杨：我觉得更多的是两点。第一就是父母的性格。应该说我父亲是一个很不善于言语、做事比较严谨的人，做事比较严谨，比较认真，而我母亲呢，她很善于言语，但是更多的时候是贤妻良母型的人物。另一点是父母和我的年龄差距，他们和我的年龄的差距很大，差不多30岁左右，这就有一种事实上的代沟，很多他们感兴趣的事情实际上我都不喜欢了，我感兴趣的一些事情他们也不感兴趣了。多次碰撞之后，大家就避免了交流这种东西。更多的交流是通过这种理性的言语交流，对东西的看法，对东西的认识，更多的是言传身教。我觉得我现在很多性格的形成，可能就是由我父亲传下来的，非常严谨，非常严肃，有的时候，他就一直是一个这样的人，他就是更多的以这种方式影响我。

4. 小学阶段父母强调只能同家教好的同学玩

骆：那你小学时候，你的交友怎么样啊，有没有一些特长什么的？

杨：我很想谈一下我小时候交朋友方面的问题。这方面我父母对我交朋友一般都比较严，对于我的交朋友，和谁在一起，做了些什么，他们都会问的，到了初中都是这样的，除了极少数的几个人他们信任。我交的朋友一般都是选那种家教比较严的，成绩比较好的，主要都是一些这样的人。我父母他们是赞成交往的，但他们对我的交友范围是限定在这些范围的。别的，一般性的交往他们是不赞成的。例如说，在某个周末我要是想去一个同学家待两天的话，他们就会提出批评，可能他们对我的交友他们有一种选择，一种非常明显的价值方面的选择，家教严的，学习好的，就是这样一种选择。

骆：那当时这方面你对他们可能不满意吧？

杨：有点，但当时我也偷偷地和很多人交往。但我要承认他们这种做法对我的交友还是产生了很大的实质性的影响，因为现在和我很好的朋友就是根据这些标准选出来的，就是家教比较严，学习比较好的。如果是要我二选其一的话，那一定是选家教比较好的。我父母对这些方面都是非常非常的重视。这可能和他们所受的文化教育有关系。他们受到的文化传统影响使他们觉得你和什么样的人交往就会影响到你。可以说，他们在这些方面还是非常非常传统的。

骆：那么，其他方面呢？

杨：我顺便谈一下，我小学曾经有一次转学的经历，是在四年级的事。当时我的一个非常好的老师去世了，一个非常好的老师，他还是班主任。当时学校抽不出人来，学校里的老师就轮流的代课，校长也来代过课，教导主任也给我们代过课，时间大约半年左右，是我小学阶段变动最大的一段时间。当时我们班已经成为了一种很散的状态，因为都是代课老师，没有班主任。那些代课老师很多都是年轻人，当时有一些高中毕业生找不到工作，就给我们代课。

当时我们一个年级只有两个班，想换班，就是从甲班换到乙班，从一个班换到另一个班是很困难的，因为在同一学校里，这些可能牵涉到老师的一些利益和关系的问题，从一个班换到另一个班是很困难的。后来父母经过很多很多努力，把我换到了另一个班，这个班是一个非常非常严的班。在我整个上学读书的生涯中，在那时候我受到了很多老师的惩罚。因为我一直成绩比较好，但是有很多不良的毛病，比如说经常爱讲话，比较贪玩，比较粗心。那时候小学生有一本小学生手册，每一年的小学生手册的内容大都是那些。因为我的学习成绩一向都比较好，所以老师对我比较信任，比较重视，对我的关注就比较多。但是换了班以后，受的惩罚也不少。例如说，上课的时候要写毛笔字，写小楷，写一篇，但我在那时上课爱说小话，被班委记了名字，告到老师那里，被老师罚我写了 5 篇，不写完就不准吃饭，就是经历了这些东西。但我现在想起来，惩罚对当时的我是很有帮助的。如果我还在那个乱班的话，可能很多方面的发展就不会那么好了。尽管那个班是过分的严厉了一些，但至少令我没有随着本性去随便乱走。到了五年级基本稳定以后，我比较稳定的时候，我又转回了我原来的那个班，各方面发展还是比较好的。

骆：你的家长为了给你转学还真是花了不小的气力。我想问，你小学的时候有没有做家务？

杨：做家务这一点讲，我从来没有做过家务，从来没有刷过碗，上高中之前从来没有洗过衣服。只要我回到家，包括我现在回家，衣服也是父母给我洗的。这方面我欠缺了些，从这个角度来说我家务做得特别少，我在家真的没有刷过碗。

5. 初中阶段父母改变了过于严厉的教育方式

骆：现在，我们谈谈你上初中时的家庭情况吧。

杨：好的，在我刚上初中的时候，我印象中非常记得我上初一的时候，我爸非常正式地把我叫到客厅坐好，然后很认真地和我说："你现在已经是初中生了，我们以后不会再打你了，以后你自己可以自己拿主意了，我们不会再管你了。"这件事情我一直都记得很清楚。而且事实上，我父亲也是说到做到，再也没有打我了。后来，我选择了上高中，这和当地的习惯可能是不太一样的。当时，我们那个地方，因为是小镇，终究和大城市不同，眼界可能就受一些限制，有很多成绩好的人的眼界都是看中了中专，因为当时的环境来说读了中专就能比较快地找到一份好的工作，有一份不错的收入。

骆：上高中和读中专是不一样的，西方人常说"教育决定人的成就和财富、地位"，这话不一定全对，但肯定有一定道理。不知道你父母是否意识到了教育的价值？

杨：我不知道当时我的父母有没有这种想法，但他们对我说："读高中还是中专，你自己选吧！这是你自己的选择，我们都支持你，只要你做出选择。"当然，后来我自己就选择了上高中。我初中毕业的时候是15岁，15岁嘛，一般很多人都认为我还是个小孩子。当时很多家庭采取的态度都是比较保守的，至少是干涉，就是不能你说干什么就干什么。但我的家庭在这方面还是给了我一个选择的余地。到了高中也是这样，到了高考还是这样，就是说你可以选择读什么大学、选择学什么。这是你自己的事情了，家里会给你提供一些参考意见，但不会干涉你。但他们都有一个意向，我父母根据对我的观察，都觉得我这个人读法律比较适合一些，而且当时法律是比较热门的。他们曾经建议我读法律专业，读清华大学，当时从我们那里考去的人也有，说那里的环境也不错。但后来还是尊重了我的选择。我觉得他们的这种教育方式，当然我只能取出一些点滴的例子，但这些是一直贯穿我的成长过程的。

骆：你刚才说你有很多小毛病，这些小毛病是怎样形成的，和家庭教育有没有什么联系？你的父母是怎么管你这些小毛病的，说具体一点？

杨：其实，这些毛病在现在看来也不是什么毛病。当时的老师认为，老师讲话的时候你就不应该讲话，你就应该安静下来，规规矩矩的。可是我当时觉得有些东西我懂了，我已经明白了，就做一些不安分的各种各样的事了。当时父母也不是采取了很严厉的态度，父母批评了我，很小的时候还打过我，我记得还不止一次。但我学习一般都比较好，所以他们就没有采取更多的更严厉的办法了。那时候小学同学也有很多人和我一样比较贪玩，也有上课讲小话啊什么的，可能有的家庭就会比较严厉地打，如果这次打了，下次还有类似的反映的，就是同学的反映啊，老师的反映啊什么的，就会痛打。我的父母也有打我，但他们也意识到这只是一些小毛病，关系不是很大，打的不算太多，我觉得这是他们的一种教育方式，是对我的宽容吧！宽容这个词非常恰当。

初中的时候，学校和我家有两三公里的路程，是一条公路和我们的小镇连接的。当时很多家长还是每天接送，但是，我父母不这样做的。他们只送过我一次，只是我初一报名的那一天送我去学校报名。他们也对我说我的哥哥姐姐也是没有接送的，他们读的中学比我读的中学环境可能还要差。他们的意思就要我学会自立，要锻炼。每天我是一共要走三个来回，上午上课，下午上课，晚上还有自修，晚上都是9点多以后才放学，也黑得很可以了，但他们都没有接送过我，整整三年我都是这样走的。

骆：你有没有在哪一天的天特别黑，很害怕，有没有埋怨过自己的父母这么狠心？

杨：好像从来没有。害怕有时是有，但绝没有怪过父母。当时那里有一条铁路，一条公路，是平行的，是没有亮光的，都是靠铁路沿线的灯，灯照着树林有一种稀稀疏疏的感觉，虽然大都是和同学结伴走，这样就好一点，但有时候由于各种情况，不得不一个人走，有时也特别害怕，害怕就在那里跑。但我从来没有因为我害怕而埋怨父母。我现在反省一下我的自立意识是比较强的。可能是父母在我上初中的时候给我说的那番话吧，可能就是从那时锻炼出来的，我一直也这么做的。高中的时候，离家50公里左右，我哥的单位离我们学校很近，两公里左右吧，当时住在我哥哥家里就比较方便，有一个照顾，对一个孩子比较好的，我哥也这么提出来，但父母还是要我住校了，我也一直就住在学校。因为我父母觉得我上了高中就很有可能上大学了，上大学就可能不在云南了，在很远的地方了，应该学会照顾自己了。我镇里有一些同学，一两个星期就回家一次，但我是很少回家的，可能一个学期回去两次吧，假期除外，可能就是五一和国庆吧。他们就要我自立。

6. 高中阶段父母同我探讨如何改进学习方式

骆：你在中学的时候，在学习方面你父母对你的要求是怎样的？他们是怎么指导你的？

杨：小学的时候，作业做完了，要检查，还有别的作业做，写日记，或者做些别的事。到了后来就少一点了。到了初中，父母很多东西都辅导不来了，他们也不懂了，也不会辅导我了，已经不要求检查我的作业了。但是他们还会翻翻我的书包，看看我的作业。但他们非常信任我，相信我会学好，不会老是盯着我。有时我的成绩不好，他们没有直接的责怪我。他们不会过分的干涉我。初中的时候我的数学不是很好，他们也曾经找老师商量过，但不会直接问我你为什么数学学得不好。他们看见我的成绩不好的时候，他们问得最多的就是"你是不是有些地方不懂？"还可能问一下其他侧面的一些事，比如说你们班里的人考的最高有几分啊，不会直接责怪我为什么只有70分。

骆：那他们有没有其他的要求？

杨：现在很多人会因为小孩考得好而奖励他，我的父母从来不用这种方式！他们不会问我考了第几，也不会靠外界物质的刺激来促进我的学习。

骆：高中阶段他们对你的学习有没有什么特别的要求？

杨：到了高中，他们"管"的意识就更少了，自从到了高中以后，他们对我的学习更多的是探讨的方式，"你现在学的是什么啊，对学什么有兴趣啊"，"你们老师是怎么教你们的啊"，他们用这种办法，是平等的探讨，以朋友的方式来探讨。我高中的时候成绩也掉到了十几名，他们是不大高兴，但更多的是一种信任的激励！

骆：高中阶段还能辅导孩子学习的家长不多，因为你爸爸妈妈那个年代出生的中年人大多数没有受过正规的中等教育，像你爸爸妈妈那样愿意同孩子讨论学习方式的也人不多。那么，他们是怎样具体做的？

杨：我记得比较清楚的是爸爸妈妈一直要求我对数学、物理等课程要课前预习、课后复习和做作业，他们说现在的课程难度大了，必须先预习课堂上才知道老师讲的是什么，才能积极主动地学；爸爸也经常说，复习是为了消化和吸收知识，不复习、不做作业根本不可能真正掌握知识。那时，我对爸爸这些话还是认真听的。对于语文、英语、政治等文科，爸爸他们没有要求我一定要预习和复习，但是他们要求我记住那些关键的知识点，必要的记忆是不能忽视的，我在学习这些课程中也根据老师的意见记住了一些基本的东西，考试的时候当然也就不害怕了，我觉得他们的指导对于我后来考入中央民族大学和北大都有积极作用。

骆：高中阶段，父母亲在其他方面有没有对你指导？

杨：其他方面就是关心我的健康，要求我锻炼身体，加强营养。比如说踢足球，就是高中阶段养成的习惯，每天差不多一到那个时间我就和几个"球友"到操场踢球了，所以我的身体一直很棒就和高中经常踢球有关。

骆：一般高中生压力很大，担心考试考不好，因为快要考大学了吗，你爸爸妈妈关心你的心理健康方面吗？

杨：我高中时很少回家，回家一般也不谈年级名次、学校高考形势，所以在心理健康方面，我的父母在这方面确实同我交谈不多。

7. 刚来北京时父母关心我能否适应大学环境

骆：你是1996年考入中央民族大学？

杨：对。

骆：上大学以后，和家里联系多不多啊？当然不可能经常回家了，但是也可以有一些书信啊、电话啊，这种联系你和你在中央民族大学的同学比较一下，你觉得联系多不多啊？

杨：这个，我谈一下我的情况吧。应该说，我上大学以后和家里的联系是非常少的，一个联系就是说，我回家，我是一般一年左右回去一次，暑假回去过一次，一般我都是寒假回的。书信和电话嘛，可能在第一学期和第二学期的时候比较频繁，比较多一些，特别是书信，我这个人觉得有点东西在电话里是讲不清的，那么就采取书信的方式。可能有一个月一封吧，最高频率能达到这样。电话也差不多，电话可能稍微多一点。总的来说，我的感觉，上了大学后受家庭的影响，可能比我受周围的同学和老师的影响要少。到了大学，更多的是跟老师和同学这种同辈群体的。

骆：那么就是说自己独立的意思了。

杨：嗯，对！

骆：嗯，大家都是成年人了。

杨：我再谈一点，就是到了大学里面，家里和我的很多事情，当然，到了大学，就是一个生活费的问题。我一再提到这一点，就是说，他们这种方式：到了大学他们对我的生活费这方面，他们不会说是抠门那一点上，就是不会问你"这笔钱用到什么地方去了？"他们不会这样问的。更多的是，只要你没有了家里就会来帮你，就是这样的。像我的哥哥姐姐他们都给我钱用的，大学阶段，从家庭这个角度来谈，可能还没有太多的问题。

骆：你有没有在遇到一些复杂问题或者思想问题的时候跟家里探讨？比如说专业啊、工作啊、考研啊什么的。

杨：哦，这一点，我可以谈谈我的情况。比如说思想问题，但这是很正常的，一个人到了十七八岁，一个人到了外地，可能背井离乡来到外地的话，思想上和不同的人接触，就会有一些波澜或者一些不同的冲突，但更多的，我觉得这个时候，思想上这个问题，个人的情感啊、很多东西我觉得和父母交流已经比较困难了。就是有的时候，我几乎有一些非常明显的记忆，就是在那段时候，我也不知道为什么，我觉得自己很烦。其实，如果我这样的话，和我的一个同辈的朋友讲起来，他就觉得很正常："我也会很烦。"比如说有一天，有一段时间，自己也说不清楚什么原因，莫名其妙我就是很烦，成天不想上课，老是混混沌沌的这么过日子。我觉得，可能在这一代的大学生当中，这是一个非常普遍的问题。

骆：是不是在你心里也不太清楚有什么问题？

杨：对，对对。但这种不平衡也可以理解成就是我心里很烦，厌学，当然，不能够提到"厌学"这两个字。就是觉得什么事都不想干，觉得什么都没意思，就是这样一段，所以这是很正常的。我在信里也这么写过给他们："这段时间，我觉得很烦，什么事都不想干。"但就是这样一段话，搞得父母他们连续写了几封信给我，他们也很紧张："为什么会烦呢？"就是问我：你为什么会不想学习呢？为什么？是不是没有钱啦，或是遇到什么问题啦，是不是怎么、怎么啦？当时问了很多个为什么，然后，电话就追着打过来："是不是现在遇上什么特殊的事情啦？"一再的问我。后来，我就这样和他们解释："我没有遇到什么。"当时我的方式就是：一开始我写了一封信，说我没有什么，就是突然有一点感觉不太舒服而已。但他们还是觉得：哎，你是不是有什么更深的原因啊？是不是什么什么的。那就逼着我说了谎话："我这段时间身体不舒服。"从这个事情当中，我就觉得，就是非常明显的代沟。比如说，很多问题我事实上也是不会跟他们讲的。我想交流的时候，我更多选择了我的同学，我的朋友。谈到这里，我觉得，谈我的成长经历，这是一个非常重要的事情。就是，我上了大学以后，我和父母的交流，可能他们已经比较难理解我了，特别是在生活当中，我的情感方面。

8. 父亲母亲为我考上北京大学研究生而高兴

骆：能不能稍微讲得具体一点？

杨：我的意思就是，其实刚才就是一个很好的例子，那时就很烦。或者说，有的时候，有些老师的课，我就觉得很没意思，我就不想去上他的课，但是又不得不上。那我就想混，就是混过去。但这样的话，我又一次给父母写信说这个，他们就显得非常的不高兴，他们觉得这对他们非常震撼。但我就觉得这种事情就体现出一种代沟的问题。

骆：你觉得这是正常的——因为老师讲得没意思，你就觉得听不听无所谓。

杨：我觉得这个是很正常的。因为有些时候，我觉得每一个人，在某些时候，都会走进这么一个高潮区吧，还有这种非常烦闷、非常压抑的感觉吧，在生活当中是非常多的。在大学的这种特殊的环境里，可能这样的现象更多一些。而且可能和我们当时的居住条件有关系，当时住的很差，我们8个人住一个房，那房子就是那种北方的房子，我很讨厌北方的房子，住的非常不卫生，非常窄，非常闷，非常的不舒服。而且可能我们同学当中，有的孩子没有住过校，也没有住过集体宿舍，所以很自我，非常的自我，比如说放录音机，他就愿意放的很大声，一直愿意这样放。可能这就引起了同学之间的冲突了。

还有一点就是，我上中央民族大学的时候，我们那个系，是第一次招收本科生的，以前只招过研究生。老师在管理学生这方面的经验也就非常欠缺，可能他就想以研究生的管理方式来管理这些十七八岁的孩子。更多的时候可能就是缺乏照顾，缺乏关心。从现在来看，当时他们的管理方式的确有问题。我们就会觉得，有的系就不是这样，新生的师兄、师姐，会给一些帮助，比如说"你们遇上什么事情了？"但是各个系都会有一些自己的事，一些很怪的事情，比如说，"这个系里面，有些老师特别怎么怎么样，你们有什么办法去对付他？"或者怎么怎么样。当然，这是一种特殊的事情，会给你一些生活的经验，一些学习的经验。当时我提着一个很沉的皮箱，是一个老乡带我来到宿舍门口。所以，有些事我觉得是不可思议的。

骆：是不是觉得心里很凉的？

杨：也不是很凉，但我觉得这里面的生活很混乱。准确来说，这是一种对今后生活的焦虑，对今后生活目标的一种焦虑。生活上有一些冲突，至于以后，在这个学校里面，没有太多的人和我们交流，我们班一共10个男生，我们宿舍住了8个。可能就是，自始至终，是我们8个人关系非常好，尽管真的有的人脾气很怪，做事也很怪，但是，我们一直，甚至到了大四，我们的凝聚力，比我所交往的学校里的任何一个团体的凝聚力都要强！我们会在任何时间，只要有人提议，大家都会做同一件事情！比如说我们保持了一个锻炼身体的习惯，每周至少三次，每次从下午下课，从4点钟一直踢球踢到7点钟，然后大家一起去洗澡、吃饭、上自修，保持了很多年。我所见过、听过的任何一个群体这是不可能的。

骆：呵呵，这和我们谈的家庭教育就有点远了，还是谈谈家庭吧。

杨：但这是我在学校里的环境，可能就是这些搞得人思想上有一些冲突和矛盾。这个时候我就觉得我无法和父母沟通了。我不可能和父母讲："现在我们什么什么不好。"这是不好的，我觉得我不可能这样和他们讲，不可能和他们有这种沟通。到了这个时候，到了大学以后，我所说的就是情感这方面的沟通，就比较困难。所以在这以后采取的更多的一种方式是不沟通的方式。就是我遇到同类问题的时候，我更多的是找我的同辈群体。

骆：那么你考研的时候有没有遇上什么问题？

杨：其实，我考研的时候，我爸我妈都不是研究生，他们也没有上过大学，不知道研究生是怎么回事，他们就说："你现在考这个那个我们都不懂啦！你都已经上大学了，这事你就自己决定了。但是有一条原则我们是可以和你讲讲：只要你愿意读，你再读十年八年我们都供你！"他们就是这样一个原则：你如果继续读，愿意去学习，我们会继续支持你；在我们这个家庭，你再读几年书，没有问题。如果你觉得要工作了，找到好工作了，你愿意工作了，我们也不会逼你去读书！他们就是这样一个态度。但是我是两手啦，一个是考研，另一个就是找工作。后来工作是找到了，可是后来我觉得继续读研对我以后的发展有好的影响，所以我就继续读了。

9. 父亲母亲一生都非常正直廉洁和艰苦朴素

骆：你觉得你的家庭环境的特点或者你父母的人格特征是怎样的？能不能稍微抽象地谈谈这个问题？刚才我们是按时间顺序来讲你的小学、中学、大学，都是具体的。你能不能说一下横向的、抽象的这些问题？就讲讲你父亲对你的影响吧。你父亲有什么特征？

杨：其实，我一直都很尊敬我的父亲。我觉得我的这一点是和我周围的很多人不一样的。他们，包括一些有知识的人，有一些大学的同学，我和他们对父亲的感觉都是不一样的。他们对父母有的更多的是一种依赖，甚至到了大学有的是一种反感。而我认为我是一种从理智上的尊敬，而不是从情感上的尊敬，我觉得他应该、值得我尊敬，我一直都很尊敬我的父亲。应该说，我父亲的人格特征最大的一点就是正直！正直这是个很抽象的特点，比如说他在单位，总是有一些同事，爱占小便宜，爱占单位里的小便宜，但我父亲不是。

我父母单位的那个领导，后来就是因为贪污而出了事情。在整个过程当中，我母亲有时就和我父亲吵，而且不是一次两次的吵，有时是经常吵，就是因为我的父亲在这个方面他不会退让，他很坚持原则的：我看不惯就是看不惯。特别的一个例子就是，我小的时候单位里有很多同事都是拿单位的信笺给孩子当草稿纸，我父亲就从来不拿，我也从来不用单位的信笺做草稿纸，我一直是这样的。我觉得这就是很小的一点，反映了我父亲的性格。

当然，很多人看来，包括我母亲有时看来，他就是一个脑子很迂腐，不懂得变通的人。还有一件事就是，单位上贪污的那个经理的贪污的事实，我父亲母亲都知道的。我父亲母亲就常常和他对着干！那个人和我们家的关系原来都是很好的。那个人非常会为人处世，而且对人比较随和。但是他贪污，我的父亲母亲就绝对不会和他合作，也不会帮他隐瞒什么。我妈是单位里的总会计师，很多事，变通一下，就能把这东西瞒过去的，也不会犯错误的，她有这个权力。但我母亲是不会这样的，他们一直就是坚持对着干、坚持斗争。这件事情他不对，他不应该贪污，既然他做了，我母亲也不会帮他隐瞒什么。

骆：她自己也受到一些委屈吧。

杨：嗯，打击报复也是很厉害的。第一次，可能是由于证据不足吧，告不进，搞得上面领导来找我父母谈话，就是"你们是不是在诬陷"这样，是非常严肃的，因为是我们那个地区的纪委来找谈话。但我的父母的态度很明确的，就是说"这个东西是对是错是很明白的，我手头上的资料都是事实，我必须坚持这个，你们如果不信，可以继续调查，反正我们要坚持斗争。"他们就是不懂得变通。但在当时80年代末90年代初，如果纪委来找你谈话，那这是一个很严重的一个问题。但他们还是觉得："这个就是事实，是事实我们就会坚持！"到最后，他们坚持到底了，把单位的领导告倒了。

从这件事情上，当时我认识他们单位的一些同事，他们对我的父母的这种行为觉得很可笑，不理解。当时就是一个你会不会变通的问题。你会变通的话，你好我好，大家都好，但为什么你要这么做呢？实际上是得罪人！而且不止得罪了一个人，是得罪了一批人！到后来和某些人的关系都比较僵。我觉得，我对他们认识最深的就是这一点。我父亲在这方面就显得严谨一些，绝对不懂变通。我父亲的这一点也就是正直和严谨对我的影响非常非常大，也形成了我现在的性格的一个方面。我就是这么一个信念，我就是这么做，要么就干脆不做！当然，他们也不会过分的严谨，这也影响了我的性格。在这一点上，他们教会了我正直！而且他们不会是灌输的，不会是用语言教你，只会用自己的行动来教你。这给我很大的影响。我认为正直是我今天做了研究生或是做人的做事的最基本、最起码的一种品质。

骆：你觉得还有没有其他方面？生活上比较节俭吧？

杨：对，他们都比较节俭的，比较俭朴。在那个时间段，也就是从 80 年代末到 90 年代中期这个阶段，不仅仅是我们这个地方，也许是全国吧，这种攀比风，包括城镇。而我的父母，他们的收入在我们那个地区应该是中等偏上的，如果他们要置备一些东西的话，在我们那个地区还是有能力的。但他们就很节俭。像我家的柜子，我刚懂事时的柜子现在还在用，彩电也是用了十几年了，家里的家具包括沙发都已经是可能不能再用了，他们不会因为觉得这个沙发现在比较流行就做一个，买一个。这对我也有很大影响，我一直有一种观念是，不该花的钱绝对不花，他们传给我的，一分钱也是钱，一分钱也是辛苦赚来的。可买可不买，可用可不用的东西我一般是不买的。在这方面也是他们的影响。我的花钱原则就是，用之有度，该花的花，不该花的绝对不花！但节俭的传统在某些场合是不适合的，例如社交场合，会导致小气。我感受到这种感觉。在这方面我可能有一些分歧，就是说可能朋友来了，很好，我可能花不少钱和大家去玩，我会意识到这是该花的钱。在不该花的钱上我是尽量的节俭的。但一味的节俭这种观念到了一定的程度就会变成小气，特别是在社交场合是非常不合适的。所以有个原则就是用之有度。

骆：那么，你能不能谈谈家庭教育对你的影响是不是很大？

杨：我想我可以来一个总结吧，我觉得家庭的影响最大的是在小学、初中，在所有对我的成长有影响的影响里，是最重要的！但是到了高中、大学，更多的是同辈的群体的影响，家庭影响相对来说就比较少了。但我觉得家庭教育教会了我最基本的东西，以后的东西都是在这个基础上发展的。家庭教育是最重要的影响！

骆：好，今天我们就到此为止，谢谢你接受我的访谈。

杨：接受你们的访谈非常的愉快！

第三节　家庭教育简析

杨云雄 1978 年出生于云南楚雄彝族自治州禄丰县的一个工商重镇，他的父母亲都是镇里土产公司的职员。他在兄弟姐妹 4 个中排行最小，生性活泼好动，小的时候父母就对他严加管束，甚至用惩罚教育他遵守规则，生怕有什么闪失。在他进入小学读书后，他的父母对他的管教也是非常严格的，每天晚上要求他学习若干钟点，作业做完了一定要拿出来交给家长们检查，父母特别强调要他结交家教好和学习好的同学为伴，还在小学三年级帮助他转到一个管理比较好的班级。他在1990年到县里读初中，此后父母对他的教育方式做出重大调整，放宽了对他的要求和管理，鼓励他自己教育自己，甚至在孩子初中毕业面临上高中还是中专的大问题上也鼓励孩子自己拿出意见。1993年杨云雄考入楚雄市的一家省级重点中学，父母预见到孩子将来可能去外地读书，就要求他住校生活，还同他讨论高中的学习方式。1996年他来到北京的中央民族大学读书，父母除了费用上尽力给的多一些之外，还关心他的情绪健康，尽力同他交流思想，鼓励他报考研究生。此外，杨云雄的父母亲教育孩子有一大特色就是对本职工作尽心尽力，并且始终廉洁自律，给孩子树立了一个好榜样。

考察杨云雄的家庭教育历程，笔者认为以下三个方面是特别值得赞赏和借鉴的：

第一，适时调整对子女的教育目标和方式。在教育子女过程中，教育目标是第一位的，教育方式是实现教育目标的手段，一般是随着教育目标的变化而调整的。杨云雄的父母在孩子上学前和小学低年级的时候对他的要求非常严格，包括交朋友都要求严格挑选；随着孩子年岁增大，他们看到孩子逐渐懂事的表现，就放宽了对孩子的限制，不像过去那样检查作业了，而且鼓励孩子自己决定是读中专还是上高中；高中阶段，杨云雄父母只是同孩子讨论如何养成课前预习、课后复习等好习惯，没有再具体谈论学习方法问题，预见到孩子将来可能到外地上大学，他父亲鼓励他独自住校学习，而不是住在生活条件比较好的哥哥家。杨云雄上大学后，他的父母首先关心孩子的身心健康，又关心他的学业前途，支持他考取了北大的硕士研究生。由于杨云雄的父母根据孩子身心发展的年龄特点和思想特点及时调整了教育目标和方式，这就使他们对于孩子的教育始终保持了针对性和实效性。

在接受访谈的过程中，杨云雄谈到父母教育目标和方法变更的地方主要有：（1）他们一开始对我是很严格的，每天晚上要求我学习到几点，作业做完了一定要拿出来交给他们检查，然后再想出一些作业来让我去做。（2）我父母对我交朋友一般都比较严，到了初中都是这样的，我交的朋友一般都是选那种家教比较严的，成绩比较好的。（3）到了初中，父母很多东西都辅导不来了，已经不要求检查我的作业了。但是，他们还会翻翻我的书包，看看我的作业。但他们非常信任我，相信我会学好，不会老是盯着我。（4）自从到了高中以后，他们对我的学习更多的是探讨的方式，"你现在学的是什么啊，对学什么有兴趣啊"，是平等的探讨，以朋友的方式来探讨。（5）我父母觉得我上了高中就很有可能上大学了，上大学就可能不在云南了，在很远的地方了，应该学会照顾自己了。（6）他们就是这样一个原则：你如果继续读，愿意去学习，我们会继续支持你；在我们这个家庭，你再读几年书，没有问题。

第二，以清正廉洁的形象影响孩子的品行。早在 2000 多年前孔子就说过"其身正，不令则从；其身不只正，虽令不从"，这话虽然是指针对教师教育学生的，但同样适应于家长教育孩子。在杨云雄的家庭生活中，他的父母亲勤恳工作，清正廉洁的作风给了孩子很重要的影响，使他由一个小时候贪玩、调皮的儿童逐渐成了一个思想先进、道德良好、勤奋学习、成绩优异的名牌大学学生和研究生。在杨云雄小的时候，他的父亲就不让他使用单位里的公函纸，而在我国大多数公职人员家里，孩子使用公函纸司空见惯，在他家里父母从来不玩扑克，而是以严肃严谨的态度做事，包括和孩子交流。在杨云雄上中学的时候，他的父母亲发现本单位经理贪污腐败的事实，他们夫妻两个义无反顾地举报，在受到很大的压力和诱惑的情况下毫不动摇，使孩子看到了什么是正义、什么是邪恶，看到了父母的大无畏精神和最终的胜利。杨云雄的父母虽然有比较多的收入，但是一直勤俭节约，即使在三个孩子参加工作、小儿子上大学，家里有了相当积蓄的时候也不讲究摆设，能用的旧家具仍不肯丢掉。

在接受访谈的过程中，杨云雄谈到父母清正廉洁和勤俭节约的地方主要有：（1）我的家庭一直是非常严谨的，在子女和父母之间的交流是非常严谨的，我在家里从来没有和父亲打过扑克什么的。（2）应该说我父亲是一个很不善于言语、做事比较严谨的人，而我母亲呢，她很善于言语，但是更多的时候是贤妻良母型的人物。（3）我小的时候单位里有很多同事都是拿单位的信笺给孩子当草稿纸，我父亲就从来不拿，我也从来不用单位的信笺做草稿纸，这就是很小的一点反映了我父亲的性格。（4）单位上贪污的那个经理的贪污事实，我父亲母亲都知道的。我父亲母亲就常常和他对着干！我的父亲母亲就绝对不会和他合作，也不会帮他隐瞒什么。（5）我的父母，他们的收入在我们那个地区应该是中等偏上的，如果他们要置备一些东西的话，在我们那个地区还是有能力的，但他们就很节俭。

第三，用深厚和理智的亲情温暖孩子的心灵。杨云雄的父母对他们这个年龄相隔差不多 30 岁、排在最末的孩子是非常宠爱的，云雄的哥哥姐姐在家庭生活中也非常喜爱和照顾小云雄，使他处处感到温暖和幸福，增强了自信和力量，不断向更高的目标奋进，最终达到了比较理想的境界。小的时候，杨云雄经常是饭还没有吃完就跑出去玩，每到这时家里人就四处寻找，上小学后父母并不限制他在做完作业后看电视，还手把手地教他练习毛笔字。上初中的时候，他经常晚上要在两三公里之外的学校自习，但是家里人并不接送，高中的时候他到了州上的重点学校读书，父母没有让他到附近吃住条件比较好的哥哥家里住宿，中学阶段生活方面的锻炼为他适应大学新生活奠定了基础。在他上大学后，父母和姐姐仍然牵挂着他，通过信件和电话传递信息，始终温暖着他那颗上进的心。

杨云雄在受访中谈到家庭深厚和理智的亲情温暖心灵的地方主要有：（1）我觉得非常幸福，我的家庭是非常好的，非常和睦的。说到我的哥哥姐姐，我都非常自豪，他们的关系非常好，你看不出他们有矛盾，互相也是常常来往的。（2）我的姐姐对我就像对自己的孩子一样，使我感受到一种慈爱。她一到假期就把我接到她所在的县，去享受农村的很多乐趣。就算是到了高中，甚至大学，她都给我寄钱，经常给我买东西。（3）做家务这一点讲，我从来没有做过家务，从来没有刷过碗，上高中之前从来没有洗过衣服。只要我回到家，包括我现在回家，衣服也是父母给我洗的。（4）就是这样一段话，搞得父母他们连续写了几封信给我：为什么会烦呢？是不是没有钱啦，或是遇到什么问题啦，是不是怎么、怎么啦？当时问了很多个为什么，然后电话就追着打过来，一再地问我。（5）我父母对我一直是很信任的，这些也体现在后来我上了高中和大学之后的生活费问题，例如他们从不问我生活费的用途的。

第九章　他生活在古都西安的
科研人员之家

——邹秦瑞的家庭教育访谈和分析

第一节　背景材料

邹秦瑞，独生子，1980 年 5 月生于西安市，1986 年到 1995 年在西安近代化学研究所的子弟学校读小学和初中，1995 年到 1998 年在西北工业大学附中读高中，曾参加全国中学生奥林匹克竞赛获得好成绩，1998—2002 年在北京大学技术物理系完成了本科的学习，然后被保送至北京大学物理学院攻读硕士学位。邹秦瑞的父母祖籍山东农村，都是 60 年代的大学毕业生，他父亲大学毕业以后分配到西安近代化学研究所工作，母亲开始在济南教书，后来调到西安丈夫的单位，现在都是高级工程师。由于父母两人都有稳定的收入，邹秦瑞成长过程中家庭经济条件一直都是比较好的。

邹秦瑞是我在本书中唯一没有见过面的受访人。2003 年我决定写作《北京大学硕士生家庭教育探秘》，我在整理 2001 年在北大访学时获得的硕士生家庭教育材料的过程中，发现有几分材料达不到要求，经与原受访人多次协商和他们的补充仍无法使用，就通过几位在北大的朋友帮助我物色新的受访人，邹秦瑞就是 2003 年成为我的研究对象的。他首先用电子信箱发来了自己的简介和一封热情的信件，渴望把父母教育自己的家庭教育故事告诉大家，我很快回信提出了写作"家庭教育故事"的具体要求和内容纲要，还附了已经出版的北大本科生、北大博士生家庭教育访谈和分析材料各两章。邹秦瑞打来电话询问了我的出版计划和报酬等事宜，我如实相告，他很高兴地进入了写作状态，不到一个星期发来了近 2 万字的稿件。我认真浏览了一下，不错，故事情节不错，文笔也不错，在我的鼓励下他一鼓作气完成了这篇访谈录的初稿。

2004 年暑假后，我再次细致地拜读了邹秦瑞的家庭教育访谈材料，感觉他的父母在教育孩子过程中确实做得不错，值得家长们学习，但是还有一些内容需要补充，就给他发去了一封电子信件，邹秦瑞告诉我最近特别忙，"但是过几个星期就好了，我一定按照您的要求写出那些内容。"几周后他如约给我发来了补充材料，还给我寄来了"同意公开使用本人家庭教育材料"的授权书。其后，我根据年代顺序和话题内容，对他两次发来的将近3万字的材料做了编排和少量删减，这篇家庭教育访谈材料就基本定稿了，当然，我还要再花费几天时间对这篇材料进行深入的分析和概括，写出评价性意见。

第二节　访谈内容

1. 我生活在一个温暖的知识分子家庭

骆：邹秦瑞同学，您好！请你先介绍一下自己的基本情况好吗？

邹：好的，我的名字叫邹秦瑞，1980年5月生于西安市，1986年到1995年在西安近代化学研究所的子弟学校读小学和初中，1995年到1998年在西北工业大学附中读高中，1998—2002年在北京大学技术物理系完成了本科的学习，然后被保送至北京大学物理学院攻读硕士研究生。

其实我本来应该是70年代出生的那一代。父母小的时候都是在山东老家的农村长大的，后来都顺利地考上了大学，这在当年的农村里面已经是凤毛麟角了。他们都是60年代的大学毕业生，父亲大学毕业以后分配到西安工作，母亲开始在济南教书，后来调到西安，都是普普通通的知识分子。他们结婚本来就晚，两地分居和调动又花费了一段时间，所以在西安盼了很长时间之后，终于把我这个既是老大又是老幺的孩子盼到了人世间，这时候父母都已经快40岁了，家里就是我一个孩子，当时我在家里的地位也可想而知了，父母对我是非常喜爱的。

骆：你能不能稍微具体地介绍一下父母的情况？

邹：好的，我的父亲毕业于北京理工大学（北京工学院），母亲毕业于山东师范大学（山东师范学院），巧合的是他们学的都是和化学有关的专业，父亲搞的是和火炸药有关的化学研究工作，母亲搞高分子合成的研究工作，现在都是西安近代化学研究所的高级工程师。我父母都是普普通通的知识分子，在自己的科研岗位上兢兢业业地工作了大半辈子。

骆：那么，你家里的经济情况如何？可以比较一下同近邻的生活水平。

邹：父母小的时候都是在山东老家的农村长大的，他们小时候家庭环境都很苦，条件很差，可以说他们从小受了很多苦，对于生活没有过高的要求。从我记事起，我们家一直都是中等收入水平，比上不足，比下有余。父母一直在研究所里面工作，没有自己挣过其他的钱，只是靠着工资过日子。我小的时候，在家里如同宝贝一样，根本不用愁吃穿。但是，我上高中以来，随着国家的发展，工资水平也不断地在提高，我家的生活自然也是越来越好。不过我倒是从来没有具体问过父母的收入水平，也从来没有关心过家里的资金储备情况，因为我觉得这都是父母的收入所得，与我也没有太大的关系。

我还可以介绍的是，自己从小到大，我们家总共搬过4次家。第一次是从单身宿舍搬到一套两室的房子里面，不过是与别人合住的，那时我还不到一岁；第二次是我四岁时，搬到了一套两室一厅的房子里；第三次是在我初二那年，搬到了三室一厅的房子，而且第一次进行了室内装修；第四次是高三时搬到现在居住的这套三室两厅。不过据说好像这些单位分的住房都是只有使用权而没有产权的。现在母亲已经退休5年左右了，父亲也马上就会退休，家庭发展的重担很快的就会落在我的肩上了。

骆：哦，总的来说你家庭生活条件还是不错的，因为你父母身为知识分子，有比较稳定而且逐渐增长的家庭收入。

邹：对，完全可以这么讲。

2. 幼时父母给我讲故事和要我讲故事

骆：请你回忆一下幼儿时期有没有一些有趣的事情？

邹：从我记事的时候开始说吧。我有一个快乐、无忧无虑的童年。幼儿时在西安，除了爸爸、妈妈，还有姥姥和我，一个普通家庭，我自然是三位长辈的掌上明珠。当时家庭的生活条件和现在可没办法比，记得当时父亲经常用粮票去农民的家里换来鸡蛋给我补充营养，当时要是能吃上一顿肉，可是天大的幸福了。虽然条件较苦，可是父母对我却非常疼爱，想尽一切办法给我创造良好的生活条件。可是，他们却没有溺爱我，而是从小就注意对我的教育和培养。

骆：你是说，父母和姥姥除了生活上尽量保证你的营养充足外，还注意对你的教育，是不是？

邹：是啊！在我上小学以前，肯定没有像现在这样种类繁多、复杂的玩具，可是，书却是不少的。从很小很小的时候，从我还不认识字的时候，我就知道了书上有很多很多好玩的故事。在我很小的时候，父母给我订阅的第一本杂志——《看图说话》，还不断的买了许多小人书，现在的孩子也许不知道是什么，就是那种手掌大小，一幅插图配上一些文字的那种小册子，从那里面，我知道了孙悟空大闹天宫、秦始皇统一天下、岳飞抗金、孙中山反清等许多故事，虽然前因后果不是很清楚，可是一些人物和他们的事迹给我留下了深刻的印象。

在我多少认得了几百个字以后，父母就给我买了一套《365夜故事》——非常厚的两本书，每天在我睡觉以前父亲都会给我念书上的故事，多则三篇，少则一篇，虽然当时似懂非懂，可是给我留下的记忆到现在还历历在目。诸如聪明的小兔儿乖乖、残暴愚蠢的大灰狼、可爱的小红帽、神笔马良……这些形形色色的童话形象，善与恶，好与坏的斗争，是我在人生道路上所学的第一课。

骆：父亲给你讲故事，你的母亲呢？她有没有给你讲故事？

邹：母亲也给我讲故事，但是没有父亲那样经常。父亲不仅仅给我讲故事，他还经常让我说说听故事以后的感想，对于我喜欢的故事，他还鼓励我自己把它复述出来。这样一来，我就得把我所听到的，见到的在我的脑海中进行加工处理，然后得自己组织语言，用自己的话把它们复述出来，既锻炼了记忆力，对事物的分析能力，还锻炼了口才和语言组织、表达能力。

骆：哦，这种教育方法很好，不过这样很花费你父亲的精力，而且需要有耐心。

邹：对，我父亲对我是很有耐心的。在我大概四岁左右，我们家里新买了一台录音机，在当时已经算一个大型的电器了吧，父亲就让我自己来讲我喜欢听的故事，然后给我录音。这些磁带现在还非常完好的保存在我家里，放假回家的时候，拿出来听听，觉得自己找到了童年的感觉，觉得自己真的很幸福，也从心底感谢父母当年的良苦用心。

在上小学的时候，在课堂上，老师会找同学给大家讲故事，这时候大家就会不约而同地推荐我，我也能把自己在电视、收音机里面听到的相声、笑话等等自己稍加改编然后绘声绘色地讲给大家，有的时候一个笑话给大家讲过十几次，大家还是要听。后来我多次在各种演讲比赛中夺得第一，这不能不归功于在我牙牙学语的时候父母对我口才的培养。

3. 刚上学父母就严格要求和言传身教

骆：你几岁上的小学，下面具体谈谈小学期间的家庭教育情况吧。

邹：好的，我所上的小学就是我父母所在单位办的子弟学校，离家非常近，平常上课前十分钟从家里出发都不会迟到。我的小学生活可以说是无忧无虑的玩着度过的。但是，正是在玩的过程中，上了许多课堂上所学不到的人生必修课。

骆：哦，那你的父母亲在教育你上面一定非常用心了。

邹：父母为了教育我花费了巨大的精力，采取了许多不同于学前的措施。最重要的一个问题，我认为是父母注重对我在一些事情处理上的习惯的培养。我印象里面，当时好像有一个叫做小学生新三字经的书里面有这样几句话："好习惯，早养成，有教养，益终生。"虽然当时有点讨厌这些教条，但是现在回想起来，这些话还是非常正确的。因为有些事情，当你成为习惯的时候，再改就不容易了。

骆：你能不能举个例子说明呢？

邹：从开始上学的第一天起，父母就严令我：当天的事情当天完成，绝不拖到第二天！就仅仅这一条命令，足以令我受益终生。当年的作业，几乎都是在放学后回家前在学校就完成了的。每次没有做完作业的时候，玩起来也觉得不开心。就是现在，心里计划好今天完成的东西如果没有完成，晚上睡觉都会惴惴不安。父母所赐予我的良好的生活习惯还有很多，诸如：自己的事情自己做；做任何事情都要一心一意，用我母亲的话说就是，"要学就好好学习，要玩就痛痛快快地玩"（"要做就好好做，要么就彻底不做"）。他们告诫我做事情不可半途而废，学习上向高标准看齐，生活上向低标准看齐……当时，完成父母的这些要求并没有费多大力气；可是如果一旦养成了不好的习惯再改起来，就困难多了。在我印象里面，当时我基本上是班里最早做完作业的同学，也是为数不多的从来不向家里人要零花钱的同学之一。

骆：那时候，你家里的经济条件怎么样？

邹：上小学的时候家里的经济条件还可以，好像比多数同学家还好一些。我家基本上该有的电器都陆续添置了，比如黑白电视机、电冰箱、洗衣机等等。父亲在我小学二年级到五年级期间曾经去美国进修三年。1991 年回国后，家里又添置了彩电、录像机、音响，冰箱也更新换代了，在当时已经是不错的条件了。不过父母从小就培养我节俭的习惯，我很爱惜东西，从不糟蹋粮食，对衣服也从来不挑，很多都是我表哥穿过的旧衣服，对我的玩具、书籍等也都保护得很好，很多小时候的东西现在看起来根本不像 20 年前的东西。

骆：还有哪些事情令你难忘？

邹：在做人的方面，父母也对我耳提面命了许多做人的基本原则，同时，也以身作则，言传身教。比如，在我刚上小学的时候，父亲得到了一次去美国进修的机会，可是前提是他必须在有限的时间内通过一个英语等级考试，具体的名称我记不清楚了，但是当年父亲学英语的那种精神给我留下了磨灭不去的印象。

父亲原来一直学的都是俄语，据说当时他们上学的时候俄语的地位就像现在英语的地位一样，所以他的英文基础基本上是零。父亲白天要工作，只能利用业余时间，从 ABCD 开始学习英语，这需要付出的是多么大的苦功和毅力！家里的磁带大部分被录上了当年很流行的英语课程 *Follow Me*，录音机成了父亲学英语的老师，还有就是天天摆放在书桌上的厚厚的英文书和日渐增多的笔记，经常我晚上睡了一觉醒来还发现父亲带着耳机坐在台灯前面。这对于现在的一个高中生来说，也许不算什么，可是对于我父亲这个年过不惑的人，能够拿出这种精神来，是多么不容易啊！这件事情对我的影响非常大，在后来复习准备高考的时候，当我一个人坐在写字台前的时候，脑海里经常浮现出当年父亲学习的情景，我也就督促自己向父亲看齐，不能偷懒！

骆：你父亲不仅迅速提高了自己的英语水平，而且这种做法的潜移默化作用是非常明显的、深刻的、持久的，有助于你刻苦学习。

4．小学阶段父母给我介绍的良师益友——书籍

骆：前面你说过，父母在你不认字的时候就买过不少小人书，上学之后呢？

邹：在上学以后，父母更是为我买了许许多多的课外读物。其中给我的一些书令我爱不释手，至今翻起来还记忆犹新。比如一套共17本的《中国历史故事》，从上古、西周一直到近代的民国，基本上是一个朝代一本，里面用通俗易懂的语言介绍了古代社会发展、各个朝代更替等等许多故事，使我懂得了许多历史知识，更重要的是使我懂得了做人的道理。我知道了什么样的人是英雄，一定能够取得成功；什么样的人是祸国殃民的败类，必然遭后人唾骂；什么样的人注定碌碌无为，一事无成……不仅如此，这套书还带我走进了中国历史和古典文学的殿堂！从这开始，我在父母的支持鼓励下，读了许多优秀的文学作品和历史故事，包括《上下五千年》，中国古代四大名著等等。

骆：你是学习物理专业的，不知道小学时你的父母亲有没有给你买过自然科学方面的书籍或者杂志之类的？

邹：有，父母还为我订阅了大量的科普性的杂志，使我大大地开阔了眼界。记得在我上一年级的时候，有一天母亲突然给我拿来一本杂志——《学与玩》，我的第一感是觉得封面好漂亮，可是打开一看，里面内容大部分都是文字，图画很少，自己也就随便翻了翻，没有仔细阅读。第二期、第三期也大体如此。也许母亲发现了我对这本杂志不太感兴趣，她没有对我说什么，而是在下半年给我订阅了更为浅显易懂的《少年科学画报》——这也是我少年的时候对我影响最大的一本杂志了，是它带我走进了自然科学的圣殿！里面用生动的拟人的手法，把自然科学的各个学科中的知识用一个个故事来贯穿起来，真的是寓教于乐！

骆：你现在还有没有印象比较深的科普读物？哪些情节给你留下难忘的印象？

邹：比如有一期的科学画报，在一个小人回家的路上，碰到了一个循环小数（在画上就是一个长长的虫子），没完没了地走，挡住了他的去路，正在发愁的时候，碰到了等号叔叔，然后，等号叔叔把循环小数变成了分数（在画上是一个小人），然后他就可以过去了，当他碰到老虎的时候，身边的自然数司令1，把自己变成了循环小数0.999……挡住了老虎，保护他的安全。当他

们碰到圆周率 π（也是一条长长的虫子）挡路的时候，等号叔叔没办法了，因为 π 不是循环的小数，无法化成分数，正在发愁的时候，过来一个圆圈，在地上滚了一圈，π 就不见了，于是他们才能顺利上路。……这些现在看起来幼稚可笑的故事，在一个一年级的小学生眼里是多么神奇啊！这样类似的一个个故事，一步步激发起我对学习知识的兴趣。

骆：兴趣是最好的老师，当你对某件事物产生兴趣了以后，去了解它，利用它也就成了自然而然的一个过程了。你学习的动力，正是对知识的渴求。

邹：对啊，这样一来，自然要比被动接受知识的效果不知道要好多少倍！现在回想起来，或多或少，我能够理解父母当时的良苦用心了，他们给我介绍的这个朋友——优秀的书籍，把我引到了迈向知识海洋的大道上，他们通过这种手段，既培养了我对学习的兴趣，又极大地增大了我的知识面，使我能够主动地进行学习而不是被动地接受！打个比方吧，也许教育孩子就像治理洪水。鲧用围堵的办法，处处设防，水来土囤想把洪水固定起来，可是失败了；而禹则用疏导的办法，不是和洪水进行正面对抗，而是利用洪水的特点，对其加以引导，使其自己走上回归大海的路。对于孩子的教育，何尝不是如此呢？

骆：你讲得很有道理，父母通过为你购买书刊和指导你阅读，把你引导上了求知的道路，这对于你后来的奋发学习和扩大知识面、活跃思维都有很大作用。

邹：对，对。我要终生感谢父母的，其中很重要的一点，就是他们在我刚上小学不久就给我介绍的一个我最好的朋友——书籍。

5. 小学时父母对我学习的关心和指导

骆：小学时父亲有没有对你的学习做过一些辅导？

邹：肯定有，单说我二年级到五年级之间，父亲在美国待了三年，这一段时间，我的日常生活都完全由母亲来照顾。父亲虽然远在异国他乡，但是他对我还是一直都记挂在心里。当时通讯并不像现在这么方便，可以上网，打电话，当时唯一和父亲交流的方法就是写信，然后通过邮局邮寄，大约一封信要在路上花至少半个月。我几乎是每个月都给父亲写信，汇报我自己的生活和学习情况。父亲不仅看信，而且把我给他寄的信中所写的字进行书法上的点评，然后再寄回来，告诉我哪个字写得好，哪个字应该怎样写。偶尔我的作文有一两篇得意之作也会寄给父亲，他也会逐字逐句地给我修改，告诉我哪些话写得很精彩，哪些是败笔，应该怎样写。然后把给我改过的原文寄回给我。其实我觉得这三年的这几十封信，对我的写作和叙事能力还是很有帮助的，也非常想感谢父亲对我无微不至的关怀和牵挂。

骆：父母有没有为你买过学习方面的参考书籍？

邹：在四年级的时候，母亲第一次给我买了有关学习的参考书，书名叫《考考你自己》，内容其实和书本上结合的并不是很紧，当时给我的感觉，书里面的题目都很有意思，而且几乎是第一次看到选择题，当时有很新鲜的感觉。母亲给我规定了一个星期需要完成的内容。一开始也是好好地做了一些题，可是，呵呵，毕竟还是玩对我的吸引力更大一些，为了应付母亲的检查，我也做过一些手脚，有的时候还是禁不住抄抄答案什么的，还煞费苦心地故意抄错几个，然后再把它们改过来，以免引起母亲的怀疑。呵呵，现在想起来，觉得自己当时挺可笑的。也许确实学习的压力太小了，没有动力去埋头苦读。

骆：你的小学生活确实丰富多彩，父母是否在乎你的学习成绩？

邹：可以这样说吧，父母对我的学习成绩并不看重，当然我的学习成绩一直也不坏，所以父母没有为此而操心。看看现在的小学生，年纪很小就背上了沉重的学习负担，除了正常的学习，周末还要被奥数、英语之类的占去大部分时间。我有点庆幸自己出生的时代，科技并不像今天这么发达，可是，人更贴近大自然，活的也不像今天这样的累。

骆：你有没有参加学校的课余辅导班、特长班之类的？

邹：后来，在六年级的时候，当时也出现了那种提高数学水平的奥校，因为我们班有同学约我一起去学习，所以我也就去了。当时因为还比较小，而且上奥校的距离又比较远，每个周末父母都要骑车送我去上课，每次半天，我在里面学习，父亲或者母亲就在附近的商场之类的地方转转。开头几次还是挺认真的，可是到后来，和周围的小朋友也渐渐熟悉了，话也就开始多了，听讲的难度越来越大，也就越来越容易走神了，不光是我，大部分同学在课堂上都在寻找自己的乐趣，老师也不得不经常提醒大家保持安静。每次上课的时候都期待下课，可以去学校门口买好吃的涮牛肚。现在回想起来，觉得自己挺可气的，呵呵，其实那种事倍功半的学习，那种不太认真的态度，挺对不起父母的。不过也不是一点好处没有的，毕竟还是接触到了很多新的知识点，开阔了思路，对以后的学习或多或少总是有一些帮助的。

6. 父亲鼓励我通过课外活动修炼人格

骆：你在小学阶段的课外生活怎样？父母亲有没有给予指导？

邹：其实当年在小学里面，我花在学习上的精力，仅仅是上课好好听讲，课后按时把作业做完就可以了。而且，父母从来没有要求我必须爱好什么，也没有刻意地给我安排发展方向。当时没有电脑，电视节目也不是很多，再加上学校离家只有咫尺之遥，所以每天下午放学以后可以尽情地在学校里面玩，当时的孩子，玩的花样可不少，单单是利用一个小小的沙包，就有十来种玩法，除此之外，还可以滑旱冰、放风筝，甚至几个人在院子里面骑自行车瞎转，也是一种乐趣。每次要到天黑，才满身是汗地回到家中。父母每次都不厌其烦地给我换上干净的衣服，给我弄好凉开水。现在回想起来，家的感觉真的很温馨。

骆：那么，你怎样看待小学阶段的课内学习与课外活动，课外主要是游戏活动。

邹：前面说了这么多的玩，好像一直都说的我是怎么玩大的，呵呵，不错，就像我刚才所说的那样，我觉得在小学阶段，学习书本上的知识固然重要，可是，在那个时候的人就像是一张白纸，他的性格、兴趣爱好、人生观、价值观基本上都是从那时候开始形成的，而这些东西的培养是不可能从书本上找到答案的。健康的人格对于一个人一生的发展是至关重要的。说到这里我真的想感谢我的父母以及姨姨姨父，他们鼓励我参加各种各样的课外活动，锻炼我的胆量，修炼我的人格。感谢他们对我的引导，给了我一个乐观向上、开朗豁达的性格，给了我一个争强好胜的精神，这些使我受益终生。

直到现在，我还是一个业余爱好非常广泛的人，在我的眼里，生活一直都是金色的，我知道如何寻找生活的乐趣。这些健康有益的业余爱好，对一个人的人生观和情操的积极影响是非常的大。他们不会直接帮助你取得高分，不会直接给你带来收入，但是，他们会给你上进的动力，会给你一把开启你心灵中快乐细胞的钥匙！

骆：哦，锻炼你的胆量，修炼你的人格，你能不能具体地讲讲？

邹：继续回想我的小学生活吧。呵呵，说实话，觉得当时真的是我一生中的黄金时代，也许很难再有那么无拘无束、无忧无虑的生活了。现在回想起来，在小学里面，玩的重要性绝不亚于学习。我觉得，学习是学习知识，而玩是学习生活。一个人的情趣，很大部分都是从小培养起来的。很小的时候，父亲就教给我下中国象棋，什么时候开始的我已经没有印象了，现在能记起来的就是，当时我下棋到了如痴如醉的程度。

很快，我的水平就已经超过父亲了，当时的院子里面，经常有叔叔、爷爷在外面下棋，我开始喜欢围在周围看。一天，父亲鼓励我，说："你看叔叔、爷爷们下棋，你想不想和他们下啊？"我说："想啊，可是我不认识他们，不好意思啊！"父亲说："没有关系，这不是什么不好的事情，自己爱好，自己就要去争取啊！你可以在人家下完一盘棋的时候去和他们说，'叔叔，我想向您学习一盘可以吗？'如果人家同意了，你就大大方方地去和人家下，有什么不好意思的呢？要胆子大一点嘛，不要扭扭捏捏，还要注意礼貌！"

在父亲的鼓励下，我开始和比我大很多很多的人下棋，当时的具体结果已经记不清了，但是，院子里面的大部分人都知道我是个下象棋不错而且能说会道的小家伙。直到现在回家的时候有些老人见了我还会提起当年我下象棋的一些趣事。可惜的是自从后来迷恋上围棋后象棋被我冷淡了。

骆：下棋的过程确实锻炼了你的胆量，修炼了你的人格。

7. 我在姨家学围棋和参加计算机小组

邹：说起学习下围棋，我也是很小的时候就开始学了，当时和楼上的一个小哥哥天天用黑子白子互相乱摆，可是真正开始学，是在我姨姨家里。

骆：哦，你可以具体说说这个过程的情况。

邹：那时是在小学三年级，1989 年。当时父亲在美国，家里只有姥姥、母亲和我。当时我很调皮，很不听话，也许没有了父亲的严厉，我在家里脾气很大，经常和母亲吵嘴。那年寒假，我们一起去姨姨家里过年。可能是当时母亲和姨姨商量的结果，就是让我在姨姨家上半年学，正好姨父又是老师，很会管教孩子。所以当时我也就很高兴留在姨姨家了。因为，姨姨家里有哥哥姐姐，可以陪我玩，自己在家里太孤单，没有意思。现在回想起来，在姨姨家里的这半年生活，对我以后性格的形成留下了很大的影响。

骆：请你具体讲讲你姨夫的情况好吗？

邹：姨父是一名小学老师，当时在我的眼里，他既和蔼又威严、风趣幽默、通情达理，现在想起来，也许他比我的母亲更了解孩子的内心世界吧。他从来不像母亲那样为小事唠叨个没完，但是当你犯错误的时候，他会平心静气的坐下来和你摆事实，讲道理，会告诉你错误的后果是什么，会告诉你怎么做才是对的。每次的结果都是——我心服口服，打心眼里佩服我姨父，很自然的，自己的错误就会注意改正。

姨父兴趣爱好很多：喜欢下围棋，喜欢打桥牌，也会下国际象棋。我在他的影响下，也开始对这些项目产生兴趣，再加上有一个现成的对手——我表哥，我当时也是非常的上瘾。当时我几乎每个项目都比我表哥要差一些，可是，也许是从小养成的，也许是人的本性，我不愿意服输，我想尽一切办法，想战胜表哥。为了腾出时间下棋、学棋，我必须按时并且保质保量地完成作业，还必须在各门课程中取得优异的成绩——这是姨父对我的要求，后来这些业余爱好不仅没有影响学习，反而成了学习的动力。除了下棋，我还经常和表哥打乒乓球，有的时候甚至也打打台球之类的……可以说，在我姨姨家里这半年时间，我学到了很多在家里没有条件学的东西。可惜后来姨父调动工作，搬家到另外一个城市，我后来也没有机会再去看望他们。

骆：生活环境对孩子的影响很大，小孩都喜欢新鲜的环境，你到姨夫家一定很开心吧？还有没有其他方面的收获？

邹：除了这些业余爱好，在我姨姨家这半年的另外一个大的收获就是，我迈出了走向神奇的计算机世界的第一步。当时，所在的小学里面组织了各种兴趣小组，喜欢玩的我对此自然是跃跃欲试。看了各个小组的内容，我独独对计算机小组产生了浓厚的兴趣。可是当我看到后面的备注的时候，傻眼了——因为后面写明了只招收五、六年级的学生参加，可是我当时只有三年级啊！怎么办？无奈之中，想起了父亲小时候鼓励我去主动找别人下棋的情景。干脆，一不做，二不休，直接去找兴趣小组的负责老师说，反正又没有什么大不了的——当时的情景我现在记得还挺清楚。下课的时候跑到那个老师办公室，对他说："李老师您好，我是徐老师（我姨父）的外甥（现在想起来，好像有点……呵呵）。您的那个计算机小组，我非常感兴趣，我也非常的想向您学习。我保证能在不耽误学习的前提下学习计算机。可是我现在才三年级，您能破例收我这个学生吗？"很顺利，我被接收了。

骆：这还要感谢父亲鼓励你同院子里大人下棋的经历。请你具体介绍一下在姨夫家里学习计算机的情况吧，我想那时候家里都没有电脑，学起来不容易吧？

邹：李老师接收我参加计算机小组，每天下午放学后，我就去和小组的大哥哥姐姐学习计算机。当时的条件在现在看来简直不值一提，一台中华学习机，就是键盘和主机一体的，上面只有 Basic 语言和 Logo 语言（一种用来作图的计算机语言），显示器是最原始的，绿色的那种单色显示器，后来又添了一台苹果机，在当时觉得已经是超豪华的奢侈品了。从那时开始，我知道了什么是程序，我也会让计算机在屏幕上画出一个个好看的图形。教我们计算机的老师都很年轻，当时好像也就 20 岁出头的样子，很快就和我成了忘年交，我们一起玩电脑、打球、下棋……后来我回家之前，和那两位老师依依不舍（当时好像我哭了），到现在，心里还经常想起来他们。

8. 刚上初中父母关心我的政治和体育

骆：你小学的故事很精彩，现在请你讲讲初中的情况吧？

邹：很快的，我开始了初中的学习生活。初中是人生的一个转折点，所以在功课上所花的精力比在小学要大很多了。我的初中还是在父母所在单位的子弟学校上的，和小学的环境相差无几，学生一个年级也就五十来个，学习上的压力也不是很大，竞争也不很激烈。和小学最大的不同就是学习的科目增多了，每次期中期末考试年级的排名也更加明确了。

骆：学习方面的难度加大，争取优异成绩的自觉性提高了，是吧？

邹：但是，初一的第一次期中考试，就给了我一个不大不小的教训。初中新开了政治课，也算是比较重要的课程。其实应付政治考试的主要方法也就是考试前突击背诵大量的知识点，可是我当时第一次并不知道，还以为像小学的思想品德课那样，随便说说好话，唱唱高调就可以轻松拿高分，所以考试前几乎一眼也没有多复习。结果考试过后，我的成绩只有 87 分（班里大部分同学都 90 分以上）。当时去看成绩的时候傻眼了，后来年级排名出来了，我的各科总分仅仅排在第五名，其实当时我觉得也还可以交代得过去。

骆：你父母是怎样看待这个成绩的？有没有和你交流？

邹：我回家以后给父母看了成绩，他们两个非常不满意。他们对我说："本来我们这个学校人就很少，而且比你强很多的人几乎没有，可是你仅仅才考了第五名，你自己就心安理得了吗？对自己的学习，要有一个高的标准，不能仅仅满足于一个第五！按照你的实力，要永远去争第一！这次考试失败了，没有关系，重要的是总结教训，下一次不要再犯同样的错误了。"听了父母的话，我把原来那种"小富即安"的想法丢进了太平洋，觉得自己应该努力学习，出人头地。我心悦诚服地接受了父母对我的批评。在接下来的期末考试之前，我花了很大的工夫去背政治，果然成绩提高了。我也顺利地取得了年级第一的好成绩，那种心情真是舒服极了。

骆：后来你的成绩提上去了，父母也就放心了，是吧？

邹：是啊！在家里，我开始把父母给我买的一套参考书当成必修课本来看。书里的每一个题目我都仔细推敲，当成老师布置的家庭作业来做。很快，我就尝到了甜头。在接着的考试中，我的几门课的总成绩足足高出了第二名五十多分。从那以后，我就养成了多看书、多做题的学习习惯。每次完成老师布置的任务之后，我都会继续完成我自己给自己订的学习计划。从那以后，在初中阶段，我的成绩就一直稳居第一了。而且，我的学习变成了一种主动的行为，是我来安排它，而不是被它牵着鼻子走。既学到了知识，还没有耽误自己的业余爱好，用妈妈的话说，就是既学好了，又玩好了。

这里我再专门说说母亲帮助我提高体育课成绩的事情。记得初中上体育课的时候，每个学期都有达标测试，其中一个项目是引体向上，对大部分同学来说，比较轻松地就可以完成，可是当时我的臂力非常有限，开始的时候一个都做不起来，其他的项目诸如立定跳远、50 米跑等我的成绩也不是很好。经常我会为体育课达标而头疼。母亲得知这个情况以后，鼓励我，叫我不要灰心，不要放弃，只要坚持努力锻炼，目标一定能达到的。于是，母亲专门给我买了锻炼臂力的拉力器，而且，每天吃完晚饭，休息过后，母亲都会陪我去学校的操场上锻炼，拉单杠、跳远、短跑……只要天气允许，几乎天天去，开始的时候母亲陪着我，到后来，我也几乎养成了习惯，就经常自己去锻炼。当我想偷懒时，母亲会督促我坚持；当我进展缓慢时，母亲会给我打气；当我取得一点进步而兴奋地告诉母亲时，母亲又会给我鼓励。

骆：你当时怎样看待母亲对你体育课的关心和鼓励？

邹：当时觉得，母亲的鼓励是很大的一种前进的动力，她使我从来没有对自己失去过信心。通过这些体育锻炼，不仅仅使我轻松搞定后来的体育考试，而且也使我的体质增强了很多，足以应付紧张的高中生活，更重要的，培养了我一种锻炼身体的习惯。小时候的我经常会感冒发烧，可是现在这些小病几乎在我身上绝迹了。直到现在我还坚持锻炼身体，每次给家里打电话的时候，母亲也都会关切的问我身体情况，问我锻炼的情况，但我都安然无恙。

9. 父母指导我独立生活能力大大提高

邹：父母对我的关心是多方面的，不仅仅是在学习上，在对我的劳动习惯和生活能力的培养上，他们也付出了很多心血，也使我受益终生。

骆：那就谈谈父母培养你独立生活能力的情况吧。

邹：虽然父母都很疼我，但是他们从来不娇惯我。只要我有时间，他们会鼓励我做家务劳动——尽管有时教我干活比他们自己把事情做好更费力气。一般每年寒暑假，我都会和父母签订一个"合同"，里面定了我每次做家务父母会给我的"工资"，比如扫地一次 0.2 元，挣了钱一般都会按照父母的要求存起来，而不是随便的就花掉。在初二那年暑假，我在父母的指点鼓励之下，开始学习炒菜做饭，虽然一开始做的总是有这样那样的问题，盐放多了，火大了……炒出来的菜连我自己吃了都皱眉头，可是父母仍然放手让我去做。于是渐渐的，我摸到了门道，除了父亲教给我的那些他的拿手菜，我还自己买了菜谱，照着里面讲解的去做，甚至自己突发奇想，按照自己的口味"创造"出一些菜来，居然取得了不错的效果。每次吃自己做的可口饭菜的滋味，可真是说不出来的香。

一个暑假下来，我学会了做饭，而且还从父母那里得到了 200 元的"巨额工资"。这种习惯一直持续到了高中，因为学习紧张，几乎没有什么假期而中断。到初三毕业的时候，我的"工资"加上父母过年给我的压岁钱，我在银行的存款居然到了四位数。比这笔钱更有价值的，是我学会了很多生活的本领。现在有时同学聚会自己做饭吃，我都是大厨，每当同学吃了我做的饭而连声称赞时，我在心里都真诚地感谢当年父母对我的培养。

骆：父母不仅指导你学习，还培养你的独立生活能力，使你有了当大厨的本领，你在中学时有没有想过报答父母的养育之恩？

邹：父母对我从小到大的悉心照料，可是我现在报答父母的，做的实在是太少太少了。上大学以前，我一般会在学习不紧张的时候帮助父母尽可能多地干一些家务。初二的时候，我在家里第一次当了一回顶梁柱，从那个时候起我开始觉得自己真的像一个大人了。那是我们搬家的时候，从一开始挑选房屋到室内装修计划，我都很积极地提出了自己的建议，而父母也认真考虑、采纳了我的大部分合理建议。

前期准备工作完成后，要开始搬家了。从旧房子到新房子大概有400米左右吧，所有的家具都得自己搬，当时正好放寒假，父母都不会骑三轮车，我就向他们夸下海口：这次我当搬家的主力，三轮车我会骑，东西我也能搬，房间我也会打扫收拾，只要他们给我打打下手就行了。开始父母将信将疑地同意了，他们一个是考虑我的力气和骑车的技术，还有一个就是不知道我会不会贪玩，是否会干了一半就不干了。可是后来的事实证明，父母的担心是多余的。因为那时我觉得我自己已经从不懂事的小孩子变成马上就要完成九年义务教育的大人了，有责任也有能力为家里的发展出力了。从开始的打扫房屋、设计布局，到后来一件一件家具的搬运，我出的力基本和父亲持平，超过了母亲。

骆：这次搬家你父母对你有什么评价？你如何评价这次大型家务劳动的意义？

邹：父母非常满意，多次给邻居说这是孩子做的！在搬家的过程中，每当我和父亲一样穿着工作服忙里忙外时，每当邻居、父母的同事看见我和父母一起干活并夸奖我长大了时，我从心底油然而生了一种强烈的自豪感：我长大了！

10. 父母使我摆脱久久不能入团的困惑（上）

骆：我接触过的许多大学生反映他们初中阶段都有心理矛盾和冲突的经历，不知道你在初中有没有遇到过一些特别的事件令你难堪？

邹：在初中阶段发生过一次令我终生难忘的事情，这件事情给我的教育启发和性格上的改变都是巨大的。

骆：哪个方面的事情？

邹：话还得从小学说起。从小我就比较调皮好动，在学校里面和同学相处的时候，总是喜欢时不时地去动动这个，动动那个。有的时候难免手重或者碰到别人不顺心的时候，有的时候就会得罪到人家甚至打起来。而且，我还有个坏毛病就是喜欢给别人起外号，虽然没有恶意，但是现在回想起来，那样做确实容易引起别人的反感。因为这些，经常和同学闹矛盾，严重的时候别人还会找到我家里，向我的父母告状。

骆：那么，你父母亲是怎样处理这种事情的？

邹：每次父母也都严厉地批评我，告诉我那样做不对，警告我要老实一点，不要太活跃了。我会老实一段时间，可是毕竟年纪还小，不懂事，过两天又一切照旧了。有的时候自己也觉得因为这些和同学关系闹僵挺不好的。别的不说，每次评三好学生的时候，虽然我的成绩很好，可是就是因为这些小事的影响，总是使我落选。我当时有一点难过，过后也不是很在乎了。随着年龄越来越大，这些毛病改了一些了，自己也有所收敛，可是进步总是不明显。

在初一下学期的时候，班上要发展三个同学作为第一批团员。于是老师就组织了一次全班同学的投票，得票最多的三个同学可以被发展。当时的我心里是非常渴望入团的。可是很不幸，我的票数差了一点，我只能眼巴巴地看着那三位被选中的同学兴高采烈。过了大概一个学期，到初二的上学期，又开始第二次发展新团员了。我当时心里很激动，心想，第一次我就差了那么一点点，这一次，看来我是没有问题的了。

在投票的时候，我还把班上每个同学在心里面琢磨了一遍，想来想去，再怎么挑也挑不出来比我更优秀的三个人了。于是我心里踏实了，觉得这次一定会如我所愿的。唱票的时候，我的心里扑通扑通地跳，希望多多的听见我的名字，可是，事情发展并不像我想象的那么顺利。最后的结果是，有两位同学的票数比我的多，还有一位同学和我并列第三。可是总共只有三个名额。所以老师又组织了一次投票，让大家在我和那位同学之间选择一位。这次的结果是，我惨败而归。班上二十多名同学，投我票的几乎只是个零头，我当时沮丧极了。

骆：初中的时候，能够早些入团是一个很大的荣誉，所以大家都希望早点解决组织问题。

邹：说说那位同学吧，一个大男生，大大咧咧那种，学习上并不是很出众，但是很会为人处世，人缘非常的好。现在想起来，我落败也是自然而然的事情了。可是，更刺激我的事情还在后头，在向学校里面报名单的时候，学校批示是，那位同学因为前一段时间抽烟受过处分，所以暂时不批准他入团，让我们班再推举一个同学。很自然的，轮到我了。我当时心里暗自窃喜。填完入团志愿书，需要找两位入团介绍人。于是我就分别去找那三位第一次当选的同学，请他们给我当入团介绍人，可是他们都在搪塞我，不想做我的入团介绍人。转来转去，我碰了一鼻子灰。从小到大，我还从来没有体会过这种难受的感觉。

骆：是够丢面子的，都在一个班，你的学习成绩名列前茅，不能入团心里肯定不好受啊。

11. 父母使我摆脱久久不能入团的困惑（下）

骆：不知道你的父母怎样看待入团这件事情的？

邹：当天回到家里，我的心情非常非常不好，父母也看出来我的异常了。他们问我原因，我就一五一十地告诉他们事情的前因后果。他们批评了我一句，吃完晚饭，母亲说要和我出去走走。我就和母亲边走边谈心，我告诉她，我很委屈，我也不知道该怎么办才好。母亲先是对我说："其实，学生的主要任务还是学习，入团这些事情，虽然不能说不重要，可是，相对于学习来说，还是第二位的。你不要把这些事情看得太重了。"母亲花了很长的时间来安慰我，让我不要把这团阴影在心里抹的太浓。

然后，母亲给我指出了我在处理同学关系上所做的不恰当的地方。比如喜欢挑衅别的同学，喜欢给别人起外号之类的。母亲说："虽然你没有恶意，但是你这种做法谁都会觉得不舒服，久而久之，同学都被你得罪光了。你换一个角度想一想，如果别人无缘无故的给你起外号，你在学习的时候别人不停的骚扰你，你会对他没有意见吗？同学之所以不愿意把选票给你，很大程度上是因为你的行为总是让别人对你反感，而且你从来体会不到，这样在不知不觉中，你自己在同学心中的地位自然就下降了。"直到这个时候我才有一种切肤之痛，我才知道了因为平时不注意自己的言行所积累起来的恶果。

最后，母亲对我说："其实那三位同学都拒绝做你的入团介绍人，虽然有你的不对的地方，可是，你也不要太难过了。正是因为你的学习比较优秀，所以他们对你有一种忌妒的心理，他们不希望你超过他们，他们希望你落后，所以他们才会这样对你。可是没有关系，他们可以不让你入团，可是他们能不让你学习吗？如果你有志气，你就应该好好的在学习上多花工夫，用成绩来回答他们。他们不希望你得到很好的成绩，你就越是要用自己的努力来让他们的希望破灭！当你取得了高人一等的学习成绩之后，你看还有谁敢欺负你吗？"那天晚上，我和母亲走了很长的一段路，也谈了很久很久，回到家的时候几乎到了该睡觉的时间了。我的心，已经不像刚回家的时候那么堵的荒了。因为听了母亲给我的分析和教导，我知道了自己的缺点，明确了自己应该做什么，应该朝哪个方向去努力，明确了自己的目标！

骆：你母亲语重心长，最后你是怎样入团的？你自己怎样看待这件事情？

邹：至于这件入团的事情最后怎么解决的，我已经记不太清楚了，反正我还是磕磕绊绊地加入了共青团。在这之后，我开始学会了夹着尾巴做人。在学校的时候也不那么嚣张、那么活跃了，对于同学，就算彼此之间再熟悉，我也不随便开玩笑了，我懂得了如何去尊重别人，如何去体会我的某种行为给别人所带来的感受，我开始习惯了站在别人的角度去考虑问题，然后再决定自己处事的方法。

记得初三的时候有一天下午我在学校打乒乓球，这时我们班的一个同学和一个老师一起从我身边走过去，那位老师问那个同学："你们到初三学习应该都非常紧张了吧？"那位同学说："是啊，学习太累了。不过也有不累的。"然后，指了指正在打球的我说，"他也是初三的啊！"在临近毕业的时候，班里许多同学都买了同学录请大家互相填，我也不例外。一些同学给我的评价是："在不知不觉之间好像你长大了很多，不像原来那么让人气，一下子变乖了，变可爱了……"古人说的好，"塞翁失马，安知非福"，其实在初二的那次入团事件，当时虽然不是什么好事，给了我非常大的打击，可是现在看来，我真的得感谢那件事，是它给了我一个奋发上进的契机。我更得感谢我的父母，是他们在我遇到困难的时候，对我及时地进行了适当的启发教育，给我点破问题的关键所在，指出了努力的方向，奋斗的目标，使我很快地走出心理上的阴影，走上正轨。

12. 父母帮助我在重点高中调整好心态

骆：前面你曾说过，高中时你到了一所新学校，那么进入这所高中有哪些重要的变化？

邹：当时我所就读的小学和初中，都是我父母单位自己办的子弟学校。虽然在自己的地盘上，我的学习成绩一直都是稳居榜首，可是自己究竟几斤几两，有多少实力，我自己也拿不清楚。很快初中生活结束了，人生面临第一次选择。其实这次选择对我来说基本上也都定好了，就是上高中，然后继续考大学。轻松地以每门课平均97分的成绩完成了西安市的统考以后，就得费心选择要去的高中了。当时虽然西安市明文规定各个高中不得提前进行内定的招生考试，可是几乎所有的重点中学都在提前安排自己的考试，自己出题，然后内定录取名单，最后是走形式的西安市高中统一入学考试后录取。

当时我父母亲单位和西北工业大学附中——一个名气很大的重点中学，签订了合同，就是不管是否达到他们的录取分数线，他们将招收10名我们单位的子弟入学。因为有了这个后盾作保障，在去参加他们组织的考试时，我的心理状态非常的轻松，没有丝毫的紧张。当时记得只考数学和英语两门，英语考试已经没有太多印象了，但是我记得数学考试许多题型我都在平常做的参考书里面见过，驾轻就熟，很轻松地完成了。我的两门考试的总分是165分，后来得知这个成绩居然是前五名，当时他们的录取线是130分，而我们单位只有我一个人上线，这样我也就如愿以偿地进入了理想的学校学习。

骆：看来你挺高兴的，对这所高中满意吧？

邹：肯定是满意的，我父亲和母亲对我考到西工大附中同样感到高兴。

骆：这个学校离你家远不远？平时你是怎样上学的？

邹：那个学校离家大概骑自行车需要20多分钟，这样，每天就得早上6点多起床去学校，中午在西工大的食堂吃饭，在那里的教室里面自习或者午休，下午继续上课，到天黑才能回家。其实这个阶段基本上算半个独立的人了。因为平常在家的时间几乎只是吃晚饭和睡觉。每天中午在大学的食堂、教室出没，也算体验了大学生的生活。

骆：你每天早上 6 点多就要走，家长肯定要更早起来了。不知道你上高中后家里的生活节奏有没有变化？

邹：每天早上我 6 点一刻就得起床，父母就必须 5 点多起来给我准备早饭，比我还要辛苦。为了不影响我的学习，父母也只是在吃饭的时候和我一起看看电视，在我学习的时候他们几乎不看电视节目，就在另外的房间里面默默的待着。为了使我营养全面，父母会把各种水果准备好送到我嘴里：苹果、梨削皮后切成一块一块的，上面插上牙签，装在盘子里送给我，这样我就可以不因为吃水果而影响看书。真是做到了衣来伸手，饭来张口了，更不用说还帮父母做家务了。不过所幸的是我也没有辜负父母对我的一片苦心，在学习上从来没有让父母发愁、操心过，而且取得了不错的成绩。

骆：你在西工大附中上学，有没有觉得面临很大的压力？

邹：从初中所在的一个规模很小的学校，来到这样一个人才济济的重点高中，觉得周围的人都很厉害，都比自己强，心里也觉得压力挺大，只是天天埋头苦读。高一第一次期中考试的时候，一不小心得了个年级第一——也是我高中唯一的一次第一名。当时自己也觉得十分吃惊，因为本来预想自己只要能有中等水平就不错了。我就在想，我有这样的实力吗？想来想去，觉得还是运气的成分更大一点。可是，在那次考试之后，觉得同学对我的眼光和原来的不一样了，老师好像也都认识我了——因为在那种环境下面，只要你成绩好，大家就会佩服你，老师就会关照你，心里面不知不觉地就背上了包袱。

果然，在紧接着的期末考试中，考完后就觉得自己考的非常的糟糕。回家以后也给父母说了情况，也说了下半学期自己的心态不太正常。父母没有多说我什么，只是向我强调了一点：要相信自己的实力，给自己提出更高的目标！后来考试成绩出来了，结果比我预想的还要好很多：年级第十名。这样一来，我心里有底了，我觉得自己的基础不差，而且也确实花了很大工夫学习，没有任何理由比别人差。在这里和在初中一样，要努力的往前挤！把心态和自己的位置摆正了，也就可以给自己制订适合自己的目标。我觉得这一点在学习中非常的重要。目标高了达不到，还会影响自信心；目标太低了又会消磨自己的意志。只有目标订得合适，才会取得最大的成果。

13. 我把考入北大确定为自己的奋斗方向

骆：你在西工大附中上学，还在西工大学生食堂吃饭，肯定接触不少大学生，这个对你的成长有没有影响？

邹：当时我挺羡慕那些大学生离开家独立生活那种感觉，也非常喜欢被他们当作大学生而向我打听所在的教室是否有课。不知不觉中，我对大学的生活有了非常强烈的向往。为了达到这个目标，也就开始玩命的学习。在初中，尝到了在完成作业之后自己钻研参考书的甜头，所以在高一的时候也买了厚厚的各科的参考书。每天早上起床的时候就会想，今天该看什么，看多少，心里都会作出大致的一个计划，然后就会在完成老师布置的任务之余，来完成自己制订的计划。当时的目标非常的明确，所以动力也比较大，基本上是分秒必争的来学习。当时的感觉就是：吃饭和每天放学回家的路上与同学聊天，是最大的两种享受。晚上回到家中，父母都会准备可口的饭菜，吃过饭后用父母准备好的热水洗洗脸，泡泡脚，去掉一天的奔波之苦，然后继续钻进书堆学习。

骆：当时你有什么理想？具体地说就是自己希望将来考入什么样的大学。

邹：说起给自己订的这个奋斗目标，还有一段故事。高一那年的暑假，作为某杂志社在我们学校的常驻记者，我参加了他们在西安举办的一个夏令营活动。当时我们高中的一个比我大一届的师姐也参加了这个活动，我们的认识也挺偶然的，聊天中得知居然是一个学校的，感觉还是挺亲切的，在一起相处的时间也就挺长的，彼此之间也非常的融洽，玩的非常开心。两三天的活动很快就结束了。活动结束之后，回到家中继续度过漫长的暑假。可是我开始禁不住地想那个女生，"也许是动心了吧？"当时那样想的。想约她再出去玩，可是不知道怎么说，想给她电话，可是每次都特别紧张，完全不像开始认识的时候那样放松。

骆：你这可能就是那种单相思的情绪，青春少男见到了如意的女郎很容易产生恋情，如果不能得到缓解就会造成苦闷和烦躁。

邹：您说的没错。在那个暑假剩余的20天左右的时间里，我整个人陷入了思想的泥潭，学习不进去，玩也玩不好。只是天天盼望早点开学能经常见到她——原来放假的时候我可不想早点开学。耽误了一个暑假的时间，什么收获都没有，熬到开学，开始能经常的见她，有时放学的时候会特意的安排自己离开学校的时间，以便能够装作碰巧的遇到她和她一起离开学校。曾经和她聊过，问她理想的大学是哪里，她告诉我是北大。一年的时间很快就过去了，在她高考之后，我也打电话问候过她，她告诉我她在志愿书上报了北大的法律系。过了几天，一天晚上接到了她的电话，电话的那头，她兴奋地告诉我她的高考成绩。她考的非常的好，总分在全省文科考生里面是前八名，而且还是英语的单科状元。我当时由衷的替她高兴，挂了电话以后也把这个消息告知了我的父母，他们也很高兴，让我好好的向她学学经验。那个晚上，我激动的一晚上都没有睡好，心里的滋味非常复杂。我只是觉得，我不能落后，不能比她差，自己得作出点成绩来让她瞧瞧，希望她记住我。

那个暑假我真的拼了命的学习，准备高三的时候参加数理化的单学科的奥赛。更多的记忆已经消失了，我记得非常清楚的就是我把矿泉水瓶子里面装上自来水，放到冰箱里面冻成冰，然后用毛巾包起来，抱在怀里或者放在桌子上，起一点降温的作用。一个暑假充实的过完了。她在去北京之前，给了我很多她高考的资料，还有很多介绍北京大学招生情况以及宣传北大的材料，还约好保持通信联系。我从那个时候开始，对北大充满了无尽的向往！

骆：那时候你就向往北大，这是你学习的重要动力。

邹：对啊！紧张的高三生活开始了。那年的9月份，我参加了全国中学生物理竞赛和化学竞赛，取得了物理全省第四名，化学全省第九名的好成绩。其实在这之前我也没有想到我会这样一鸣惊人。这两个竞赛的一等奖，是对我整个暑假不懈努力的最好回报。也着实让我在给师姐写信的时候，好好的吹了一通。竞赛过后，我放弃了自己的保送西安交通大学（专业任选）的资格，开始全力投入到高考的准备当中，并幻想着在高考中取得更大的成功。学校的老师也对我寄予了厚望，希望我能给学校增光。

14. 我失败的高考和幸运地被北大录取

骆：你高三获得全国中学生物理、化学竞赛好成绩，不简单啊！竞赛的好成绩对于你考入北大也有促进吧？

邹：大概是吧，1998年5月4日是北大的百年校庆，每次看到电视媒体上对北大铺天盖地的宣传，我的心都会怦怦怦的跳动，觉得北大就在向自己招手。在高考前，我也不止一次的对父母说"我想考状元"之类的话。父母告诫我不要心高，要踏实一点，心态平和一点。在经过了全力准备之后，终于迎来了人生第一次决战时刻——高考！

骆：越到高考心态越要平缓，过于高亢说不定会影响自己水平的发挥。

邹：你说的没错，心理状态影响水平的发挥。而且当年高考的那三天，西安下了三天滂沱大雨，去考场的车在路上几乎就像在河里的小船一样。雨过天晴，考试也结束了。当时考完了我就觉得自己发挥的十分不理想，题目不算很难，可是自己做错了很多。当时我们是先考试，然后估分，再填报志愿。虽然觉得考试发挥的和我最高的水平相去甚远，但是还是踌躇满志的填报了北京大学为第一志愿。可是当考试的成绩出来以后，去查询了一下，当年北大在陕西计划理科招生33人，我却排在了35名。一下子，觉得自己掉进了万丈深渊。这就意味着，我很可能无法走进我向往已久的北大。虽然当时的第二志愿哈工大也是不错的名校，并且保证我的专业，可是，我觉得在我心里，北大的地位是独一无二的。

骆：你从高一就确定了考上北大的目标，这里面还有对于师姐的感情，而且你高中的成绩一向不错，所以高考失误对你的打击可想而知。不知道你父母是怎样看待这个问题的？他们是怎么帮助你走出高考失利的痛苦的？

邹：那几十天我几乎是在半梦半醒中度过的。如果没有父母给我的关心，我真不知道怎样才能走出这个阴影。他们知道我心里的滋味，他们没有埋怨我一句，他们天天陪我去西安的名胜古迹，陪我逛商场、公园。回到家陪我打扑克，陪我看电视。他们想尽了一切的办法让我散心，让我忘记高考的失利。他们安慰我，他们找了很多哈工大的资料，告诉我这也是中国一流的名牌大学，父亲还给我说了当年他去哈尔滨的经历，告诉我哈尔滨同样是一个美丽的城市，同样有不可限量的发展前景，告诉我并不一定只有北大才能培养出人才，只要自己努力，在哪里都一样，是金子总会发光！其实经过一段时间，因为父母的开导，我已经把心态调整的比较正常了，我都做好了去哈尔滨读大学的准备了。

当时，在家里我印象最深的一个场面，是母亲在给我一针一线的纳鞋垫，她把鞋垫做得很厚，她说，去东北冬天很冷，把鞋垫缝厚一点可以让脚不挨冻。她边缝边唠叨着，说我从小在家里，从来没有一个人出过远门，可是一走就走得这么远。当时如果知道会有这个结果，还不如报西安的哪个学校，至少离家还近一点，母亲的眼眶已经有泪水在打转了，当时我的眼睛也忍不住湿了。可是母亲发现我也快哭的时候，又露出笑容，安慰我说不让我难过，是她不好，弄得我难受。母亲当时对我欲哭的样子我一辈子都忘记不了。

骆：那么，最后你是怎样进入北大的？是不是参加全国中学生物理、化学竞赛的好成绩起了作用？

邹：也许真的是我运气好，命运只是和我开了一个玩笑而已。8月初的一天早上，大概6点多的样子，母亲把我从睡梦中摇醒，告诉我，她们刚才接到学校的电话，说是收到了北大给我的录取通知书。我当时真的不知道自己是不是在梦中，大脑一片空白，什么都想不起来了。一时间百感交集，呆在了那里！

15. 我在北大的生活和假期回西安探亲

骆：你是1998年考入北京大学的，记不记得当时的情景？

邹：时间过得真的很快，第一次迈进北大校门的情景，仿佛就在昨天。离开了家，开始了独立的生活，周围的一切都是新的，我必须尽快地适应环境，开始大学生活。其实来之前，我的那个师姐就曾经告诉过我，北大的生活条件挺差的，让我不要抱过高的期望，做好吃苦的准备，并且大学的生活并不像原来想象的那样美好惬意，有的时候甚至比高中还累。在来之前做好这种思想准备我觉得挺重要的，因为来了以后，我发现我的周围真的有很多的抱怨声，很多同学嫌宿舍太小，嫌卫生条件不好，嫌饭菜不可口……可是我因为心里早就有准备了，说实话实际条件比我想象的还要好一点。这样一来，不会像一些同学那样，一来学校就会有很大的失落感，我已经做好准备投入到紧张的学习当中去了。

骆：你如何看待大学生活和中学生活的差别？

邹：其实大学生活和高中生活很大的一个区别就是，高中的时候，你学习的目的非常的明确，就是要考上你理想的大学，可是进了大学以后，你为之奋斗几年的目标一下子变成了现实，人一下子松了一口气，很容易就会失去上进的动力。加上大学的管理又都是宽松式的，不像在高中，老师父母把你盯的死死的，在大学你的生活可以完全由你自己安排，你怎样学习完全是自己的事情。而且，来到大学，学习以外的诱惑太多了，如果不能好好地把握自己的话，很容易走上错误的道路。

也许是在高中的时候形成了被动学习的习惯，一些同学来了以后，天天疯狂的沉迷于电脑不能自拔，导致多门考试不及格而退学；也有的同学觉得条件不好，觉得自己的专业不理想，整天郁郁寡欢，怨天尤人，学习自然也无法专心；还有的同学致力于经商，钱赚了不少，可是学习却耽误了很多；还有的同学从小到大都是出类拔萃的尖子，可是进入大学却一下子变成了普通的一员，心理无法承受这个落差而影响到正常的学习……其实回头想想，在高考的时候我摔的那个跟头，对我在大学生活中调整自己的心态真的挺有帮助的。

骆：你能这样看待高考的失利，很好。那么，你到北大以后是怎样安排时间的？

邹：大一第一个学期，我几乎用了和在高中一样的方法来埋头苦读，很少有娱乐，连在校门口的海淀图书城，一次都没有去过，虽然一直很想去看看，可是整个一学期居然没有抽出时间。而且，第一次离开家，才真正体会到了家的温暖。每次给家里打电话的时候听听母亲的唠叨，觉得原来在家里很不喜欢的，怎么现在听起来这么亲切啊！大一的那个国庆节前夜，正好又是中秋，宿舍同学都出去玩了，我一个人待在宿舍看书，才第一次体会到了"每逢佳节倍思亲"的感觉。那个时候觉得每次给家里或者同学打电话，都是多么大的享受啊。

在每天平平淡淡的三点一线（宿舍，教室，食堂）中度过了大学的第一个学期，在忐忑不安的心情中参加了第一次大学的考试。最后的结果比较令人满意，门门通过并且分数还不低，虽然不像在高中那样出人头地，但是我还是比较满足的，因为通过一个学期的接触和了解，我才真正知道了什么叫天外有天。我的心里有底了，像在高中一样，把自己的位置和心态摆正，既不放松对自己的要求，也没有给自己订太高而很难达到的要求，而是踏踏实实一步一步地前进着。

骆：你说得有道理。那么，假期的时候你是不是都回老家了？在家里有没有做饭、洗衣等孝敬父母的行为？

邹：在高中的时候，学习真的太紧张了，每天早上 7 点不到出家门，到晚上 7 点多才能回来，确实没有时间也没有精力帮助父母减轻他们的负担了。好在几年的寒窗没有白费，最后也考上了理想的大学。上大学以后，每年放假，父母都会赶在我回家之前把家里的卫生打扫一遍，然后买很多很多我喜欢的好吃的，准备给我回来吃。他们总是说我在学校辛苦，回家了应该好好的休息、放松。每次回家我都会给父母买一些小礼物，虽然并不贵重，但是多少表示了我对他们的一点心意，他们也很高兴。我也会帮父母做一些家务，比如扫地、做饭等等，尽力减轻他们的负担。其实父母对我将来的要求也不高，他们经常说："只要你将来自己能过得很好，工作上有所成就，身体健康，家庭幸福，我们也就满足了。"我现在所能做的，最能让父母高兴的，恐怕还是让自己现在学业有成，将来事业有成。用自己的实际行动，使父母对我的期望变成现实。只有将来自己过好了，才有能力去孝敬父母，让他们安心度过他们的晚年。

16. 真正的大学生活和考取北大研究生

骆：请你接着刚才的话题继续谈吧，多谈一些同父母亲交往的问题。

邹：好的！我觉得一直到大一的第二个学期，才算是开始了真正意义上的大学生活。因为这时才知道了大学里面考试的特点和形式，也知道了如何才能跟上课程的进度，知道怎样安排时间，也对这个新的环境熟悉了很多，身边也开始有了很多新的朋友，开始融入这个新的集体里面去。

骆：你刚才讲的话是真的。那么，这些情况有没有告诉过你的父母？

邹：父母和我的联系也仅仅是通过每周一次的电话，可是，心里面觉得他们就在我的身边。每次打电话回家的时候妈妈都会照例的嘘寒问暖，问我吃了些什么，穿多厚的衣服，有没有坚持锻炼身体……我知道妈妈的心里对远方的我是多么的牵挂。我知道，母亲在每天的 7 点半会准时收看中央台的大气预报，她会天天关注北京的天气，如果哪天忘记了，可能她就会睡的不踏实；到晚上 7 点半的时候，我也时常会想，母亲现在一定在电视机旁边注视着北京的天气。

邹：你到北京以后有没有不适应的情况？

邹：没有，也许是高中就已经习惯离开家在外面奔波了吧，来到大学并没有太多的不适应，一个是因为初中的时候基本上所有的家务活自己都干过，自己也比较会料理自己；还有一点，在家的时候我也是很独立的，凡是我自己的事情基本上父母都不会插手，一般他们会给我讲明他们的态度，但是拿主意都是我自己的事情，比如高考报志愿的时候。正是因为这两点，我觉得我很快就游刃有余地适应了大学的生活。

骆：能不能较为具体地谈谈你在北大本科阶段的学习情况？

邹：在大学里面要学的东西太多了，而不仅仅是书本上的知识。诚然，应付考试是必须的，但是更重要的是学习怎样做人，怎样生活，还要选择自己将来的发展方向。像我们这些在北大学理科的本科生，出路一般有三种：出国读书、保送或者考国内研究生、毕业后直接找工作。其实我觉得，父母心里是不太希望我出国读书的，因为我是他们唯一的一个孩子，而且妈妈可能总是觉得我像没有长大的小孩子，总是对我不放心；可是他们也知道出国读书可能会比较有前途，所以他们也鼓励我去考 GRE，考 TOEFL。父亲时常也会在电话里给我强调，就是不出国，英语也是不能丢的，不管是上研究生也好，工作也好，读文献，查资料，对外交流，英语都是重要的工具。

骆：那么，你的英语学习一定抓的很紧吧？肯定要考研究生吧？

邹：当时大学生里也流行着准备 GRE、TOEFL 考试的风气，报名上学习班和报名参加考试，大家几乎都是一窝蜂地去。其实现在回头想想，可能很多人也都有从众心理，我估计自己也是这个样子。为了准备 GRE，在父母的支持下，我花了一个暑假的时间来上新东方的 GRE 学习班，开学后又花了几乎所有的课余时间来准备；接着的寒假，也留在北京准备这次考试。其实，在考试之前有的时候我也曾经想过，考完 GRE 和 TOEFL，联系出国，可是，外面是什么情况，究竟是否适合自己的发展，都还是未知数。

骆：你后来上了北京大学的研究生，说说这个过程吧，我也想知道你父母对你考研的态度。

邹：其实我在北京待的这几年的时间里面，对这个城市已经产生了深厚的感情，对北大的感情就更不用说了。真的如果要离开，我可能还真的会舍不得。这种情绪或多或少地影响了我的复习，考试的时候我也是发挥得很不理想，成绩也不好。给家里打电话的时候，父母也没有责备我，她们说，你花了这么大的工夫，虽然考试不理想，但是会有收益的。他们说得没错，虽然考试失败了，可是我觉得通过这一年以来对英语的悉心准备，我的英语词汇量和阅读能力都有了很大的提高，看英文书籍资料的时候也觉得得心应手多了，出国的阻力算是彻底消失了。在大三下学期考完 GRE 之后，我给自己定下的出路就是继续在北大攻读硕士学位。其实在北大的理科院系里面，保送读研究生的比例是很大的，根据我的情况应该没有问题。在征求了父母的同意之后，也就基本上定下了这个发展方向。最后，也顺利地被物理学院录取为硕士研究生。

17. 在北大本科和读研期间同父母交流（上）

骆：你来北大之后，同父母亲的思想感情交流还是挺多的，请问谈过哪些话题？

邹：虽然到现在为止，我离开家已经快5年了，可是，父母对我的牵挂丝毫没有减少。他们天天关注着电视、报纸上一切与我有关的新闻、信息，听到风吹草动，总会给我打来电话嘘寒问暖。小到看天气预报得知第二天降温，他们会打电话过来提醒我多穿衣服不要着凉；大到今年四五月间北京流行SARS，父母更是天天都会给我电话，询问我的最新情况，然后会告诉我家里一切都好，让我不要挂念。

说实话，我了解我的母亲，只要她知道我有一点点小病，她就会为我牵肠挂肚、彻夜难眠，所以只要没有什么大不了的事情，一些感冒发烧头疼脑热的小病我从来都不会给她说的。其实在北京SARS最严重的那几天，我病过一次，发过一次烧，当时自己也担心极了，有点恐惧，所幸后来检查的结果是一般的上呼吸道感染。父母还是每天都打电话，可是为了不让他们操心，我对我的病矢口未提，好在当时嗓子没有问题，否则母亲会听出来的。其实父母也一样，他们有的时候生病或者是身体不好，家里有什么事情需要帮助，他们也从来不在电话里面向我提起，以免我为家里面的事情担心，影响学习。

骆：这正是你父母慈母心肠的真实写照。

邹：虽然双方都互相隐瞒，可是父母对我的爱和我对父母的挂念，都是不会改变的。从上大学以后，对于我的学习，父母基本上一点都不操心了，他们只是经常叮嘱我不要丢掉英语的学习，专业课也一定不能放松，更重要的，不要累着自己，身体是第一位重要的。每次放假回家，父母都会给我准备好足够我花销一个学期或者一年的钱给我。不过他们给我的每一笔钱，都有记录，我决心在我能够挣到足够养活自己的钱的时候把这期间父母给我的钱都还给他们。用我的话说，"这些钱就算我借你们的。"不知道怎么的，反正我总是不喜欢用父母的钱，每次都会和父母为给钱的事情推推让让，他们总是嫌我拿的钱少，我却总是嫌他们给的钱多。虽然父母的钱是我生活的主要来源，可是我还是更希望通过自己的劳动来养活自己。

骆：现在大学生，尤其是研究生兼职非常普遍，你在北大期间有没有做兼职？

邹：刚刚上大学的时候，我怕影响自己的学习，没有找任何的兼职工作。到大三的时候，我觉得我已经很适应大学的生活了，可以很好的安排自己的时间，于是就先找了一份家教，一个是可以挣点钱补贴自己的生活，还有一个就是锻炼自己与人交往的能力，还有口才，还可以多认识一下社会。一举三得，何乐不为呢？这个兼职倒是进行得很顺利，我的学生比较听话，很上进，她的父母也对我很客气，我自己觉得我教的也是条理清晰，游刃有余，还不失幽默风趣。每次拿到自己挣的钱，心里就觉得特别舒服。

骆：那么，你的父母亲是如何看待你兼职的？

邹：当我给父母说了兼职的事情以后，他们却有些反对，他们认为我还是应该一心好好学习，不要管其他的事情，钱不够了尽管可以找他们要。我摆出我的道理：第一，我是在不耽误我的学习的前提下挣钱的，因为周末的时间很充裕，不好好利用很容易就会浪费掉，与其这样不如做些有意义的事情，说白了，当家教是利用玩的时间；第二，我都长这么大了，也该试着多接触接触社会了，还天天扑在课本里面，其余什么都不会，这样将来肯定是庸才；第三，我教会了别人东西，也实现了自己的价值，说明至少我还有一种社会认可的本领，花自己挣来的钱，就是比花家里面的钱舒服……那次电话里面，我啰啰唆唆地和父母说了一大堆道理，父母也算是默许了。在那之后，我经常会在空闲的时候找一些事情做，有些并不只是为了赚钱，更重要的是多一种社会体验。

18. 在北大本科和读研期间同父母交流（下）

骆：不知道你现在有没有谈恋爱？这方面的情况也会告诉父母吧？

邹：在我的感情问题上，我觉得我和父母可以很好的交流，也许这一点，是很多家里所没有的。父母可以很好的理解我的思想，我也很乐意告诉他们我的想法。其实父母从我上大学以后就没有反对过我找女朋友。呵呵，也许是因为她们生我的时候年纪比较大了，他们希望我早点确定一个归宿。可是在大四第二学期之前，我都没有真正碰到合适的女孩。原来我的那个师姐，和我一直保持了很好的友谊，却没有发展成为恋人。

骆：哦，那么，现在的情况呢？

邹：在大四最后一个学期，认识了我现在的女朋友。我们之间的关系很好，给父母说明了情况以后，他们也很支持我们的发展。用母亲的话说，有这样一个人在身边关心我，她就不会像原来那样对我牵肠挂肚了。在假期把女朋友领回家的时候，父母也都很高兴。乖巧的她也很善解人意，懂得如何讨我父母的欢心。在我和女友准备离开我家去她家之前，父母也告诉了我很多事情，诸如在女友的家里要注意的问题，虽然大部分我都心知肚明，可是我越来越深地感觉到，父母对儿女的爱是永恒的。不管你长到多大，在父母眼里，你永远都是孩子，他们永远都会关心你的点点滴滴。

骆：我还想了解一下，你中学、大学和研究生期间，您有没有同父母讨论过国家政策、国内外形势，还有工资住房改革等"大问题"？

邹：关于这些"大问题"，父母和我讨论的倒是不太多。父母都是国家研究机构的正式职工，他们是那种很"安分守己"的人，除了自己工作以外的事情他们很少考虑，这些年国家的发展非常的快，也给人们提供了很多在本职工作之外发展的机遇，可是我父母好像不是那种能抓住这种机遇的人，他们比较安于现状，也没有很强的经济头脑，父亲对名利看的都很淡。上至国家政策，下至单位的发展、体制改革等问题，大部分和父母切身利益都没有相关，他们也都年纪大了，我将来也注定不会回到父母所在的单位，所以这些事情，父母也并不是很关心。

骆：你是说你父母对这些"大问题"不够关心，几乎没有同你交流。这里我想问一下，你的父母亲为什么会这样的呢？你如何看待父亲的这个特点。

邹：其实父母的这种性格也许并不是一个优点，或多或少对我的性格会产生一些不利的影响。在中学的时候，他们无论何时和我谈话一般都离不开"学习"这个中心，其他事情父亲总说让我少操心；上了大学以后，和父母的交流只有在电话中了，自然不能像天天在一起那样交流方便，每次电话大部分内容也都是母亲琐碎的叮嘱。

倒是有一次，就是 1999 年科索沃战争的时候，美国轰炸了我国驻南斯拉夫大使馆，北京的大学生去美国使馆游行示威。当时出事以后，父亲很快给我打来电话，千叮咛万嘱咐，叫我在这种政治活动中一定不要出风头，最好不要参加，非要参加的话也千万不要抛头露面，最后让我千万小心，还是安心学习最重要。不过最后我还是和很多同学一样，去游行了，而且当队伍走到美国使馆的门口时，我还站在北大队伍的最前列，举着北大的校旗，还当着一些中外媒体的镜头话筒慷慨陈词，我记得自己当时好激动，真正受到了一次爱国主义的锻炼，体会到了在课本中无法体会到的发自内心地对祖国的热爱。不过当时的情景我没有告诉父亲，怕他们在家里担心。

19. 我对父母人格特征及其影响的评价（上）

骆：前面我们非常具体的谈了你的父母亲教育你的情况，包括二十多年间的家庭生活情况和学校教育情况，我听了以后是很受教益的。最后，你能不能概括一下你父亲和母亲的人格特征？

邹：我父亲是一个忠厚老实的人，做了一辈子的学问。他在业务上很过得硬，曾经有多项成果获过省、部级奖励，还获得了国家颁发的终身的政府特殊津贴，是他们那个领域小有名气的专家之一，编过一些专著。一本陕西省编的介绍一些学者的书（具体的名字我记不清了）里面还有一篇专门介绍父亲的文章——这是我去年放假回父亲给我看的。父亲曾经在他们的研究所担任一个中层的领导（去年才退下来），除了做好他的本职工作以外，和其他的领导不太一样的是，他的额外的应酬并不多，在别人看起来，父亲也没有什么干部的架子，他对谁都那样平易近人。父亲不是特别能说会道的那种人，但是笔杆子很硬，他的毛笔字写得非常好，而且文章也写得不错。

骆：那么，你觉得父亲在教育你的过程中最为注重的是什么？

邹：父亲经常教育我说，人不能混日子，不管在哪里，你都要有一技之长，要脚踏实地的实干，这样你才能很好的生活下去。他自己正是凭着自己在业务上的过硬而赢得了人们的尊重。他很瞧不起那些平常投机钻营、没有真才实学的人。在学习方面，他对我一直要求都非常的严格，也经常的给我帮助。记得上大一的时候他曾经来看我，和我一起交谈有关我的学习问题的时候，我向他抱怨一门叫《机械制图》的课太麻烦了，当时还把一幅没有完成的作业拿给他看，他看了以后居然很随意的就给我指出了作业中的几处错误的地方，而且还把我不太清楚的地方给我讲清楚了。我当时大吃一惊，我问父亲，您平常工作经常用这些吗？父亲说没有，但是当时在大学学习的时候记得比较牢固吧，有些地方还没有全忘，我当时对父亲简直钦佩得五体投地。后来在学习这门课的时候，每当面对一个个复杂的零件构造的时候，我一想起父亲游刃有余地给我指出错误的情景，就不由得抛开了烦躁的心理，有了学习的动力。

骆：那么，你如何评价母亲的人格特征呢？母亲对于你的主要影响是哪些方面？

邹：和父亲相比，母亲更偏重于照顾家庭，在工作方面，母亲不像父亲那样出类拔萃，但是也勤勤恳恳的踏实工作了几十年，做好了自己应该完成的本职工作。母亲也是高级工程师，在上班之余还要操持家务，除了做饭是父母一起忙活以外，其余的家务，母亲基本上都独自料理。我上高三那年母亲正好55岁，她退休以后更是全心为我们做好后勤工作，每天忙碌不停。

除了日常的家务以外，我母亲要照顾姥姥和父亲的身体。姥姥年纪大了，已经80多岁了，在母亲的悉心照料之下，身体一直都很好；父亲有高血压，母亲每天得操心给父亲量血压，叮嘱父亲按时吃药。我姥姥、父亲和我对母亲的一致评价是，每天光顾着别人，心里面唯独没有自己。我们这个家庭，在母亲的掌管下，一切都那么的井井有条。母亲还很喜欢从报纸上、电视上获取很多生活保健常识，并且总是把这些讲给我们听，督促我们注意。每样蔬菜、水果，母亲都能说出来里面有哪些营养，哪些吃了有什么好处，什么副作用，母亲都说得头头是道。

骆：母亲对于你寄予很大的期望，对吧？

邹：对于我，她的掌上明珠，她真可以说是含在嘴里怕化了，放在手心怕掉了，对我每时每刻都是无微不至的关怀，有的时候连父亲都觉得母亲对我关心的太过细心了。但是对我的坏毛病母亲却从不迁就，一旦发现一定会督促我改过来。相比之下，父亲对我的管束不像母亲那样细致，但是父亲一旦发话，我一般都会乖乖的照办；母亲管的就非常的琐碎，事无巨细她都会唠叨，可是对母亲的话，有的时候我应付应付也就过去了。

20．我对父母人格特征及其影响的评价（下）

骆：你的父母在教育你的过程是怎样分工、合作的？能不能举一个例子说明。

邹：一般来说，父亲负责对我学习、工作方面的教育；母亲负责对我生活的料理。不过，在大的问题和原则性问题上，父母从来都会统一口径，从来没有因为意见不统一而当着我的面争论。总之，父母对我的基本要求是：在做人方面，诚实守信，学会关心体谅别人，多站在他人的角度考虑处理问题，待人大度；在做学问方面，要脚踏实地，勤勤恳恳，尽可能多的掌握各种知识、本领；在将来工作方面，要有所作为，业务上一定要拿得起来，不能整天不学无术混日子，靠自己的真才实学养活自己。

骆：你父母的家庭教育观念先进、内容丰富、方法恰当，体现在培养了你这样的高素质人才。那么，你能不能检讨一下自己家庭教育的不足？用具体的事例说明存在的缺陷及其对自己的不良影响。

邹：我的父母是非常重视教育我的。说到自己家庭教育的不足方面，我觉得在探讨父母在家庭教育的一些做法之前，先得感谢他们对我这些年来的培养。我觉得母亲最大的一个缺点就是她对我的过于溺爱，关心的过于细致，不过，这一点也许天下很多父母都一样。她总是对我不放心，总是无时无刻的担心我，总是尽力的把我禁锢在她的翅膀之下，这样毕竟使我少了很多锻炼自己能力的机会；还有，父母的比较安于现状的性格使得我的性格里面也缺少一些敢闯、敢做的精神，循规蹈矩，缺少创新的精神，他们的一些"事不关己，高高挂起"的思想也使我过于把自己的精力集中在一个小圈子里面，对圈外的世界知之甚少。

最后一点——这一点不能埋怨我的父母，因为当时的社会生活水平和人们的生活追求与现在的无法相提并论，就是我从小到大有很多的兴趣爱好，比如围棋、乒乓球、音乐，可是所有的爱好都是我自己凭兴趣钻研，自己摆弄，虽然小有成就，可是终究只是业余，因为父母不愿意让他们不了解的一些因素影响到我的学习。如果父母能在我小的时候在某一方面着重的培养一下，我想我会多一种别人没有的特长，也许生活会更加丰富。

骆：你非常坦率，确实就像你说的那样，几乎每个家庭在教育孩子方面都有一些欠缺，这也许是没有办法的。但是，如果家长和孩子早一些时间认识到自己家教上的不足，采取措施纠正，那么对于孩子的成长当然更有利。

邹：父母对我的教育，使我学到了做一个人所应该学到的必需的东西，他们教会了我生活的本领和能力。对于我，他们表现出了无微不至的关心，但是并没有那种揠苗助长急于求成的心理；他们在原则问题上绝不妥协，但是在一些具体的事情上又表现出了很大的灵活性；他们针对我的性格特点，在对我的教育引导上，以鼓励为主，很少责骂我；他们对我从来不采取强迫的态度，任何事情都是给我讲道理，让我每次都心悦诚服地听他们的话，在出现分歧的时候也是非常民主的和我商量解决，充分尊重我的意见；我和父母之间基本上都是互相信任、互相理解，形成了一种气氛非常友好的良性循环。说到这里，我想再次真诚的对父母表达我衷心的感激之情。

骆：好的，我觉得我们想到的都已经谈过了，谢谢你！

邹：谢谢骆老师。

第三节　家庭教育分析

邹秦瑞1980年生于陕西西安的一个科研人员家庭，他的父母亲对于这个本该早来的独生子非常重视，除了让他得到充分的营养和温情之外，在他很小的时候就给他讲故事和鼓励他复述故事，给他买了不少带图画的小人书。1986年他进入父亲单位的子弟学校读小学，一上学父亲就要求他严肃对待学习，养成良好的学习习惯；在他认识文字稍微多了一些后，父母亲就陆续买来大量的文史知识、自然科学知识书画，引导他在阅读中获得多种学科的知识，父母还注意在通过下棋等课外活动中锻炼他的胆量、学会礼貌待人；邹秦瑞的父亲曾在美国进修和研究三年，依然不忘教育孩子，定期给孩子写信，还仔细修改孩子的来信和作文；邹秦瑞小学阶段曾到做教师的姨父家生活半年，他跟随姨父下棋、玩桥牌、打乒乓球，参加小学计算机兴趣小组。1992年邹秦瑞继续在子弟学校上初中，父母亲对他的学习抓的更紧，帮助他分析政治课考试失利的原因，陪着她进行体育锻炼，指导他改善同学关系，正确对待加入共青团问题。1995年邹秦瑞来到西北工业大学附中读高中，在父母的鼓励和指导下以愉快的心态刻苦学习，学习成绩不断上升，参加全国中学生奥林匹克竞赛获得好成绩，确定了报考北京大学的目标。1998年他来到北京大学学习，继续同父母保持着密切的联系，父母叮嘱他学好外语、锻炼好身体，找到合适的生活伴侣，并鼓励他继续在北大读研究生。

一　类属分析

1. 教育目标。邹秦瑞的父母对孩子寄予厚望，希望他成为一个品德高尚、知识渊博、业务过硬的专业人才，但在他小的时候并没有具体的教育目标。（1）在小学父母从来没有要求我必须爱好什么，也没有刻意的给我安排发展方向。（2）我的父母以及姨姨姨父，他们鼓励我参加各种各样的课外活动，锻炼我的胆量，修炼我的人格。（3）在高考前，我不止一次的对父母说"我想考状元"之类的话，父母告诫我不要心高，要踏实一点，心态平和一点。（4）"只要你将来自己能过得很好，工作上有所成就，身体健康，家庭幸福，我们也就满足了。"（5）人不能混日子，不管在哪里，你都要有一技之长，要脚踏实地的实干，这样你才能很好的生活下去。（6）在做人方面，诚实守信，学会关心体谅别人，多站在他人的角度考虑处理问题；在做学问方面，要脚踏实地，勤勤恳恳，尽可能多的掌握各种知识、本领。

2. 教育内容。邹秦瑞的父母对孩子进行了多方面的教育，尤其对他的学习非常重视，中学阶段则是帮助教育他正确对待入团困惑、高考失利：（1）父亲不仅仅给我讲故事，他还经常让我说说听故事以后的感想，他还鼓励我自己把它复述出来。（2）父母从小就培养我节俭的习惯，我很爱惜东西，从不糟踏粮食，对衣服也从来不挑，对我的玩具、书籍等也都保护得很好。（3）远在异国他乡的父亲不仅看信，而且把我给他寄的信中所写的字进行书法上的点评，告诉我哪个字写得好，哪个字应该怎样写。（4）姨父兴趣爱好很多，喜欢下围棋，喜欢打桥牌，也会下国际象棋。在我姨姨家里这半年时间，我学到了很多在家里没有条件学的东西。（5）父母在我入团遇到困难的时候，对我及时进行了适当的启发教育，给我点破问题的关键所在，指出了努力的方向，使我很快地走出心理上的阴影。（6）他们天天陪我去西安的名胜古迹，陪我逛商场、公园。回到家陪我打扑克，陪我看电视，让我忘记高考的失利。

3. 教育方法。邹秦瑞的父母运用多种方法培养孩子，如指导锻炼、心理安慰、表扬鼓励、民主协商：（1）从开始上学的第一天起，父母就严令我当天的事情当天完成，绝不拖到第二天。（2）母亲都会陪我去学校的操场上锻炼，当我想偷懒时，母亲会督促我坚持；当我进展缓慢时，母亲会给我打气；当我取得一点进步而兴奋地告诉母亲时，母亲又会给我鼓励。（3）听了父母的话，我把原来那种"小富即安"的想法丢进了太平洋，觉得自己应该努力学习，出人头地。（4）父母在我入团遇到困难的时候，对我及时进行了适当的启发教育，给我点破问题的关键所在，指出了努力的方向，很快地走出心理上的阴影。（5）父母没有多说什么，只是向我强调了一点：要相信自己的实力，给自己提出更高的目标。（6）他们对我从来不采取强迫的态度，任何事情都是给我讲道理，让我每次都心悦诚服的听他们的话，在出现分歧的时候也是非常民主的和我商量解决，充分尊重我的意见。

4. 亲子关系。邹秦瑞从小受父母的宠爱，父母对他无微不至的关心和照顾，他也努力参与家庭生活：（1）幼儿时在西安，除了爸爸、妈妈，还有姥姥和我，一个普通家庭，我自然是三位长辈的掌上明珠。（2）我们搬家的时候，从一开始挑选房屋到室内装修计划，我都很积极的提出了自己的建议，而父母采纳了我的大部分合理建议。（3）晚上回到家中，父母都会准备可口的饭菜，吃过饭后用父母准备好的热水洗洗脸、泡泡脚，然后继续钻进书堆学习。（4）为了不影响我的学习，父母也只是在吃饭的时候和我一起看看电视，在我学习的时候他们几乎不看电视节目，就在另外的房间里面默默地待着。（5）每次给家里打电话的时候听听母亲的唠叨，觉得原来在家里很不喜欢的，怎么现在听起来这么亲切啊。（6）我和父母之间基本上都是互相信任、互相理解，形成了一种气氛非常友好的良性循环。

5. 家长素质。邹秦瑞的父母都是 60 年代的大学生，后来成为高级工程师，他们在教育孩子方面配合得很好：（1）父亲在业务上很过得硬，曾经有多项成果获过省、部级奖励，还获得了国家颁发的终身的政府特殊津贴。（2）父亲和其他的领导不太一样的是，他的额外的应酬并不多，也没有什么干部的架子，他对谁都那样平易近人。（3）他自己正是凭着自己在业务上的过硬而赢得了人们的尊重。在学习方面，他对我一直要求都非常的严格，也经常的给我帮助。（4）在工作方面，母亲不像父亲那样出类拔萃，但是也勤勤恳恳的踏实工作了几十年，做好了自己应该完成的本职工作。（5）我姥姥、父亲和我对母亲的一致评价是，每天光顾着别人，心里面唯独没有自己。（6）父亲负责对我学习、工作方面的教育；母亲负责对我生活的料理。不过，在大的问题和原则性问题上，父母从来都会统一口径，从来没有因为意见不统一而当着我的面争论。

6. 家庭条件。邹秦瑞的家庭条件是有保障的，父母给他提供了良好的生活条件：（1）从我记事起，我们家一直都是中等收入水平，比上不足，比下有余。（2）上小学的时候家里的经济条件还可以，好像比多数同学家还好一些，我家基本上该有的电器都陆续添置了。（3）晚上回到家中，父母都会准备可口的饭菜，吃过饭后用父母准备好的热水洗洗脸、泡泡脚，去掉一天的奔波之苦。（4）我上高中以来，随着国家的发展，工资水平也不断地在提高，我家的生活自然也是越来越好。（5）每次放假回家，父母都会给我准备好足够我花销一个学期或者一年的钱给我，他们总是嫌我拿的钱少，我却总是嫌他们给的钱多。（6）上大学以后，每年放假，父母都会赶在我回家之前把家里的卫生打扫一遍，然后买很多我喜欢的好吃的，准备给我回来吃。

二　情景分析

1. 学前阶段。邹秦瑞记得的学前阶段教育故事不多，但下面的情节他至今记得：（1）从我记事起，我们家一直都是中等收入水平，比上不足，比下有余。（2）父亲不仅仅给我讲故事，他还经常让我说说听故事以后的感想，他还鼓励我自己把它复述出来。（3）在我多少认得了几百个字以后，父母就给我买了一套《365夜故事》——非常厚的两本书，每天在我睡觉以前父亲都会给我念书上的故事。（4）在我大概四岁左右，我们家里新买了一台录音机，在当时已经算一个大型的电器了，父亲就让我自己来讲我喜欢听的故事，然后给我录音。

2. 小学阶段。邹秦瑞在父母所在单位子弟学校就学，父母对他进行了多方面的家庭教育：（1）从开始上学的第一天起，父母就严令我当天的事情当天完成，绝不拖到第二天。（2）父母从小就培养我节俭的习惯，我很爱惜东西，从不糟蹋粮食，对衣服也从来不挑，对我的玩具、书籍等也都保护得很好。（3）父亲得到了一次去美国进修的机会，当年父亲学英语的那种精神给我留下了抹不去的印象。（4）远在异国他乡的父亲不仅看信，而且把我给他寄的信中所写的字进行书法上的点评。（5）姨父兴趣爱好很多，在我姨姨家里这半年时间，我学到了很多在家里没有条件学的东西。（6）在上学以后，父母更是为我买了许许多多的课外读物。其中一些书令我爱不释手，至今翻起来还记忆犹新。

3. 初中阶段。邹秦瑞仍在父母所在单位子弟学校就学，父母更加注重对他的教育：（1）政治课考试失败后，我听了父母的话，把原来那种"小富即安"的想法丢进了太平洋，觉得自己应该努力学习，心悦诚服地接受了父母对我的批评。（2）母亲陪我去学校的操场上锻炼，当我想偷懒时，母亲会督促我坚持；当我进展缓慢时，母亲会给我打气；当我取得一点进步而兴奋地告诉母亲时，母亲又会给我鼓励。（3）父母在我入团遇到困难的时候，对我及时进行了适当的启发教育，给我点破问题的关键所在，指出了努力的方向，很快地走出心理上的阴影。（4）一般每年寒暑假，我都会和父母签订一个"合同"，里面定了我每次做家务父母会给我的"工资"。（5）我们搬家的时候，从一开始挑选房屋到室内装修计划，我都很积极的提出了自己的建议，而父母采纳了我的大部分合理建议。

4. 高中阶段。邹秦瑞考到西工大附中，在父母鼓励、照顾和指导下刻苦学习，成绩不断提高，但高考却没有发挥好：（1）我父亲和母亲对我考到西工大附中同样感到高兴。（2）每天早上我6点一刻就得起床，父母就必须5点多起来给我准备早饭，比我还要辛苦。（3）为了不影响我的学习，父母也只是在吃饭的时候和我一起看看电视，在我学习的时候他们几乎不看电视节目，就在另外的房间里面默默的待着。（4）那位师姐在去北京之前，给了我很多她高考的资料，还约好保持通信联系，我从那个时候开始，对北大充满了无尽的向往。（5）在高考前，我也不止一次地对父母说"我想考状元"之类的话。父母告诫我不要心高，要踏实一点，心态平和一点。（6）他们知道我心里的滋味，他们没有埋怨我一句，他们想尽了一切的办法让我散心，让我忘记高考的失利。

5. 大学和研究生阶段。邹秦瑞来到北大后同父母仍保持密切联系，继续得到父母的关爱和指导：（1）其实父母对我将来的要求也不高，"只要你将来自己能过得很好，工作上有所成就，身体健康，家庭幸福，我们也就满足了。"（2）大一时父亲曾经来看我，他居然很随意的就给我指出了作业中的几处错误地方，而且还把我不太清楚的地方给我讲清楚了。（3）父母心里是不太希望我出国读书的，因为我是他们唯一的一个孩子，总是对我不放心；可是他们也知道出国读书可能会比较有前途，所以他们也鼓励我去考GRE，考TOEFL。（4）上大学以后，每年放假，父母都会赶在我回家之前把家里的卫生打扫一遍，然后买很多我喜欢的好吃的，准备给我回来吃。（5）每次放假回家，父母都会给我准备好足够我花销一个学期或者一年的钱给我，他们总是嫌我拿的钱少，我却总是嫌他们给的钱多。

三　家庭教育的基本经验

第一，确定了科学的家庭教育目标。邹秦瑞的父母都是60年代毕业的大学生，人到中年时喜添这个儿子，正值国家掀起科教兴国的高潮，他们自然希望孩子将来成为优秀的科技人才，所以在孩子很小的时候就对他进行了启蒙教育，但是在小学以前和整个小学阶段，"父母从来没有要求我必须爱好什么，也没有刻意的给我安排发展方向。"父母和姨家人在督促他认真学习之外，引导他积极参加课外活动，还对他进行文明礼貌和良好习惯的教育。进入初中，父母对他的教育目标逐渐明晰，对他的学习更加重视，支持他考入北京大学的理想，但同时告诫他心态要平和，在他考试成绩不理想时，家长又动员他报考其他名校。当邹秦瑞来到北大后，他父母表达了非常实际的愿望："只要你将来自己能过得很好，工作上有所成就，身体健康，家庭幸福，我们也就满足了。"到高年级时，他父母又适时建议他报名本校的免试研究生，使他顺利进入北大的研究生学习。

第二，对孩子进行了多方面的教育。邹秦瑞的父母根据孩子身心发展的实际需要和家庭生活的条件，对孩子进行了多方面的教育和培养。孩子很小的时候，父母给他讲故事，还鼓励他把故事复述出来，使他练就了在大庭广众之下演讲的能力。他一上小学，父亲就要求他严肃对待学习，养成良好的学习习惯，及时完成作业；父母还鼓励他阅读课外书，参加课外活动；远在国外的父亲通过书信对他进行教育，使他的文字水平明显提高；在姨父家生活的半年，使他从当小学教师的姨父身上学到不少东西。初中时，邹秦瑞的父母对他的学习抓得更紧了，父母亲具体指导他提高政治课、体育课成绩；母亲就他入团受挫同他进行了深入浅出的谈话，使他提高了为人处世的能力；父母还鼓励他承担家务劳动，在搬家的过程中锻炼自己。高中阶段，围绕学习和高考，父母对他进行了学习目的、学习方法和学习态度的教育；在他考入北大后，父母继续关心他，在学习态度、锻炼身体、选择生活伴侣、人生理想和持家理财方面指导他。

第三，对孩子适时和恰当的教育措施。邹秦瑞的父母在教育孩子方面，是非常讲究教育方法和艺术的，效果也是相当好的。他们对于孩子的教育，大体可以分为无声和有声两种方式。无声的教育，就是父母本人良好的榜样作用和家庭生活环境的熏陶，这方面邹秦瑞的父母为人正派，待人友善，敬业爱岗，献身科研工作，尤其他父亲硕果累累，足以令他敬佩不已，他的母亲在做好本职工作的同时精心照顾家人，心里只有丈夫、母亲和儿子，唯独没有她自己，从父亲母亲那里获得为人处世的原则；有声的教育，就是根据具体的情景和事件采取的说服教育，比如初中时父母亲具体指导他提高政治课和体育课成绩，母亲就他入团受挫同他进行深入浅出的谈话，高中时对他报考北大的支持和考试失利后对他的宽慰，以及在包括搬家这样的家务劳动中同孩子的交流与合作，在这些有声的教育活动中，邹秦瑞的父母都是具体问题具体分析从实际出发，循循善诱，最终得到孩子的理解与认同。

第四，对孩子生活无微不至的照顾。邹秦瑞的父母小时候生活条件差，他们深知改善生活对于孩子生长发育的重要意义。在孩子没有上学的80年代初，市场经济还没有发展起来，邹秦瑞的父亲经常用粮票去农民的家里换来鸡蛋补充营养。孩子上学不久他家里就购置了黑白电视机、电冰箱、洗衣机等基本的家用电器，邹秦瑞的父亲从美国进修三年回国后，家里又添置了彩电、录像机、音响，冰箱也更新换代了。高中阶段，邹秦瑞的母亲每天5点多就起来为其做饭，晚上回到家中，父母都会准备可口的饭菜，冬天吃过饭后父母还准备好热水洗洗脸、泡泡脚，使他去掉一天的奔波之苦。父母对他从小就培养节俭的习惯，教育他爱惜东西，从不糟蹋粮食，对衣服也从来不挑。邹秦瑞就读北京大学后，每年放假，父母都会赶在他回家之前把家里的卫生打扫一遍，然后买很多好吃的东西准备孩子回来吃。每次放假离家前，父母都会给他准备好足够花销一个学期或者一年的钱，即使孩子推让他们也坚持多给。

当然，邹秦瑞父母在教育孩子过程中也不是完美无瑕的，综合邹秦瑞的几处谈话，其父母在教育孩子的不足主要表现在三个方面：

第一，邹秦瑞母亲对孩子过于溺爱，以至于"含在嘴里怕化了，放在手心怕掉了"，她总是不放心孩子，总是无时无刻的担心，总是尽力的把孩子禁锢在她的翅膀之下，这样毕竟使孩子少了很多锻炼自己能力的机会。

第二，邹秦瑞父母的比较安于现状的性格使得他的性格里面也缺少一些敢闯敢做的精神，缺少创新的精神，他们的一些"事不关己，高高挂起"的思想也使孩子过于把自己的精力集中在一个小圈子里面，对圈外的世界知之甚少。

第三，父母不愿意让他们不了解的一些因素影响到孩子的学习，邹秦瑞从小到大自发产生过围棋、乒乓球、音乐等方面的兴趣爱好，但家长扶持和培养力度不够，这些兴趣往往浅尝辄止，虽然小有成就，可是终究只是业余，没有发展成为特长。

第十章 他在浙江湖州的普通农民家庭成长

——陈风的家庭教育访谈和分析

第一节 背景材料

陈风，男，1977年出生于浙江湖州的乡村，是兄弟两人中的哥哥。他幼年在本村读小学，13岁时到镇上读初中，高中阶段到湖州市某师范院校附属中学读师资班，1996年考入北京师范大学哲学系，2000年9月考取北京大学哲学系研究生。陈的父亲只在农村读过小学，1972年到1975年在外地当兵多年，曾任空军地勤某基地班长。复员后回家乡当农民，在本村担任过小队长，90年代初到乡镇企业当合同工，当过一段车间主任，现为一般农民工，大约53岁。陈的母亲也是当地人，小时候没有上学读书，结婚后务农、做家务。

认识陈风是在北大哲学系赵光武教授主持的研究生哲学原理课上。20年前我在大学读书时对于哲学甚感兴趣，那时就看过赵先生的文章，工作后买过赵教授的著作，在北大我想亲身领略一下这位国内外十分著名的哲学家的风采，于是2000年9月我到北大访学不久就打听到赵教授主持的课程的时间、地点。由于自己的哲学基础不够过硬，自然无法在课堂上完全听懂赵教授讲的深奥的哲学理论。于是，每次课间和课后我都要与旁边的研究生陈风交谈一会儿，几次讨论之后我还了解了一些陈风个人的情况，互相都留下了很好的印象。10月中旬当我确定了结合质的研究方法课，做《北京大学学生成长中的家庭教育因素》的"练习"之后，第一个联系的访谈对象就是他。11月初，当我通过电话说起因为学业需要找他做访谈时，他几乎没有考虑就热情地答应了我的请求。本来我还想给他讲我会尊重他的意愿、为他的谈话保密之类的话，但听他的口气那样热情就没有说。

11月中旬的一天，我如约赴陈风住的研究生某楼，我同他讨论了访谈的意图、内容、时间，请他简要介绍了自己的成长经历、父母亲的基本情况，我也讲了我将要遵守的质的研究的伦理道德，对于他的答谢方式，只是作为北京大学研究生会学术部长的他因临时要组织活动，谈了不到20分钟。第二次访谈，即正式的访谈是在 11 月 29 日晚上，陈风应邀到我所住的海苑旅社（海淀区西苑小区）219 房间，谈了 2 小时 10 分钟。这次访谈的前三天，我曾把希望他谈的问题写成书面的材料请他阅读，事先回忆一下有关的重要事件、考虑一下有关的问题，我在访谈时基本上按照纲要提问，因此访谈比较顺利。陈的语言非常朴实，他坦言由于童年时父母教育自己的情况相隔太久能够回忆起来的具体事例不多，我只好引导陈向深处回忆那些特别重要的话题，我们两人还讨论了农村家庭教育的误区等几个问题。同陈风谈话之后，我即按照广州人的习惯请他喝晚茶——吃便饭，以示谢意。但是，陈风不肯，经我再三说服，期末考试过后，陈风同我一起吃了一顿便饭，利用吃饭的机会我们又讨论了一些问题。2001 年新学期开学后的 3 月初，我又请他在一起吃了一顿饭，这次他补充了一些春节期间家乡的家庭教育情况，回忆出了父母早年教育自己的一些细节，如父亲当队长时公私分明、父亲有胃病但不让家人操心、妈妈特别勤劳等情况。

第二节　访谈内容

1. 小学时父母对我的学习成绩要求不高

骆：陈风，你好，上一次我们已经谈了一些，今天就正式对你访谈了。

陈：谢谢骆老师，那么我就先说自己的基本情况了。我是 1977 年出生的，老家是浙江北部湖州市郊区，算是浙北的一个农村。1984 年开始在本村上小学，1990 年到镇里读初中，1993 年到湖州市上高中——师范班，1996 年考入北京师范大学哲学系，2000 年来北京大学读硕士学位研究生。我家是普通的浙北农民，父亲当过几年兵，现在他在我们那里的乡镇企业做工，我还有个弟弟，他比我小三岁。

骆：你的经历和家庭情况倒也简单。

陈：是呀，我从小就在这样的环境中成长，爸爸上过几年小学，妈妈没有上过学，但是妈妈非常善良，也非常聪明，对我的影响很大。

骆：现在我想请你回忆一下在小学期间，你父母是从哪些方面培养你的？比方说道德方面、人格方面或者学习方面，一般家长会在某个阶段有一些特别重视的教育内容，那你的父母小学阶段是怎样教育你的呢？

陈：父母对我的影响有很多方面，我先谈谈对我学习的影响。因为我是在农村长大的，父母文化水平都不是很高，农村的实际情况是这样的，就是很多人读书只是为了一个户口，可能就是为了以后传宗接代，这种传统思想可能还是比较重一点，然后对子女的希望也不是抱的特别大，所以从小我感觉我父母对我学习上的要求，好像不是特别明显。

当然，小时候那种话，就是"你要好好学习"，这种正面教育的话，那是每个父母都有的，我父母也老是教育我，就是要好好读书，这种话是很多的。那时年龄比较小，回家作业没有完成，他们肯定要催促我完成回家作业的，这是哪个父母都一样的，那是肯定要的，这应该算先进方面，不过我觉得他们对我也只有这么一个要求了。我上了初中以后，他们对我的要求也没有一般城市家长这么高。

骆：你怎么看得出来父母对你的学习期望值不高？

陈：我小的时候不是特别明显，印象不深，但是到我读初中的时候，因为我初中的时候成绩特别好，然后他们可能开始对我抱有一种期望了。你猜我父母亲的期望是什么？

骆：这个不好猜呀，是不是不想让你到外地上大学？

陈：我还是说个例子吧，有一个例子就是我家隔壁邻居，邻居的孩子他比我大十几岁，他考上了中专，就是说我们村考出去过这么一个孩子，在我们村有这种先例。因为一般农村这种情况也比较少，如果没有这种先例的话，在这么一个落后农村环境下生长，家长可能也提不出对你升学有更高的要求。但是我家隔壁一个邻居的孩子当时考了一个师范学校，在外面工作的，用我们的话就是已经成了城里人了，这个是一种借鉴作用。父母觉得比较近一点的就是这一个目标，教育我应该向他学习。反正我父母教育我的事迹我也不想说的特别高，当时他们就是这种要求，要好好学习，将来怎么样出去工作。然后我读初中的时候当时也是比较想读哪个中专，因为中专起码可以迁户口了。

骆：你父母就想让你上个中专？

陈：对呀，中专学校。这种学校，我父亲可能当时就是这样考虑的，也可能只有这个目标，因为我当时也看不到一些更高的目标。确实这样，因为他们接触社会有限，也就知道中专可以在城市找工作这些吧。

骆：在做作业方面你的父母有没有一些具体的要求啊，比如说你要做得快一点儿，要及时完成啊，那个卷面要写得干净一点，有没有更具体一点的？

陈：没有，没有。我现在都写的很差，我初中的时候我父亲说你的字怎么写得这么草，我记得我初中的时候我父亲老是这么说我，然后小学的话好像没有什么印象。对我有具体的要求，就是一定要完成回家的作业。

骆：小学时还有没有其他印象？

陈：我母亲她现在还老是举这个例子，说我上学的时候是她背我过去的，因为当时我们那儿村庄，还没有铺水泥路，特别泥泞，每次雨后路滑都是我妈背我去上学，然后背我回来，我妈特别疼爱我，我现在还感觉我爸也疼爱我。

我有个弟弟，我弟弟对此有时还不满，总说我妈溺爱我，当时也没有怎么意识到，当时是不是产生影响这种东西也很难说。

骆：你记不记得妈妈从上小学背到你多大岁数就不背了呢？

陈：不会每天背，就是下雨天，路上不好走的时候。我估计也就一二年级吧，因为我稍微大一点我们村就造了那个水泥路，我当时几年级，也最多三年级那个样子就全部造水泥地了，也用不着她背了，就是路比较好走了。我妈她自己说的，说小时候把你背大了，当时可能对我有影响，现在都有点不记得了。

骆：应该是一种力量，母亲那么辛苦，不容易啊。

陈：这种无意识的东西，肯定对我有影响。

2. 初中时父母为我的学习成绩而感到自豪

骆：小学的时候你的学习成绩怎样？

陈：现在回忆起来，我小学的时候是很糊涂的，我小学的时候，现在没什么记忆，我当时的成绩可能一般。我小学五年在村办小学读书，那是村里办的一个学校，因为城里跟镇离得比较远，然后六年级，因为小学有六年嘛，第六年因为村里没有这个学校了，老师不够用。然后我上镇上了，我感到我到镇上以后，我的数学能力很突出了，当时班上数学好的有十几个人吧，反正我的数学成绩已经是数一数二了，当时我的语文成绩是比较差的，说起原因，因为小时候家庭环境所致，看书比较少，语文自然是比较差的。

骆：小学时父母有没有对你进行学习指导，能不能举一两个例子？

陈：学习上他们没法指导我，因为我妈没读过书，我妈是1952年出生的，我外婆当时是三个儿子一个女儿，家里特别困难，当时正好我妈七八岁，应该是三年自然灾害那个时期吧，特别困难的时期，所以她没有读过书。我妈是没法指导我的，然后我爸，我爸对我有指导。我爸也没什么具体的指导，就是做人方面可能对我有指导，但学习方面他对我没有什么指导，因为我爸的水平也就是初中、小学的水平，我小时候，我小学的成绩不怎么样，到初中的时候，他也没法教我了，现在我妈我爸提起我还挺自豪的，你看小时候什么也没教，就成为大学生、研究生了，因为他们什么都没教过我。

骆：那么，你在初中阶段的成绩怎么样，有很大提高吧？

陈：我感觉我初中的时候已经老是让我父母感到自豪了，我初中的时候，在我们那个中学，我是比较出色的，上了初中以后理科特别明显的好了，这个理科上升很快，我初中考高中的时候，我三门理科当时是150、150、180分吧，我全部满分上去的，我到了初二的时候参加全国数学联赛，在浙江，我当时什么都没训练，这种情况下，我也拿个三等奖。当时竞赛满分100分我拿了个 65 分，我当时很高兴，因为拿了 65 分不容易。

骆：但是你后来怎么又读了文科呢？

陈：这不是我的选择，因为当时师资比较缺乏，各地都在办那个高师班，然后我们市试办一届，办一届高师班，然后这一届它是加一个高师文科预科班，可能它觉得文科老师比较少，规定你进来就一定要读文科，根据死规定，你没有选择，然后当时它的分数要的特别高。我当时年龄小，不知道，这你可以问我第一个问题，就是父母对我怎么指导，其实我读初中开始我的志愿就是我一个人填的，我从来不问我父母应该怎么填，我初中就不问，我全部自己填。我当时全部打钩，全部愿意上，然后这高师文科预科班是首届吧，它分数招的特别高，是我们那儿第一批的，第一批我当时其实分数还差了几分，我当时可以上一个重点，我们那儿的重点高中。因为我当时数学得过一个奖吧，可以加 30 分，这个 30 分一加上就让我进这个班了，这个班进去以后就读了文科，是没选择，然后读师范，北京师范大学，也是没选择的，就这样上来的。

骆：你小学六年级就到了镇上，那么独自生活一定遇到不少困难吧？

陈：学校老师对我都相当好，我父母亲当然给我的关心也是非常细致的。有一年冬天特别冷，有一次下雪，我记得当时我初二，当时特别冷，我们那儿一般也就零下八度吧，当时下了一场大雪，零下八度以后我父亲他特地赶过来。他当时在乡镇企业干活，我上课的时候他给我送了一双棉鞋过来，这在我看来是比较意外的，因为我父亲这种性格他不善于这种表达，特别是亲情之爱。在下雪时他也不回家，他一直陪我住到他们那个宿舍里，他厂里的宿舍里，一直陪了我一个礼拜。

我母亲也是十分关心我的，我有一次在镇上读书的时候，天上下起了大雨，我没带雨伞，我妈她就专门跑来给我送雨伞，我妈她不会骑自行车，送雨伞从村到镇上走路的话要一个多小时，很远的，骑自行车的话也要半个小时。我冒雨回家的路上正好碰见了她，这时我妈已经把伞给我送到半路上了，她已经走了将近一个小时了，我现在想起来还非常感动。

3. 姥姥和父母亲给我树立了道德榜样

骆：前面我们谈的都是学习方面的，现在谈谈道德吧，不知道你的父母亲在道德方面怎样对你教育的，有没有一些印象深刻的例子？

陈：道德方面他们可能没有什么教化，父母也不懂什么教化，可能无形之中对我有影响。当时有一个例子现在我还记得，可能对我品德也有影响吧，就是我外婆，我外婆她小时候是城里人，那时我姥爷老是跟我外婆进城的，他们喜欢我，有时就叫我过去住。我外婆的父亲母亲，我们那儿叫太公和太太，都是城里人，我小时也老是跟着她进城，我感觉我外婆还是比较有气魄的那种人，她跟别人不一样，我外婆那妯娌关系处理得特别好，跟几个媳妇能说得来，我们那里一般乡下人家，媳妇跟婆婆的关系都处理不好，一般都很僵，大家吵来吵去，谁也不好办，但是我感觉我外婆处理家庭关系相当好，媳妇们都愿意听她的话，可能这也是一个对我有影响的因素。

骆：有没有具体的事件？

陈：太具体的我记不清楚了，反正小时候我很愿意去姥姥家里住，她说的那些话我觉得非常非常有道理，不知不觉就按照姥姥的话做了。

骆：那么，是不是该说说你父亲的道德影响了？

陈：我说我父亲对我有影响，他在我们村，还有乡里什么地方的还有点小威信的，是那种很会以身作则的人，他做事是非常严谨的，他不会自己去犯什么错误，这是身教吧，身教也许对我有影响，对我品德形成有影响。

父亲刚从部队回来的时候当我们生产队的队长，我上中学的时候还听亲戚们说父亲非常正直、一心为公。那时候生产队实行集体劳动和分配制度，当时规定个人不准到集体的田间割草和放羊，谁违反了就要罚款。我妈妈为了给小羊找吃的，就偷偷到集体地里割草，父亲知道了大发雷霆，他一脚把妈妈割草的篮子踩烂了，妈妈与他吵架，妈妈的意思是说谁家里没有吃草的，人家谁也不会按你们干部的规定去老远的地方割草。父亲训斥妈妈说，你真丢人、真丢人，再去集体田里割草我就要把羊杀掉。

骆：你父亲还有解放军的风格，铁面无私啊！母亲教育你的情况呢？

陈：母亲善良、喜欢助人，也可能是从小受了姥姥的影响，母亲虽然心直口快，但是和邻居的关系一直是不错的，不像有的农村妇女喜欢搬弄是非、嘴里不干净。我印象最深的是母亲对我的小学同学的关照，我小时候不爱读书，小朋友不少，包括比我大三四岁的大孩子都喜欢来我家里，有时候一来就是四五个，我家就是两间破烂的小房子，根本没有地方玩。可是，母亲对于来到我家的小孩都热情招呼，有吃的东西绝对不藏起来。有时候我不在家，她就带着那些来的同学到处找我，所以小时候我家绝对是一个"儿童活动中心"。可是，别的家长不一样，别的家长你去他家闹，他要骂的，说你来了会影响我孩子学习，你不许在我家里闹。我父母从来不说这种话，所以孩子都喜欢来我家里玩。

骆：哦，你母亲培养了你团结友爱的品德，也培养了你交往的能力，我想你现在研一就做北大研究生会的部长，可能就有你母亲当年的功劳。那么，学习方面，母亲是否关心？

陈：学习方面我母亲对我也有影响，她喜欢拿别人的例子来教育我，比如哪个小孩特别用功啊，在田间干活的时候还拿一本书呢，这个她老是跟我说的，我当时不大喜欢看书，母亲就是以这种例子来压我的，她说的次数多了，我也觉得学习上不能不用功了。

骆：你父母有没有教育你应该向谁学习？也就是说给你介绍一两个榜样人物？

陈：没有，没有，绝对不会的，这种教化是没有的，父母之间，跟儿子之间也不需要这种教化，没必要。我父母亲教育那种情感交流最真实，甚至还有消极的东西在里面。

骆：哦，消极的东西？怎么讲？

陈：就是我母亲她自己是非常勤劳的，但是，对于我就没有要求我，像她和我父亲那样在农忙时起早贪黑地干活，很早就出去了，而我小时候是比较贪玩和贪睡的，妈妈总是护着我，让我早上多睡觉，她的观点是"孩子想睡到什么时候就让他睡到什么时候"。

4. 小时候我家里的钱柜始终是开着的

骆：现在，我们换一个话题，请你谈谈中小学期间的家庭生活和家庭关系。

陈：好的，总体上的感觉，反正家庭是很和睦的，一个家庭，现在我爸我妈反正我看他们也特别好，他们经常一块儿出去干活，年纪比较大了，我爸身体也不是特别好，我爸得了胃病，身体不是特别好，然后我妈是比较能干的，我妈很会理家，照顾我爸。我妈她也老说城里人家钱多，你看这钱，刚拿到几百块钱，一两天就用完了，这在我家是不可能的，在农村也就那个样子，我爸当时在乡镇企业吧，也就拿个几百块钱一个月，回来后就告诉我妈。反正家里也没积下钱，就这样维持下来还能供我读书，能这样维持下来，那就很不简单了。反正大致我家的家庭经济就这个情况吧。

骆：你家里钱不多，那可得计划着用，在你们家用钱上谁当家？

陈：好像没有计划，谁都可以拿，那钥匙就扔在那儿了，这个我看别的家里都不这样。我们家是比较自由的，记得我们家那个钱柜什么人都可以拿钱，钥匙是公开的，不是哪个人特别负责的那种，当然要什么东西我也自己拿，我跟我弟弟都特别乖，都不会无理取闹，可能我父母对我也比较放心吧，不用怎么防备的。

骆：钱是公开的，就是说谁都可以用？可能像你们这样的家庭还不多，一般都是一个家长拿着钥匙保管。

陈：不像别的家庭，我舅舅、舅妈等别的家庭，跟我亲戚的我都知道，他们的钱一般都是家里的妇女管着。我家里就是我爸，有什么事情一般提出建议，跑还是我妈去跑，出主意也是我妈在那儿着急，我爸不着急，一般最后定夺的还是我爸，至于大钱的话还是我爸那儿拿主意。反正大家谁都可以拿，这种家庭很少，我没碰到过这种家庭，就是我比较熟悉的同学。

骆：你记不记得在你很小的时候一直都这样？

陈：好像一直都这样，反正做主绝对是我爸做主的，钱怎么用啊，我妈要买什么东西呀，都要向我爸说，因为我看农村别的家庭都是爸爸向妈妈讨几块钱，有些买包香烟还向妈妈讨几块钱，这样的，我家绝对不这样，都可以自由的用钱，这可能是一种比较特殊的方式，我现在也感觉到我这个家庭跟别的家庭不一样，确实比较特殊。

骆：你觉得比较特殊，你能不能展开再稍微讲讲，可以举几个例子，随便一些就行，不一定非要按逻辑来。

陈：当然，我们小孩子一般不会自己拿，然后小时候有时嘴巴比较馋，可能偷偷拿去一点。小时候家里面特别困难，我读小学的时候刚包产到户，刚好维持基本生活那种。我家呢，用我妈的话，就是没有房子呀，没有家具呀，就我妈我爸两个人，把我们兄弟俩拉扯大，当时他们也就两个破房子。我爷爷去世的早，奶奶向着我叔叔，就把原来比较好的房子留给了我叔叔家。现在，80年代后期造了两层房子吧，反正都是他们两个人拉扯起来的，特别不容易。

骆：那么，你父母亲花钱方面怎么样？是不是特别节约？

陈：我妈是很节约的那种人，当然对别人她并不那么小气，像我的小朋友来家里，我妈都是很大方的。我父亲呢？他平时也不怎么花钱。但我父亲是性情中人，这种性格的人喜欢有一些朋友，我父亲在外面交友也很多的，有朋友他就要喝酒，特别喜欢喝酒，他每次喝酒都喝醉了，身体也不行了，喝醉以后回家就肯定要吵架，我妈就说他。然而平时吧，我父亲又特别稳重，并不怎么花钱的一个大男人。

骆：不知道家里这种情况对你有什么影响？

陈：我也说不清，反正那时我就知道了该花钱就花、不该花的钱不能乱花。

5. 高中时父亲说拆房子也要让孩子读书

骆：那么在高中阶段，你父母亲在教育你的过程中比较注意哪些方面呢？

陈：高中我是住宿了，我是住在城里的，高中一年级我还经常回家，高二以后就很少回去了，大概到高中毕业也就回去一两次吧，就是过着一种跟同学集体的生活，就是那种集体生活。高中特别苦，我自己感觉到特别苦，然后高中我又感觉到有点闷，因为高中我们这个班吧，有48个人，就是按照师资班的要求这么招上来的，三年中没换班，就这么几个老师，就这么多同学，跟外面交流很少，就这么样，我感觉有点沉闷，这是我的感受。

骆：你父母知道这种情况吗？他们生活上很关心你吧，能不能举一些例子？

陈：特别深的印象，是我读高中的时候，我读高一的时候还经常回家，有一次因班里活动，我跟别人出去了，没回家，也没通知家里。家里大人着急，第二天是礼拜天，我当时出去了，我爸就来看我，他还找个理由，给我拿来一盆菜，其实是家里不放心我，说你怎么这个礼拜没回家啊，关心是相当关心的，我现在不回家父母还要唠叨我，问我什么时候回去。

骆：高中时你的学习怎么样？父母在学习上有没有提过什么要求？

陈：因为高中时我也很少回家，而且我也很少跟父母交流这种学习方面的情况，我考试考得不好我不会跟父母说，我从来不会跟父母说；我考的特别好，我一般也不会跟父母说。我到现在感觉好一点，现在我妈说我可能会交流一点儿。我以前感觉跟父母交流，也可能是年龄段的关系，还是别的什么关系，就是跟父母交流总感觉不是特别顺畅。她们那种女孩子，什么事情都要跟妈妈说说，但男孩子怎么可能呢？所以可能跟我性格有关系，跟我这个年龄段，从信念上男生这种普遍的个性也有关系，交流很少。

骆：高中你在湖州上学，家里有没有经济方面的压力？那时候你们家生活条件还可以吧？

陈：对，对，生活是没问题的，即使他们过的很苦，他们也是会关心我的，生活是肯定有保证的。当时我们那儿传言，说乡下人读大学读不起呀，我们那儿大学生特别少，不知道传言的真假，说是一上大学就要交几万、十几万，我妈当时也这样跟我说的，我一直跟他们说不可能的，哪会交这么多，他们肯定只是听到几个自费的瞎说的。

骆：你父母对于交费上大学有什么看法？万一你考不上了你父亲肯不肯为你花钱？

陈：我们那儿农村传得特别厉害，说咱们农民读书读不起，我爸就跟别人说，拆房子也要让孩子读书，我爸在跟别人开玩笑时就这样说的，说只要孩子往上读，我拆房子也供他读，这是我爸的一个观点，别人的家长可能不是这样，可能眼前利益呀，读书干啥呀？读书有什么用啊，还不如现在初中毕业后去外面拿一千多块钱一个月呢，不如这样实惠。我父亲跟他们不一样，拆房子，房子拆了也要叫孩子读书，经济上是尽量保证，这没问题。

骆：你父亲这话是特别令人感动的，一个农民有这样的决心、有这样的觉悟，很了不起！

陈：反正我父亲绝对支持我读书，这跟别的父亲不一样，他有句话就是"拆房子"。我外婆老是对别的人说，你看人家父亲拆房子也读，你这么小就让人家去工作，我外婆跟别人比起来就是拿我父亲为例子。我父亲拆房子也要让孩子读书，是跟别人说的。他不会跟我这样说，我父亲的性格是不会跟你这样说：喂，陈风，你好好读书，以后实在不行，拆房子也给你读。他不是这种人，但是他跟别人这样说的时候我是听到的，我是知道的。就是这种，这可能是他对我教育方面的支持，对我无形中也是有很大影响的。

6. 父亲说我今后不上杭州就是上北京

骆：高中时你父母亲对于你的未来，也就是对你考大学是一种什么样的态度？

陈：我父母当时对我肯定抱很大希望，要我成为大学生，但他们感觉到自己也无能为力，当时他们只是从财力上支持你，经济上支持你，别的他们说得最多的一句话就是靠你自己了。他们对我的压力，对我的期望我是很明白的，我初中就明白我父母对我的期望，其实他们是想教育我，我也想确实为他们做好一点，就是自己各方面优秀，用我妈的话就是为她争一口气，因为农村她们会攀比，他儿子怎么样，我儿子怎么样，我妈她比较狭隘的观念，她说我应该为她争口气。然后对自己来说也是一种发展，因为高中的话你自己明白东西了，你自己怎样发展有一点轮廓了，你接触的很广，很多时候也不需要父母了，就是完全自己对自己也是一种激励，也是一种鼓励，不然高中苦苦三年，如果说只是父母的力量的话，你也不会苦三年的，很多时候还是靠你自己，那我父母跟我说得最多的话就是刚才说的，靠你自己了，就这么说的。

骆：那么，你父母对你有没有信心？也就是说他们估计你考上大学的可能性大不大？

陈：我想，高中时他们对我是很有信心的。反正，我父亲在当时我读高二的时候，他来亲戚家吃饭，他就夸下海口，说这孩子以后不是上杭州就是上北京，我当时都觉得可笑，我当时感觉到我没这个实力，我读高二的时候，还没感觉自己有这个绝对实力能上北京呀什么的，我父亲就跟别人说，没问题的。这也许是对我的一种鼓励，可能也是一种压力吧。我也知道他们是半开玩笑，就是跟人家半开玩笑说的，我不知道是不是对我的一个鼓励，就是教育方面我实在想不起来他对我有什么具体目标。

但是，从另外一个角度来看，反正教育方面他们是对我的要求很少，因为他们不懂，其实，就他们的知识可能连大学的本科、专科呀什么也分不清楚，他们知道有个大学什么的，那肯定分不清楚本科、专科的。

骆：你父亲和母亲就是希望而且相信你能够考出去，留在城市工作，他们是这样想的吧？

陈：对，对。他们不知道，他们根本不考虑上什么大学，他们认为你考出去了就好，我们那儿就是想让你考出去，以后当了城里人，农村的人很向往城里人，他感觉城里人比较稳定呀，生活比较舒服呀，我妈老是让我将来在城市工作，你看乡下人多苦呀，一天到晚搞这个泥土啊，今年翻了以后明年再翻。她也老跟我这么说的，所以我当时读那个高师文科预科班吧，我当时感觉也特别兴奋，感觉我一下了成了城里人，可能有这种意识，当时刚初中毕业，可能有这么个意识，我当时特别兴奋，我当时知道自己考上了那个班后，后来对未来的打算就变了。

骆：那么，父母亲为了支持你读书采取过哪些措施？

陈：父母亲为了保障我和弟弟的学习拼命地劳作，我家收入在村子里还算不错。父亲母亲关心我的生活，有机会就去湖州或者让熟人捎好东西到湖州给我，所以我在湖州的吃喝是有保证的。

我感觉还有一个方面，就是父母亲为了生存、为了孩子勤劳不休的劳动给我的感动吧。我父亲在部队当过几年兵，他是那种思想先进的人，退伍回家乡后当过队长，后来到了乡镇企业，最初还是车间主任。大概就是在乡镇企业里吧，他干活很努力，起早摸黑地干工作，经常顾不得吃饭，我妈也忙没有人管他，结果时间长了就落下了胃病。初中时我就注意到他这人有时候蹲在地上，冬天爱捂着肚子，他不说什么，自己忍受着疼痛，那时候我不知道父亲得了胃病，只是感觉父亲怎么那么没有精神呢？高中的时候我知道他有胃病了，可是那时候我们也没有办法给他治病呀。我呢，就想着自己考上省城或者北京的大学，自己到时候带父亲去治病。

骆：你有这种想法很不错，将来报答父母亲，这确实是一个学习的动力。

7. 在北京上大学期间父母依然牵挂着我

骆：你是1996年来北京师范大学的，那你到北京上大学以后，跟父母那边联系多吗？一般用什么方式？

陈：我一般就是书信，一般书信联系，书信联系是跟我弟，通过我弟，给家里回信也是给我弟回信的，我弟是中介，我弟传达的是父母的意思。

骆：你弟弟收到信读给他们听？

陈：我爸能看懂信，然后可能会跟我妈妈说说，这个我都不大清楚，他们肯定是知道我的情况的，然后我也一般不怎么写信，也没什么事，大学这样平稳下来，也不用跟父母交流什么思想，交流的话也不是特别的那种，像情感什么，跟他们还是实在一点。我想他们能够体会这一点，不要太空虚，我也不会交流思想什么的，我会把一些事情说一下，然后回去的话尽量让他们体会到一点关怀什么的，能切身体会，这是我的一贯方式。

骆：那你在大学期间一般一个学期同家里有几次信件交流呢？

陈：刚开始多，一般一个月可能要有一封，刚开始一般是跟我弟弟写，我有一个任务是向我父母问候，一个也是教育我弟弟，我当时写的信很多是教育我弟弟的。现在信如果能翻出来的话，很多都是教育我弟弟的，你要怎么样怎么样，我弟弟可能还有点儿受我影响。我弟弟现在初中毕业后，我看他现在很能干，很老实，他比我小三岁吧，他现在一个人就在深圳了，在深圳也是很了不起的，在外面人生地不熟的，一个初中毕业生，在外面，而且也很乐观。我弟弟为人处世也相当好，他城里的朋友特别多。

骆：那你大学期间基本上每个假期都回去吧？

陈：基本上，我有时候不想回去，后来还是坚持要回去的。因为我母亲还是很想我回去的，我不回去我妈她口头上说随你便，随你便，你有事的话就不回去，她会讲原则的，你那儿有事的话就待在那儿吧，没事的话就回来。她这话就那样，但我也能体会到她是非常想让我回去的，她让我回去我一般都回去，可能少一点儿，我大三大四回去一个礼拜，春节是回家过的，暑假一般回去一个礼拜，一般都在这儿。

骆：大三大四的时候，你有没有同父母亲商量过大学毕业后的去处？

陈：我妈的观念是最好我回到杭州或是湖州，在北京她感觉太远了，要离的近一点，最好我以后回去，在我们那个城市教书，那是最好的，离母亲近一点，我说我以后想留北京，我母亲虽然没有异议，但我感觉她总有点舍不得，儿子在外舍不得。家里就我妈我爸两个人。反正我每次打电话什么的，我妈是巴不得我早点回去，特别舍不得我那种情绪。有时候在一块儿，我因为表妹表弟很多嘛，我妈有时候还要掉眼泪，看见别人家孩子在那儿时还要掉眼泪，我外婆老说她傻，说你儿子在外面读书呢，你掉眼泪干吗，她就舍不得我，我妈就这种性格。我妈的话就是对我特别关心，对我特别爱的那种人，对我也是有影响的，那肯定有影响的，有些点点滴滴，在无意识中对你就造成影响了。

骆：那么，在大学期间你母亲对你有哪些教育？

陈：母亲信任我能够学习好、表现好，这方面我确实做得不错，没有给他们丢脸。我母亲她关心最多的是两件事情：一是要我爱护身体，不要把眼睛熬坏了，由于高中以来读书不注意，我的眼睛已经高度近视，妈妈很担心我将来什么也看不见；二是劝我不要读书读成书呆子，因为现在社会风气不好，母亲她知道并不是读书越多越能吃得开，老实人吃亏的事情太多了，所以她担心我成为书呆子。这些话，我妈她来电话老是说。

骆：你母亲倒是看的很准，现在不少大学生的确存在你母亲所担心的两个问题。

陈：我觉着也是这样。

8. 父母亲教育我时喜欢用"比给你听"

骆：你觉得父母在你小时候教育你、说你的时候，那个口气是比较民主、比较和气的多啊，还是比较命令式的多啊，这方面你的印象如何？

陈：这个，有两种方式。我爸是比较稳重那种人，反正他以他的方式肯定会跟我说道理的，就是教育那种方式，不会怎么打我。我母亲她如果急的话，她那个脾气有时候管不住自己，她就会骂我几句，但是下来以后她还会跟我讲道理，肯定会跟我讲道理，她绝对会以她的方式跟我讲道理，她只是小时候没读书，没读书的话可能有点可惜，我现在还感觉我妈相当聪明，反正各方面的事情，我舅舅家里有什么事情呀，一般我妈，都是我妈过去处理的。她在教育我的时候，她的口头禅就是"比给你听"。

骆：什么叫"比给你听"？

陈：就是打个比方，就是各方面都跟你讲道理，让你信服，这种方式就是比给你听，她一般以这种教育方式为多。然后，我感觉我小时候还比较乖的，父母也很溺爱我，一般也不会让我干什么活儿，他们很累的话也不会让我干什么活儿，这方面的压力我感觉不是特别大。他们教育我时，打我很少很少，打我的话也就是我特别不听话的时候。

骆：父母亲教育你时一般是比较和气的？

陈：对，一般我父亲不会当面对我教育怎么样，一般都是我妈，这方面的工作都是我妈做的，我读高中的时候，我跟我父亲讨论问题，一般还是比较大的问题，我父亲跟别人不一样，他还关心国家大事呢。我读高中开始，我在饭桌上的谈话都是跟我爸谈，我妈不插话，她插不进，那一般谈的话题都比较大的，不会很小的事情。

骆：那你举两个例子？

陈：就比较大的范围的那种事情，比如说那个政策啊，那个农村政策怎么样，这种话题，我当时学了一点教科书，我有我自己一点粗略的观点，我父亲他几十年下来肯定有他的考虑，反正观点是不很相同的，我跟我父亲一般就谈这些东西，一般每次吃饭的时候还谈到这方面的东西。

骆：那这个国际方面有没有谈一些，1992 年的海湾战争啊，萨达姆啊，这些东西？

陈：只作为消息来传达，他会谈的，比如说最近的新闻放什么。当时我也不大懂，现在我读大学了回去跟我爸一般都谈这种比较大一点的话题，很少谈具体的话题。我跟我妈的话，我一般很注意地跟她谈谈小话题，因为我觉得谈小话题对我妈是一种安慰，让她感觉还能说话，我可以尽量谈一些哪儿什么小事情啊，我跟我爸谈这种大话题的时候我妈插不上话，教化的话我爸很少，他一般不会跟儿子谈这种东西。

骆：那么，可以说你的家长没有"家长制"？

陈：我的家长是很和气的，我家里有民主气氛，肯定优于别的家长。然后也看过那个《傅雷家书》，傅雷跟他儿子的教化完全是因为他是知识分子，懂得很多，怎样教育孩子，如果他懂得不多，以这种教育方式，这孩子肯定不一定会很好，压力这么大，完全是以自己影响别人的，那如果没什么东西影响你的话，对你绝对是一种伤害。我父母他们不会，他们不是这样对我的，这是完全两种教育方式，是比较民主那一种。

骆：可不可以问一下，你的父母亲有没有打过你，或者对你大发雷霆的情况？

陈：噢，反正我感觉，小时候我自己也没怎么闯祸，我父亲也不是那种特别厉害、特别霸道那种人，记忆中我父亲好像就打过我一次，我记得他打过我，打屁股，小孩子不是都会挨打吗？我父亲不用打我就比较怕了，因为他那种性格，他那个脸一沉，我就知道是怎么回事了，但他不会轻易打我，他不是特别爆那种人。

我母亲好像也打过我一次，我母亲打过这一次现在还记得，她有时也还惦记着呢，当时还是那个大队吧，特别忙特别忙，我弟弟当时很小，田里特别忙，母亲一个人带弟弟忙不开了，让我带我弟弟，我当时也很小，其实让我带弟弟，我不想干，然后她就打过我一次，她说把我屁股拍得红了，然后她自己也哭了，到现在还记得，就打过我这么一次吧。

9. 父母亲两人在家庭生活中配合得很好

骆：现在我们讨论一下，你感觉到在自己成长过程中家庭这种因素是不是特别重要？

陈：家庭因素，我感觉对一个人性格成长有作用，这种东西我自己分析吧，也分析不清楚，可能您懂得心理学、教育学，可以把问题说清楚，你让我自己说也说不清楚，对我有影响，是绝对有影响的。比如说其他东西，例如对我学习方面吧，他们对我学习肯定有要求的，比如你要好好学习，这种话是每个父母都说的，因为至少父母都希望儿子以后能有出息一点，用我们那儿的话就是有点出息，为父母争口气呀什么的，肯定是有一定作用的，我就这样十几年读下来了，我感觉有作用。

骆：比较起来，你的爸爸和妈妈，在教育你的过程中他们所起的作用是不是不太一样？

陈：可能，如果单从性格来讲，我可能比较像我父亲一点。然后我妈和我爸是两种性格，我看我妈甚至也很聪明，是很要强的一个人，一个女人。家里什么事情啊，反正还是我妈在外面干的多，外交什么的我妈厉害。我爸看上去就是比较老实那种人，但是一般做最后决定啊，还都是我爸做的。我妈说他老是死做，干活特别认真，什么都自己做，然后不说，不会怎么样。我的性格可能有点像我父亲，因为我妈的话，性格可能跟我不大一样，我妈是比较泼辣那种类型的，应该算泼辣的人，反正跟我爸是两种类型，我爸是比较稳重的那种，特别好，然后我爸在外面，他当过兵，他可能世面见得多一点。我自己感觉他跟城里的同龄的、他那一辈的人不一样，做事也不一样，看问题的角度有些地方不一样，这跟他在外面当了几年兵，他当时还当了个班长，在部队里还入了党，表现各方面都积极，可能跟他这些经历有关。

骆：你父亲从部队回来以后当过生产队长，现在是在一家乡镇企业里工作。他具体对你有哪些影响？

陈：我父亲很早就进了乡镇企业了，我初中也老是住他那儿，就是这个接触的范围对我有影响，接触的人多一点可能对你性格有影响，因为我虽然在农村长大，我性格还是比较自由开放的，不是特别内向，有点城里人那种性格。这儿我朋友很多，外面也有相当多的朋友，用我父亲的话，我在这儿是比较吃得开的。因为你在一个小地方，一个封闭的地方长大的话，到外面以后你有点儿怕生呀什么的，都会有影响的。当时我才读初中的时候就是胆子特别小，我当时也能意识到，各方面我都不敢说句话，就是很怕羞那种孩子。我父亲注意到了这种情况，所以他鼓励我参加集体活动，鼓励我同别人交往，我自己也有这种意识，有意识培养自己的胆量，所以后来就变了样子，也就是现在这种大大方方的样子。

骆：你母亲性格和你父亲不一样，那么他们在一起有没有发生过冲突，对你有没有影响？

陈：我父母他们两个性格是脾气比较配的那种，别的家庭老是这样吵架，记得我父母吵过架，就是小时候吵得比较厉害的一次，我还有点印象，觉得后来不经常吵了。然后我妈老是抱怨，老是骂，反正心里不舒服，她是心直口快那种人，她马上要说出来的，我爸老是听着她，我爸他不回话，后来好了以后主意还是由我爸出，但是一般的家庭我感觉都是挺那个的别扭的。反正我们的家庭是很和睦的一个家庭，现在我爸我妈我看他们也特别好，一块儿吃喝，一块儿出去干活，各方面都非常节省，我妈很会理家。

10. 学校的影响和我家与学校间的联系

骆：我们前面说的都是家庭对于你的教育和影响，现在我想请你谈谈中小学时期的学校教育情况，以及你的父母亲同学校的联系状况。

陈：好啊！自然学校教育的作用是很大的，我现在还记得初中在镇里、高中也就是那个师资班的老师都是非常好的，多数比较负责任。小学记得不太清楚了，农村小学质量比较差的那种情况。

骆：怎么差？能不能具体说说？

陈：学校老师的话，乡下老师普遍质量差、素质不高，他们就识得几个字，让你认几个字，这也是一方面，然后还有消极方面就是，他对你要求比较狭隘，可能对你的目标总起来也比较低的，考试及格就行了，平时没有交谈过什么。我读初中的时候还没什么雄心壮志，那时候不知道一定要考大学呀什么的，可能那时父母对我的影响，那时父母可能对我也没这个要求，他们想我只要上中专就不错了，可能对我的发展也有影响。

然后，我小学时候结交了不少同伴，做伴的那些人都比我大，他们懂的事情比我多，应该是，我一直是跟他们相处不错的。因为我的同龄人特别少，他们也对我有影响，这是一个大环境的话题，同学、老师对我都有相当的影响，这是一个综合因素。

骆：那么，初中的时候你说到了镇上，老师的情况是不是好了一些？

陈：到了镇上不一样了，反正各方面，老师其实对我有相当的影响，老师对我期望很高，我初中老师对我期望相当高。学习方面，老师很关键，老师如果对这个学生比较疼爱，机会给他多一点，这个发展是完全可以预期的。然后高中的时候，我在我那个班里也不是特别出色，因为那个班大家都很出色，都是这么上来的，我感觉比较沉闷，读文科不是我的强项，考试的时候我觉得有时还比较好，到最后一次我感觉发挥得最好，最后一次分数相当高，高考就考到了北京师范大学。

我还有个弟弟，他初中毕业就不读书了，现在我们村里办了一个小公司，他跟着他们跑生意，现在在深圳。我弟弟现在有空的时候倒是经常找当年小学的老师，弟弟喜欢那些老师直来直去。

骆：那在你读书的时候你们家长和学校联系多不多？和你的班主任会不会有些交流啊？

陈：我记得我当时开家长会吧，小学的时候，农村小学好像没什么家长会，可能在村里吧，大家干活能碰到，老师会说起你孩子怎么样，可能会说起，反正我当时小学老师对于我的评价就是这孩子比较乖，比较整洁那种，我跟弟弟就这样，跟别的孩子不一样，别的孩子总有些弄得一塌糊涂，我们两个不一样，然后比较乖，可能小学时有这么一个评价吧。初中的时候家长会也常开，但有时候我因为比较远，也不让我父母过去了。我父亲可能参加过一次，好像也没特别多的交流。反正他很少跟老师接触，老师也很少找家长，好像没有我父亲主动去找老师，也没有老师主动找我家长，一次没有。有过一次家长会可能见过面，然后后来我毕业以后帮我去问点东西什么的，可能跟老师有接触，他们对我有评价。反正初中就这么一个小镇的学校，我是比较突出的，能让他们感到很自豪的。

11. 我看农村家庭教育的不足之处

骆：现在，你可不可以谈谈父母在教育你的过程中，有些地方做得不是太妥当的事情？

陈：这个消极面其实比较大的，不光我家，许多农村家庭教育都是如此。

骆：噢，农村家庭教育可能总体来讲那个质量还不一定太高啊，有一些亟待改善的地方。

陈：首先，一个就是你接触面很窄，你见的世面很窄，老是这么几个人。然后，你能拿到看到的书籍很少。其实小时候抓紧教育还是比较关键的，说人家书香门第呀，小时候还是有点作用的，就是小时候看什么书，如果能让父母有点指导，还是有点帮助的。但我父母对我看什么书一点没指导，他们只会对我说那个教科书上的东西，你完成作业，他们只能有这么一点要求，因为他们也不懂，他们只是要求你很笼统地学习好，然后教科书上的东西你得完成，就这两点。

骆：可能有些家长对孩子特别粗暴，总是严厉要求孩子一定好好学习，不学习就打，然后看看实在不行的话，就对他不抱任何希望，当面就数落孩子，对他不抱任何希望，甚至不让他读书了，出去赚钱。

陈：我们浙江那儿经济还比较发达的，一般初中毕业去外面赚钱，还能拿个工资，一个月几百块钱还能拿到的，很多家长和孩子可能就这样对付的，不想学习就出去打工嘛。

骆：现在一般人认为，农村条件差、环境不如城市，但是农村能够锻炼孩子，甚至说"逆境有利于人的成长"，不知道你是怎样看待这个问题的？

陈：农村跟城市相比，当时我们那个班有很多是来自农村的，农村的孩子很刻苦呀什么的，反正我不大赞同，城里的孩子也刻苦，他也会刻苦的。可能农村的孩子乡土气息重一点，可能有时候更了解国情一点，因为他在这个环境长大的，城里孩子他不懂。上次我有个朋友他姐姐有个女儿，妈妈还取笑她说这是啥米呀，这米怎么来的，这麦子把皮一剥就变成了一粒米了，她们不知道，她们很多城里人不知道。这在农村的话，国情贫困什么样的，在城里很难体会到，然后现在可能适应环境能力也应该强一点，农村就这么个环境，有些方面可能苦一些，不过这也不绝对，有些城里孩子也很刻苦，然后其实说教育还是在城里好一点，因为他们见识面广一点，小时候基础打得好一点。

骆：总体来讲，城市孩子的素质应该是高一点的。

陈：对，应该稍微高一点，但也很难绝对，你看毛泽东还不是山沟里出来的？但是，我现在也不大赞成小时候哪一点东西对你影响一生啦，那也不见得，这发展是一个过程，在这个过程中，高中、大学本科对人都有很大影响的，这个发展很多东西你要有点意识才能锻炼出来的。

骆：对，农村早期的生活环境和农村的教育条件比城市差，但是后来用功是可以赶上来的，我看有些大学生就是后来居上的，那些农村来的大学生一般都比较用功，他们的成绩反而比来自城市的大学生好。当然，不能光看考试分数，还是应当肯定城市孩子的综合素质是高一点的，这就是城乡差别在青年一代身上的反映。随着现代化的发展，城乡差别逐渐缩小，农村孩子和城市孩子的差别也就缩小了，我到广东珠江三角洲地区调研，发现许多原来的农村已经城市化，那里的孩子生活条件和教育条件都不错，自然能够上大学的孩子在大多数领域同来自广州这样的大城市的大学生也就没有明显差距了。

陈：你说得对，我想在我们浙江也是一样的。

骆：我提的问题基本就差不多了，你觉得哪些东西需要补充你可以再谈一会儿。

陈：我没有具体问题了，学习、生活、性格呀，也就这些了吧。学习的话，我父母比较笼统的对我有要求，没有比较细的要求，然后生活的话他们对我照顾是无微不至的，我父母都相当地喜欢我，相当爱我；性格的话，可能父亲对我性格影响稍微大一点，父母都有影响，这种影响是无形中的，不是哪一件事情造成的。还有，因为不局限于家庭了，因为我读初中的时候，我初三就差不多住校了，我当时十三四岁的时候，什么事都不懂的时候，我一般就在外面的环境中接触了，就在外面，这是一个大环境的问题，同学老师对我都有相当的影响，这是一个综合因素，父母的话，其实这种爱我感觉对我是最大的动力。

骆：那好，今天就到这里吧，谢谢你。

第三节　家庭教育分析

陈风 1977 年出生于浙江湖州的乡村，身为农民的父母对他从小就抱有希望，希望他能好好学习，将来摆脱农村的贫困生活。他 7 岁开始在本村读小学，当时在雨天母亲总是背他来上学和回家，13 岁时他到了镇上读初中，父母经常运用邻里孩子学习和进城工作的例子激励他，由于家长重视和个人努力，他的学习成绩提高很快，经常是年级前三名，数学尤为突出，不过这时父母对他的希望只是能够考取中专，然后毕业到城里找个工作。在小学和初中阶段，陈风的父母不仅关心孩子的学习，还以自己高尚的道德情操影响着他的品德进步，鼓励他正确地结交朋友和恰当地使用零花钱。高中阶段，陈风学习上的优势进一步发挥，见此情景他的父母亲非常高兴，他父亲告诉亲朋好友"我的孩子将来不到杭州就到北京读书"，表示"就是拆房子也要让孩子上大学"，为了给他提供良好的生活条件，父亲带着严重的胃病在乡镇企业没日没夜地干活，父母的辛劳又成了陈风刻苦学习的动力。1996 年陈风考入著名的北京师范大学，父母依然关心他的身心健康，母亲反复提醒他要爱护已经近视了的眼睛、不要把自己读成书呆子，陈风也经常通过写信给弟弟保持了同家人的亲密联系。

根据陈风所谈，他的家庭教育有以下四个方面是特别值得赞赏和借鉴的：

第一，十分重视子女的成长和教育。陈风的父母亲对他从小就抱有希望，鼓励他好好读书，为了不使他耽误上学，下雨的天气母亲总是背着他到学校。他上初中后，父母也非常关心，尽力提供较好的生活条件满足孩子成长的需要，看到他学习成绩优异后，父母就更加支持他的学习，从原来只想让他上个中专学校到支持他上重点高中，他父亲说"就是拆房子也要让孩子读书"，父亲还有意识地培养他的胆量和交往能力。在高中阶段，他的父母亲关心他的成长，经常让人捎好东西到湖州给他吃，即使他到了北京师范大学读书，识字很少的父母还通过小儿子与他保持密切联系，叮嘱他在学习的同时注意健康，表达了父母对他的深切关怀。

陈风在访谈中谈到父母亲重视他的成长和教育的主要言论有：（1）小时候那种话，就是"你要好好学习"，我父母也老是教育我，就是要好好读书，这种话是很多的。（2）我上学的时候是母亲背我过去的，因为当时我们那儿村庄，还没有铺水泥路，特别泥泞，每次雨后路滑都是我妈背我去上学。（3）我父母教育我的事迹我也不想说的特别高，当时他们就是这种要求，要好好学习，将来怎么样出去工作。（4）我爸就跟别人说，拆房子也要让孩子读书，我爸在跟别人开玩笑时就这样的，说只要孩子往上读。（5）我才读初中的时候就是胆子特别小，我父亲他鼓励我参加集体活动，有意识培养自己的胆量，所以后来就变了样子，也就是现在这种大大方方的样子。（6）在北师大读书时我母亲她关心最多的是两件事情：一是要我爱护身体，不要把眼睛熬坏了；二是劝我不要读书读成书呆子，老实人吃亏的事情太多了，所以她担心我成为书呆子。

第二，对于孩子的高度信任和鼓励。陈风的父母非常喜欢他这个大儿子，小的时候虽然对他抱有希望，但是在学习上并没有具体要求，而是相信他能够自己把握自己。陈风家庭生活的一大特点是钱柜从不上锁，孩子和大人一样可以自由取钱用钱，当然陈风和弟弟用钱也是非常自觉的。父母同他的交流很多，父母从来没有用教化的口吻同他讲话，相信他能够成为一个好孩子。在陈风上初中的时候，父母就放手让他自己填写志愿，父母甚至看也不看就由他自己确定了。当陈风在初中的学习成绩不断提高后，父母更加信任他和支持他读书，父亲对别人说"就是拆房子也要让孩子读书"，在高中阶段他父亲还对亲戚说"这孩子以后不是上杭州就是上北京"，家庭的信任和鼓励成为巨大的动力，激励着陈风奋发有为，在求学的道路上一直向前奔跑，先是北京师范大学，然后又考上北京大学研究生。

陈风在访谈中提到父母亲信任和鼓励的主要言论有：（1）从小我感觉我父母对我学习上的要求，好像不是特别明显。（2）我们家是比较自由的，我们家那个钱柜什么人都可以拿钱，我跟我弟弟都特别乖，都不会无理取闹，我父母对我也比较放心，不用怎么防备的。（3）这种教化是没有的，父母之间，跟儿子之间也不需要这种教化，我父母亲教育那种情感交流最真实，甚至还有消极的东西在里面。（4）初中开始我的志愿就是我一个人填的，我从来不问我父母应该怎么填，我初中就不问，我全部自己填。（5）到我读到初中的时候，因为我初中的时候成绩特别好，然后他们可能开始对我抱有一种期望了。（6）高中时他们对我是很有信心的。我父亲来亲戚家吃饭，他就夸下海口，说这孩子以后不是上杭州就是上北京。

第三，夫妻合作巧弹家庭教育双簧。在陈风家里，他的父亲和母亲性格有很大差异，在家庭生活中的地位和作用也不同，妈妈外在，父亲内在，妈妈先发表意见，爸爸最后当家。虽然有时候老两口也会争吵，但他们的感情是非常深厚的，生活中互相依靠，家庭生活充满温情。他们都非常爱陈风，自觉把培养孩子当作家庭生活中的大事，他们在家庭教育方面互相配合，一般情况下是由母亲来教育和管理孩子的，母亲还担负着提供良好家庭生活的责任，但是陈风的父亲也积极发挥作用，无论是日常生活，还是讨论大问题他都非常重视。陈风母亲教育孩子比较急，有什么说什么，孩子如果不听话她还会骂上几句，父亲则比较稳重，通过讲道理说服孩子。当然，他们的榜样作用也是巨大的，如今他们都为孩子的成长和成才而高兴。

陈风在访谈中提到父亲母亲互相配合的主要言论有：（1）我父母他们两个性格脾气是比较配的那种，妈妈她马上要说出来的，我爸老是听着她，我爸他不回话，后来好了以后主意还是由我爸拿，我们的家庭是很和睦的一个家庭。（2）现在我爸我妈我看他们也特别好，他们经常一块儿出去干活，我爸身体也不是特别好，我妈是比较能干的，我妈很会理家，照顾我爸。（3）即使他们过得很苦，他们也是会关心我的，生活是肯定有保证的。（4）一般我父亲不会当面对我教育怎么样，一般都是我妈，这方面的工作都是我妈做的，我读高中的时候，我跟我父亲讨论问题，一般还是比较大的问题。（5）我爸是比较稳重那种人，反正他以他的方式肯定会跟我说道理的，不会怎么打我。我母亲她如果急的话，她那个脾气有时候管不住自己，她就会骂我几句，但是下来以后她还会跟我讲道理，肯定会跟我讲道理。

　　第四，以模范的道德行为影响孩子。陈风很敬佩父母亲的为人，无形中从父母那里得到了如何做人的指引。陈风的父亲在部队当过几年兵，他是那种思想先进的人，在部队里入了党，表现各方面都积极的，退伍回家乡后当过生产队长，公而忘私地对待妻子放羊事件，后来到了乡镇企业，最初还是车间主任，后来就是一般工人了，他干活很努力。他的母亲是普通农村妇女，能够吃苦耐劳，会过日子，她没有上过学堂，但是心直口快，为人诚恳和善良，和亲戚邻居关系非常好；尤其是对孩子照顾得非常周到，包括邻里的孩子来家里找她的儿子玩，她也非常热情地关照，这都给孩子留下了学习的榜样。

　　陈风在访谈中提到父亲母亲模范的道德行为的主要言论有：（1）我父亲对我有影响，他在我们村，还有乡里什么地方的还有点小威信的，是那种很会以身作则的人，他做事是非常严谨的，他不会自己去犯什么错误，这是身教吧，对我品德形成有影响。（2）大概就是在乡镇企业里吧，他干活很努力，起早摸黑地干工作，经常顾不得吃饭，我妈也忙没有人管他，结果时间长了就落下了胃病。（3）我妈妈为了给小羊找吃的，就偷偷到集体地里割草，父亲知道了大发雷霆，他一脚把妈妈割草的篮子踩烂了。（4）母亲善良、喜欢助人，也可能是从小受了姥姥的影响，母亲虽然心直口快，但是和邻居的关系一直是不错的，不像有的农村妇女喜欢搬弄是非、嘴里不干净。（5）我印象最深的是母亲对我的小学同学的关照，母亲对于来到我家的小孩都热情招呼，有吃的东西绝对不藏起来。有时候我不在家，她就带着那些来的同学到处找我，所以小时候我家绝对是一个"儿童活动中心"。

第十一章　我成长在古都洛阳的
人民教师之家

——骆风的家庭教育故事和评析

第一节　背景材料

我（本书作者），1958 年 8 月生于河南省洛阳市，1965 年 9 月起在洛阳市瀍河区新建小学读书，1967—1969 年"文化大革命"的动乱岁月回农村老家劳动和上学，1971 年到洛阳市第 13 中学上中学。1975 年 7 月高中毕业后在洛阳待业，1978 年 3 月恢复高考制度后首批考入河南大学政治教育系，1982 年元月毕业后到洛阳师范学院工作，1995 年 2 月调入广州师范学院教育科学研究所，2000—2001 学年赴北京大学做访问学者，2001 年 10 月调入广州大学高等教育研究所，现为广州大学广州发展研究院研究员、现代国民教育研究所所长。

我的父亲 1930 年 8 月生于河南省清丰县，1946 年起从事革命工作，50 年代中期在河南师范学院历史系读书，毕业后到洛阳市回民中学工作，长期担任学校工会主席，改革开放后的 1983 年调入洛阳大学工作，晋升副教授，担任部门党总支书记至 1990 年离休；我母亲 1933 年 4 月生于河南省南阳县，1956 年在大学期间入党，毕业后到洛阳市回民中学工作，1983 年调入洛阳市 21 中学，晋升高级教师，1989 年退休。童年时，我家生活水平在洛阳市属于中下等，青年初期姐弟三人在外地高校读书，家庭经济非常紧张，姐弟三人参加工作后生活水平逐年提高。

我的父亲母亲像天下所有父母一样是非常爱孩子的，他们对于我们姐弟三个曾寄予很大的期望，但是在姐姐和我出生后的 50 年代末 60 年代初，他们工作繁忙没有时间关照我们，而 60 年代中期到 70 年代中期这十年内乱期间更是无法用心教育孩子。70 年代后期和 80 年代他们直接教育我们姐弟的时间多了起来，特别是 90 年代他们离退休以来带动我和姐姐锻炼身体，告诉我们许多人生经验。80 年代中期我的女儿出生之后，他们实际上担当了抚养和教育孩子的主要角色，我和女儿 1995 年到广州生活后他们依然关心、教育我们，写来多封寓意深刻的信件。我很小的时候是非常尊敬他们的，但也是一个有点个性的孩子；"文化大革命"期间看到父亲母亲那样勤奋工作、那样公正无私还受到批判非常不解，总是想方设法让他们得到一点宽慰；上大学后对于父亲母亲辛勤照顾我们姐弟十分感激，但又觉得他们太过一般，决心超越他们；工作后特别是自己生养女儿后体会到他们这一生很不容易，孝敬之心不断加重；来广州之后对父母亲的理解逐步加深，深感到我的父亲母亲是敬爱的父亲母亲、是伟大的父亲母亲。

20 世纪 80 年代中后期，我开始学习和从事家庭教育研究，最初主要是为了培养我的女儿骆晴，后来发展到把家庭教育作为自己进行教育科学研究的领域之一。父亲母亲对于我的教导，父母亲对于晴儿的培养，父母亲同我讨论晴儿的成长问题，等等，都使我得益甚多，对于我后来在家庭教育研究中不断进步有很大的促进作用。90 年代初就有朋友问过我：你小时候父母怎么对你进行家庭教育的？你自己是如何教育女儿的？1998 年父母来广州时我向他们表露，希望他们把教育我和我女儿的主张和故事整理出来，作为父亲母亲留给我们后代的精神财富之一。新世纪以来询问我是如何教育自己女儿的朋友增多，这个问题很难用几句话作答，因此我在 2002 年出版《成才与家教》、2003 年出版《造就卓越人才》两本家教专著之后，更加希望父母亲把教育我和小孙女的主张和故事写出来，希望同老人一起探索自己和女儿成长的家庭教育因素，终于得到他们的理解。2003 年到 2004 年，父亲在母亲帮助下先后完成了《忆往昔》（回顾自己成长和工作的历史）、《回忆孩子小的时候》（回忆教育我们姐弟三个的故事）、《童年时的骆晴》（回忆小孙女骆晴成长的故事）等两万多字的材料。父亲写作非常认真，每次写完初稿都要让母亲提意见，然后他修改或补充，再由母亲抄写，最后他还要看上几遍才放心。2004 年国庆节，我回到洛阳探望父亲母亲，请他们用三个晚上的时间讲解我不甚明白的地方，补充了许多细节材料。

这篇叙述父母亲对我和我女儿的家庭教育报告从 2004 年秋季开始写作，由于工作繁忙，写写停停，直到 2006 年 8 月我到西安姐姐为父亲母亲安排的房间照顾他们时，才有了比较集中的时间写作，我用三个星期时间完成了这篇酝酿已久的家庭教育报告。本文除个别地方隐去真实人名地名外，都是按照事实发展过程描述的，引用了父母亲当年写的不少信件。而后，根据父母亲和几位亲友的审读意见，我作了进一步修改，并请著名家庭教育学者王宝祥（北京市教育科学研究院研究员、《班主任》杂志原主编中国家庭教育学会常务理事）审阅和撰写评语，形成了读者见到的这个文本。从个人角度来看，算是对于父亲母亲教育我和女儿骆晴的一个历史记载，也是对于希望了解我和我女儿成长中的家庭教育因素的朋友的答复。同时，我也希望这篇报告对于人们了解和研究当代中国知识分子家庭教育子女的情况，能够有一些启示。

第二节　家庭教育故事

1. 我父母亲是从河南师院到洛阳的人民教师

洛阳位于我国中原地区，处在黄河中下游、河南省西部，这里土质肥沃，气候宜人，历来是名人汇聚、兵家必争之地。从公元前770年开始，先后有东周、东汉、曹魏、北魏、隋、唐等九个朝代在这里建都（最新考古发现为十三朝古都），历史上的许多重大事件在这里发生，留下的名胜古迹星罗棋布，尤其是龙门石窟、白马寺、关林享誉世界，是我国著名的历史文化名城。然而，随着封建社会的衰落，近代洛阳失去了昔日的光辉，新中国成立前变成了只有几家面粉厂和十几个手工店铺、仅有五六万人的小镇。新中国成立之后的50年代，这里成为我国新兴工业建设的重要基地，先后有第一拖拉机厂、矿山机械厂、铜加工厂、轴承厂、耐火材料厂、机车车辆厂等大型国有企业在这里建立，全国各地几十万建设者汇聚，洛阳这座千年帝都焕发了新容。

1956年8月刚刚从河南师范学院（现河南大学）毕业的父亲和母亲来到这座古老而又年轻的城市，那年父亲26岁、母亲23岁，正是风华正茂的年龄，他们在洛阳开始了人民教师工作的历程。我的父亲是一位新中国成立前就加入了中国共产党的老党员，母亲则是大学期间入党的新党员，他们在学校都是思想进步、学业优良的学生，父亲还是系里的学生党支部书记，毕业前夕父亲谢绝了组织上要他留校到党委办公室工作的建议，多次和新婚的妻子要求到条件艰苦的大西北新疆工作，而那年河南师院没有送毕业生到新疆的计划，最终将他们两个分配到洛阳市回民中学工作。我的父母来到洛阳不久，当时年近50岁的外婆和刚满9岁的小姨也从河南省南阳县来到回民中学一起生活，这时全家在洛阳有4口人。

回民中学坐落在洛阳城区东面的城乡结合部，周围是林场和菜地，学校建立不久，缺乏正规院校毕业的新教师。父亲来到学校后就承担了高一、高二、高三历史课和政治课的教学任务，还担任班主任、年级组长、教研组长，那时父亲年轻气盛，他总是早晨五六点起床，深夜一两点睡觉，每天工作将近20个小时。他工作热情很高，即使身体不适，也不对任何人讲，更不愿耽误工作。爸爸对于自己的工作要求极高，上课前总是细心阅读教案，反复思考表达方式，下课后他喜欢听取学生意见和解答疑问。有一次他听到学生对他教课的评价是"没啥意思"时心里非常难过，马上找到学校领导请求组织教研组老师听他的课，集体帮助他改进教学。当校领导告诉他洛阳土话"没啥意思"就是"没有问题"、"讲的不错"时，父亲紧张的心情才稍微放松了一些。母亲来到回民中学就要求承担重任，从参加工作开始母亲就是每天4节历史课，每堂新课前她都要写下厚厚的教案。母亲担任初中的班主任，她知道了解学生及其家庭情况是做好工作的基础，因此每个学期她都要对全班50多个学生家庭普访2—3次，几乎每天晚上和每个星期天都要去学生家里访问。由于和学生及其家庭的联系多，学生们对我母亲有很深的感情，许多学生毕业后从外地回洛阳还来看望母亲。

1957年7月下旬我的姐姐出生了，看到女儿圆圆的脸蛋、明亮的眼睛，父亲母亲都非常高兴，当时正好赶在暑假，母亲休息了一个月照顾女儿。1958年8月底我出生时，就没有这个福气了，按照当时的工休标准可以休息56天产假，但是为了不耽误学生学习，在我出生后的第3天母亲就按照新学期课程表跟正常人一样上课了。由于刚刚生过孩子，家里营养不够，母亲身体虚弱，备课时打不起精神，教案写不成样子，有的地方还因为瞌睡画的乱七八糟。但是一走进教室，母亲就来精神了，她声音清脆，板书清晰，表情自如，深得学生爱戴。不过，由于刚刚生育就承担沉重的工作，母亲身体也吃了很大的亏，按照现在的说法就是透支了生命，落下了双腿静脉曲张等毛病。40多年后的1998年夏天，母亲在同我谈到当年的行为时说："那时大家的工作积极性都很高，党叫干啥就干啥，工作是一种愉快、是一种幸福，很少人想到自己要休息，只要有任务都是不分昼夜地干。"

1958年是一个火热的年代，全国人民响应党中央、毛主席的号召，开展轰轰烈烈的总路线、大跃进、人民公社运动，史称"三面红旗"。刚刚工作不久、又是共产党员的父亲和母亲除了做好教学与班级工作外，还积极参加到运动中，用他们青春的汗水虔诚地为共和国的"大跃进"添砖加瓦。他们到街道和农村宣传党的政策，为生活困难的群众捐衣捐物。回民中学师生为了"大炼钢铁"，经常要到十几里外的地方拉煤，当时已经担任学校党支部委员和工会主席的父亲总是争先恐后，尽量参加这项艰苦的工作。1959年元月，父亲在一次带领学生到郊区运煤的过程中，为了阻止从陡坡滑下去的煤车伤及学生，拼命挡住上千斤重的煤车，结果脚掌被轧成重伤，住院3个多月才基本恢复。

当时主流的社会思潮是"响应党的号召"，"多、快、好、省地建设社会主义"，人们普遍不重视家庭生活，谁要是讲究生活还受到大家的鄙视。那时父亲母亲像许多公职人员一样，一般是不愿到商店买菜买粮的，他们担心被领导或同事看到后说自己"像家属"，也就是说不务正业（即做单位工作以外的私事）。父亲母亲的心思几乎全在工作上，除了在家吃饭时说几句"闲话"以外，基本上是不谈家务、不谈孩子的。虽然我的父亲母亲像普天之下的父母一样很爱孩子，但他们根本没有精力照顾我和姐姐，我刚出生不久就被送到回民中学托儿所了，平时他们也很少到托儿所接送我和姐姐。父亲至今还记得我几个月时候的惊险一幕，有一次他抽空来到托儿所，见我的表情不正常，打开襁褓一看，我的右手不知被哪位粗心的阿姨弯过来和小臂绑在一起了，父亲赶忙把我柔软的手腕扳了过来，心疼地放在嘴边又吹又吻。后来父亲和母亲无数次地说："倘若不是及时发现，孩子将变成残疾人了，大人也就变成不可饶恕的罪人了，大人内疚一辈子也就不可能挽回了。"由此可见，大人对孩子的照料必须万分细心，必须做到万无一失，否则，一旦出现疏漏，后果是不堪设想的，损失是不可能弥补的。

我和姐姐很小就进了回民中学的托儿所，我们十多岁时见到当年的一位陆姓阿姨，她还记得我和姐姐在托儿所时的表现，我每次吃饭都比较快，睡觉也比较多，阿姨带孩子一起玩时不多语言，有时会自己玩自己的，对阿姨和小朋友都很有礼貌。姐姐在托儿所和幼儿园比我活跃的多，喜欢说话，喜欢唱歌，而且音质甜美、表情可爱，学习唱歌一两遍就能模仿得惟妙惟肖，不仅一个班的小朋友爱听，有些家长偶尔听到她唱歌也想多听几句再走。

父亲母亲刚到洛阳工作时每人月薪都是44元，由于家里人口较多，我和姐姐小病不断，每月要拿出一部分钱寄给老家清丰的父母，父亲还经常用自己的工资接济一些家庭贫困的学生，所以经济上一直是比较紧张的。家里除了3张板床、1张小饭桌、1张书桌、1个木箱外几乎什么家具也没有，平时的饭菜简单到只有馍馍、面汤、面条和咸菜，很少炒菜，更不用说肉蛋。我和姐姐偶尔到别人家，看见人家的孩子喝牛奶和炼乳，忍不住也要争着喝几口，每当这个时候父母亲的心里就特别难过，他们一边劝自己不懂事的孩子别喝人家的，一边内疚地责备自己没有让孩子吃饱。

父亲是新中国成立前参加革命工作的调干生，1956年到回民中学工作时应该享受每月59元的工资，但是当年洛阳市教育局把他误做普通大学毕业生时，父亲明知也不吭气。直到1959年春天，市教育局发现了错误给他补发工资时父亲才享受到每月59元的薪水。而且，一次性给父亲补发了几百元，母亲用这笔钱买了两块罗马表、一辆自行车、一台收音机和其他几件家具，一下子家里经济情况有了好转。对于当年自己不要调干生的工资，父亲至今不觉后悔，1998年他告诉我说："那时整个社会都讲奉献，许多比我年龄大的老同志每月工资没有我高，大家想的是如何为国家为人民作贡献，根本不计较个人得失，我一个月少了十几元钱照样生活快乐。"60年代初期，父亲由于工作成绩突出，上级决定奖励他两级工资，他坚决不要，僵持几个月父亲才妥协地同意增加一级工资。

2. 我家经历了 60 年代初国家的困难时期

60 年代初我国连续遭受严重的自然灾害，国家陷入了经济危机，我家也像其他许多普通教师家庭一样生活相当艰难，最突出的问题是粮食不够吃。父亲所在中学响应国家的号召，鼓励教职工利用房前屋后种植粮食和蔬菜。外婆到处打听种什么东西好，后来根据她的意见我们家种了茄子，结果获得了可观的收益，外婆还经常在下午带我和姐姐出校门到附近的菜地，看到有菜农收过的白菜地就走进去捡掉在田里的白菜帮子，有时候捡不到白菜帮子就挖留在土里的白菜根。每次去的时候一般是姐姐提着菜篮子，回来时篮子重了外婆就自己提回来。我来回都走在前面，见到熟人总是告诉他/她，"我们去地里捡白菜了"，"我们今天捡到好多白菜帮子"，而且满脸的自豪。

60 年代初正是我们长身体的关键阶段，由于缺乏足够的营养，我和姐姐经常生病。有一天姐姐发烧不止，父亲急忙把她送进医院，门诊部医生什么也不说就要我姐姐住院，住院后两天医生也不告诉病情，这可急坏了父亲母亲，第三天终于有一位医生开了口，"小妮的病很重，大概需要住院两个月花费 600 元才能治好，你们要有准备，如果没有钱就把孩子领走吧。"听到这句话父亲既心急又气愤，凭着早年在医院做护理的经验他不认为孩子的病有那么严重，于是他四处打听治疗这种病的药，不知道哪一天他看到一篇名为《为了 61 个阶级兄弟》的文章，文章说在北京东安市场买到的链霉素对抢救这 61 位阶级兄弟起了关键作用，母亲马上写信给北京的一位好友买到了这种药。北京的药寄来时姐姐已经脱离了危险，父亲就提前把她从医院接回家里打针喂药，几个月后姐姐的病基本好了，这时洛阳市总工会的 60 元救济金也到了，笼罩在我家近半年的乌云终于消散了。

那时我的父亲母亲每天吃进肚里的食品很少，但是工作起来一点也不受影响，他们经常是通过忘我的工作忘掉肚子的饥饿。有人知道了我父亲母亲的这个经验，也试着吃一点饭就马上写教案，结果还真的忘记了饥饿。有的老师问我父亲："你真的不饿？"父亲回答："要说一点儿不饿是不可能的，但是比起旧社会逃荒要饭时几天没有东西吃算不了什么。"父亲在旧社会受过苦，他热爱新中国，对于党的教育事业无比忠诚，所以他才会这样做。父亲的政治课条理清晰、声情并茂，很受学生欢迎，他的学生参加高考的政治得分在全市也是很高的，很快他就在回民中学和洛阳市出了名，从 1961 年起市教育局就经常组织同行听他的课，还派他到北京参加中学政治课研讨会。当时国家处于经济困难时期，规定公职人员一天内坐火车能到达目的地的就不要在火车上吃饭，父亲上车后什么东西也没有买，同路的旅客劝他吃点东西他婉言谢绝，直到30多个小时后下车时父亲才感到饥饿难忍、头昏眼花，一下车就倒在地上，很久才慢慢起来。

在困难的60年代初，外婆对我们姐弟的成长给予了极其重要的照料，很难想象没有外婆我和姐姐会怎样活下来。外婆出生于南阳县独山脚下一户姓冯的穷苦人家，16岁就嫁给了家境较好的新店英庄李姓人家，到英庄后她连着生了十多个女儿，最后生了一个男孩才停止生育，由于不停地生育孩子她在李家的日子并不好过，但在解放初也因地主婆受到批斗。我和姐姐至今记得外婆每天早早起来做饭，晚上总是安顿好我和姐姐才去睡觉，虽然平时吃的不好，但没有耽误过开饭要感谢外婆。尽管外婆没有上过学，但是她持家还是相当精明的，每天做什么饭她都会预先想好，上街前买什么东西和带多少钱她心里也非常明白，为了省钱她在买菜时总是问这问那，这样我们家里的生活在当时来说还算过得去。外婆喜欢我和姐姐，家里有点好吃的东西她总是留给我俩吃，她偶尔也给我们讲南阳独山的玉石玉器如何精美，南阳英庄的竹林如何茂盛，新店集市的场面如何热闹，外婆的故事常使我产生到南阳看一看的愿望。

那时父亲母亲不怎么"管"我和姐姐，使我和姐姐能自由地在回中校园玩耍。夏天，白天我一般到幼儿园听老师讲故事，同大家一起做游戏和唱歌，下午回来我很少在家里待着，要么到邻居小朋友家翻阅画册，要么一起到草地捉蚂蚱，星期天和好朋友在一起玩耍的内容更多，常常到了天黑还不回家，母亲或者外婆到处找我，但是她们找到我后从不严厉斥责。冬天，我喜欢和小朋友一起打雪仗，拿起一团团白雪互相投掷，看谁投的准投的多，有时大家也确定一个目标，比如一棵树，看谁能用雪团砸着某个树枝。那时我常常冻的小手红肿，但是从来不会在大人面前叫疼。偶尔，我和姐姐在家里也会安静地看看父母为我们买的小画册，甚至比画着画册里自己喜欢的动物。

父亲母亲平时同我和姐姐交谈不多，上街或外出很少带我们。但是，有一年夏天父亲回清丰老家带上了我，至今我还依稀保留着那次、也是我第一次回老家的印象。那年我同父亲回老家探望爷爷奶奶，从没有近距离见到猪、牛、羊的我，看见小猪就要抱，结果搞的一身脏；我到梅庄大姑家看到低矮的墙头和厨房就往上爬，结果差点摔下来。有的乡亲问我父亲"你的孩子怎么这样淘气"，父亲说"他没有来过咱老家，不知道农村啥样子，这是好奇！"在老家的两个星期父亲主动要求参加生产队的农业劳动，而且一个工分也不要。一天队长派我父亲看护即将成熟的玉米田，和他一起看玉米的小伙子随手掰了几穗玉米烤熟吃，父亲一脸严肃地说："都像你这样队里还收割什么？还怎么给大伙分？"

1963 年 7 月，我的弟弟出生了，那时毛主席的诗词"风雨送春归，飞雪迎春到，疑是悬崖百丈冰，犹有花枝俏"刚刚发表，父亲和母亲学习毛主席这首诗时，深为其革命乐观主义和革命浪漫主义精神所感染，于是决定给我弟弟起名为"飞"，希望孩子将来能够鹰击长空、飞入云端，为建设社会主义作出较大贡献，这也表明了父亲母亲对于我们姐弟的未来充满了信心和期望。1963 年姐姐上学了，1965 年我也上学了，我们就读的是洛阳市㵚河区新建小学，我和姐姐的学习成绩都不错，而且经常受到老师表扬，这对没有时间照管我们的父亲母亲是一个很大的安慰。记得小时候我和姐姐经常比赛，看谁的学习成绩好，看谁做好事受到的表扬多，有时也会为一些小事情争吵，我会为一些事情要父亲母亲评理，每到这时候父亲母亲总是要我讲清楚事情的来龙去脉，和我一起分析谁对谁错，最后让我自己向姐姐赔礼道歉或者要姐姐认错。父亲母亲的这种做法，对于我后来提高分析问题的能力有很大帮助，我也把这种方法运用到教育我的女儿身上，当女儿有事情问我时，一般情况下我也是先要她把事情说清楚，然后启发她比较几种方案/意见的长短，最后自己得出结论。

60 年代以后，我国思想政治领域的"左"倾愈发严重，阶级斗争气氛越来越浓，1964 年母亲被派到郊区参加"四清"，她曾竭力劝说工作组负责人不要将一位出身不好的农村基层干部"打倒"，这位农村干部暂时保住了，但母亲却被认为立场不坚定而影响了职务的升迁。父亲工作热情高，性格直率，经常代表基层的教职工给学校领导提意见，有人劝他提意见要看领导眼色，父亲说我做工会主席的职责就是反映群众意见，如果光看领导眼色那就干脆不说了，结果招致了个别领导的不满。有人多次告诉我父亲"你这样早晚要吃亏"，父亲依然按照他的处世原则办事。父亲和母亲虽然能够感受到单位和社会上的一些不公和邪恶，但是对于党的教育事业忠心耿耿，对于自己的行为无怨无悔，我的父亲后来在解释自己当时的心态时说："我们没有做过任何对不起党组织、对不起同志的事情，我们也没有什么个人私欲，谁想怎么着我也没有那么容易。"那时我还不懂得社会问题的复杂性，但是父母亲正直的为人却给了我积极的影响。

3. 母亲在"文化大革命"前期带我回老家接受"再教育"

1966 年 6 月正在洛阳郊区塔湾村指导"四清"的母亲突然被通知回原单位，工作组组长一本正经地说："我们查出骆喜悦有许多反党言论，现在被隔离审查，希望你明白问题的性质，同反革命分子骆喜悦划清界限。"母亲立即回答道："你们工作组到底依据哪些材料给他定性的？我同他在一起生活十多年了，我坚信他不是反革命分子。""文化大革命"初期的 1966—1967 年，我和姐姐已经有八九岁、十来岁了，对于当时开展的这场运动有了一些记忆。1966年秋开学后，我们就读的新建小学就不能正常上课了，老师经常读报纸、讲形势，有时候还做自我批评。最初我一点儿也不懂这是干什么，到后来，也就是年底的时候稍微懂了一点，知道从上到下有一帮坏人钻进了党和政府里，不听毛主席的话，反对毛主席，破坏我们的国家，要让群众回到旧社会，重新当牛做马，受地主资本家剥削和压迫。直到后来上大学，通过学习《中共中央关于建国以来党的若干历史问题的决议》，我才真正懂得了这场错误的"文化大革命"运动的性质和危害。

"文化大革命"初期，父母亲给我最深的印象，就是面对严峻的政治形势，他们的自信和坚定。那时父亲喜欢引用毛主席的名言"道路是曲折的，前途是光明的"、"我们的目的一定要达到，我们的目的一定能够达到"来激励自己。十多年后，父母亲曾给我讲过两个故事：一个母亲有两个女儿，大女儿卖布鞋，二女儿卖雨伞，而她每逢雨天就想大女儿，每逢晴天就想二女儿，结果她的脸老是愁云密布，后来换了个想法——即雨天想二女儿，晴天想大女儿，结果老是笑容满面。另一个故事是，一个制鞋商派两个推销员到非洲去作市场调查，两个人都见到非洲人打赤脚，一个泄气地说：他们都不穿鞋；另一个高兴地说：他们都没鞋穿。父母亲告诉我，若遇事总往好处想，就可以充满希望，增加勇气和克服困难的毅力，在克服一个又一个的困难之后取得成功，这就是有志者事竟成；若是遇事总往坏处想，也就失去了信心，失去了勇气，失去了力量，结果势必一事无成。当然，这里有一个前提，就是想问题必须一切从实际出发，干事情必须脚踏实地。父母亲认为这种思想方法值得向所有的人推广，特别值得向少年儿童推广，使他们从小就建立一个遇事总往好处想的思想方法。

党中央最初计划用一年左右时间搞"文化大革命"，但是进入1967年夏天后斗争越来越激烈，形势越来越严峻，丝毫没有结束的迹象。这时部分狂热的红卫兵到处游行示威，许多老干部被打倒，老科学家遭批判，先进模范受侮辱，地方党和政府机关难以工作，真是天下大乱。父亲被揪斗的频度不断加大，工作组给他戴的反革命帽子越来越高，有时候一个多月不让回家，有些原来同我家关系密切的教师、职工，甚至邻居也不敢同我家人说话，家里的气氛变得十分凝重。这种情况使我和姐姐两个原本天真活泼的孩子也无法忍受了，有时候我们冒险同前来挑衅的红卫兵争吵，谁如果说我们是"狗崽子"、"小反革命"，我们马上还击："你才是狗崽子"、"你是大反革命"。7月初父亲和母亲做出了让我们姐弟两个回清丰老家、弟弟随外婆回南阳老家的决定，而且马上付诸行动。

　　1967 年 7 月的一个炎热夏日，母亲带着我和姐姐回到了豫北平原上的清丰老家。我的老家在村里是一个很有声望的家庭，爷爷年轻时就知道很多社会道理，会做酒菜又懂礼式，远近十几里的人家遇到红白喜事或者家庭邻里纠纷都会请他前去处理，他 60 多岁时依然头脑清晰，身板硬朗，经常应邻家邀请帮人家出主意，解决生活中的难题。我的奶奶也是一个热心肠，喜欢助人为乐，谁家有了困难她总是前去宽慰，有时还送去一些东西。叔叔长期在生产队做会计，他从不占公家的便宜，总是尽量节省生产队的开支，给大家尽量多分粮分钱，保证了在正常年景下队里多数群众的生活稳定，这在当时是很不容易的。我的二姑是一个十分漂亮的小学教师，她非常喜欢小孩，每天总是早早到校，而且教学效果很好，临近小学常有人来听课，在村里有很好的声誉。

　　虽然这里也处在"文化大革命"运动中，墙壁上写的、喇叭里喊的也是"千万不要忘记阶级斗争！""誓死捍卫毛主席的无产阶级革命路线！""依靠贫下中农，打击地主富农坏分子！"但是村里没有我们在城市里感受到的那种紧张对立的气氛。乡亲、邻里之间还是非常友善的，农村劳动和生活的节奏也是比较缓慢的。在我和姐姐动身回老家前后，父母亲千叮咛万嘱咐，要我们孝敬爷爷奶奶、叔叔婶婶，勤劳俭朴，还要向贫下中农学习，同农民打成一片，积极参加劳动。牢记父亲母亲的教导，我来到清丰老家不久就适应了这里的生活和劳动，每天天刚明就同家里人一块起床，清扫院子，喂鸡喂猪，有时候还帮助奶奶生火做饭，不顾烟熏火燎拉风箱，家里人吃什么我也吃什么，一点儿照顾也不要。在外边，我每天上工的时候同大人一起下农田，干不了重活大活就干小活，自己一个人干不了就做别人的帮手，从来不嫌苦和累。夏天收割、打场、翻地、浇地、拣麦穗，秋天摘棉花、掰玉米、割谷子、种小麦。除了出工和大家一起劳动之外，我还利用清晨、中午和傍晚时间割草、积肥、捡柴或者放羊，差不多每天有十多个小时是在外面干活。母亲见我很快和农民子弟打成了一片，而且学会了农活很是高兴，经常用赞许的目光鼓励我。爷爷奶奶和左邻右舍的大人经常夸奖我，大人的夸奖又成为我进步的动力，我在感受幸福的同时，对于自己的要求就越来越高。

　　当时清丰的学校还没有完全停课，秋收之后的 10 月下旬我来到二姑任教的本村小学。在这好几天之前，奶奶拿出一块珍藏多年的蓝色粗布给我和姐姐每人逢制了一个书包，奶奶和爷爷叮嘱我爱护课本，学懂学透，还要帮助同学一块学习进步。老家小学的师资和校舍自然比洛阳小学的条件差的多，但是大半年没有听课学习的我来到课堂后感觉是非常好的，老师和同学都热情地欢迎我这个来自城市的新同学，老师还没有张口介绍同学们就拍起巴掌欢迎我了，我一时激动得不知如何是好，直到老师笑着要我坐下才恢复了平静。我与同学们很快就玩熟了，放学之后相约一起割草、捡柴、拾粪。到了冬天要做的农活不多，放学后可以开心的玩耍。我的大姑家在五里地之外的梅庄，大姑家里的人性格爽朗，他们特别喜欢我这个淘气的小亲戚，我每次去的时候都会专门给我做一些好吃的东西，我有空的时候常到梅庄大姑家里去玩。回到老家不到半年，我就跟当地的孩子一样了，而且也很快忘记了在洛阳时的烦恼，完全成了另外一个人似的。

母亲送我和姐姐回清丰时在老家也生活了一段时间。母亲出身于地主家庭，在当时的政治背景下总是虔诚地想有机会像普通劳动农民一样参加重体力劳动，借此改造自己的阶级立场和世界观，她完全是抱着一种接受贫下中农再教育的态度来参加生产队劳动的，干活非常卖力，脏活累活抢着干。七八月间农田里像蒸笼，加上母亲本身体质差，经常昏倒在田间地头，这时乡亲们心疼地劝我母亲休息一下就回家去，可是母亲略加休息后就又干起活来，一直到收工她才同大家一道回家。两个月后，母亲适应了老家的农活，身体也好了许多，掰玉米、运谷子、拉粪、种麦样样都做得不错，她担当起田间读报纸的任务，还主动同一块干活的农民谈心，询问他们对于自己劳动表现的看法、了解他们对于农村生产和政治形势的意见，还写成学习心得保存下来。母亲临别时，生产队给她的表现做出了鉴定："李成芬同志尊重贫下中农，同群众打成一片，劳动不怕苦不怕累，积极参加队里学习毛泽东思想的各项活动，念报纸、讲毛选，深受贫下中农欢迎。"

母亲这次在清丰老家待了半年就回洛阳继续参加运动了，回到洛阳后她还到北京等地"串联"，同外地师生交流学习毛泽东思想的经验，母亲在洛阳对于危难中的父亲自然有了很大的安慰和照顾。我和姐姐一直在老家待到1969年7月份，那时母亲来接我和姐姐了。两年的农村生活，使我躲过了在城市里没有学校可上和受侮辱、遭袭击的危险，使我亲身体验到了占中国80%以上人口的农民的劳动、农民的生活和农民的思想，这对我一生的影响都是巨大的。那时我已经有了比较清晰的思辨能力和比较持久的记忆能力，至今我记得敬爱的爷爷奶奶、叔叔婶婶、两个姑姑和两个姑父勤劳、善良、厚道的音容笑貌，记得寒冬腊月、酷暑盛夏同乡亲们在一起劳动的场面，记得同增民、守功、生堂、得宝、培欣等小伙伴一起玩耍逗乐的情形，记得到梅庄、朱楼走亲戚和到城关、柳格、双庙赶集的景象。看到"文化大革命"中派别激烈的冲突、少数人丑恶的行为和城乡巨大的差异，也使我对社会的复杂性有了一点点认识。

4. 我在"文化大革命"后期回洛阳上学、做钳工、当羊倌和考大学

中共中央开过了"九大"之后，全国动乱的形势有所缓和，中小学开始

"复课闹革命"。这时父亲依然是回中的重点斗争对象，学生返校了但他不能上课，而母亲担任了地理和农业基础知识课的教学工作。我回到洛阳后继续在新建小学上学，赶上学制由六年改为五年和在春季招生，我被编在五连一排（仿照部队建制编班），跟我同桌的一个女同学是军队干部的女儿，性格活泼，说话温和，待我非常友好，有时还送给我一些当时只有在部队大院才能买得到的文具，这也引起了个别同学的妒忌。有几个同学知道我父亲挨斗，就在班里宣扬我是资产阶级知识分子的后代，最令我气愤的是有的老师也在班里说我没有同反动家庭划清界限，鼓动同学批判我，这使我感到非常郁闷。母亲知道情况后，非常坚定地说："你父亲是个共产党员，他过去为人民立过功，决没有什么罪行，你要团结品行好的同学，不要惧怕那些胡言乱语。"

有几次放学回家的路上个别同学结伙欺负我，抢我的书包，我毫无畏惧地同他们打斗。一次一个部队干部的子弟，自恃个子高和有帮手就在我回家的路上夺我的书包，我在一个好同学的帮助下冲上前去把他撞倒在地，这个同学害怕的爬起来就往家里跑，我一口气追了两里地来到他家所在的部队门口，后面还跟着七八个同学。哨兵挡住我问为什么追到这里，我大声呼喊："某某是坏蛋，某某是胆小鬼。他抢我的东西，他不配做解放军子弟。"一会儿，一个干部模样的军人来到门口向我表示了一定要某某的父亲惩罚他的孩子，我和同学们才兴高采烈地散伙。这件事情传到学校，班主任钱老师在班里批评我竟然冲击解放军大院，但是同学们却在座位上窃窃私语，那个部队干部子弟红了脸低了头，自此，班级和学校没有人敢欺负我了。

1971年2月我走进了洛阳市第十三中学，这是一所在当地很有名望的完全中学（"文化大革命"前是省级重点中学洛阳市第一高级中学，80年代恢复洛阳一高校名和省级重点中学），师资力量强，图书设备多。我刚到十三中时编班为五连二十三排（初中一年级三班），班主任赵金铎老师、数学焦东武老师、政治杨根德老师、英语秦加民老师都是很棒的老师，我听他们讲课觉得非常开智，明显地感到自己的知识每天都在长进，思想变得越来越活跃，在老师的启发诱导下产生了建设美好祖国、解放全人类的理想。小学时我的语文基础较好，在十三中我开始喜欢政、史、地，上初二后偶尔也写大字报表达自己对于运动的思考，回到家里也喜欢谈论政治，对此父亲母亲感到不安，身受政治运动之害的父母担心我将来也遭受政治之害，有意无意地劝我多学历史、地理，他们还鼓励文科基础较好的姐姐在数理化方面多下工夫。不过，在当时我们父母子女之间并没有深入具体地讨论过将来学习什么专业的问题。因为，那时候上大学实行的是推荐制，即由工农业和部队基层单位根据本人出身、政治表现、知识基础等条件推荐、地方革命委员会审查，高校定额招收学员，我父亲是批斗对象，其子女根本不可能上大学。

70 年代初"读书无用论"泛滥，不少家长认为孩子应该早工作早做"劳动者"，大多数初中毕业、有些甚至小学没有毕业就流落到社会，或者做临时工，或者上山下乡到农村。我的父母亲则坚信科学文化是有用的，有意或无意中要我们姐弟几个读书学习，父亲翻出"文化大革命"初期没有被"处理"掉的历史知识、社会知识读本给我们看，父亲还专门到书店为我们姐弟买了刚出版的《十万个为什么》。邓小平同志出来工作后抓教育和科学，学校教学秩序有所好转，十三中在洛阳市第一批恢复了高中教学，我的父母亲毫不犹豫地选择了送孩子读高中，这样姐姐和我先后在十三中上了高中。1973 年春天父亲的所谓政治问题初步得到纠正，调到洛阳市第二十五中学工作，一年后母亲也调到第二十五中学工作，我则转学到第二十五中学隔壁的洛阳市第二十中学读书。1975 年元月，周总理在四届人大第一次会议上描绘了实现四个现代化的宏伟蓝图，父亲母亲多次同我和姐姐一起读报讨论，全家一致认为科学技术在建设国家中的作用将越来越重要，父亲还预言将来有科学知识的人肯定受到尊敬，勉励我和姐姐努力学好功课。前些年由于父亲受到迫害，我一直没有申请加入共青团组织，这时父亲很关心我的组织问题，要求我力争在高中毕业前参加共青团组织。终于，我在毕业前夕加入了团组织，而且在全校大会上代表新团员作了发言。

姐姐 1974 年 4 月高中毕业后到新安县插队落户，我 1975 年 7 月毕业后留在了洛阳市，但是找工作却是一件比登天还难的事情，我只好先回老家参加农业劳动。当时请客送礼、开后门办事已经流行，我的父亲母亲对这种现象十分反感，从来不去求人帮忙。年底我回洛阳时恰好二十五中校办工厂有临时工指标，我就在这里当了几个月钳工学徒，后来到洛北饭店、东方红饭店刷碗和放羊。父亲母亲见我有了工作十分高兴，要我做好每一项工作，决不能马虎了事。有一次我在洛北饭店收拾碗碟时见到熟人有点害羞，结果把十几个盘子都摔碎了，父亲知道后说他年轻时讨饭给人家当过跑堂的，做这种工作不应该感到丢人。我在东方红饭店时，每隔十天左右要到李村乡去买活羊，买到羊后从 20 里外带回饭店。然后，饭店每天宰杀两三只羊做羊肉汤，我则要同另外一个临时工到洛河滩放羊，保证活着的羊每天吃草喝水。我差不多有一年多的时间是在东方红当羊倌，每天都是十来个小时在外奔波，但有好处是可以在饭店里面吃饭，烧饼半价（原价 5 分），羊肉汤随便喝（原价 1 毛），每月有十四五元的收入。这时候外婆和弟弟也从南阳回来了，每月我有一些收入，自然全家人都高兴。

1976 年是共和国历史上非常沉重的一年，年初敬爱的周总理去世；他的逝世引起了各地干群长时间的深切悲痛，送花圈、写赞歌成了大家表达心情的一种普遍形式，我们全家都写过悼念周总理的小诗。"四人帮"欺骗毛主席，把天安门广场群众悼念周总理定性为"反革命事件"，邓小平再次被打倒，阶级斗争的气氛骤然上升。7月洛阳的天气炎热无比，朱德委员长去世了，唐山发生了大地震。9月开学不久，传来了伟大领袖毛主席逝世的消息，我们全家顿时感到天塌下来一般，对于祖国的命运十分忧虑，忍不住失声痛哭。怀着对毛主席的无比热爱和万分敬仰，在一个多月的时间里我们全家几乎参加了二十五中学悼念毛主席的所有活动，守灵、纪念会、歌颂会、学习会、追悼会都悉数参加，写诗歌、写文章、抄大字报以及到街道、工厂、商店、郊区宣传毛主席的丰功伟绩。父亲在这些活动中表现得非常积极，写了不少很有水平的诗歌，在他思想深处毛主席是把他从苦海里救出来的大救星，他要用自己的诗文表达对毛主席的感恩。

10月中央打倒了"四人帮"，全国人民欢天喜地，我们全家人和洛阳市民一样上街敲锣打鼓。秋冬时节我在洛河滩放羊的空档，常常躺在草地上一边晒太阳，一边仔细阅读《人民日报》、《河南日报》上的文章，思索着自己和祖国的未来。邓小平同志再次恢复领导工作后亲自抓科学和教育，他力排众议决定改革工农兵推荐上大学的做法，9月份恢复高考的消息传到洛阳，北京的张叔叔来信告诉我们这是真的，父亲马上写信告诉在农村插队的姐姐。10月《人民日报》发布了恢复高考的消息，父亲要我辞掉工作，全力复习迎考。11月份姐姐回洛阳了，父母在开封师范学院的老同学寄来了新编的高考复习资料，我们投入了紧张、愉快的复习活动。那次高考规定政治、语文、数学必考，其他选考两门。虽然父亲恢复上课资格时间不长，但是他非常投入，加上原有的教学素质，很快又成了出色的政治教师，高考前夕找他辅导的学生很多，只要有人来问他就热情回答。眼看没有几天就要考试了，在母亲的干预下父亲答应第二天上午辅导我和姐姐，可是第二天早饭刚吃过，父母一个老同事的三个儿子从郊区的洛阳地区师范学校来到我家里，父亲笑脸相迎，答应马上辅导。为此，我提醒父亲今天应该辅导我和姐姐，父亲说人家三个老远来了，不能让人家等着。没有别的办法，父亲就要我们五个人一起听他辅导。结果，这次辅导对我们几个都起了作用，三个月后五人中四个人走进了大学的殿堂；过了半年，我的姐姐也考入了一个名牌大学。

5. 我在开封上大学生期间父母亲的关心和教育

1978年春节前夕，我接到了河南大学的录取通知书，全家人异常高兴，父亲母亲要我马上给老家和其他亲友写信，让那些关心我们的亲友分享快乐。父亲买到两本王通讯等编写的《成才之路》，送给我和姐姐一人一本，鼓励我们认真阅读，努力成为建设祖国的栋梁之才。一天晚上，父亲母亲回忆起他们上大学时的一些往事，母亲说自己在开封几年从没有专门上街买过东西，只要有时间就是学习，图书馆是她最喜欢去的地方。我问河南大学图书馆在校园那个位置，里面是个什么样子，母亲一一作答。父亲讲起河大礼堂非常兴奋，说那是个"文物"，当年在中南五省高校是最好的礼堂。他们还讲起老河大学生刻苦学习、报效祖国的光荣传统，举例说明当年的同学已经在教育、文化等领域取得的成就，我听的非常入神。

3月初中共中央、国务院召开了全国科学大会，郭沫若同志发表了热情洋溢的《科学的春天》，新一届党中央采取了许多方针政策促进科学和教育发展，上大学成为适龄青年最荣耀的事情。我作为"文化大革命"后第一届大学生心里自然感到自豪，说话常带一点"豪言壮语"，对此父亲母亲一方面鼓励我应该有雄心壮志，另一方面又不能骄傲自负。父亲反复说："考上大学只是万里长征第一步，今后要走的路还长着呢。"3月5日父亲、母亲、姐姐等送我到洛阳东火车站，在火车上父亲和我讨论《科学的春天》的意义，鼓励我在大学期间努力学习，掌握建设祖国的本领。为了不影响工作，父亲到开封的第二天就回洛阳了，几天后他给我来信①再次表达了爱子之情和关注之事：

　　风：你走后家里像是塌了半个天，总是觉得空荡荡的。真是在家吵你，出门念你，端起碗想起你，天一冷又想起你，你妈一有空就念叨你。你走前虽说对你再三叮嘱，但总觉得还有未尽之意。因此，再说几句：

　　你学的是政治，政治是阶级对阶级的斗争，阶级斗争是大风大浪。你就在风口浪尖上。你是学搞意识形态的，意识形态领域反应是最灵敏的。它是政治风云的晴雨表。你将来就是这个仪表的管理员。政治是严肃的，十分严肃的，它要求人们以十分严肃的态度对待它。倘若谁要漫不经心、轻率马虎或书生气十足，那是要吃大亏的。这一方面是你锻炼的好场所，另一方面也是比较容易跌跤的地方。为了使你更好的成长，从根本上讲是准确地完整地领会和掌握毛泽东思想体系，牢固地树立无产阶级的世界观。同时还必须有一个好的作风，一言一行，一举一动都要严肃认真，一丝不苟；而不能信口开河，胡言乱语。要像阿庆嫂那样眼观六路，耳听八方，胆大心细，遇事不慌，说起话来滴水不漏。如其不然，将是一失足成千古恨……此其一。

　　一定要团结大多数人，包括和自己意见不同的人。要严丁律己，宽以待人。要对人以尊，待人以诚，要有甘当小学生精神，且不可傲慢狂妄。

---

①　为了节省篇幅，本章引用的信件开头称呼后紧接正文，末尾紧接署名和日期，后同。

不要要求别人十全十美，"金要赤足，人要完人"是形而上学的。对师院的几个叔叔要多帮忙少找麻烦，对李育强、寇艳玲也要虚心学习，尽力帮助。此其二。

事物在运动，科学无顶峰，学习无止境。无论什么时候都不应该满足，满足则停滞，停滞则倒退，倒退则毁灭。毛主席说："学习的敌人是自己的满足。"这一点应该永远作为座右铭。此其三。

学生生活是紧张的，越紧张越要注意锻炼和休息。做到"文武之道，一张一弛"。不能弛而不张，也不能张而不弛。特别是你原来体质较差更应注意锻炼身体。切！切！！切！！！此其四。

关于花钱，总的原则是一切从俭。可花可不花的钱一定不花，可买可不买的东西一定不买。这一方面是因为咱家现在经济很紧张，更重要的是要你从小养成一个艰苦朴素的优良作风。但是非花不可的钱还是要花，非买不可的东西还是要买，特别是学习和吃饭方面。只要你急需的，要钱有钱，要粮有粮，要多有多，要少有少，随要随寄，全力支持你。此其五。

你所要的毛选五卷和十一大文件今天寄去。其余东西有机会就捎去，如很急需你就在开封买算了。

父母 1978 年 3 月 14 日

收到父亲母亲的来信，我连看了三遍。虽然有些地方我还不十分理解，但是父亲母亲的用意我是清楚的。遵照父亲母亲的教导，我读书非常用功，我知道政治的严肃性，对于所学内容总是尽量"弄懂弄通"。70 年代末期，老师给第一届大学生上课的内容还没有成为公开出版的教科书，适合大学生阅读的参考书籍很少，同学们普遍重视记笔记。我这一届大学生有不少是"文化大革命"前的"老三届"高中毕业生，他们年龄要比像我这样的二十来岁的"新生代"（按照现在标准还不是应届毕业生）大十来岁，他们的文化知识基础好，笔记记得非常清楚，而我第一学期开始的时候学习还没有入门，经常记不上笔记，为此经常在课后找这些大哥大姐补笔记。我所在的政教系一班一组组长于金森是一位年龄较长的女转业军人，曾经做过济南军区某部通讯连班长，她的字迹娟秀，为人热情，我经常转抄她的笔记。我把这些情况写信告诉父亲母亲时，他们支持我这种做法，母亲说记笔记是大学学习的重要一环，还给我介绍她记笔记的经验。

70 年代末期是一个解放思想、拨乱反正的年代。《光明日报》特约评论员的《实践是检验真理的唯一标准》在全国引起了极大的反响，我在大学里也经常与同学们讨论"十次路线斗争"、"'文化大革命'的惨痛教训"、"对立统一"、"否定之否定"等话题。寒暑假回到洛阳，我把学校讨论的问题告诉父亲和母亲。有时我在河南大学校园也会把自己的最新思想写信汇报给两位老人，有一次我写信对父亲的一个观点提出了不同看法，父亲马上回信："看了你的来信感到格外高兴，因为你对大人弊病的分析确实太中肯了，简直是一针见血，入木三分，一语破的，切中要害。由于你分析的入情入理，恰如其分，所以大人欣然同意，受之为快。"这对我是一个很大的鼓励，此后我同父亲的通信和交谈不断增多，表示自己独立见解的倾向也越来越强。

我和姐姐1978年考入大学后，我的弟弟在1980年也考上了南京的一所大学，在70年代末80年代初那个刚刚恢复高考制度的年代，一个家庭的几个孩子都考上大学是一件令人羡慕的事情。不少家长慕名到我家来取经，父亲总是说："我们家的大人没有什么能耐，孩子只有努力学习了。"意思是说关键在于调动孩子学习的自觉性。大概就是从这个时候起，父亲母亲对于我们三个孩子的教育更重视了。此前由于种种原因，我的父亲母亲或者工作繁忙、或者被错误批斗，对于我们姐弟三个的直接教育并不多。现在父亲母亲的工作和家庭生活都比较稳定了，想到我们三个都考上了大学，他们的心情十分舒畅和振奋，经常给远在外地的我们写信，询问我们的学习、品德、健康等情况，表达他们的关切和意见。大学期间，父亲母亲差不多每个月给我写一封信，有时候达到了两周一封信。记得大三时我写信征求申请入党的意见，父亲很快回信："关于写入党申请书一事，我看还是要写，因为这本身就是要求进步的表现，当然最主要的还是用实际行动来填写自己的入党志愿书。同时这本身也是对自己的一种鞭策，鞭策自己处处以无产阶级先锋战士的标准严格要求。至于对别人不可苛求，'人无完人，金无足赤'嘛，像书本上和电影上描写的那样'高大完美'的英雄人物在现实生活中是没有的。你有啥具体想法，可再来信或国庆节回来时详细交换意见。"

我们姐弟三个人在外地读书期间父亲母亲面临前所未有的经济压力，这是因为不仅我们三个孩子要花很多的钱，而且爷爷奶奶和外婆都年事已高，经常生病，父亲母亲探望他们和往老家寄钱需要很多的支出。由于经济紧张，父亲母亲多年没有增添一件新衣服，吃饭是最低的"不饿着就行了"的标准，房间里没有一件像样的家具。别人到市里开会总要吃一顿饭或者买点东西吃，但我父亲出去开会一分钱也不肯花。有一年父亲到涧西参加高考改卷，一连五天没有花一分钱，只是最后一天改卷结束时集体看电影，他才花了2分钱的存车费。但是，假期我们几个孩子回来后，母亲总是设法改善生活，让我们吃的好一些，有一年暑假母亲还设法从部队的小卖部里买回4丈多蓝色咔叽布，给我们三个孩子每人缝制了一件半大的长棉衣。还有一次我给父母亲去信汇报自己的情况，父亲回信说："来信谈及锻炼身体和学校伙食的情况，这些正是大人首先关心的。学习固然不可放松，但健康第一学习第二的原则在任何时候都必须坚持；一个铜板固然不可浪费，但在可能的条件下还是应该注意增加营养。这些看来似乎是矛盾的，实际又是统一的。因为身体是'留得青山在，不怕没柴烧'嘛，丢了这个老本一切将化为泡影，一切皆付诸东流，'十年之功，废于一旦'，这是大人拿血换来的沉痛教训，望你切实记取。"

6. 父母亲帮助我奠定事业和生活的基础

1982年元月我从河南大学政教系毕业分配到洛阳师范学院任教，我姐姐则在半年后分配到了西安某高校工作，每到寒暑假我们都回洛阳父母身边生活。我的父母亲一向工作负责，过度的操劳和长期的营养欠缺，使他们显得有些苍老。目睹父亲母亲面色疲倦、身体欠佳的情况，我和姐姐心里非常难过，我们一方面劝他们注意休息，不要过于操劳，另一方面尽量承担家务劳动，回到家里时常买一些肉菜，改善家庭生活水平。一天应我的要求专门开了家庭会议，建议父亲母亲注意休息，但是他们说，现在国家需要大量有科学文化知识的人才，我们身为教师不能不努力工作，再说你们两个大学毕业了，可以少为你们操心了，你们也不必为我们过于担忧。一年后父亲被调入洛阳市教育学院马列主义教研室，他每天早上7点刚过就骑自行车到教育学院上课，下午5点多回来后吃过饭还要备课，常常到深夜在我睡了两三个小时后才结束工作。当年秋季，洛阳教育学院联合其他高校为洛阳驻军某部举行师团职干部培训班，父亲担任了政治经济学主讲教师，由于他讲课概念清晰、语言幽默，学员们都听得津津有味，结业时取得了满意的成绩。有个师职干部学员问我父亲是从那一个（著名）大学来的，父亲说他是从一个中学调来的，这个学员感到非常惊讶，他说真不敢相信骆老师原来是中学教师。

父亲母亲努力工作的精神对我有很大的感染，我到洛阳师范学院之后对工作是非常投入的，每天听课备课，参加各种业务和政治学习，还有领导布置的一些临时任务也都认真完成。最初，我被安排在马列主义教研室哲学教研组工作，准备了两个月就在老教师指导下试讲哲学公共课，试讲过后从5月份开始正式参加哲学教研组的教学工作，辅导学生上课，组织学生复习和批阅试卷，为在9月份新学年开始后承担三个专业的哲学公共课准备。而在这时马列主义教研室教育学心理学教研组的负责人听说我曾经考过教育学研究生，就通过教研室领导向我表示希望我转任教育学公共课教师，当时我对教育学了解甚少不敢答应，但是我也开始听教育学公共课，同父母和其他亲友商量这件事。父亲母亲以自己的工作经历告诫我，在考虑工作的时候不仅要考虑自己能不能干，还要考虑单位的需要，年轻人应该勇挑重担，至少应该试一下看行不行，不能有为难情绪。暑期别人都休息了，我却借到了能够借到的所有教育学书籍，一边阅读一边试着写教案，就这样度过了参加工作后的第一个暑假。9月开学后，教育学心理学教研组负责人带我出差，先后到徐州师院、曲阜师院、烟台师院、辽宁师院、东北师大、哈尔滨师大、北京师大等高校的教育学系或教育心理教研室取经，找到不少教学辅导材料，就这样我逐渐走上了教育学公共课教师的岗位。

我在参加工作之初，向父亲母亲请教过如何当好教师的问题。父亲母亲讲得最多的是要有认真的态度，父亲常用毛主席的话"世界上怕就怕认真二字，共产党就最讲认真"激励自己和儿子。母亲告诉我，父亲备课总是力争吃透教材，对教材中的每句话甚至每个字都要查清问明，为了查清某一个资料，翻遍了自己所有词典和教科书，为了弄清某一个疑点，有时夜里备课直到天明。写教案时总是经过深思熟虑再下笔，草稿写完后再字斟句酌，再三推敲，反复修改，力争把每个论点、每个论据、每个论证过程都写得正确、明确、准确、完整、有序才定稿，正因为备课时钻得深，吃得透，记得熟，所以他讲课从来不用再看教案就可以脱口而出地讲出来，而且讲得准确、清楚、精练，易懂好记。母亲还告诉我，父亲改卷子都是一个字一个字抠的，遇到字迹潦草的卷子总是远看看近看看，左看看右看看，白天对着太阳看，夜里照着电灯看，再看不清，就叫别人来看，或找到答那张卷子的学生来念，直到看清弄准才给分；父亲当班主任经常深入学生，对每个学生的个性特点，抓得准，摸得透，画得像，每次给学生下操行评语时，总是当众念给学生听，念时只念评语，不念名字，学生一听便知是谁。父亲母亲的行为给我树立了榜样，我做工作同样认真，写完教案后总是反复修改和补充，直到上课前还不满足。

80年代中期，我和姐姐都已经到了谈婚论嫁的年龄，这时父母自然对于我们的婚姻问题关心多了起来。其实三四年前我们在大学三四年级时，父亲母亲就同我们谈论过婚嫁问题，那时教育部的政策是不允许在校大学生谈恋爱，但父亲认为只要不影响学习交个异性朋友也无妨，当然他强调恋爱是一件严肃的事情，决不能随意结交异性朋友。由于父母亲的态度非常开明，我和姐姐在恋爱方面的"活思想"、"新情况"都愿意向他们诉说。我参加工作后的几年间，同父亲母亲先后讨论过"婚姻与事业的关系"、"理想伴侣的标准"、"新时期恋爱的道德"等问题，父亲母亲主张婚姻应当由当事人自主，他们会尊重子女的选择；父亲母亲认为不能把相貌和财产当作理想伴侣的主要标准，应当把思想道德放在第一位。他们不仅讲了"婚恋基本理论"，还举出许多活生生的例子，使我和姐姐正式谈恋爱之前就形成了正确的婚恋观。

父亲母亲希望我们适时解决婚姻问题，1985年见我们谈恋爱的步伐缓慢，就专门托信得过的多位同事为我们介绍对象，我把这称作"发动群众打人民战争"。后来，为我介绍女朋友的熟人增多，我还和家里人商量"最佳配偶的标准"，根据自己和家庭实际重点考虑在洛阳市从事医务工作的女医生。恰好父亲的一个同事的妻子介绍了一位在中医院工作的女医生，我们两个经过将近一年的接触感到不错，在双方父母的支持下1986年年初走进了婚姻的殿堂。

结婚不久，我的妻子就怀孕了。当时我毫无思想准备，对于要不要保住这个胎儿，我和妻子心里都非常矛盾。那时我从事教育学公共课教学已经四年，开始做一些中小学德育方面的研究，有志于为我国的教育改革和发展贡献力量，我想报考研究生，学校也打算派我出外进修，我很担忧如果有了孩子怎么照顾。父亲母亲看出我和妻子的忧虑，就找到在洛阳市第二人民医院工作的老朋友孙丰年大夫咨询儿媳妇的身体情况是否有利于胎儿的发育，还通过查阅资料弄清了其他问题，于是明确建议儿子和儿媳妇应该保住胎儿。母亲告诉我们，如果第一次怀孕就做流产说不定会妨碍以后的怀孕和生育，既然孩子已经有了小生命就应该珍惜；父亲说你们现在的年龄也接近三十岁了，不是很年轻的夫妻了，现在孩子生下来就带，过几年孩子大了你们管教孩子的负担也轻了，那个时候正好做事业。父亲母亲还主动同亲家两位老人商量，最终帮助我们下决心。暑期妻子已是大腹便便，我到洛阳市几家书店买了能买到的五本家庭教育书籍，利用闲暇时间阅读，为教育孩子做一些知识上的准备，这也可以说是我学习和研究家庭教育的开端。

1986年10月我的宝贝女儿在洛阳纱厂医院（现白马集团医院）出生了，当我第一眼看到她那红扑扑的小脸时激动得亲来亲去，我的父亲母亲和岳父岳母在一旁也高兴地乐开了花，用不同的方式为孩子的到来祝福。高兴归高兴，但照顾新生儿绝不是一件轻松的事情，我所在的洛阳师院离纱厂医院有六七里路，当时已是经常刮大风的深秋，除了学校有课我每天都骑车到医院看望孩子，换洗尿布，还为女儿和妻子买吃的东西。母亲和岳母知道喂养新生儿的辛苦，就经常到医院照顾，减少了妻子和我的劳累。出了医院，妻子因为身体不好既没有奶水可喂，也不能长时间照料女儿，我和父母亲的负担更重了。而在这时学校为我联系出外进修的通知书到了，我在犹豫两星期后只好拿到家庭会议上讨论。妻子没有发表明确的意见，显然她不想让我在这个困难时刻离开她和孩子；父亲说既然学校安排你出去进修，就应该克服家庭困难按时前往；母亲说正在和邻居陈老太太商量，只好请人帮助照顾孩子了。就这样，最终形成了让我按时前往南京进修的决定。

1987年2月我来到了美丽的南京师范大学校园，肩负着学校和家庭的双重重托开始了进修生活。南京师范大学教育系的学术梯队力量很强，教育学方面有鲁洁、班华等名家，心理学方面有高觉敷、刘恩久等大师，我除了系统地听研究生、本科生的五门课程之外，还经常参加系里的学术活动，单独请教班华、刘恩久、刁培锷等老师，并结识了博士研究生刘翔平、沈荷永。教育系办公室主任胡建华和教务管理员钱丽艳看到我学习非常用功，还在晚上使用自习室等许多方面给我以方便。每到周一和周四我都要到教育系办公室打开进修教师信箱，查看有没有亲人的来信。那年五一南京下了大雪，我不慎患了重感冒，连续几天头痛难忍。5月9日收到母亲来信，母亲在信中具体介绍了家里的情况，使我的病一下子轻了许多。

　　风：孩子越来越能了，现在已能和人挥手再见了。只是晚上睡的太晚，有时夜里还闹人，昨天夜里就闹了两阵，1点多闹到2点多，4点多闹到5点多，我还以为孩子哪里不舒适了，因我上午4节课，早早就去学校了，回来后陈老太太说孩子精神很好，没有毛病。我看孩子就是很好，我和你爸才放心了。原来陈老太太不在咱家时，主要是我照护孩子，现在你父亲也得照护，因为孩子会动了，一会儿也离不开人，如离开人，万一从床上掉下来怎么办？所以你爸每天用到孩子身上四五个小时，我用的时间就无法计算了。光晚上就不知花多少时间，每天晚上几乎都是12点时她才睡觉，晚上她的精神特别好，她不睡就得陪着，她睡着了还得操心给盖暖和，因她一醒就把被子蹬跑了。她现在奶已喝俗了，每天得给做有香味的饭吃，喂一次饭就得半小时，中间还得在火上温五六次。

　　给我买衣服的事，有适合的买（尺寸是62的），没合适的先不买，再过些时，夏季衣服可能就多了，到那时如果还没合适的就不要买了。本来牡丹花会时有两个展销市场，其中一个是上海产品展销，展销时间长达20多天，我每天乘车路过，但从未下车看过一眼，根本顾不上去看，现已撤掉。

　　你叔叔给孩子寄来棉衣、裤子，你二姑来信说她又给孩子做了棉衣准备寄来，她还说等你从南京回来在郑州拐到老家看看，因你爷爷卧床不起已有半年了，很想你们，你父亲已给你二姑写信说一定把她的意思转告给你。望你给老家写个信。

妈妈 1987 年 5 月 4 日

家庭的全力支持给了我很大的鼓舞，使我能够集中精力地学习和思考问题，在南京师大教育系班华等教授的指导下取得了一些成绩，开始走上教学与科研相结合的道路。当年我在《教育研究》发表了《教师职业信念形成过程的调查研究》，这篇研究报告受到国家教委副主任彭珮云同志的赞赏，还在河南省教委组织的高校科研成果评选中获奖。

7. 父母亲退休后同我一起探讨家庭教育问题

我从南京回到洛阳师院后母亲已经调动到洛阳市第二十一中学工作，正好赶上了教育局组织的评职称工作，被评为中学高级教师，父亲在洛阳大学被评为副教授，那个时候副教授和高级教师所占比例极少，我所在的师范学院教师中有高级职称者不到十分之一。不久我们家也迁到了洛阳大学的新楼，辛劳了大半辈子的父母亲得到了一点安慰。父亲母亲把获得高级职称当作工作的新动力，更加认真备课上课，1988 年母亲代表洛阳市教育局参加全省历史课教学研究活动，编写了两章的辅导材料。父亲被洛阳大学派出参加全国地方高校马列主义课教学研究会议，他的发言为洛阳大学赢得了荣誉，1989 年再次被同志们评为优秀共产党员。看到父亲母亲认真负责的行为，我很受感动，不顾进修回来的疲劳和疾病，投入了紧张的教学和科研工作，撰写了《论我国学校德育内容的改革》等论文，在《河南师范大学学报》、《普教研究》等刊物上发表。最初我的文章写出初稿后总是要给父亲看一看，父亲非常认真地对待我的作品，从宏观上把握论文的方向，提出一些有益的见解，母亲偶尔也会看我写的论文，提出建议。当然，父母亲都非常谦虚，提意见时总是郑重申明自己是外行，所提意见仅供参考。

看到我在教育科研方面取得了成绩，父亲母亲非常高兴，他们劝我注意积累知识，不能急于求成。我的父亲从他几十年的学习和工作实践中认识到积累知识的重要性，无论读书看报、听课开会、参观游览、上街购物、观灯看戏、学功练拳、探亲访友，他都努力做到手不离笔，笔不离纸，处处留心，时时注意，只要偶有所得，哪怕是一句话、一个词，甚至一个字都要随手记下来，若有疑点，就及时查资料，而且一查到底，直到弄清为止。父亲曾经让我看了他近十年坚持记录每天所见所闻所思的"成果"：《拾零》5 本、《拾贝》2 本、《洛阳》2 本、《桑榆》1 本、《花》1 本、《戏曲》3 本、《太极》1 本、《字辨》2 本、《历史》1 本、《旅游》1 本、《别名》1 本、《生字》1 本、《来复》1 本，等等。父亲的这些本子有 32 开的，有 64 开的，还有更小的，每个本子的纸张和厚薄不一，但都非常整齐，每个本子上都写着名称和起讫年月，这样用起来十分方便。我在南京师大进修期间就积累了一些材料，学着父亲的做法，我把纸张较大的资料分成几个大类，每个大类中又分若干小类，装入文件袋写上名称和时间。

我回到洛阳后，由于大部分时间用于教学和科研并没有减少父母带小孙女方面的劳累，他们每天依然花费很多时间给孩子喂奶喂水、把屎擦尿。不过，我的孩子很乖，平时只要不生病不饿着，她是不会闹人的，小嘴也很巧，刚过一岁就能说很多话，有时还提一些新鲜的问题，两岁多就能唱歌，使我父亲母亲感到非常的高兴。只是孩子的胆子比较小，遇到生人就不说话了，即使客人给她珍贵的礼物也不多言。这该怎么办呢？父亲母亲有点着急，他们认为如果孩子长大了还是这样胆小肯定是成不了才的。最初我们在父亲家里鼓励孩子大胆一些，让孩子和客人说话，但是效果不明显。后来我就和父亲母亲、岳父岳母协商，让孩子轮流经常在这三个都有亲人的家里生活，感受和适应不同的环境，孩子很高兴，说话多了起来。我和妻子还带女儿到她姨奶家、到其他亲友家里、到百货大楼和西工游园等公共场所，经过一年多的"串门训练"，女儿不认生了，胆子大了，性格开朗了。我和家人初尝"科学育儿"的功效，研究家庭教育的兴趣更浓了。

　　1989 年和 1990 年，我的母亲和父亲先后从工作岗位上退离休，他们和小孙女在家里一起生活的时间多了，父亲母亲从此更用心教育小孙女了。当时报纸上有不少讨论独生子女特点与教育方法的文章，父亲母亲都很注意阅读，有时同我谈谈他们的看法。父亲认为现在生活条件好了，但是艰苦奋斗的作风不能丢，父亲还引用古诗"自古英雄多磨难，从来纨绔少伟男"说明对孩子决不能娇生惯养。父亲母亲不仅有这样的思想，他们在行动上也注意锻炼孩子，吃饭不让孩子挑拣，穿衣不买昂贵服饰，外出让孩子尽量徒步。随着孩子语言和理解能力的发展，父亲母亲开始给她讲一些故事，教她背诵一些古诗，使她懂得一些做人的基本道理。我的孩子不到三岁就被送到五四零八厂（军工企业）幼儿园，每天下午见到爷爷来接她时总是飞奔过来亲吻爷爷，然后拉着爷爷的手自己走路回家，爷爷只是过马路时才将她抱起。有时候幼儿园给孩子们分发的苹果、橘子、糖块她还舍不得吃，非要拿到家里给爷爷奶奶吃，爷爷奶奶不要她就硬送到爷爷奶奶嘴里。看到小孙女如此懂事，我的父亲母亲经常夸奖她，这又促进了孩子的积极行为。

　　孩子越来越大，遇到的教育问题越来越多。我的一些同龄朋友也经常询问我一些教育孩子的问题，按照朋友们的想法我是搞教育学的就该懂得家庭教育的知识。开始我总想从书本上找到答案，甚至还想买几本比较好的家庭教育指导书籍送给朋友们，但是找遍洛阳市的书店都没有买到令人满意的家庭教育书籍。于是，1988 年我就考虑自己能否给家长们写一本家庭教育指导书。我把这个想法告诉父母亲后他们没有表态，而是用帮助我收集资料的方式默默地支持我研究家庭教育，当然他们也同我谈一些家庭教育方面的问题，启发我深入思考家庭教育问题。1989 年 12 月我到湖南省湘潭市参加首届毛泽东教育思想研讨会，看到了湘潭师范学院教育教研室主任万喜生老师写的论文《毛泽东同志教育子女的故事和启示》，就向他请教家庭教育的理论，万老师说家庭教育非常值得研究，还在他主编的《师范教育研究》上为我刚刚动笔的家庭教育著作发了征询出版社的消息。我要出版家庭教育书的消息刊发出来后，虽然没有出版社同我联系，但我却感到了压力，担心自己写不出来或者写出来的书稿不能超越现有的同类书籍，于是我一边撰写书稿，一边到附近的中小学做调查研究和专题讲座，倾听中小学教师和家长们的意见，终于在1991年春完成了初稿。

得知我完成了家庭教育专著初稿，父亲母亲十分高兴，但是他们也担心我写的东西达不到出版水准，就要求我先不要急着联系出版社，而是要认真修改，最好要请同行专家审阅。我做了一些修改就交给了洛阳市的一位教育学专家提意见，还设法把书稿送给了北京师范大学心理学系林崇德教授，林教授既是著名的儿童心理学家，又是中国家庭教育学会副会长，他给我的书稿以很高的评价，认为我的著作"创立了一个系统的家庭教育艺术体系"、"细腻地论述了家庭教育的方法技巧"。与此同时，在好朋友王建根和洛阳东都商厦经理常大周的支持下，我的书稿开始在《洛阳日报》周末版连载，每周一次向市民介绍家庭教育知识，赢得了家长们的赞扬。那时候，我的父亲母亲和妻子都很注意看《洛阳日报》周末版，同我讨论家庭教育问题，对我修改书稿起了促进作用。1992年3月，我来到北京同中国妇女出版社副总编辑姚维斗先生商谈出版事宜，全国妇联主管出版社的赵地副主席不仅亲切地接见了我，还为该书撰写了序言。1993年4月我的《现代儿童家庭教育艺术》正式出版，一年后该书被评为新时期全国优秀教育读物创新奖。

我的父母亲在职时由于常年劳累，身体上落下不少疾病。退职后他们十分重视锻炼身体，从1990年后半年开始系统锻炼，每天早上5点40分出外锻炼，将近8点才回家，晚上也要练上两个小时。父母亲很有毅力，无论盛夏和严寒从不中断，有一次是个下大雪的晚上，我回到洛阳大学，等到9点半还不见他们回家很是担心，出去找了大半个校园不见人影只好回家等待。快10点钟了父母才回来，母亲说晚上出去看到原来锻炼的地方积雪太深没法活动就到处找地方，最后找到一处比较安静的楼梯平台，在那里锻炼了两个小时，自然比平常回家晚了二十来分钟。半年后，看到父母亲面色红润、说话声音洪亮，走起路来非常有劲，我们姐弟三个都感到惊奇。从那个时候到2004年已经15年了，我的父母亲从没有得过感冒等常见病，他们自己健康，家里孩子省心，为国家也节省了不少医疗费用。两年后父母亲完全告别了体弱多病，而且达到了超越常人的身心健康水平，那时父亲一个人从一楼扛50斤重的煤气罐到四楼毫不费力，母亲从住房到半里地外的茶炉房提上20多斤重的开水到家里来回也不用歇脚。父母亲不仅自己锻炼，还带动我们姐弟几个锻炼，带动洛阳大学部分教职工锻炼，惠及家人和群众。

8. 父母亲支持我在教育科学研究中不断开拓前进

90 年代初，我的父亲母亲和岳父岳母身体健康，女儿顺利成长，我和妻子在业务上也不断取得成绩，逐渐成为单位的业务骨干，三个独立又有密切联系的家庭是非常幸福的，许多邻居都羡慕我们。1991 年 7 月洛阳市中医院派我的妻子到北京朝阳医院进修一年，专门学习西医内科和神经内科，为她后来的业务发展提供了一定条件。1992 年 9 月我的女儿到洛阳市实验小学读书，由于她学前已经掌握了一些知识和道理，学习比较轻松，不用我们太多的操心，不过我还是常常同孩子交谈，同她的班主任保持密切联系，每逢学校召开家长会总是积极参加。

1993 年 9 月我来到北京师范大学教育系，做著名教育学家黄济教授的访问学者。黄济先生是我国教育学界泰斗级的人物，他学问深邃，人品高尚，在北京师范大学教育系和我国教育理论界享有极高的声誉。我在 80 年代中期曾拜读黄济先生的《教育哲学》，写信向先生请教过一些问题，这次来先生身边自然万分高兴，已经多年不给研究生系统讲授教育理论的黄济先生 1993—1994 学年开设教育理论系列讲座，我赶到这时来访学真是荣幸之极。我系统地参加了黄济先生的讲座，有时还到他书房请教问题，解决了许多困扰我多年的教育理论基本问题。在北京师范大学期间，我还倾听了胡厚福老师的德育原理、郑日昌老师的心理分析、谢维和老师的教育社会学等课程，参加了北京师范大学教育系和毗邻的中央教育科学研究所组织的学术活动，认识了不少教育学专家。

我在北京师范大学做访问学者期间的第二方面收获，就是拜访了中华全国家庭教育学会领导卢乐山会长、林崇德副会长和赵忠心、王宝祥、陈会昌、关鸿羽等著名家庭教育学者，向他们请教了许多家庭教育理论问题，如在拜访 80 多岁高龄的卢乐山教授时了解了家庭教育理论的学科基础是教育学、心理学、社会学、卫生学，请教当代我国家庭教育理论主要奠基者赵忠心教授时重点询问了我国家庭教育理论的发展趋势，请教王宝祥研究员时得到了他主持的家庭德育研究的最新资料。当时我国现代家庭教育理论还比较薄弱，全国专门从事家庭教育研究的学者不多，卢乐山、赵忠心、王宝祥等大师级家教权威见我热心家庭教育研究非常高兴，帮助我具体分析家庭教育问题，鼓励我在家教研究中不断取得成绩。访学期间我还出席了在广西南宁举行的全国师范院校家庭教育教学工作研讨会，参加了中国人口报社主办的独生子女独立生活能力问题的学术会议，并且应邀为《中国工人》、《大众健康》等全国性刊物撰写了家庭教育系列讲座的文章 30 余篇，在家庭教育理论界有了一定的发言权。

洛阳师院领导对于我在教育科学研究中的成绩给予充分肯定，1993 年冬在我"缺席"的情况下把我评为副教授。我在给父亲母亲的信中汇报了自己晋升副教授的消息，并十分自信地表示自己将来一定能够在家庭教育研究中取得成绩。父亲母亲收到我的信非常高兴，1994年春节我回家到洛阳时，父亲用早年参加革命工作，由于他自己不够主动丧失过一些进步机会的教训，告诉我决不能取得一点成绩就止步不前。如1946年在冀鲁豫解放区南乐县搞土改时，父亲在书上读到一句话："如果我一旦死了，能在我的墓碑上刻上中国布尔什维克刘伯承之墓，那就是我最大的光荣"，从此在他年少的心灵里便萌发出将来要当一个布尔什维克的念头，父亲曾向领导表示过自己想当一个共产党员的愿望，但是没有像其他同志那样反复向组织表示自己的决心，结果1947年5月父亲转到新的工作岗位时知道其他同志已经入党非常后悔。1948年下半年，冀鲁豫卫生系统人员南下时，很多热血青年主动请缨，父亲是其中的一员，但是领导说"在哪儿都一样，都是为党工作，算了吧"，父亲也就不再继续要求，结果失去了南下的机会。父亲告诫我，对于机遇："一看你瞅不瞅，二看你抓不抓，三看你抓得紧不紧，四看你能否充分利用它。即使机遇来到眼前甚至主动送上门来，你若视而不见，或见而不抓，或抓而不紧，或抓而不用，机遇就会擦肩而过，而且永不回头。"使我认识到"机不可失，时不再来"和"一失机成千古恨，再回头已过那境界，悔之晚矣"。

我在北京师大期间每天在英东楼前花园锻炼身体，长时间的学习和研究从不觉得劳累。优良的身心状态还激发了我对自己前途命运的无限遐想，尤其是国庆节到天安门广场游览时想到了自己今后怎样更好地为祖国为人民贡献力量，包括离开洛阳师院到一个更大的城市专门从事教育科学研究工作。说来也巧，不久我就得到了广州师院需要教育学教师的信息，1994年6月下旬我应约到广州师范学院试教和介绍个人科研成果，经过教科所和人事处的考核我被确定为引进对象，人事处当即给我开了商调函，要求我回洛阳师院说服领导同意我调动。拿到商调函并没有使我高兴起来，在回洛阳的火车上我的思想很乱，到广州工作有利于自己发展事业似乎是没有疑问的，但是刚刚访学结束就要求走是不是没有良心？离开了洛阳怎样报答父亲母亲养育自己和女儿两代人的恩情？还有洛阳师院和父亲母亲如果不同意我调动怎么办？回到洛阳后我的心情一直非常沉重，话语很少，母亲以为我生病了就细心照顾我，这使我心里更为难受。困惑中我想到了西安的姐姐，马上给她打了长途电话，姐姐知道我从小就有雄心壮志，表示愿意帮助我说服父母亲支持我到广州工作。

7月初的一天，我终于向父亲母亲诉说了自己准备到广州师院工作的情况，毫无思想准备的父亲母亲听到后非常难过，久久说不出话来。三天后父亲母亲把我和妻子叫到一起，告诉我到一个新的地方工作会遇到许多困难，希望我能慎重考虑调离的事情，如果我真的要到广州工作他们也会支持。得到父亲母亲的理解和支持，我开始做洛阳师院领导的工作，我坦诚地告诉了洛阳师院领导自己希望调离的原因，洛阳师院领导在赞扬了我对学校的贡献之后，说我最近几年进步很快，学校正在考虑对我的工作安排，我有什么要求可以提出来，不能刚回来就要调走。经过三个多月耐心解释和说服，终于得到了学校领导的理解和批准。11月我再次到广州师院，同张国扬院长和教科所新任领导见面，确定了到广州师院工作的时间等细节问题，我马上写信给在西安姐姐家住的父母亲汇报情况，父亲给我写了一封长信，表达了他对儿子的无限希望和深切关心：

风：昨晚大人刚从延安、黄帝陵游览回来便看到你来自广州的信。

得知你将去广州的信息，大人既不过喜，当然亦不过忧。因为人人明白乐极会生悲，否极会泰来，事情往往是"福兮祸所伏，祸兮福所倚"。究竟是福还是祸，是吉还是凶，尚待实践证明，此时尚不可高兴过早。大人说这些话不是泼冷水，而是叫你遇事头脑要冷静，处事要沉着，看事要辩证，而不可只想一头，要从最坏处着想，向最好处努力……

又及：你姐看过此信后问，你们是不是不想叫风走？我答：无此意。我决不会用孔老夫子的标准要求孩子。子曰：父母在，不远游，游必有妨。我说：父母在，可外游，游也无妨（即使出国周游列国也无妨），只要能够为人类造福，即使我这把老骨头干在洛阳也心甘情愿。所以我的态度过去是现在仍然是：海阔凭鱼跃，天高任鸟飞。一九四七年刘邓大军南下时我曾报名参加，结果未能如愿。而今已过去快半个世纪了，我这个年龄再去走南闯北似已不大实际。现在老子当年的愿望由儿子来实现，这也是一大快事。当然人非草木，孰能无情？何况自己的亲骨肉，惜别之情自不待言，我只该忍着，你就张开翅膀远走高飞吧！

又及：擦干眼泪之后，似有未尽之意，还想再啰嗦两句。我这个人一辈子很少落泪，"文化大革命"中人家多次叫我吃"一毛五"，就是一颗子弹的价格，我从未掉过一滴泪，只是你小的时候想起你落过一次泪，你姐有病时我偷偷哭过几次，现在想起骆晴又哭了一次。

大人是过来的人啦，通过这半个多世纪的亲身经历，深知世界而不是那样简单，人心不是那样单纯，因此做人不能那样天真，不能那样书生气十足（这等于说我自己），特别对那些口蜜腹剑、笑里藏刀的正人君子尤应格外当心，当心他们用糖衣裹着的炮弹，当心他们的暗箭杀人，当心他们在前后捅你一刀……作为一个外来的"打工哥"尤应慎重从事，不可糊涂待人，对人一定要听其言而观其行，不能只看一时一事，必须日久见人心，需知：虎心隔毛尾，人心隔肚皮。因此不可随信轻信。这些话决无叫你胆小怕事之意，只是想叫你把大胆和小心结合起来，只要不盲目瞎干就好，你就昂首阔步地往前奔吧。

父亲 1994 年 12 月 1 日

1995 年 2 月 7 日早上 9 点多钟，我和妻子踏上了南下的列车，我向送行的洛阳师院的朋友开玩笑："今天是二七大罢工纪念日，我恐怕要向师院领导大罢工了，以后也只能在广州复工了！" 2 月 8 日中午到达广州，第二天我就找到广州师院教科所领导接受工作任务。当时寒假尚未结束，我就到华南师范大学开会，参加全国教育科学规划领导小组委托广东省的工作任务——调查"八五"期间广东省教育科学发展的情况，连续几个月访问当事人、整理材料、概括观点、撰写报告，经常是早出晚归、顶风冒雨。这项工作虽然辛苦，但是也让我有了直接与广东教育理论界同仁合作的机会，还使我初步了解了90 年代以来广东省教育科学研究的成绩和不足，对我在广东这块教育科学研究的热土上扎根、开花、结果奠定了基础。与此同时，我还参加了教科所骨干人员编写的《大教育学》教科书，主动请缨承担第一章《教育与哲学》的撰写工作，凭借在北京师范大学跟着黄济先生学习所形成的教育理论素养，我用两个月的时间完成了这一章近 5 万字的书稿。1996 年我又参加了广东省高教厅重点课题《广东高等教育现代化、国际化、地方化研究》，思索广东高等教育现代化的若干理论问题，参与编写了《高等教育现代化的理论与实践》的专著。

我在事业上逐渐发展的同时，家里的情况却有些不妙。我刚来广州时物价高得离奇，一般蔬菜是 2—3 元一斤，4—5 元一斤的菜也不在少数，记得那年香菜是 2 元钱一两，差不多是 1 元钱一棵香菜，而我家乡洛阳的蔬菜一般是2—3 角钱一斤。那时由于许多事情还需要经常到饭馆吃饭，每次少则需要70—80 元，多则需要 200—300 元，结果也花去不少钱。我刚到广州家里什么家具也没有，除了好朋友送来一些塑料脸盆、塑料凳子、铝锅等简单用具之外，只好一件一件地买，这样从洛阳带来到的一万多元钱很快就没有了。我来广州前曾经向父亲母亲表示挣到钱要给他们寄，但是工作几个月后却要再次向他们张口要钱，心里感到十分惭愧。更使我为难的是广州师范学院没有给我的妻子安排工作岗位，等待了几个月后的妻子着急心烦，不时向我发出怨言。我托付几位新认识的朋友帮忙，结果也是无济于事。父亲母亲知道这些情况后，告诉我和妻子对上述情况不应该感到意外，它们算不了什么大的问题，在组织上的帮助下早晚会得到解决。果然，一年后在广州师院张国扬院长、教科所林可行书记和党委组织部原部长叶登盛等领导的帮助下，我妻子被介绍到广州市中医医院工作，家庭还获得了一套46平方米的新居。

9. 我的父亲母亲对于小孙女的通信教育（上）

　　我的女儿出生后不久就到了爷爷奶奶身边，直到她离开洛阳到广州生活，在爷爷奶奶家里生活的时间比在父母家里还多，我的父母亲为小孙女的成长耗费了巨大精力，和孩子建立了很深的情感。当父母亲与我的女儿不在一起的时候，这种关心和教育主要是通过信件来表达的。我父亲给骆晴的第一封信，是1994年12月在西安的姐姐家里得知我即将赴广州工作的时候发来的：

　　晴儿，我可爱的小孙女：我和你奶奶、姑姑、黄珞刚从乾县回来，又渴又饿，又累又困，恨不得一口吞进一锅饭，一觉睡到大天明，正当此时，听你姑父说：骆晴来信了，这句话一落音，我的渴、饿、累、困一下子都没啦，精神一下子上来啦，我一口气读完了你的全部来信，我作了个粗略的统计：你的来信共十一页，若按每页三百字计算，则长达三千多字。信中有叙事，有抒情，还有说理，且事叙得清，情抒得真，理说得透。我仿佛看到你那虎灵灵的大眼睛，仿佛听到你那嘀嘀呱呱的欢笑声……我的心早已插上了翅膀，飞到了咱家中，紧紧地抱住我的小乖娃，就是你，吻了又吻，亲了又亲。

　　你年龄这么小，就写得这么好，爷爷看了说啥也睡不着，想这想那，不写不快，使我拿起笔写这封信，用书上的话说这叫浮想联翩，夜不能寐，欣然命笔。想起了你，也就联想到了我的过去，不由得和孙女比童年。我像你这样大的时候，还是个瞪眼瞎，斗大的字认不了五升，用书上的话讲叫目不识丁。直到十五岁那年才去考"抗高"，就是抗日高级小学。有这样一道题：你是何省何县何区何乡何村人，县长区长叫何名。就这我还答不全，想了半天，绞尽了脑汁，答了个我是河北省清丰县第一区柳格乡骆家村人，县长姓陈，区长不知。就这还是答得最好的一道题，别的题，那就甭提了。当时心里想这回准落榜，等着回家打牛腿吧。谁知，结果考上了，而且是第一名，当我去看榜的时候，小朋友们乱打听：哪个叫骆喜悦？哪个叫骆喜悦？这要用书上的话叫做没有名落孙山，而是金榜题名，且是名列榜首，真是出人意料之外。可是与我的小孙女相比那是你在天上，我在地下，用书上的话叫天壤之别：你现在才八岁，我当时已十五岁，你的作文在全国小学生大赛中得奖，我的答卷才全乡头名，你的名字登到了报上，我的名字才贴到墙上……这原因不是别的，主要是因为爷爷生在旧社会，孙女生在新中国，孙女长在天堂里，爷爷长在地狱中，所以，孙女远远超过了爷爷，用书上的话，这叫"青出于蓝，而胜于蓝"。

　　要说起学习条件更是没法比，单拿"文房四宝"，就是笔、墨、纸、砚来说吧：筷子削个尖，就是我的笔，锅底灰和上水，就是我的墨，你老奶奶的鞋样儿，就是我的纸，一个破碗碴，就是我的砚，而你呢？用不完的纸，用不完的笔，有铅笔，有毛笔，还有钢笔，还有五颜六色的水彩笔，还有连爷爷也叫不清名字的什么什么笔。爷爷小时候把一张纸看得比金子还贵，写了大字写小字，写了正面写反面，写湿了晾干再写，直到写得糊浓浓、烂巴巴为止。直到现在爷爷还是"惜纸如命"，我到西安一个多月，也不知写了多少字，可除了给你爸妈写信用过一次好纸外，其余的都是你姑姑的旧卷子纸，爷爷给别人写气功口诀用的是袜子上的封条，你可得从小知道爱惜东西呀，你要知道一张纸，一滴水，一粒米都是一滴血一滴汗换来的呀！你可不能光会背"锄禾日当午，汗滴禾下土，谁知盘中餐，粒粒皆辛苦"呀，你得跟自己的行动对对号呀，当你乱撕纸扔纸的时候你得想想对不对呀！

你的信写得好，还应该好上加好，像上楼一样上了一层再上一层楼，一直上到天上去，那才是真正的骆晴呢！就拿写作文来说吧，一般的要求是："准确、鲜明、生动"。首先是准确。比如说："我得了个第一名"，这话就不够准确，是干什么得了第一名呀？是什么范围的第一名呀？是什么级别的第一名呀？是数学比赛的第一名呀，还是作文比赛的第一名？是全班第一名还是全国第一名？（还有全区、全市、全省等），是小学生第一名还是大学生的第一名？若写成全国小学二年级作文比赛一等奖就准确了。

你说在你爸妈去广州时你暂留洛阳上学，爷爷奶奶都愿意，愿意接，愿意送，愿意看着你长个儿，愿意看着你学习进步……爷爷给孙女一写就没头，就先到这吧。

爷爷 1994 年 12 月 18 日于西安你姑姑家

父亲的这封信不仅热情地鼓励小孙女在作文方面继续努力争取更大的成绩，还非常具体地指出了小孙女应当节约纸张、准确表达等进步的方向。父亲在信中谈到自己当年上抗日小学的故事和介绍"文房四宝"，对孩子增加历史和文化知识都是有帮助的。

1995 年 8 月我的女儿从洛阳到达广州后第三天给爷爷奶奶去了一封信，汇报了她到达广州之后的所见所闻和对于爷爷奶奶的思念，下面是我的父亲母亲的回信：

晴儿，我可爱的小孙妮：你 8 月 3 日的来信于今天（8 月 7 日）收到了。我看了一遍又一遍。得知你们母女二人一路顺风，安全抵达了广州，已经和你亲爱的父亲团圆了，并很快地交上了新朋友，过上了愉快的生活，爷奶也就放心了。爷爷希望你在广州这块肥沃的土地上像得雨的幼苗（如苗得雨）茁壮成长，像得水的小鱼（如鱼得水）尽情游荡，像添了翅膀的小虎（如虎添翼），又像出笼的小鸟展翅翱翔。"海阔凭鱼跃，长空任鸟飞"。跃吧，跃吧，跃向那宽阔无边的海洋；飞吧，飞吧，飞向那高大无比的太空；干吧，干吧，做一个顶天立地的巨人。

　　你临走时爷奶给你写了一个座右铭，你走后，爷奶还感尚有未尽之意，今作补充：

　　13. 待人：要热情，莫冷淡。

　　14. 处世：要灵活，莫死板。

　　15. 做人：要自信，莫过谦。

　　16. 效率：要高效，莫迟慢。

　　17. 意志：要坚强，莫要软。

　　18. 气度：要宽宏，莫短浅。

　　19. 情绪：要镇定，莫慌乱。

　　20. 工作：要实干，莫空谈。

　　21. 交通：要注意，安全！安全！！安全！！！

　　你问爷奶，是否又潸然泪下？说实话，怎能不下。不过，咱都应该尽快克制住自己的感情，让情绪平静下来。人常说"暂时离别，后会有期"。待条件成熟时爷奶会去广州看你，你也会回洛阳来看爷奶。见面的机会多得很，让咱们共同力争那一天的到来吧。

爷爷 1995 年 8 月 7 日

　　父母亲的来信都深切地表达了对于小孙女的喜爱之情，从宏观上指出了孩子成长的方向，对孩子的学习锻炼和安全等方面提出了具体要求，这对刚到广州的骆晴明确努力方向、保持努力学习和锻炼的热情都是很有指导意义的。

　　9 月份开学后，我的女儿来到广州桂花岗小学就读四年级，由于听不懂广东白话，她的学习和与同学的交往受到了很大的影响，她听不懂某些课程，更没法完成作业，情绪也很快低落下来。开始她还不肯向我诉说在学校遇到的困难，而是打电话给远在洛阳的爷爷奶奶。国庆节时骆晴给爷爷奶奶写了信，老人从外地回来后马上打电话给我，问明情况后给她回了信：

　　小妮：我念念不忘的小妮，今天我要着重告诉你的是我们在庐山攀上了险峰，看到了劲松，钻进了仙洞，进入了仙境。不知你是否读过毛主席于六一年九月九日写的那首七绝，诗中写道："暮色苍茫看劲松，乱云飞渡仍从容，天生一个仙人洞，无限风光在险峰。"我希望我的小孙女也像庐山上的劲松那样，不怕狂风，不怕暴雨，不怕严寒，傲然挺立在顶峰；

我希望我的小孙女，也能登上险峰，极目四望，放眼太空，去领略那大自然的无限风光，广收那天地之混元，激活140亿脑细胞，开发大智大慧，开发超常智能，使我的小孙女尽快成为女中豪杰，成为少年精英。

你信中说："我相信，困难一定不会再发生。"此言差矣。差就差在那个不字上，不是"困难一定不会再发生"，而是困难一定会再发生。它再发生，你就给它来一个再克服，不断发生，不断克服，则不断进步，整个人类就是在不断克服困难中前进的。祝你不断克服困难，祝你不断进步。

爷爷 1995 年 10 月 16 日

父亲的这封信鼓励骆晴看到前途、看到光明，勇于克服困难，对于困惑中的孙女是一个极大的安慰和激励，她主动找同学教她学习广东白话，年底骆晴的语言障碍问题就不那么突出了，第二年夏天基本上掌握了广东话。在此基础上，她的学习成绩逐步提高，达到了年级较好的水平。但后来晴儿学习上有些自满，争取一流成绩的动力不足。另外，她向爷爷提出了如何与同学交往的问题，1997 年 6 月，我的父亲母亲分别给她回了信：

骆晴，爷奶的好孙女：这个学期快结束了，现在你正紧张地复习功课，迎接期末考试，我预祝你期末成绩优异。明年这个时候，你就要上中学了，要珍惜小学最后一年的宝贵时间，要在德智体美诸方面创造更加辉煌的成绩。"六一"时我去书店两次，没有看中什么好书，也没给你买，又去集邮市场看看，因我没有集邮知识，不懂什么好，所以只给你买了一本薄薄的集邮册。来信说集邮和弹琴是你两大嗜好，这很好，因邮票里包罗着百科知识，小方寸，大世界。集邮是一项高尚的文化娱乐活动。集邮会使你生活快乐美好。弹琴不仅是一种艺术享受，而且也能陶冶人的性情。这两项有益的活动，你一定要坚持下去，而且要不断提高弹琴和集邮的水平。早几天在电视里看到，说培养孩子交往能力很重要，我很受启发，想到你和你小弟弟，应该从小培养这方面的能力，现在是开放的社会就更需要有交往的本事，在交往中要有辨别是非好坏的能力，好的咱吸收学习，不好的要抵制，决不能受坏人坏事的影响。现在爷奶还是坚持练功，身体精神各方面都很好，总觉忙点，不够轻松，不过最近都要开电视看听一会京戏或歌曲，也常看中央四套用粤语播放的节目，尽管听不懂，但总要听一听。

奶奶 1997 年 6 月 3 日

小妮：爷爷不是不想给你写信，实在是力不从心。你奶谈到交往的问题，这可是个很难用几句话说清楚的大题目，我只想简单说一个意思：要交友，先择友，要择友，先识友，要识友，观其行。因为"人心隔肚皮"，有人善于花言巧语，甜言蜜语，可是他口蜜腹剑，笑里藏刀；有人拙口笨腮，噙着冰化不出水来，可他待人很实诚，很厚道。怎么辨别呢？最可靠的办法是听其言观其行。不看一时一事，而看全部历史，至少要经过较长时间的观察和考察，特别看他在关键时刻和关键问题上的实际表现，因为有人善于伪装，当面一套，背后一套，当面是人，背后是鬼。只有到了关键时刻才露出原形。而真正的好人，到了关键时刻方显出他的本色，所以古人说"岁寒，然后知松柏之后凋也"。我只是提醒你一下，只有通过你亲身经历亲身体会才会真正明白其中的道理。

爷爷1997年6月5日

骆晴认真看了爷爷奶奶的来信，也给二老回了信。但是，由于按照毕业考试分数段升入相应中学的招生制度，她学习上压力较大，考过七级后中断了电子琴的学习，与同学交往的欲望也受到压抑，可以说女儿在初中这一阶段过得很辛苦。

10. 父亲母亲同我讨论教育小孙女之事

我的父亲母亲在我们到达广州后，经常利用信件、电话同我们交流教育骆晴的想法，对于我们教育孩子起了非常重要的指导和帮助作用。1995年5月晴儿还在洛阳时母亲就给我们写了一封信，告诉了我们一些意想不到的情况，孩子在爷爷家里学习不专心，作业潦草，到操场锻炼不集中，害怕吃苦。母亲的来信引起了我的深思，从赴北京师范大学做访问学者到调动至广州这三四年，我把教育孩子的大部分责任交给了年迈的父亲母亲，只看到了骆晴表面上的学习用功、经常锻炼和懂事听话的行为，对于她逐渐滋生的一些消极思想和行为没有发觉和关注，孩子出现的这些问题自己有很大的责任。我想晴儿的这些问题归根到底是没有养成好习惯，于是同妻子商量培养女儿的好习惯，我还写了一份"关于骆晴成长的设想"（1995年7月18日）寄给父亲母亲：

一、孩子近半年要养成好习惯

1. 起居习惯，按时、整洁、独立性；

2. 锻炼身体，锻炼、活动生活化；

3. 自己的事尽量自己做，勿靠大人；

4. 学习记周记，做计划和小结。

二、孩子要尽快适应广州的环境

1. 学会广州话，学会保护自己安全；

2. 学好各门功课，尤其新开的英语、电脑；

3. 熟悉广州地理，习惯广州人生活特点。

三、大人的措施（3—6 个月，半年后进行有意识训练）

1. 满足孩子正常需要，让其吃好、睡好；

2. 督促孩子锻炼，指导学习，养成好习惯；

3. 保证每天半小时，每周半天专为孩子服务。

骆晴 8 月初来到广州后，父亲母亲感到不放心，写信给我和妻子：

　　　　风：大人要说的话也都说完啦，千句话，万句话合成一句话：就是把孩子带好、养好、育好，使她健康地成长，一切都有了，大人就可以放心了，即使将来到了黄泉之下也可以瞑目了。现在大人还有些顾虑，又怕你们打她，又怕你们惹她；又怕热着了她，又怕冻着了她；又怕撑着了她，又怕饿着了她；又怕你们对她失之过宽，又怕你们失之过严；又怕社会秩序混乱，又怕孩子上街不安全……但愿这些顾虑都是多余的。你们刚到一个新地方，尚未站稳脚跟，困难是可想而知的，大人也无力帮你们一把。孩子一去，无疑定会多花钱，若一时过不去也不要太苛刻自己，大人可以给你们寄一些钱以解燃眉之急，至于明年暑期，大人也不急着叫你们回来，因为来回一趟不容易。

父亲 1995 年 8 月 7 日

做一份教育孩子的计划不难，但是实行起来却不容易。孩子到广州后，我和妻子确实花了一番工夫教育她，努力实施我们的教育计划，我每周都还做小结，但是教育她的效果却不明显，我愈发感到孩子的问题严重。10 月下旬，我忍不住给父亲母亲写了一封信：

父母亲：骆晴到广州后几乎每天都有肉蛋、水果、饮料，吃的穿的比洛阳明显地好了，我对她格外关心，这里几家邻居和孩子都不错，骆晴常去人家家里玩，关系好，睡觉上我们强制她晚 9 点半入睡，早 6 点半起，中午睡 1 个小时，现在已成习惯；锻炼上早晨和晚饭前各做一遍（15 分钟）基本坚持了。在家里她很高兴的，有时高兴的近于疯狂。广州师院教师大都是讲普通话，她在广师里没有语言问题。桂花岗小学教师多用广州话，骆晴才去语言听不懂是个问题，她学的比较快，同学也乐于当翻译，应该说有困难，但不是什么大的不得了的问题，况且现在她已会五分之二的常用语了，最多两个月这个问题能解决。她的班主任要求比较严，有时批评她是事实，有时孩子是有点委屈，但绝不是骆晴所写的每天都挨批评，多数批评是中肯的，有根据的。骆晴以前受宠多，老师批评一下受不了，故常泄私愤，对老师不满。我也注意开导她，最近两星期没听说老师批评了，请你们不必过于操心。

骆晴是个好孩子，我和玉辉很爱她。但仔细想想近一两年随着她长大、懂事，也表现出许多不尽如人意的问题。今天上午我们用两个半小时全面检查了她各门功课的情况，感到她的学习是退步了，成绩在中等略偏上水平，还须努力才行。我考虑，骆晴存在的问题主要有：

1. 骄傲自满，以为自己了不起，别人（包括父母、老师）都不行，说话做事不把别人放在眼里，主观自大、毫不在乎。只想听夸奖的话，不愿听批评、反对、劝说的话。

2. 由于第 1 个缺点引发不太用功（没以前刻苦了），不很认真、马虎、随意、不动脑子深究，对自己要求不严，学习上有应付的倾向，许多不该出错的地方出错，且一错再错。

3. 自私、狭隘、虚荣。现在她比小时候考虑自己多得多了，关心别人少得多了，讲吃穿、比外表，对大人生病、劳累很少同情、关心。容不得批评，经常故意闹，以示对批评的不满，有时还以不吃饭来吓唬大人。

4. 思想灰暗，经常夸大困难，显示自己能在逆境中生存多了不起，博得别人同情与怜悯。我很讨嫌她这一点，这大概是那些能力不强、性格不开朗的儿童的一种心理疾病，要完全克服不容易。相信年龄大了这个问题会缓解和消失。当然，需要环境改善，自我强大。

不知我写的这些是否对，或者把问题看的有些重？你们已经年过六旬，从本意上我不想让你们操太多的心，她的困难首先要靠她自己努力，其次是我们帮助指导，请你们不要为此操心。只要心理上给一个美好的祝愿就足够了，不要劝解她，对她最好不用"最亲最爱最想念"之类有溺爱色彩的称呼。

话说回来，孩子的缺点从何而来，大人有没有这方面的问题，教育方法是否有误，平时是否赞扬过多过高？社会环境我们控制不了，但对自己还是能把握的。我将继续研究和实践家庭教育，把骆晴培养成有用之才。

风儿 1995 年 10 月 22 日晚 11 点至次日 1 点

＊此信看后寄还我，要存留的

从晴儿后来发展的情况来看，当时我对她缺点的描述确有夸大和偏见，这说明家长在孩子出现问题时容易把问题看得过重。父亲在看到我的来信后没有对我的看法作出评价，而是鼓励我努力和孩子沟通：

风：大人看了你的来信感到印象最深的是：你对孩子、对家庭、对事业、对未来都充满了信心，这在你的身心诸素质中是个强项，是很难得的。信心是成功的一半，再加上实干，定能成功。由此可否得出一个公式：信心＋实干＝成功。这样说恐怕过于简单化了吧。因为这只说到主观因素的一面，还有客观因素呢。有人说成才至少得具备三个条件：一勤奋，二良师，三机遇。

　　关于教育孩子的问题，大人和你的见解略同。教育孩子的基本原则，笼统地说就是因势利导。至于具体怎么导法，那只能"看势"了。既不能把她捧到天上，也不能把她踩到地下；既不能无分寸的把她夸成一朵花，也不能无限度的把她贬成豆腐渣；既不能过分溺爱，也不能过分苛求。而应该引导她学会自己照镜子，如实地、全面地、正确地认识她自己，使她既看到自己的长处，又看到自己的不足。在我们看来，子女不给自己交心，是自己最大的痛苦，交心，是最大的幸福；不交心，是子女最大的不孝，交心，是最大的孝，在我们生活能自理的期间内除此别无他求。

父亲 1995 年 10 月 30 日

　　经过两年的努力，骆晴的学习成绩逐步上升为年级较好水平，我对她学习成绩不再担忧了。但是我们同孩子的沟通方面不仅没有改善，对立的情绪反而有所加重。孩子不愿听我和她母亲重复的话，不愿把她自己的想法告诉我们，不愿让我们翻阅她的作业本。有时我们感到生气，就狠狠地批评她，孩子不但不接受，反而尖锐地抵制我们。有一次，我说"你本事大了，干脆不要吃我们做的饭算了"，女儿真的不吃饭就上学走了，我怎么劝她回来吃饭也不听。那时，晴儿还经常给爷爷奶奶写信表达自己的想法，对我和她母亲表示不满，我有时不得不写信给父亲母亲说明和女儿发生争执的情况。

　　孩子从小学高年级开始出现独立的倾向，希望按照她自己的想法办事，希望家长尊重她的意愿，其实这正是孩子成长的表现，家长应该感到高兴才对。作为一个教育研究人员，我当然知道两代人的沟通是教育孩子的前提，懂得尊重孩子的重要，但是由于工作忙，常常不够耐心细致，对于孩子的硬性要求时有发生，以致出现顶牛现象。父亲母亲的指导，使我和妻子在教育孩子上注意了解孩子的想法，把硬性要求逐渐变为讨论式、说理式的教育，孩子对我也能够接受了，教育效果自然改善了。1998 年 9 月我的女儿上初中了，初一第二学期她曾一度迷上交"笔友"，严重影响了学习进步和情绪稳定，对此我们没有训斥孩子，而是耐心同她一起分析这样做的利与弊，使她认识到交笔友对自己学习和其他方面的干扰，自行终止了这项活动。当我把帮助孩子解决这个问题的经过告诉父亲母亲时，二老都非常高兴，鼓励我今后遇到问题都应该这样来处理。

　　1998 年 1 月到 6 月，我的父亲母亲曾经到广州居住了半年，看到了我和女儿关系有所改善的情况，但老人家仍不放心，1999 年 12 月父亲利用到海南岛旅游的机会，又顺便在广州停留了三天，回到洛阳之后，父亲来信告诉了他二到广州的意图：

　　风、宇辉：此次海南之行，我本无此兴致，因为渤海、黄海、东海、南海已经见过了，但是一听是去往南国，我便闻风而动，你妈也全力支持，个中原因，不言自明。

　　今天的中心议题与其说教育孩子的问题，何不如说是接受孩子教育问题为妥。因为教育必须首先受教育，只有先当学生，才能后当先生。为了较正确地认识问题，我认为必须首先扫除三个思想障碍：

　　第一，"我是教授，我是专家，且是教育专家，且是教育专家中的家教专家"。我这里不管你头上有什么桂冠，也不管你肚里有多少经纶，只看你在家教实践中是否得到了预期的成功。我这里所说的你，确切地说是咱们，因为这个你字中也包括我自己。咱们在教育小妮的问题上还不能说是成功的。因此，必须首先放下臭架子，甘当小学生，先虚心向孩子学习，然后再说教育孩子。

　　第二，"我们都是好心好意，我们全是为了她好"，大人把心都扒给她啦，为了她把心都操碎了，她还不知好歹，甚至得恩不报，反而为仇，真没良心。先别说你动机有多好，先别说你心底多善良，先看看你在家教实践中得到的客观效果如何，即看孩子的实际身心素质提高的如何（不属于你家教的效果不能归功于你）。具体到咱对孩子的教育效果而论不能说是很理想的。这说明尽管咱的用心再好，方法不对头也照样得不到好效果。

　　第三，"我的孩子我了解。"我和孩子朝夕相处，她的一言一行，一举一动，我都了如指掌。你了解吗？你真的了解吗？孩子的内心世界你了解吗？她究竟喜欢什么？厌烦什么？你果真了解吗？若真了解，你对孩子的教育该是有的放矢了，若真做到了有的放矢，那效果自然是可观了，而实际效果并不佳，这不正说明你对孩子并不真正了解吗？

　　至于今后咋办？我想首先应以最大的耐心做好"推墙填沟"工作，不是以空洞的说教，而是以实际行动把"心"交给孩子，取得孩子真正的从内心的信赖，把孩子的"心"换回来，达到水乳交融，息息相通，而不是貌合神离，而现在是连貌也不合。其次，要摸透摸准孩子的思想脉搏，这是一个虚心向孩子学习的过程，孩子的实际不是自己主观上觉得如何就是如何，而是客观上实际存在的情况如何才算如何，在这里，任何任性没有不碰壁的。

　　以上看法，仅供参考，你可以同意也可以反对，也可以推翻，可以部分推翻，也可以全部推翻。

父亲 1999 年 12 月 17 日

父亲的这封信很直白、很尖锐，对我触动很大，的确像父亲来信所说我在教育孩子方面有些盲目自信，看了这封信后我和妻子多次商量改进教育孩子的方法，从指导思想上更注重沟通了。

11. 父亲母亲到广州给我"痛说革命家史"

初到广州我同父亲母亲的书信和电话联系是很勤的，家庭生活的烦恼，工作中取得的成绩或者遇到的问题都会向他们汇报。当然，我也经常询问父母亲在家乡的生活，对他们表示关心。记得一次我给父亲母亲提了五条改进生活的建议，他们马上回信。父亲在信中指出：

> 风：你处处想到大人，想叫大人吃好些，玩好些，少操心，少劳累，不生气，过得更轻松，更愉快，更幸福。这充分表现了你的孝心，大人感到很温暖，很亲切，很愉快。感到人生能有这样的好儿子也就足矣。不过你说的几条，有些可以"照办"，有些还得打点折扣。第一，不生气。这一点要不折不扣的"照办"。而且事实上可以说已经实现了。过去，我因为"文化大革命"中遭迫害，精神上有内伤，有时好发急，不定遇着个啥不顺心的地方，就对家人发泄。现在认识逐渐提高了，问题也就无形中解决了。第二，吃好点的问题，我觉得吃的已经不错了，细米白面，肉蛋不断。至于如何调剂得更可口些，更多样化些，好像现在还顾不上，还想挤点时间多看一些书。第三，关于蒸馍、搬煤、抬煤气罐问题。大人把它当成锻炼，当成乐趣。你不知道，自己蒸的馍特甜，自己搬的煤，特暖。干一次活既练了筋骨，又落个痛快，何乐而不为（比如：我搬一次煤，粗细统计一下要上下约 4000 个台阶，等于搞一次小登山运动）。至于是否辛苦？不知道，自己是否年纪大啦？没想过。这可以叫做乐而忘苦，以苦为乐，不知老之将至。第四，关于操心问题。这大概是人的本能，我们明知不顶用，可就是不当家。我们有两怕：一怕你们惩罚孩子，二怕你们熬夜。要想叫我们不操心，除非你们保证做到两条：一是绝对不打孩子，二是"黎明即起，即昏便息"。以确保你们身心之健康。

爸爸 1995 年 11 月 7 日

我和妻子、女儿来到广州生活三年后的 1998 年 1 月 8 日，父母亲终于来到广州看望我们，前后住了 6 个月零 10 天，父亲母亲来到广州后帮助我料理家务，带领我们小家三口人一齐锻炼身体，同我讨论家庭教育方面的问题，包括如何教育小孙女的问题，使我深深受益。而我感到最大的收获则是父亲母亲给我讲述了他们过去的许多故事，使我比较完整地了解了父亲母亲大半生的曲折经历。在洛阳时，我和姐姐曾经多次向父亲母亲提出过了解家庭过去的愿望，但是父母亲除了简单地讲过若干片段之外，一直没有详细地给我们讲过他们的经历，这次来广州他们的心情非常好，平时也没有其他事情干扰，终于有了"痛说革命家史"的气氛。

父亲告诉我，我们的老家在河南省濮阳市属下的清丰县，这里是华北大平原冀鲁豫三省交界的地方，由于仅靠耕种解决不了生活问题，老百姓世代传下来了打制铁质农具、制作木质家具和编织麦秆辫子等手工技艺，父亲1930年8月10日生于清丰县骆家村，童年时家里有8口人和16亩薄地、3间草房4间瓦房，在村里算是条件一般的农户，但是懂得文化重要性的爷爷想办法让他这个大儿子上学，7岁时读了半年私塾，10岁和11岁时分别在邻村五眼井和本村西头读过几个月的小学，学了《百家姓》、《三字经》、《论语》等中国传统名篇。1943年他13岁那年由于灾荒家里一点粮食也没有，就是吃糠咽菜也不能保证。秋天父亲一个人来到山东濮州逃荒，有一富户见他聪明、勤快，要他改名和过继为自己的儿子，父亲不答应就到菏泽一家打制银器的店铺做学徒，冬天里没有棉衣穿父亲冻成伤寒，狠心的掌柜给了两个窝头和十块路费就要他回家，要不是回家的路上遇到好人相助很可能被冻死。

父亲告诉我，40年代初日本鬼子在我们家乡横行霸道、烧杀抢掠，他至今最痛恨日本鬼子。1944年面临覆灭的日本鬼子撤退到县城，加固防御工事，年仅14岁的父亲被抓去做苦力，从强拆的民房里拣砖块运到炮楼，鬼子不给劳工粮食吃，还嫌他们干活不出力，动不动就用枪托砸他们。父亲和苦力们经常趁着鬼子不注意把比较完整的砖块砸碎，这样鬼子就没有完好的砖块修炮楼，垒起来既慢又不牢固。1945年夏八路军攻打清丰县城前住在邻村，父亲和一帮小伙伴经常到八路军驻地，听战士讲共产党、毛主席领导穷人闹革命的故事，八路军攻打县城时父亲和乡亲们送粮送水、抬担架救伤员，一连几天参与了八路军解放清丰县城的战斗。

父亲告诉我，抗战胜利后的1945年秋他曾到清丰县的双庙抗日小学读书，1946年初邯郸战役中解放军伤员到清丰县治疗，他听到消息后就前去做护理伤员的工作，两个月后战地医院解散，爸爸要求随部队转移，因为年龄小未获准许。他回老家务农一段时间后又到濮阳上学，这次上的是冀豫第一职业中学，而且一边读书学习，一边参加当地的土地改革，协助领导在十多个村庄建立了党组织。驻村土改时离骆家村只有六七里路，五六月间父亲还穿着棉衣忙碌，领导让他回家换替一下夏天衣服他也不回。1947年5月父亲来到冀鲁豫张秋哈立生医院做护士，哈立生是比白求恩稍晚一些来到中国的加拿大共产党员，他克服重重困难，运送大量医疗器械到山东省阳谷县张秋镇，在这里建立了规模较大的战地医院，在解放战争初期救治了山东战场的大量解放军伤员。

父亲在哈立生医院承担了护理危重伤员的工作，还经常到前线背回伤员，成为冀鲁豫卫生系统乙等模范。1948 年 5 月父亲来到冀鲁豫亚光药厂工作，由于表现突出 1949 年 2 月正式加入中国共产党，不久被组织上委派为药厂新民主主义青年团支部负责人，1949 年 5 月由党员转为团员。

父亲告诉我，解放初的 1950 年 12 月到 1951 年 9 月，他在平原省医科学校（新乡医学院的前身）做生理卫生实验技术员，还兼任学生辅导员工作。解放初党中央为了培养工农干部，建立了工农速成小学、工农速成中学，为了将来更好地为党工作，父亲来到新乡一所理工类的工农速成中学读书三年，较为系统地掌握了生理卫生方面的基础知识，也大大提高了自己的文化基础水平，父亲在这里不仅学习非常用功，而且通过担任党支部宣传委员职务帮助许多同学提高阶级觉悟。1954 年 8 月父亲考入河南师范学院历史系，虽然该系在国内同类高校中实力很强，但是父亲最初并没有学习历史专业的思想准备，因为此前他一直是准备在医学或药学领域做出一番成绩的，经过差不多两个月的思想斗争父亲才下定决心学好历史，将来做一名优秀的历史教师。思想转变后，父亲学习非常刻苦，经常是历史系学生中起床学习最早的人，又由于他理解能力和记忆能力强，第一学期考试成绩就比较好，被选为年级学生党支部负责人。毕业时，河南师院领导希望他留校工作，他却要求同新婚的妻子一道到条件艰苦的地方工作，最终在 1956 年 8 月来到了洛阳市。

与父亲相比，母亲成长的历史要简单一些。母亲告诉我，她 1933 年 4 月 17 日生于河南省南阳县英庄的一个大户人家，外婆先后生下了十多个女儿，最后才生了一个男孩，但母亲的这个小弟弟二三岁时却因天花而死。在旧中国讲究男孩传家的习俗支配下，外婆生的那些女孩有的被送给别人家，有的放到白河里溺死，十几个姐妹中只有大姨、母亲和小姨留了下来。母亲出生后一直没有人给她起名字，9 岁时在本村读了一年小学，是教书先生按照李家的辈分给她起的名字，后来叔叔带她到新店中心小学读书。那时候母亲是一个性格内向、不善多言的小女孩，母亲喜欢学习，上学和放学路上不像其他孩子闹着要到离中心小学不远的新店集市买吃的用的东西，所以她的学习成绩一直非常好。母亲小时候喜欢到八里之外的舅舅家里，因为舅舅家里人非常喜欢她，到舅舅家不仅能吃到好东西，还能听到常去外地拉煤买砖的舅舅讲的故事，有一次舅舅从禹州给她带回来了陶瓷的小狮子、小猴子，母亲高兴得不得了，一直珍藏了很长很长的时间。

1948 年母亲考入南阳女中，这是一所在南阳很有影响的著名中学，学校纪律严明，学风优良，教学水准很高，教师中有不少是从北京师范大学等名牌大学毕业的。母亲告诉我，解放前进入南阳女中的大多数学生是家居南阳市的地主、店主子女，她们白天在学校上课和吃一顿饭，晚上就回家了；还有一部分学生家庭经济条件也不错，他们全天在女中搭伙吃饭；只有母亲等十来个女生家里经济条件差，是自己烧火做饭的。除了开学时从英庄家里带来一些粮食外，平时每半个月母亲的舅舅家里来人送粮送柴，有时候还会带来一些蔬菜，有菜的时候母亲就会请要好的同学一起吃。母亲考入南阳女中的1948年，正是解放军南下同国民党进行中原大战的时候，南阳城有不少国民党军队，有的国民党士兵傍晚到女中门口骚扰，许多女生晚上不敢出校门，有的女生则化装成学校的男工，剃光头、穿对襟衫、脸上抹灰，趁着天黑出去，有些胆子小的女生就是不出校门也化装成男工的样子，担心国民党兵闯进来调戏。在南阳女中，有些思想进步的教师，在课堂上向学生介绍外面的人民解放战争的进程，介绍解放区人民打倒地主把身翻的情况，使母亲等女青年感到振奋，向往新生活。

母亲告诉我，1949年新中国诞生时，她和南阳女中的师生在南阳大街一连几天跳秧歌舞，成为欢庆胜利的一大景致。母亲继续在南阳女中读书，在学校里第一批加入了新民主主义青年团，1950年抗美援朝战争爆发后，母亲还和南阳女中部分学生报名要求上前线，不能参加志愿军她们就发动群众为前方捐衣捐款。1954年8月母亲考上了河南师范学院，至今母亲还记得她第一次坐车远行到开封的情形，虽然路途遥远、路面不平，但她心情异常激动，一连两天没有合眼也没有一点困意。母亲来到河南师院后的第一感觉就是学校的建筑很气派，校园很美丽；第二个印象就是伙食搞得好，肉蛋随便吃，花色品种多，简直就像在大地主家一样。在开封的两年，母亲用功学习，积极参加政治活动，成为常受表扬的又红又专的大学生。她经常向党组织汇报自己的思想，得到了我的父亲等共产党员的帮助，毕业前夕，母亲光荣地加入了党组织，接受了历史系为包括父亲母亲在内的五对新人举行的集体婚礼，在东五斋小房间里度过新婚之夜。

父亲母亲在广州期间，还具体谈到了到洛阳市回民中学工作以来的情况，特别是在"文化大革命"期间的遭遇。反思几十年的人生经历，父亲指出：说老实话，办老实事，做老实人，谁说不对？严肃、严格、严谨、严密谁能说错？尚荷以洁、尚竹以节、尚梅以骨、尚松常青谁说不好？油嘴滑舌、弄虚作假、口蜜腹剑、两面三刀，谁说不坏，谁人不恨，谁人不骂。我愿一辈子做一个高尚的人，一个纯粹的人，一个有益于人民的人，也希望自己的子孙万代也都做这样的人；我宁死也决不做那种不清不白的人，也希望骆门之后一万辈子也不出那种不干不净的人。这是没有含糊的，绝对含糊不得的。但是，是不是就要不分任何时间、地点和条件，不看任何具体场合、情况和对象，都必须百分之百的老实，百分之百的认真，都要绝对的清而又清，纯而又纯，那是一种死脑筋，那是一种死板的人，那是一种无用的人。父亲母亲还告诉我，现在对我来说关键是处理好工作和学习的关系、业务和政治的关系、健康和事业的关系。父亲母亲的人生经历和谆谆教导，对我有很深的教育意义，对我后来处理一些复杂的人事关系起了一定的借鉴作用。

12. 我在北京大学访学期间同家人的通信联系

1996 年秋我经过慎重考虑，联络华南师范大学、浙江师范大学、福建师范大学等单位的朋友联合申请了全国教育科学"九五"课题《沿海开放地区儿童少年品德状况与家庭德育状况的调查研究》，1997 年 2 月课题下达后却没有经费资助，这对于我这个初到广州不久，既没有权力也没有熟人关系的副教授来说极为困难，而且课题还没有正式开始，就有个别课题组成员表示不愿意承担对自己"没有好处"的课题研究工作。当时摆在我面前的是三条可供选择的路线：第一条就是像个别课题组成员所说的那样不做了，因缺乏经费而放弃课题研究属于课题组的正常选择；第二种就是降低课题研究目标，压缩课题研究规模，在广东珠江三角洲地区寻找少量学校做一定的调查研究；最后一种就是仍然按照预定目标和规模进行研究，但是这种选择要付出巨大的劳动和牺牲。我经过两个多月的思想斗争，征求了课题组骨干人员意见后，决定按照后一种方案实施课题研究。在此以后三年多的时间里，我克服重重困难，同广东、福建、浙江的几位朋友在东南沿海十多座城市的 30 所中小学进行了较为深入的调查分析，获得了大量的学生品德与家庭教育的研究材料，提出了若干具有先进性和独创性的观点，得到了同行的肯定和赞扬，《中国教育报》、《南方日报》、《班主任》作了报道。

广州师院院长张国扬教授，对我在课题研究中取得的成绩感到高兴，鼓励我继续努力，不断攀登家庭教育研究的高峰。"九五"课题后期，我已经下决心在"十五"期间继续进行同类课题的研究。为了使自己能够运用最新的科学理论和方法研究家庭教育，我向领导提出了希望到北京大学做访问学者的愿望。1999 年后半年广东省已经确定在广州师院等高校基础上重新组建广州大学，2000 年上半年广州师院的许多工作处于"冻结"状态，有些教工也不愿在学校合并这个"关键"时候离开，而我在张国扬院长亲自过问下办妥了到北京大学做高级访问学者的手续。2000 年 9 月我到北大后给妻子和女儿分别写了一封短信：

　　玉辉：来信收阅，行前杂事多多，多亏你代我准备了东西，不然真的要误车。这次我来北大学习是反复考虑，下了大决心的。这个年纪出来学习，不仅自己要舍弃许多家庭的幸福，也会给家人带来许多不便，尤其孩子要升高中，我心里曾矛盾过，但最终选择了访学。

现在我离开家里到北大快两周了，算是初步稳定下来。这里伙食不错，价格亦可，每天20元左右即可，就是住得远了一些，骑车十多分钟，房间小，灯光暗，无法读书与写作，只好把该房仅作睡觉之用，其他大部分时间是在教室听课、自习或在图书馆看书。自己感觉适应比较快，很多方面和20来岁的本科生、研究生差不多一样，尽量多学些东西。北大各方面确实不错，这些以后详谈。来京前我们谈了不少，此信不再多说，望保重，并充满信心。一般事情自己做主，大事要告诉我。62886233 呼219 房。

祝好！　　　　　　　　　　　　　　骆风 2000 年 9 月 13 日

骆晴：我的孩子！时间过得真快！转眼之间已离开你们半个月了，从电话中听出来你进步了，更懂事了，十分高兴。你妈来信也这样说，我相信你会越来越好。

我之所以下决心来北京大学，主要是感到自己许多方面知识欠缺，教学、科研能力不高，有被淘汰的危险，就像一台快没有油的汽车急需加油。你知道我搞的那个课题，由于自己不会统计结果先后请了王××、王××、汪××等6位才勉强做出来，既费钱又费时，有时还生气。现在吃点苦，补补课，将来掌握了本领就不用求人了，犹如插上了翅膀可自由飞翔。当然，我不满足于被淘汰，我还要做些有意义的事，积累一些知识和技能，再出几本书，再发表几十篇文章，我相信现在的汗水是不会白流的，将来处境会改变。

北大果然名不虚传，不仅师资力量雄厚，图书资料丰富，而且学生素质高，学习风气好。这里每天七点半钟大多数学生都骑车或步行赶往教室（六点钟晨读），因为有些名教授的课有外系的人听，故而还要抢占座位，来得晚的人只好站在教室后排和门外，但这些人毫无怨言。这里学生发言，做作业都很主动，不少学生做的作业超出了教师布置的范围。虽然国家规定星期六放假，但大多数学生星期六都不休息，而是听讲座或钻图书馆。国庆节这里只放三天假，平时校园内外有趣的活动不少，但多数学生选择了读书和作业。

你母亲一个人承担家务很辛苦，你要体谅她，帮助她。学习要抓紧，但也适当休息，娱乐，不伤身体。

父亲 2000 年 9 月 16 日寄出

9月底我给父亲母亲去信汇报了自己到北大后的学习情况，母亲10月初给我一封信后，10月中旬又寄来了一封短信：

　　风：你好！我想上次给你发的信已收到了吧？我每天都挤时间看几页你的书，从中学到很多东西。同时越看越觉得能起到家庭教育指南的作用，比如我刚看过：正确对待子女的学习成绩和信息社会的学习方式等都非常好，我看了心情很舒畅，因为这书就是指导家长如何教育子女的，我就很自然的时时刻刻和教育骆晴连在一起，对骆晴也充满了希望。但是当我看了骆晴给你写的信，心里不那么轻松，而有点沉重的感觉，觉得孩子心理方面不很健康，总说烦、烦（我想这是她内心世界的一部分），孩子学习成绩不很好是个缺点，但若心理上不健康应该是更大的缺点，我想应首先弥补心理上的缺点，学习成绩才能提高，如果心理上的毛病不清除，学习成绩也难提高。希望你和玉辉，要针对孩子的实际，耐心地、耐心地教育孩子。玉辉来电话说，晚上如她在家，骆晴就去所里学习（意思是不愿和她妈在一起）这到底是啥原因？若是孩子的问题，大人要耐心地帮助教育，大人也要从自身找找原因，互相谈谈心、清除误会和隔阂，使心贴在一起。我想如果父女、母女情感深厚，说话的威力就大，因为情能暖人，情能感人。希望你和玉辉要以《指南》来帮助骆晴。

　　你的奋发向上精神，对我们是一种推动力量。望你注意锻炼身体，吃饭七八成饱（要自我控制，使体重接近正常），保证每天所需睡眠时间。

母亲 2000 年 10 月 17 日

　　2000 年年底，我母亲又一次来信关心我的健康问题，父亲在信的旁边写道："我和你妈的意思一样，最惦记的是你的身体，因为这是一切的'本'，望你一定听进去且切实照办。"90 年代末期，由于常年超负荷的科研工作我的身体状况大不如前，而且肚子有些"发福"，母亲和父亲的来信对我坚持锻炼身体、控制体重有很大帮助，对我在北京大学顺利完成访学任务有一定的促进作用。

　　2001 年寒假我没有回红花绿叶的广州，而是留在了天气寒冷的北京大学继续读书（包括学习外语）和思考家庭教育问题。春季开学前夕，我给女儿发去了一封信：

　　骆晴：我的好孩子！新学期到了，我在北京预祝你学习进步，全面发展，顺利考入理想的高中。

　　今年寒假要不要回广州，我思想曾经矛盾过：一方面想回去，这是因为我想念妻子和孩子，也牵挂广州大学教育学院组建的事情，还有我在异乡辛苦了四五个月也该回到自己的家里休息一段时间了；另一方面我也不想回去，这首先是为了不"打扰"你的复习，同时也是想留在北大学学外语，思考一下写作一本书的事情。现在寒假已经过去，我留在这里参加了四级英语学习班，学了大学英语精读的三四册共 20 篇课文，还参加了阅读训练、语法训练、听力训练，有一定收获。不光掌握了一些英语字词、句子，还激发了学习英语的兴趣。此外，还锻炼了意志，有几天北京零下 16 度，站在外边直打哆嗦，我从来没有经过这么冷的严寒！

对于你上个学期的考试成绩，我和你妈，还有洛阳的爷爷奶奶、老爷、外婆都是满意的，我们都觉得你进步不小。原来我们就觉得你在学习上有潜力，只要集中精力学习、勤于练习，再注意改进一下学习方法就一定能提高成绩。现在实践已经证明了我们的预计。当然，你在重点学校同学们学习基础都不错，现在又都在竞争，我们体谅你的艰难，所以不对你提出过于苛刻的要求，希望你尽量努力，保持目前的势头。

学习固然重要，但不是唯一，全面发展（品德，体质，性格等等）才是人才。最近我在北大博士生楼借宿，听说有个上海考来的博士生学习很优秀，挺有才气，长得也帅气，但饮食起居没规律，时有凌晨两三点才睡，东西乱放，又极少清扫房间，大家都看不惯他，没人愿搭理他，尽管他家里有钱，常带一些好东西让别人吃，别人也不理，他为此已经改换了三次房间，他 9 月初才来时很兴奋（考上北大博士当然极了不起），还有点傲气，后来经常垂头丧气，心绪不佳。你在班里要尊重老师（不会的可以问），团结同学（但不搞小团伙），适当参加集体活动，在家要尊重母亲，起居有常，活动锻炼，适当做些家务。不要小看这些问题，从现在起就要养成好习惯，改掉坏毛病（此事以前我们讲得不少，但没有严格督促你改正是我们的过失）。

现在离新学期开学还有一星期，但我在校园看多数学生宿舍都已亮灯，上图书馆的学生骤然增多，这说明北大学生学习热情很高。我愿意同你竞赛，看谁在 2001 年上半年进步大，让我们父女京穗两地共同努力。

父亲 2001 年 2 月 5 日夜于北京大学文史楼自习室

20 多天后我收到了女儿的来信，读到孩子的来信我心里格外高兴：

爸爸：你好。很久没有通信了，一时间也不知说什么好。北京的天气不知有否变暖，广州本来热了两个星期的，今天一下雨又变冷了。3 月份就近春了，若北京仍在下雨的话，你可要多添衣服。最近我学习还是这个样子吧，自己还是不断努力，不过近来的课程都变难了，压力还是蛮大的，也只有努力了。

这个学期许多原本不太努力的同学都很努力，学习气氛还是蛮激烈的，课后有很多同学问老师，或是聚在一起讨论问题，当然，我也常是其中的一员。数学、物理的学习还是蛮吃力的，想起来也挺怕会考。题目那么难，我或许会有许多不会做。不过现在都是跟着老师的步子走，再过两三个星期各科都要陆续进入复习阶段了，我那时也就只有更加努力。希望你在远方帮我多些祈祷。

　　我和我妈现在关系不错，挺融洽的。日常起居都很正常，不过我就没做什么家务，她也蛮辛苦的，若我成绩好她就开心，也就没什么怨言。但是我的成绩也常有起伏，不怎么稳定，我们都能彼此体量着对方，你也可以比较放心。

骆晴 2001 年 2 月 25 日

　　由于妻子女儿的理解和支持，还有父亲母亲的关怀和指导，使我能够安心地在北京大学实实在在地学习了一年。其间我参加了社会学系杨善华教授的《家庭社会学概论》和《社会学思想史》、心理学系王登峰教授的《人格心理学研究》、哲学系王海明教授的《伦理学》、教育学院陈向明教授的《质的研究方法与社会科学研究》等课程的学习，在社会学理论与社会学方法等方面有了长足的进步。利用这次在北大访学的机会，我广泛收集和阅读了海内外家庭教育研究的文献资料，认真分析了这些文献的理论基础和研究方法，并访问和请教了北大社会学系、北大哲学系、北大心理学系、北大教育学院、北京师大教育系、中央民族大学教育系、中国社会科学院社会学所、中央教育科学研究所、北京市教育科学研究院等单位的专家 20 余人，探讨当代中国的家庭教育现实问题与家庭教育研究方法问题。我还运用初步掌握的质的研究方法，对北大 40 多位本科生、硕士研究生、博士研究生、进修教师和博士后研究人员进行了访谈，为出版《成才与家教——北京大学学生家庭教育探索》、《造就卓越人才——北京大学博士生家庭教育探析》等著作做了准备。

　　13. 我的父亲母亲对于小孙女的通信教育（下）

　　1998 年 6 月我的父亲母亲从广州回到洛阳后，依然关怀小孙女的成长，同骆晴保持着密切的联系，尤其是 2000—2001 学年我访学北京大学前后父亲母亲给骆晴多封来信。2000 年 6 月，在我的女儿正忙于期末考试前夕，我的父亲给他的小孙女了一封信：

　　小妮：从来信中得知你近来心情比较舒畅，你多一份舒畅，我就少一份牵挂，你什么时候心情完完全全舒畅了，我心上的石头也就彻底落地了！完全无牵无挂了。"六一"儿童节前后我和你奶奶跑了两趟书店，看看有无适合你看的新书，看来看去，眼花缭乱，最后也没选中。后来查了一下词典上关于儿童的释义：儿童是小于少年的较幼小的未成年人，而少年呢？少年是十岁左右到十五六岁的未成年人。看来你甚至包括骆观、黄珞都已经不是儿童了，孩子们长大了，可是爷奶仍把你们当成儿童看待，一到儿童节就自然想到了你们，就想对你们尽点心意。今后，也不管到不到儿童节，也不管你还是不是儿童，你需要爷奶帮助什么，爷奶定一如既往，鼎力相助，你需要什么东西，只要洛阳能买到，你一经提出，爷奶立即去买并马上寄去。

爷爷厌恶甚至憎恶那种早已发了霉的做法——给学生排分数名次，因为它无助于学生综合素质的提高，不可能培养出高质、高知、高能的"三高"人才，只能培养出死书呆子，只能制造出"考试机器"，不能出精品，只能出废品。爷爷什么虚假的东西都不认，只认真本事，而真本事是锻炼出来的，不是排名次排出来的，所以只要有锻炼机会都希望你积极主动地争先恐后地参加并具全身心地投入进去，力争做出一流成绩，还要开动机器，从中总结出规律性的东西，以开阔视野，增长才干，提高素质千万不可把自己封闭起来与世隔绝。据报道，一个9岁的女学生因走迷了路一时失踪了，待找到后，"好心肠"的母亲就让她退学了，为了看护女儿，母亲也提前退休了，把孩子关在家里，大门准出，二门不准踩，孩子现在已经29岁了，除了饭来张口、衣来伸手之外，别的什么都不会，完全变成了一堆废物。前车之覆，后车之鉴。这里顺便提一下立志和毅力的问题，志是从反复锻炼中逐步立起来的，不是空想和空喊出来的，毅力是在和艰苦、困难、挫折、失败的反复斗争中逐渐磨炼出来的，不磨不炼，毅力何来？

你应该自觉地积极地主动地通过长期反复的磨炼逐步建立起符合时代要求的现代意识，诸如自信意识、自立意识、自主意识、自护意识、自由意识、民主意识、独立意识、创造意识、参与意识、竞争意识、好奇意识、求知意识、思考意识、群体意识、环境意识等等，还有一点需要着重强调指出的是在科学技术突飞猛进一日千里的新世纪里，每个人无论从事何种职业都必须具备科学精神和科学思想，都必须掌握一定的科学知识和科学方法，否则，一旦成了"科盲"将寸步难行，更别说成为一个新时代的佼佼者，我已深感形势逼人，所以奉劝你趁早打好科学功底。

祝你健康成长！

爷爷 2000 年 6 月 6 日

父亲的这封信表达了对于小孙女的深切关爱，批判了应试教育只讲分数的弊端，鼓励孙女磨炼自己，建立现代意识，掌握科学知识和科学方法，指出了孩子成长进步的方向，对于骆晴一生都有指导意义。只是我国目前的教育制度，尤其是升学考试制度使得即将升学的孩子们压力巨大，难以完全按照爷爷的意见办事，不过骆晴还是从中得到教益，注意锻炼自己的意志力。

父亲写信的同时，母亲给骆晴写来了一封较长的信，着重讲了锻炼身体和认真学习的问题：

小妮：你好！接到你的信当时没抓紧回信，客观上也有点原因：你婶子发烧住在二院，我们每天要给她送饭。经检查，有点炎症，经过治疗已恢复正常，出院几天了。你婶子现在是洛阳市推选的学科带头人之一（生物课共选三人），住院期间，在郑州举行全省学科带头人答辩，她为了不失良机，又去郑州参加答辩，如果答辩通过，就确定为学科带头人，若通不过就不是。从这件事我深感健康的重要性，没有健康的身体，怎么去工作？怎能搞好学习？妮呀，你平时一定要注意锻炼身体，身体健康就是美的享受，别人看着你健康是一种美的感觉，而且轻轻松松舒舒服服，不正是美的滋味吗？如果一个人整天这痛那儿痛的，吃药、打针甚至开刀，那该是多么痛苦啊！我希望你从小把身体炼得结结实实的。想到你的眼睛，我心里总是难受，一个十几岁的孩子，就近视成这个样子，多么不方便啊！我真想叫你每天炼炼明目功，把视力恢复恢复，使眼睛明亮起来！

上次你的信可能是"欠邮资"的原因，路上走了十几天，终于收到了，邮局没有退回，还算不错。你用的信纸可以两面写，重量就轻了一半，每封信20克，一张8角邮票就行了，如果超20克可再加一张8角邮票。我在报上看到"马虎"的由来，现抄给你："马虎"一词据说来源宋代，当时京城有个粗心大意的画家，有一次他在画一只斑斓猛虎时，刚画出虎头，就有人请他画马，于是他就接着虎头画了一匹骏马的身子。那人看了莫名其妙地问道："马乎？""虎乎？"画家答："马马虎虎！"那个人见他画得不伦不类，就失望地走了。而画家呢？却把此画挂在墙上自我欣赏。他的大儿子问他画的什么，他回答是"虎"；他的二儿子问他画的什么，他回答是"马"。后来大儿子带着弓箭到野外打猎遇见一匹马误认为是"虎"，结果赔偿了人家损失。二儿子在山上碰上虎，误认为是"马"就上前去骑，结果被虎吃了。画家这才悔之莫及，把画烧掉，写诗自嘲道："马虎图，马虎图，似马又似虎，大儿依图射死马，二儿依图喂了虎。草堂焚烧马虎图，奉劝诸君莫学吾。"此后人们就把那些粗心大意、办事不认真的人称为"马虎先生"了。有时你也有粗心马虎的现象，要吸取别人教训、改正自己的缺点，从小就养成细心、认真一丝不苟的好习惯。

我估计你们的课快讲完了，将要期末考试了，望你在认真复习的同时要注意休息，争取期末打个漂亮仗。

奶奶 2000 年 6 月 7 日

　　我的女儿从小学高年级开始出现了马虎的毛病，做作业比较粗心，做事情也不够专心。看到奶奶的来信，她曾下决心改正马虎的毛病，但是真正改起来并非容易。几个月后，我的父亲又来信进一步向小孙女说明了"做一个有心人"的意见：

　　小妮：今天我单说一个意思，就是希望你成为一个有心人。所谓有心人，就是处处留心、时时注意的人，就是勤于观察、善于思考的人。这样的人时时处处都能把自己的全部机器开动起来，目司视、耳司听、手司写，心之官则思，他能随时随地汲取各种营养来充实自己，使自己成为一个知识渊博的人，经验丰富的人，视野宽广的人，头脑灵活的人，智慧高超的人，才华出众的人，成为一个大有作为的人，成为对祖国、对人民、对人类有突出贡献的人。

　　这个想法是由看《三星智力快车》（每周星期日 9∶10 播放）的电视片引发的。该节目提出的问题范围非常广泛，上至天文，下至地理，从古到今，自中到外，自然科学无所不包，社会科学一应俱全，通常说的科目，如数理化、天地生、文史哲、体音美、政经法、医农艺无不涉及。其中好多题目连我这个所谓"老教授"也都感到茫然不知所措，可是其中的一个小朋友却能脱口而出，对答如流，而且答得完整无缺，准确无误，用主持人的话说就是全部题目几乎叫他一个人包圆了。问其诀窍，答曰：处处留心，凡是自己接触到的一切人、事、物，包括别人说的一句话，写的一个字，唱的一支歌，做的一件事，都要留心看，留心听，用心想从中吸取一点一滴有益的东西。因为聚沙能成塔，集腋能成裘，涓滴之水成江河。他如果是个无心人，凡事视而不见，听而不闻，熟视无睹，心不在焉的话，那是绝对不可能取得那样的好成绩的。

　　我虽然算不上一个有心人，但我愿意朝着这个方向努力，我并且愿意和孙女共勉。我深信宋代人罗大经在《鹤林玉露》中说的一句话："一日一钱，千日千钱，绳锯木断，水滴石穿。"所以我是比较留心知识积累的，每有所得，便立即记在本上，若干年来各种笔记加起来恐怕不下二三十本，别人一辈子著作等身，而我在见马克思之前若能笔记等身；别人能给儿孙留下万贯家产，而我若能给儿孙留一堆故纸也就可以聊以自慰了。

　　最后赠给你两句老话："处处留心皆学问，人情练达即文章"；"天下无难事，只怕有心人"。

爷爷 2000 年 10 月 10 日

2001 年 8 月我的女儿考入了广州市第七中学读高中，我的家庭住址也准备从桂花岗迁移到广东外语外贸大学北边的一个教师小区，这样女儿上学离家里的距离就远多了。开学前夕，我的父亲母亲分别给小孙女发来了信，母亲的信见下：

小妮：你好！

从来信中知道你假期中看了不少书，如果是有益的书，看后能从中吸取营养，不仅能丰富自己的知识，还能陶冶情操，看书时如能入进去，那还是一种很美的享受。在有条件的情况下，能尽量多看些书。开学后，功课重，只要把所学各科学会、学懂、学透就很好了。要特别注意保养眼睛，学习三四十分钟，闭上眼歇歇，或揉揉眼睛，或做做明目法，或做做眼保健操或往远处望望，总之不要把眼累住了。

老人总要为儿女子孙操心，现在我最牵挂的除了你，还有你爸、你叔叔。你刚上一个新学校，在新的环境里和从不相识的老师、同学相处，需要一个互相适应的过程，希望你尽快适应新的环境，同时高中的课程要比初中深、难、重，望你能挺直腰杆，迎接困难、不怕困难、战胜困难，人就是在困难中锻炼得意志坚强的，我想经过这次锻炼你的学习成绩会有新的提高，意志也会坚强起来。对你父亲我最不放心的是，长期熬夜，超负荷运转，这实际是在透支自己的生命，如果持续下去，不立即纠正，后果是不堪设想的，因此我很牵挂你父亲，为了久远的健康幸福，希望他珍惜生命。你叔叔那个厂子几年来都不怎么样，但还能找点活干干，多少挣两个钱，而现在也散摊子了，都各自去自谋生计了，我现在总想你叔叔的工作问题，从你叔叔现在找工作，我有一个很深的感觉，那就是学位太重要了，洛阳大学有关负责人说，只要是硕士学位就可以接受，而你叔叔是本科毕业学士学位，如果当时有远见，你叔叔完全能上硕士研究生，现在后悔已晚了。另外你姨奶家的三姑是硕士学位，很顺利分到上海一所大学任教。由此我就联想到你、黄珞、骆观等你们工作时，说不定硕士学位也难找到一份好工作，恐怕需要博士学位了。为了将来过好生活，你们现在就得练就真本事，免得到那时作难。

奶奶 2001 年 8 月 31 日

父亲母亲的来信非常及时，正好回答了她在上高中前思虑的一些问题，所以她反复阅读了爷爷奶奶的来信。我在骆晴看过信后同她交谈，鼓励她在高中阶段树立信心、鼓足干劲，女儿表示一定不辜负爷爷奶奶的期望，努力学习，争创好成绩。

14. 古稀之年的父亲母亲仍然指导我和女儿进步

进入 21 世纪，我的父母已经是古稀之年的老人了，由于坚持锻炼他们的身体和心理健康程度都高于同龄人，他们不仅不需要我们姐弟的照顾，反而一如既往地关心我们姐弟和我们的孩子。2001 年 7 月底我从北京大学访学回广州途中顺便到洛阳探望了他们，这是我在父亲母亲 1998 年到广州三年后首次见到他们。这次回家看到父亲母亲搬到了新居，看到老人身体健康、心情愉快，我心里十分高兴。我向他们具体介绍了自己在北大学习的收获，表达了今后继续努力钻研家庭教育科学的决心。父亲给我了三年来积累的许多家庭教育资料，母亲叮嘱我要在培养骆晴上多花点时间。2001 年 12 月，在我即将迁入云山居的时候，父亲代表母亲来了一封信：

风、宇辉：你们现在正处在人生征途上担子最重的时候——事业的担子和家庭的担子（上有老，下有小）双肩挑。作为长辈也不能帮你们一把，所以常常因愧对晚辈而深感内疚。

我们现在要说两个最关切的事情：一个是希望你们千万不要急于乔迁新居，因为新居的装修材料和新家具中含有多种无形的杀手，如氡、甲醛、苯和放射性物质。这些杀手对人的健康危害极大，能使人患上装修病，其中最为严重的是白血病（血癌），一旦染上，其后果不言自明。据说，这些有害物质散发的非常缓慢，大约 3—15 年才能散尽。当然，也不是说非等 15 年才搬家，但是若尽量晚搬些时，多开开门窗，多通通风，让毒素多散去一些，总会危害轻一点。希望你们能切实听得进，做得到。此乃好言相劝，勿所言之不预。二是希望你们多关注一下央视第 10 频道——科学教育频道的《当代教育》板块（每晚 19：30 播出）中心议题是谈教改问题，探讨以素质教育取代应试教育的新理念和新方法。听了使人大有振聋发聩，茅塞顿开之感。郑州市中小学就取消了百分制代之以等级制（分优秀、良好、合格和待合格四级），特别是"待合格"的提出简直是一个创举，它对于改变"考，考，考，教师的法宝；分，分，分，学生的命根"的应试教育陈规旧法具有重要作用，对于学生冲出读死书、死读书、读书死的死牢走进读活书、活读书、读书活的乐园具有深远的意义。

据我的肤浅的感觉，素质教育喊声震天价响，而实际上是雷声大，雨点小，甚至是干打雷不下雨，更有甚者是口是心非，表里不一，说的是素质教育，做的是应试教育。对于这些人应该大声疾呼：醒醒吧，醒醒吧，睁眼看看这一日千里飞速发展的世界吧，该动真格的时候了。

愿神州教育快兴旺，愿华夏学子早解放。

父亲 2001 年 12 月 14 日

2002 年 2 月，我联合广东、浙江、福建三省和香港、澳门特别行政区十多位同仁申报的《东南沿海地区儿童少年品德问题与家庭教育问题及其对策的研究》获准为全国教育科学"十五"规划教育部重点课题，不久我和中山大学、华南师范大学、湛江海洋大学等高校教师申报的《当代大学生生活素质现状及其改进的研究》获准为"十五"广东省教育厅重点课题，成为广州大学科研任务最重的文科教师之一。我主持的这两项课题都有相当的难度，尤其研究东南沿海地区学生品德与家庭教育问题的教育部重点课题，既要在理论上进行一系列的创新，又要在实践上提出能够指导包括香港和澳门特别行政区在内的中小学德育、家庭教育的对策，我感到空前的压力。父亲知道我面临的情况后，总结他一生的经验和教训，告诫我一定要有信心。父亲还给我讲了当别人问及著名科学家杨振宁一生的最大贡献时，杨振宁的豪言壮语：我们中国人不比别人差。父亲说，这句话听起来不像什么豪言壮语，但它却道出了一个中国人"自信生来有傲骨，不在人前矮三分"的浩然正气，我想我们河南人、洛阳人，包括我的儿孙，也同样不比别人差，所以我们应该自信、自强，坚韧不拔，一往直前。父亲还用诗歌要我记住：只要信心在 \ 只要肯奋斗 \ 只要劲鼓足 \ 只要争上游 \ 不信珠峰上不去 \ 不信长城不能游 \ 谁说洛阳无才子 \ 看我风流不风流。

父亲的教诲给了我巨大的动力，我在做课题的过程中坚持高标准、严要求，比如我花费了两年时间探索我国的家庭教育评价指标体系，分别请到北京大学、北京师范大学、南京师范大学、中山大学、厦门大学和台湾师范大学、香港城市大学、澳门大学的近 20 位著名学者对我的研究结论进行指导，先后两次做近千人的较大规模样本的问卷测试，终于提出了在国内和国际上有一定影响的家庭教育评价指标体系。2002 年年终广州大学进行教师科研成果汇总，我荣获全校文科教师科研成果总分第一的好成绩。

我父母亲依然惦记着小孙女。2003 年 2 月读高中二年级的女儿，收到了爷爷给她的一封长信：

　　小妮：渴望已久的你的来信终于盼来了。那就先说说对你这封信的初步印象吧：总的印象是孩子长大了。当然是指和过去相比，而不是指和将来相比。因为人生就是一个不断"长大"的过程。人的认识会随着阅历的加深而不断加深，人的能力也会随着实践经验的积累而逐步提高。人家孔圣人还说："吾十有五，而志于学，三十而立，四十而不惑，五十而知天命，六十而耳顺，七十而从心所欲，不逾矩"，何况咱们常人啦。若把"长大"分作"志学"、"而立"、"不惑"、"知天命"、"耳顺"和"从心所欲"六个阶段的话，你才是刚开头的第一阶段，更高级、更灿烂的阶段还在后头；若把长大比例"一出戏"的话，你现在才仅仅是个"序幕"，更好听更好看的，更叫爷奶大饱眼福耳福的好戏也在后头，爷奶正立等看着孙女儿一幕幕的好戏呢。和过去相比，你无论在认识上还是文笔上都有可喜的进步，认识上比过去深多了，广多了，全面多了，周密多了，因而越来越切合实际了。文笔上，这封信，不仅做到了中心明确，重点突出，条理清楚，而且达到了准确、生动的高度。把爷爷要求回答的"身"、"心"、"关"和"学"四个要点表达得一清二楚，使爷奶看了一目了然。真是一封说我要听，写我要看，答我要问的使我百读不厌爱不忍释的好信哪！

下面再说一下我所关心的四个字：身、心、关、学。这是一个互相联系不可分割也不可或缺的有机整体。身、心者，心身健康之谓也。为啥先说它呢？因为它是根，别的是枝，没有根，哪有枝，它是1，别的都是0，没有1，0再多有何用，它是第一，别的是第二，没有第一，哪有第二。可见心身健康地位是多么重要，万万不可等闲视之。从你来信中得知你对自己心身健康方面的情况有一个比较全面正确切实地认识，这很好。爷奶为你的成长而感到欣慰。同时希望你以更高的标准更严格的要求来鞭策自己，向着大健康的方向努力（大健康包括六个内容：一健康，二长寿，三聪明，四快乐，五美丽，六高尚）必须指出，不但身体要健康，心理也一定要健康，特别应该突出强调的是在任何时候、任何地方、任何条件下都应该做到心情开朗，那就是思想要清静，精神要乐观，意志要坚强，性格要爽朗，在情志方面还要做到和喜、怒，去忧、悲，节思、虑，防惊、恐。为了美好的未来，为了幸福的明天，希望你把自己炼成一个砥柱石，立地顶天。

再说"关"字。关者，搞好人际关系之谓也。要搞好人际关系（其中包括父母与子女的关系）就要正确对待自己，就要正确对待别人，对己，要严，对人，要宽，既不能妄自尊大，也不能妄自菲薄。对人，特别是父母，要宽容，多宽容，要体谅，多体谅，要理解，多理解，宽容他们的短处，体谅他们的难处，理解他们的长处、好处，特别是他们的良苦用心。要知道，父母也是人，也是一个平常的人。金无足赤，人无完人嘛，人非圣贤，孰能无过，父母非圣贤，父母岂能无过（其实即使是现实中而不是虚幻中的圣贤，他也不可能是那样高大完美，即使是高大完美，也会有某些美中不足之处），因此，对他们某些不当说法和做法要大度能容，要一笑了之，不要放在心上。同时要关心他们，体贴他们，亲近他们，主动向他们交心，主动与他们沟通，主动和他们交流，交流时可以敞开胸怀，畅所欲言，真正做到有病不背大夫，有话不背爹娘，对于不同看法，可以平等的争辩，平等的探讨，各述其见，互相切磋，若暂时达不到共识，可求同存异，下次再议。作为子女一方，也要审时度势，也要察言观色，也要揣理度情，也要看火候，讲方式，尽量把话说到父母心里，尽量使他们乐于接受，尽量使矛盾得以化解，使心情得以舒畅。万不可冷言冷语，出语伤人，弄得剑拔弩张，最后不欢而散。家和万事兴，儿孝父康宁，我希望："和"从粤先始，你当排头兵。心也健康了，身也康了，家也和了，自然，气也就顺了，也就可以以饱满的热情，以旺盛的精力，以冲天的干劲集中全力搞好学习了。

　　在学习上，我觉得你对自己情况的分析是中肯的，态度也是端正的，唯自信心仍须进一步增强增强再增强。这里要发扬胡杨的品格：活了千年不死，死了千年不倒，倒了千年不朽。有了这种品格，那就什么挫折也阻挡不住我们前进的步伐，什么挫折必将被我们一一战胜。

　　纵观横览，全面来看，我们既有有利因素又有不利因素，既有优势，又有劣势。我们既看到前景喜人的一面，又要看到形势逼人的一面，更要拿出使事物朝着好的方面转化的实际行动，增强信心，奋发向上，脚踏实地，实干巧干，那么，困难必将一个一个被我们克服，成绩也必将一件一件被我们夺取，"黑暗"即将过去，曙光就在前头，加油吧。

　　　　　　　　　　　　　　　　　　　　　　　　爷爷 2003 年 2 月 20 日

　　2004 年 8 月我的女儿收到了武汉一所著名大学的录取通知书，晴儿第一次到武汉上大学不让父母送行，这正合我意，我认为上了大学的孩子应该自己到校报到。她到校后参加军训很刻苦，学习也比较努力，这使我和父母亲都感到欣慰。2004 年国庆节，我和妻子回洛阳探望已经三年没有见面的父亲母亲，我和父母亲就家教问题畅谈了三次，每次都在三个小时以上。我们回到广州不久，父亲来信再次表达了对于儿子的关切：

　　风、玉辉：你们在家时，虽然我已经没完没了的唠叨了无数遍，但你们走后我心里仍还提溜着，甚至一想起来就辗转反侧，夜不成寐。提溜什么？你们应该清楚。现在，我本不应再啰唆，但是我还要再三提出殷切希望。

　　一、一定要下大决心彻底改变不良的生活习惯。

　　二、一定要做到膳食平衡。

　　三、一定要做到戒烟、限盐、少饮酒。

　　四、一定要坚持锻炼身体，使锻炼经常化、生活化和习惯化。

　　五、一定要做到心理平衡。

　　此外，我还想跟你们讨论一个问题那就是"尺有所短，寸有所长"

的问题。如果仅仅看到人是沿海，我是内地；人是大广州，我是小洛阳；人是金字牌的，我是铁塔牌的……总之是以人之长比己之短，比来比去，其结论必然是人先进，我落后；人文明，我愚昧；人才高八斗，学富五车；我目不识丁，瞎字不识；人为武松，我为武植……其结果只能是大长别人的威风，大灭自己的志气，使自己直不起腰，挺不起胸，抬不起头，更不说扬眉吐气啦。事实是长短经常处在变化之中，长能变短，短能变长，强能变弱，弱能变强。试看现在正在举行的世界武术大赛，（参赛国家和地区 62 个），是在郑州而不是广州，因为河南有个少林寺，少林寺有个少林功，这就是河南的短中之长，相对而言，也是广东的长中之短，粤豫相比，在这点上，自然也是我有你无了。再者现在河南经济的发展已位居中西部之首了，可见不是贫者恒贫了，相对而言，这又是短中有长了。再者，你们可能看到全国评选最佳魅力城市已经揭晓了：报名参赛者600 多家，入围者32 家，最后获此殊荣者仅有10 家，10 家之中，洛阳是第一家，为什么？因为洛阳是千年帝都（人无我有），又是牡丹花城（人有我优）。这又是短中有长的一例，可见，瞎者不是一切皆瞎。这样看问题是否比较符合实际，是否有利于树立自信供你们参考。

父亲 2004 年 11 月 17 日

　　附减肥食物：1. 紫菜；2. 芝麻；3. 香蕉；4. 苹果；5. 红豆；6. 菠萝；7. 蛋类；8. 西柚。

父亲的这封信表达了对于我的殷殷之情，父亲来信所说的不良生活习惯等问题我确实存在，比如近年来我多是晚上一两点钟睡觉，"赴宴"较多，吃肉较多，不能坚持锻炼身体，有时抽烟饮酒。再加上繁重的科研任务，使我忙得喘不过气来，前些年保持的健康身体消耗的差不多了，2003 年和 2004 年我生病十多次，累计近百天的时间吃药打针。可以说父亲的来信正中我的要害，对我改善生活方式，保持健康的身体和心理状态有很大的促进作用。父亲所谈的自信自强也是有所指的，因为近几年某些地区刮起了诋毁河南人的阴风邪气，某些人把对个别品行不端的河南人的怨恨推及所有河南人身上，身处各地的河南人应该用自己诚实善良和光明磊落的行动回击那些无稽之谈。

第三节　作者本人的质性分析

　　作为父母亲的儿子、作为骆晴的父亲，我要衷心感谢父母亲对于我和女儿两代人的教育，没有父亲母亲对于我和女儿的辛勤培养就没有我们两代人今天的成长；作为一位家庭教育研究者，我要真诚感激父亲母亲对于我从事家庭教育研究的鼓励、指导、示范、帮助、支持，没有父亲母亲的光辉榜样就不会有我今天的家教研究成绩。下面，我按照质的研究方法的分析框架，对于父亲母亲教育我和晴儿做一简要的概括。

一　类属分析

1. 教育目标。父亲母亲在培养我和女儿的过程中，使下一代成为德智体全面发展的社会主义的接班人和劳动者的目标是明确的、一贯的，不过受时代背景影响和儿子、孙女情况的制约，他们所关心的重点也有所不同。（1）父母亲给小儿子起名为"飞"，希望孩子将来能够鹰击长空、飞入云端，为建设社会主义作出较大贡献。（2）大学期间，父亲告诫我"为了使你更好的成长，从根本上讲是准确地完整地领会和掌握毛泽东思想体系，牢固地树立无产阶级的世界观。同时还必须有一个好的作风，一言一行，一举一动都要严肃认真，一丝不苟"。（3）1994 年得知我准备到广州工作的消息，父亲来信说："父母在，可外游，游也无妨（即使出国周游列国也无妨），只要能够为人类造福，即使我这把老骨头干在洛阳也心甘情愿。"（4）1995 年父亲写信给刚到广州的孙女："我希望我的小孙女也像庐山上的劲松那样，不怕狂风，不怕暴雨，不怕严寒，傲然挺立在顶峰；我希望我的小孙女，也能登上险峰，极目四望，放眼太空，开发超常智能，成为少年精英。"（5）1998 年父亲告诉我："我愿一辈子做一个高尚的人，一个纯粹的人，一个有益于人民的人，也希望自己的子孙万代也都做这样的人"。（6）2000 年父亲给小孙女来信，希望她成为一个有心人，"就是处处留心，时时注意的人；就是勤于观察，善于思考的人。成为一个大有作为的人，成为对祖国、对人民、对人类有突出贡献的人"。

2. 教育内容。父亲母亲对于我和我的女儿进行了丰富多样的教育，涉及多个方面。（1）奉献祖国的教育，我父母亲热爱新中国、热爱共产党、热爱教师工作，无论个人有什么样的遭遇，他们都全心全意地做好工作，没有半点懈怠。（2）入职教育，我刚参加工作时父母亲讲得最多的是要有认真的态度，父亲常用毛主席的话"世界上怕就怕认真二字，共产党就最讲认真"激励自己和儿子。（3）恋爱婚姻的教育，80 年代中期我和姐姐都已经到了谈婚论嫁的年龄，这时父母对于我们的婚姻问题自然关心多了起来。在大学三四年级时，父亲母亲就同我们谈论过婚嫁问题。（4）艰苦奋斗的教育，父亲认为现在生活条件好了，但是艰苦奋斗的作风不能丢，他们在行动上注意锻炼孩子，吃饭不让孩子挑拣，穿衣不买昂贵服饰，外出让孩子尽量徒步。（5）健康教育，母亲来信关心我的健康问题，父亲在信的旁边写道："我和你妈的意思一样，最惦记的是你的身体，因为这是一切的'本'。"（6）自信自强的教育，

2002年来信告诫我："我想我们河南人、洛阳人，包括我的儿孙，也同样不比别人差，所以我们应该自信、自强，坚韧不拔，一往直前。"

3. 教育方法。在80年代我上大学之前，由于工作忙和受迫害等原因父母亲很少专门对我们进行教育，我上大学后父母对我们姐弟的有意识教育多了，我女儿出生后父母对她的教育非常具体，方法很多。（1）榜样教育，如母亲不顾盛夏高温同普通农民一样干重活干脏活；父母亲取得高级职称后，更加认真地备课上课，并且在教学研究中取得新成绩。（2）自主教育，父母亲把子女当作独立个体予以尊重，童年时让我自由玩耍，大学期间要我独立思考、自主表达意见。（3）劳动教育，在我和姐姐动身回老家前后，父母亲千叮咛万嘱咐，要我们孝敬爷爷奶奶、叔叔婶婶，勤劳俭朴，向贫下中农学习，同农民打成一片，积极参加劳动。（4）书信教育，父母亲经常给远在外地的女儿和儿子写信，询问我们的学习、品德、健康等情况，表达他们的关切和意见。小孙女离开洛阳后，父母亲给她写了大量的信件。（5）家史教育，1998年父亲母亲在广州给我讲述了他们过去的许多故事，使我比较完整地了解了父亲母亲大半生的曲折经历。（6）故事和诗歌，骆晴小的时候我父母亲经常给她讲故事、猜谜语，孩子稍大之后还教她读诗歌写诗歌，直到孩子上初中后母亲还给她讲"马虎"的故事，启发她要认真做事。

4. 亲子（祖孙）关系。我的家庭亲子（祖孙）关系非常亲密，父母亲对待我们非常和气，对待小孙女非常关心。（1）幼儿阶段，看到幼儿园阿姨错绑了我的胳膊，"父亲赶忙把我柔软的手腕扳了过来，心疼地放在嘴边又吹又吻"。（2）在60年代初自然灾害时期，父母经常自己忍饥挨饿尽力保证我和姐姐有饭吃。（3）童年时期父母亲让我和姐姐自由地玩耍和学习，很少严厉地批评我们，姐弟之间有了争执他们总是耐心启发我们自己解决矛盾。（4）"文化大革命"期间我的父母亲遭受严重迫害，但是他们依然关爱孩子，设法把我们送到了农村老家，还鼓励我们热爱劳动和认真学习。（5）父母亲的态度非常开明，我和姐姐在恋爱方面的"活思想"、"新情况"都愿意向他们诉说；1985年见我们谈恋爱的步伐缓慢，还专门托信得过的多位同事为孩子介绍对象。（6）为了我的学习和工作不受影响，父母亲不顾工作担子重和身体素质差，依然承担起了照顾和教育小孙女的重任，对于小孙女倾注了巨大的心血。（7）小孙女离开洛阳后，我的父母亲思念她时忍不住流泪，给晴儿写了大量的情真意切、富有哲理的信件，女儿有了问题总是首先向爷爷奶奶诉说。

5. 家长素质。父亲母亲从河南师范学院毕业后来到洛阳市回民中学，他们都是共产党员，在工作中表现出色，在教育子女中也同样出色。（1）父亲来到回中就担任了高一、高二、高三的政治和历史课教师，还担任了教研组长、年级组长，母亲承担了每周 24 节历史课的教学任务和班主任工作。（2）"文化大革命"中面对严峻的政治形势，我父母亲十分自信和坚定。为了孩子的安全，他们果断地决定马上把孩子送到农村老家。（3）80 年代初我们姐弟三人同时在外地大学读书，父母倍感幸福，主动给孩子写了大量富有教育意义的信件，对于我们姐弟的成长起了重要的指导作用。（4）我的女儿出生后，为了使我能够更好地学习和工作，父母不顾自己工作负担重和身体条件差，依然承担起了照顾和教育这个孩子的主要角色。（5）80 年代后期父母获得高级职称后，把它当作做好工作的新动力，更加认真地备课上课，同时在教学研究中也取得了成绩。（6）1994 年父母得知我有意调入广州师院工作时，以博大的胸怀支持孩子的志愿，鼓励我在教育科学研究中开拓进取。（7）父母在我们到广州后依然关爱我们，特别是关心小孙女骆晴的成长，写下了几十封情真意切的有针对性的教育信函。（8）进入 21 世纪父母已是古稀之年，他们还关心着我和我女儿的成长，当我面临繁重的科研任务时父亲赋诗励志，要我勇攀家庭教育科学高峰，当我的女儿高考前感到郁闷时，他从素质教育的高度告诉孙女前进的具体方向。

6. 家庭条件。20 世纪 50 年代末期我出生于洛阳市的一个教师家庭，在相当长的时间里我们家的生活条件艰苦，80 年代中期我们姐弟三人工作后家庭生活条件逐渐改善。（1）50 年代后期到 60 年代中期，我家的经济条件较差，有时连吃饭也不能完全保障。（2）60 年代后期我回到清丰老家，爷爷家属于一般农村生活水平，回到洛阳后由于整个国家经济不振，我家生活条件也是比较艰苦的。（3）80 年代初我们姐弟三人同时在外地大学读书，父母为此支出很大；同时我的爷爷奶奶和外婆也处于年老多病状态，父母也要经常给他们寄钱，因此家里经济十分紧张。（4）80 年代中期我们姐弟三个相继大学毕业后，家庭经济状况有所缓和，我们回到父母身边时总是带来一些可口的东西。（5）80 年代后期到 90 年代前期我国物价上涨过快，我们家为了给缺奶的骆晴买营养品花去不少钱；这个时期我为了提高科研水平也有很多支出，所以这个阶段的生活水平也是不高的。（6）90 年代中期我到了广州师院工作，经过两三年过渡收入明显增加，生活大大提高，我父母亲在洛阳的退休金也比较高，他们的生活水平也算是比较高的。

二　情景分析

1. 50 年代后期到 60 年代中期我的童年。1956 年秋，我的父母亲来到洛阳市回民中学任教，他们意气风发地投入了学校的各项工作，在教学、班主任、教研组等活动中争先恐后，奉献自己的青春。第二年女儿降生，第三年儿子出生。忙于工作的父母亲很少有时间照顾儿女，但是他们内心深处是非常爱怜孩子的。60年代初，国家经济陷于困境，我家生活严重困难。父母发扬革命乐观主义精神，不顾营养欠缺努力工作，父亲在政治课教学等方面显示其才华。年迈的外婆承担起家务的重任，尽力照顾我们的生活。这期间父母对我们的教育，主要是榜样的示范作用，他们勤奋工作、正直善良给我和姐姐留下了深深的印记。

2. 60年代中期到70年代中期十年动乱期间。60年代中期"左"倾思潮泛滥，1966年夏天父亲被打成反革命分子，一直到70年代中期才得以平反。母亲非常坚定地站在父亲一边，两人共同分担着突然降临的不幸。为了保护我们，母亲带领我和姐姐来到农村老家，我在清丰上小学和参加农业劳动。1969年母亲带我和姐姐回到洛阳继续上小学和读初中，后来上完高中在洛阳待业。1976年我们全家目睹了共和国的缔造者先后辞世、"四人帮"被打倒。这期间父母面对危难的坚定信念给我极大教育，回到老家劳动锻炼使我对农村农民有了少许了解，父母引导我们读书学习，对于后来我和姐姐考上大学起了决定作用。

3. 70年代后期到80年代初期我上大学期间。1978年春天，我考入河南大学政教系，当年秋天姐姐考上天津一所大学，时隔一年的1980年我的弟弟考取南京的一所大学，经历了劫难的父母亲倍感幸福，更为自觉地培养我们姐弟三人，写下了大量的有针对性的家庭教育信件，鼓励我们刻苦学习，做又红又专的革命事业接班人。这个时期父母的工作热情高涨，在工作中取得了不少成绩。但是由于三个孩子在外读书花费较多，还有父母要照顾我年老的爷爷奶奶和外婆，家庭经济非常紧张，父母常常节衣缩食，多年不曾添加衣物。那时父母亲经常谦虚地同我们讨论问题，鼓励我们独立思考。

4. 80年代我在洛阳师院工作期间。1982年元月我来到洛阳师范学院任教，父母鼓励我勇挑重担，敢于转任教育学教学工作。父母告诫我教学工作一定要认真，只要认真就不怕做不好工作，他们还具体指导我在备课、上课等环节严格要求自己。不久，父亲调任洛阳市教育学院，后来又到洛阳大学工作，他都以勤奋和认真取得了极大的成功，得到了同行和学生的尊敬。80年代中期父母关心我和姐姐的婚姻问题，同我们探讨恋爱婚姻的道德伦理，帮助我们适时建立小家庭。父母还建议我们保留头次怀孕的胎儿，帮助我和妻子照顾新生的女儿，使我在家庭十分需要我留在洛阳的情况下到了南京师范大学进修学习。

5. 80年代后期90年代初期我女儿幼年期间。1986年10月我的女儿出生之后，父母亲实际上承担起了照顾和教育这个孩子的主要角色。父母为我们找保姆，喂孙女吃喝，孩子稍微大了一点教她说话，给她讲故事、猜谜语，等等，这都是父母在自己有沉重工作任务和长期体弱多病的情况下做的。我的父母非常喜爱这个小孙女，在他们离退休后更加"自觉地"承担起了教育我女儿的任务，前后连续六七年时间每天接送孩子上幼儿园、接送孩子上小学。父母买来不少玩具和图书，经常通过有趣的活动开发孩子的智力；父母关心孩子的品德进步，对她的德行严格要求。

6. 90年代前期我从事教育科研工作初期。90年代初我的父母已经离退休，基于对晴儿的共同的爱，父母同我多次探讨家庭教育的观念和方法，使我后来形成了家庭教育研究的专业兴趣，撰写了《现代儿童家庭教育艺术》。洛阳师院领导支持我走教学与科研相结合的道路，1993年送我到北京师范大学做访问学者，其间父母又承担了照顾我女儿的大部分任务。我在北京师范大学期间刻苦学习，在教育基本理论和家庭教育理论方面得到了长足的进步，并晋升教育学副教授。父母一方面为我取得的成绩感到自豪，另一方面鼓励我继续前进，为我国教育科学事业作出较大贡献。当他们得知我准备调动到广州工作时，以博大的胸怀支持我远走他乡开创事业。

7. 90年代中后期我在广州师院期间。1995年我来到广州工作后同父母保持着密切的联系，我关心他们的健康，要父母亲对在广州的我们三人放心；父母亲关心我的工作进展和生活状况，尤其关心孙女骆晴的进步，给晴儿和我写了不少情深意浓、极富教育意义的书信。晴儿刚到广州由于不会说广州话等原因一度消沉，爷爷奶奶鼓励她正确对待困难很有帮助；我和妻子与处在青春早期的晴儿出现了"代沟"，父母亲分别来信说服我和女儿应当互相学习；对于孙女一度出现的学习不认真、做事不进取等问题，我父母亲同我一起耐心劝导她。1998年元月父母亲来到广州住了半年时间，具体叙述了他们60多年的人生经历，探讨了为人处世和家庭教育的道理。

8. 21世纪之后对于我和女儿的教育。2000年9月，来到北京大学做访问学者，我在北大期间经常向父母汇报学习进展和自己的思想，父母则十分关心我的身体健康。回到广州不久，我承担了"十五"教育部重点课题和广东省教育厅重点课题，父亲得知这一情况后赋诗鼓励我要有信心，对于我高标准地进行科学研究是个极大鞭策。父母亲更为关心晴儿的学习和进步，父亲从素质教育的高度批判了应试教育的弊端，向孩子提出了成长发展的具体目标。2004年8月晴儿考取了一所重点大学，我和妻子十一期间回到了洛阳探望父母亲，同父母探讨了我和女儿成长中的家庭教育经验教训，回到广州不久收到了父亲希望我注意保健和不断攀登的长信。

第四节　王保祥研究员的综合评价

　　20 世纪 90 年代初我与骆风同志相识，当时他在洛阳师院刚刚完成《现代儿童家庭教育艺术》书稿，不久他到北京师范大学做访问学者，我邀请他参加自己主持的全国教育科学"八五"国家教委重点课题《幼儿园、小学、中学家庭教育特点、发展趋势及规律性的调查研究》。骆风同志到广州工作后我们继续保持着联系，他主持全国教育科学"九五"规划课题《沿海开放地区儿童少年品德状况与家庭德育状况的调查研究》时请我做顾问，我对他主持的课题给予了一些指导和帮助。2000—2001 学年骆风同志到北京大学做访问学者，我多次同他讨论家庭教育和中小学德育研究中的难题，交流家庭教育研究的经验，取得不少共识。2002 年全国教育科学"十五"课题下达后，我和他分别主持一项家庭教育方面的教育部重点课题，相互间的交流更多了。骆风同志从 90 年代至今已经发表 60 多篇家庭教育论文和报告，出版 4 部家庭教育专著，到过包括香港和澳门在内的许多地方指导家庭教育研究，他钟情家教事业，治学严谨，做事认真，待人诚恳，有不少理论上有创见、实践中有影响的家庭教育研究成果，是目前国内为数不多的有成就的中青年家庭教育专家。

　　家庭教育专家回忆和研究自己成长中的家庭教育因素是一件很有价值的事情，我同许多熟悉骆风同志的老一代家庭教育研究者一样对于骆风同志成长的家庭教育环境，包括骆风同志和他的父母亲教育他的女儿的经验怀有兴趣，从骆风同志为人处世的态度和工作成绩中，看到了其父母教育他的良好效果。我感谢骆风同志邀请我审阅这篇反映他本人（包括他的女儿）成长的家庭教育报告，对于骆风同志的父母教育他和他女儿的成功经验，作出如下分析和评价。

　　第一，对于子女和孙女深厚的爱怜。爱孩子是每个正常家长都有的恒久心态，但是不同家长爱孩子的方式是不一样的。骆风同志的父母亲，把儿子和孙女的成长放在了家庭生活的首要位置，尽心尽力、无私无欲地照顾和教育孩子。骆风同志的父母亲，在儿子出生后虽然没有较多的时间照看，但是思想深处是非常珍视新生命的，常常为自己没有能够照顾孩子、没让孩子吃饱穿暖而自责；在 60 年代初和 80 年代初家庭生活状况两度严重困难时，他们自己忍饥挨饿、不添衣物也要尽量满足孩子生活的基本需求；"文化大革命"中他们身陷囹圄，但是机智地把孩子送到了安全的地方；80 年代后期他们不顾自己体弱多病主动照顾小孙女，支持儿子的学习和工作，90 年代中期他们以博大的胸怀理解和支持儿子到远方开拓事业；在儿子儿媳和孙女到广州后，他们依然把孙女的成长当作头等大事，通过一封封情真意切、富有哲理的信件指导孙女进步。

第二，以勤奋工作的行为影响子孙。列宁说过"榜样的力量是无限的"，骆风同志的父母亲常常以自己勤奋工作、无私奉献的模范行为影响子女和孙女，为孩子的发展打下了良好的思想品德基础。骆风同志的母亲主动放弃56天产假，生下儿子第三天后就像正常人一样工作了；骆风同志的父亲明知教育局按照普通大学生的标准给自己发工资不对也不吭气，后来上级根据条例给他晋升两级工资坚持不要；"文化大革命"中骆风同志的母亲到清丰农村劳动，不顾盛夏高温同普通农民一样干重活干脏活；骆风同志的父母亲取得高级职称后，更加认真地备课上课，并且在教学研究中取得新成绩；骆风同志的父母亲离退休后不忘共产党员的本色，关心群众健康，带动洛阳大学部分教职工积极参加强身健体活动。

第三，用和谐向上的家庭氛围滋润子孙。和谐向上的氛围是一种良好的家庭生活状态，它能使家长和孩子都处于十分愉快的状态，主动地交流思想、学习知识、讨论问题，不断进取。骆风同志的家庭是一个十分和谐的家庭，几十年来始终充满积极向上的氛围。骆风同志的父母亲在大学期间又红又专，一起来到洛阳后生活中互相照顾，在事业上互相促进；在60年代初家庭生活困难时期，特别是在"文化大革命"中，骆风同志的父母亲互相支持，共同分担苦难；骆风同志的父母亲很注意听取孩子的想法，对于孩子的合理意见总是虚心接受；在子女的恋爱婚姻和工作调动方面，骆风同志的父母亲善于引导子女，但又尊重子女的选择；骆风同志的父母亲看到儿子照顾小女儿有困难，不顾自己工作重、体质差为儿子分忧解难；对于相差50多岁的孙女，骆风同志的父母亲关爱但不娇惯、指导但不包办。

第四，实施有针对性的家庭教育内容。因材施教、有的放矢是教育的普遍原则，是取得教育成功的前提条件。家庭教育是个别教育，一般来说容易做到有的放矢，但是家长如果盲目自信也不一定能发现问题所在。骆风同志的父母亲同孩子一直保持着亲密的关系，他们了解孩子的思想和行为，知道孩子需要哪些家庭教育，因此他们同孩子当面的、书面的交谈都很有针对性。骆风同志的父母亲在孩子上大学后，严肃指出政教专业的特点和学习政教必须注意的事项；当孩子到了一定年龄时，骆风同志的父母亲督促孩子"适时解决婚姻问题"，并同孩子讨论最佳配偶的标准；骆风同志面临调动工作的选择时，他的父母亲用自己当年没有南下的遗憾鼓励其勇敢开拓事业；骆风同志的父母亲在孙女到广州后经常同她通信，每次都有一个贴切的主题，有时候连续几次讨论一个重要话题；骆风同志的父母亲看到孩子事业有成就鼓励他不可懈怠，同时强调锻炼身体的重要性。

第五，注意适时调整家庭教育的方式。古人言"教育有法，但无定法"，是说教育是有方法可讲究的、有规律可循的，并没有恒定的方法和措施。综观骆风同志的父母亲半个多世纪以来教育子女和孙女的历程，50 年代末 60 年代初，骆风同志的父母亲主要是通过自己勤奋工作的榜样和对于子女生活的关心来影响孩子的；"文化大革命"中主要是通过让孩子参加劳动锻炼和父母亲的大无畏精神影响孩子的；70 年代末 80 年代初，骆风同志的父母亲经常同上大学的儿子进行面谈和书信交流，80 年代前期儿子工作后，骆风同志的父母亲则对儿子转换专业和备课上课、恋爱婚姻和生育女儿进行了比较具体的指导；80 年代后期骆风同志的父母亲运用讲故事、猜谜语等方式对小孙女进行启蒙教育，90 年代中后期他们主要运用书信的方式给孙女讲解为人处世的道理。不同的教育方法，来自于不同的教育内容和孩子身心发展的不同水平，都收到了良好的教育效果。

家庭教育具有鲜明的时代性，骆风同志的父母亲对于儿子和孙女的教育具有我国社会发展的时代特色，也不可避免地有一些局限性。我认为，首先，20 世纪 90 年代前骆风同志的父母亲在教育子女和孙女的过程中，在改善家庭生活条件方面做得不够，在这个问题上仅有艰苦朴素、省吃俭用、忍饥挨饿是不行的；其次，骆风同志的父母亲对孩子表现出来的创造性指导不多，当然这方面他们对于孩子是有鼓励的，他们教育孩子要认认真真做事、防止出现不利局面没错，但是保守的消极的暗示多了会妨碍孩子的主动性和创造性。令人庆幸的是，骆风同志的父母亲在教育孩子方面的欠缺，并没有给子女和孙女的进步带来太多的障碍，骆风同志及其女儿已经跨越了那个时代的局限。

第十二章 北大硕士生家庭教育的
理论概括

第一节 北大硕士生的概况与成长的社会背景

一 北大硕士生个人和家庭的概况

本书对北京大学硕士生的研究属于质的研究，质的研究一般采用目的性抽样，即根据研究任务的需要选取研究对象。我所做的这项研究主要根据"自己成长中有无丰富的家教故事"的标准选取访谈/研究对象。质的研究抽样的具体方式有滚雪球式抽样、机遇式抽样、目的性随机抽样和方便抽样等，我在选择受访人时这些方式都使用过，当然对有的抽样方式也作了一定的变通。笔者先后同近 20 位北大硕士研究生联系，下面是我访问过的 12 位北大硕士生（含留学生、访问学者）的基本情况：

北京大学硕士生家庭教育研究受访人基本情况简表（女性）

序号	1	2	3	4	5	6
姓名	于艺翎	高菲	古丽娜	李淑英	王苏嘉*	张晋港*
出生年份	1968	1977	1977	1972	1978	1977
主要成长地	黑龙江/吉林/辽宁	贵州六盘水/贵阳	新疆乌鲁木齐	韩国汉城（今首尔）	江苏/北京/加拿大	山西运城
父亲职业	军人	教师/干部	教师/干部	商人	科研人员	农民/商人
父亲学历	大学	大专	大学	高中	博士研究生	小学
母亲职业	医生	护士	护士—医师	商人	科研人员	农民
母亲学历	中专	中专	中专	高中	本科	没有
就读小学类别	一般/重点	一般/重点	多民族小学	不详	一般/重点	一般
就读中学类别	一般/重点	重点	重点	不详	不详	不详
就读大学校名	多所大学	北京大学	北京大学	韩国某大学	加国某大学	北京师范大学

北京大学硕士生家庭教育研究受访人基本情况简表（男性）

序号	1	2	3	4	5	6
姓名	罗鲁舟	杨云雄	邹秦瑞	陈风	董蒙清*	骆风
出生年份	1977	1977	1980	1977	1979	1958
主要成长地	山东邹县	云南楚雄	陕西西安	浙江湖州	内蒙古	河南洛阳
父亲职业	农民	商人	科研人员	农民	干部	教师
父亲学历	小学	高中	大学/留学	小学	大学	大学
母亲职业	农民	商人	科研人员	农民	教师	教师
母亲学历	没有	高中	大学	没有	大专	大学
就读小学类别	一般/重点	一般/重点	一般/重点	一般/重点	一般/重点	一般
就读中学类别	重点	重点	重点	重点	重点	重点
就读大学校名	南京大学	中央民族大学	北京大学	北京师范大学	清华大学	河南大学

* 北大硕士生张晋港、董蒙清和留学生王苏嘉的个案材料因故未收入本书。

对于上表的内容作一简单归纳，我们可以看到：第一，2001 年接受访谈的北大硕士生的年龄段是 21—43 岁，以 24 岁者居多，多数处于青年后期，生理和心理都已经达到十分成熟的水平；第二，接受访谈的北大硕士生的主要成长地，既有来自浙江、贵州、陕西、山西、河南等处于一般发达水平的内地城市和农村，也有来自黑龙江/吉林/辽宁、新疆、云南等经济—文化发展水平较低的边疆省份，还有来自韩国汉城、加拿大温哥华等发达国家的外国城市；第三，接受访谈的北大硕士生的父亲和母亲中，既有农民、教师、护士，也有科研人员、干部、军人和商人，这些硕士生家长的职业分布较广；第四，接受访谈的北大硕士生的父母亲具有大学学历（含大专）的 12 人（其中 1 人为博士研究生）、具有中学（含中专）学历的 4 人、具有小学学历的 3 人，其他人的学历不详或者没有上过学校，可以说他们的平均学历水平较高，明显高于这些家长所在的年龄段的人口的平均学历水平。第五，接受访谈的北大硕士生的小学阶段，大多数是先就读于普通小学再转入重点小学，而他们在中学阶段大多数就读于重点中学。

二　北大硕士生成长的社会背景

心理学、社会学、教育学等学科研究一致认为，家庭环境、学校教育、同辈群体、大众传媒和社区文化等是促进年青一代成长的基本因素，20 世纪 80年代，美国生态心理学家布朗芬布伦纳（Bronfenbrenner）提出了儿童生态系统的理论，他认为儿童生活在复杂多变的环境中，其生活环境不仅包括那些与此有直接作用的环境，而且还包括那些更为广阔的社会世界，其最为重要的是儿童所处的社会文化或亚文化中的社会机构的组织或意识形态。

本书所研究的北京大学硕士生（含留学生、访问学者），除了个别人年龄较长之外，其他都是在结束"文化大革命"动乱后的 70 年代后期出生的，他们成长在 1978 年党的十一届三中全会之后改革开放的新时期，现在这些北京大学硕士生已经经历了幼儿园、小学、中学、大学和研究生阶段，成为同龄人中的佼佼者。在他们幼年的 80 年代前期，时逢我国国民经济发展的"六五"时期（1981—1985 年），其间国民生产总值年均增长 10.7%，农民人均纯收入年均增长 13.7%，城镇居民人均生活收入年均增长 6.9%，人民生活水平都得到了很大的提高；在他们上小学的"七五"期间（1986—1990 年），我国国民生产总值年均增长 7.9%，农民人均纯收入年均增长 2.4%，城镇居民人均生活收入年均增长 4.1%，城乡居民实际消费水平年均提高 3.4%，多数家庭已经摒弃过"左"的错误思想，注重改善物质生活条件，拥有大件家用电器的家庭越来越多，在"文化大革命"中梦寐以求的自行车、手表、缝纫机、收音机这时基本上得到普及，其他日常生活用品和文化、体育用品的档次也明显提高。1990 年我国城乡居民储蓄余额达到 7034 亿元，比 1985 年扩大 3.3 倍，多数居民解决了温饱问题，我国居民在营养水平、医疗条件、健康状况、平均寿命等生活指标上已经接近或者达到中等收入国家的水平，这时大多数北京大学硕士生进入中学阶段，他们在改革开放的大好形势中继续成长。下面，我们从六个方面对 80 年代以来我国的社会变迁及其对于年青一代成长的影响作一横向的描述。

1. 经济体制改革和国民经济发展

20 世纪 80 年代以前的中国是一个计划经济的国家，生产和流通都有政府控制，企业没有自主权。改革开放后逐步确立了公有制为主、多种所有制经济共同发展这一社会主义初级阶段的基本经济制度，实行按劳分配为主、多种分配形式并存的分配制度。在一些较为发达的省市，逐步建成了社会主义的市场经济体制，如浙江省非公有制经济的比重从 1978 年到 1990 年由 5.7% 上升到 18.5%，平均每年增长 1%，而 1990 年到 1998 年则由 18.5% 上升到 42.1%，平均每年增长 3%。所有制的改革有力地促进了经济的高速发展，我国的国内生产总值从 1997 年的 3624 亿元增加到 1997 年的 74772 亿元，平均每年增加 9.8%，同期人均国内生产总值从 379 元增加到 6079 元，平均每年增加 8.4%，到 1997 年我国经济总量已经位居世界第七，长期困扰我们的商品短缺问题已经结束。经济发展的巨大成就带动了其他领域的发展，对于年青一代生活水平的改善和家长教育子女都是非常有利的。

但是，任何社会改革的进程都不是平坦的，在变革过程中必然遇到矛盾和问题。在我国经济体制改革的过程中出现过不少困难和曲折，如 80 年代中期社会需求增长过猛，生产资料和生活用品价格上涨过多，交通紧张、能源短缺，外汇存储下降，为此"七五"时期党中央、国务院领导全国人民进行了治理整顿。1996—1998 年是我国经济体制改革向纵深发展的关键时期，也是社会转型过程中各种矛盾和困难集中呈现的时期，以广东为例下列矛盾相当突出：（1）经济发展与产业结构不合理、科技文化含量不高的矛盾；（2）经济发展与人的素质相对不高的矛盾；（3）经济发展与社会秩序、社会风气问题较多的矛盾；（4）经济发展与生态环境污染严重的矛盾。这些矛盾妨碍了一些地区和部门的发展，影响了一些单位和职工的收入，导致了部分群众对社会的不满情绪和消极行为，这些对于年青一代的家庭教育和健康成长都是不利的。

2. 政治体制改革与精神文明建设

80 年代之前我国的政治体制带有不少封建的遗留，干部职务终身化，群众民主渠道不畅通，等等。改革开放以来，我国逐步健全了人民代表大会制度和中共领导的多党合作制度，扩大了基层民主和农村村民自治，制定了一系列的法律法规和政策。与此同时，大力进行社会主义精神文明建设，1986 年和 1996 年中共中央先后两次发布关于加强社会主义精神文明建设的决议，努力改变在现代化建设过程中存在的物质文明建设与精神文明建设一手硬、一手软的现象。1997 年和 1999 年香港和澳门先后回归祖国，"一国两制"的方针得到贯彻，国家的政治基础更为牢固。改革开放 20 年是新中国成立以来政治稳定和发展、人民民主不断扩大和心情舒畅的 20 年，广大群众不仅积极参与社会主义的建设，关心家庭、教育子女的积极性也不断提高，家庭教育事业迅速兴起，出现了历史上从来没有过的"家庭教育热"，这对于年青一代的进步和发展显然是有利的。

但是，在我国社会主义现代化建设过程中存在经济体制改革较快、政治体制改革和精神文明建设相对滞后的现象，邓小平同志曾经指出："十年最大的失误在教育，这里我主要讲思想政治教育。"90 年代以来社会主义民主、法制建设和精神文明建设有了很大进步，但是干部以权谋私、贪污受贿等问题依然严重，如广东省人民检察院从 1989 年到 1999 年共立案侦查贪污贿赂等案件 2 万余件，以赖昌星为首的犯罪集团腐蚀原厦门海关和厦门市领导，制造了巨额贪污受贿的大案；在整顿社会秩序的过程中还有不少薄弱地带，甚至在广州这样的大都市也存在着吸毒贩毒窝点，这使党和政府的形象受到玷污，使孩子们对祖国对家乡的美好感情受到伤害，少数青少年走上违法犯罪的道路。

3. 科学技术发展和生产方式变革

20 世纪 80 年代以来，世界新技术革命迅速兴起，科技发展影响到社会各个领域，形成科学、技术与社会（STS）协调发展的模式，推动人、生物与自然（MBN）和谐共生的局面，西方发达国家在世纪末期已经进入知识经济时代。在我国，邓小平"科学技术是第一生产力"的思想得到贯彻，科学技术的多个领域都取得了令人欣喜的成就，尤其在航空航天、石油勘探、国防军备、生物医学、农业生产方面有多项世界领先的发明发现问世，据世界权威的《科学引文索引》统计，收入我国的论文篇数从 1992 年的第 17 位跃升到 1997年的第 12 位，当年反映工程技术研究水平的权威《工程索引》收入中国的12638 篇，在世界居第四位。科学技术的发展带动了生产方式的变革，以电子计算机和自动化技术的应用为例，就推动了机器人、柔性生产线、无人工厂等工业生产的自动化和遥控温室效应、良种选育技术、农场自动化管理、病虫害监控等农业生产的自动化，还有个人电脑、智能复印机、文字处理系统、信息网络技术的发展使得办公趋于自动化。科技的发展不仅推动了生产领域的进步，而且促进了人们思想观念的变化，使我国国民懂得了知识的价值，全民学习的热情经久不衰，成人学历教育和非学历教育屡掀高潮，在一些地区出现了学习型家庭。

当然，也必须看到我国科学技术发展过程中的问题及其社会影响。在我国长期存在着科技管理体制落后的问题，科研机构的功能得不到充分发挥，科技人员的待遇偏低。80 年代"搞原子弹的不如卖茶鸡蛋的，拿手术刀的不如拿剃头刀的"形象地反映了广大科技人员的苦衷。90 年代以来我国科技投入严重下降，基础研究成果和重大科技成果日见减少，以国家发明奖的成果为例，"六五"期间获奖项目为 937 项，平均每年 187 项；"七五"期间获奖项目为846 项，平均每年 169 项；"八五"期间获奖项目为 685 项，平均每年 137 项。不仅如此，近年来我国还出现了一股不小的伪科学的逆流，一些人打着科学的幌子招摇撞骗，谋财害命。科技地位降低和伪科学流行，影响到年青一代的学习态度，80 年代以来在总的学科学大背景下出现过两次流行广泛的学生（不仅是中小学生，也有大学生和研究生）学习滑坡现象，那些拼命学习的学生也在不同程度上为功利主义的学习目的所左右。

4. 对外开放深入和国际形势变化

20 世纪 80 年代之前，由于当时的世界政治格局和我国受到"左"倾思想的影响，同外国的联系不多。改革开放以来，我国积极改善和发展同外国的关系，参与国际政治、经济、文化活动，形成了全方位、多层次、宽领域的对外开放格局，国际地位不断提高，从开放中获益越来越多。以浙江为例，1998

年浙江全省已同 180 个国家和地区建立了贸易伙伴关系，外贸进出口额从
1978 年的 0.7 亿元增加到 1997 年的 154.9 亿元，年均增长 32.9%；1998 年底
浙江省累计批准外商投资项目 1.57 万个，实际利用外资 129 亿元。1978 年到
1998 年浙江省国内生产总值从 124 亿元增加到 5050 亿元，平均每年增加
13.4%，比该省 1953—1978 年的平均增长率高出 7.7%，在很大程度上是对外
开放的成果。与此同时，外国文化团体来我国举办展出、演出，外国教育团体
和个人来本地区办讲座、招收学生或者充任教师的情况逐年增多，如最近几年
许多大中城市都有国外教育机构的招生点，北京、上海、广州、武汉等地的私
立学校都把拥有的外籍教师当作吸引学生的金字招牌，儿童少年直接同外国人
接触的机会大大增加，他们的视野不断开阔。

　　对外开放打开了我国同外国联系的渠道，就像打开窗户可以进来新鲜空
气，也可以近来苍蝇一样，20 年来西方资本主义国家消极、腐朽的东西，如
极端个人主义思想、物质生活上的高消费高浪费也涌进我国，有些青少年对西
方的思想文化中负面的东西非常着迷。90 年代初期，苏联、东欧社会主义国
家解体，世界共产主义事业遭受重大挫折，西方霸权主义以维护人权为名，对
我国从政治、经济、军事等方面施加压力，这些因素影响到成人和青少年对于
社会主义优越性的判断，少数家长认为我国太落后，再发展也赶不上欧美国
家，不如利用海外关系让孩子出国留学、定居，不利于孩子形成正确的国家
意识。

　　5. 教育事业发展与素质教育实施

　　改革开放以来，党中央纠正了"文化大革命"期间忽视教育、轻视知识
分子的错误倾向，大力提倡尊师重教，我国的教育事业得到了空前的发展，从
1978 年到 1997 年，全国在校中学生人数由 6637.2 万增加到 6995.2 万，普通
高校学生人数由 85.6 万增加到 317.4 万，1998 年全国学龄前儿童入学率达到
98.9%，小学毕业生升初中率达到 94.3%，初中毕业生升学率达到 50.7%。
1986 年通过的《义务教育法》基本得到落实，世纪末期在占全国人口 85% 的
地区普及了九年义务教育，在占全国人口 10% 的地区普及了 5—6 年的义务教
育。教育事业的发展，为社会主义精神文明建设和人口素质的提高作出了重要
贡献。但是，我国教育事业发展过程中还存在不少问题，农村教育明显地落后
于城市，同农村经济发展极不适应，1998 年农村人口中文盲和半文盲人数 2.2
亿，占就业人口的 35.9%，加上比重为 37.2% 的小学文化人口，总和为
73.1%，农村每万人中仅有大学生 4 人，劳动力素质很低。此外，教师队伍的
质量、学校的图书设备、学校的教学管理、学校的德育工作都存在着程度不同
的问题，严重影响了教育质量。

我国的素质教育发端于 20 世纪 80 年代，最初是由反对"应试教育"而提出的。1878 年高等院校入学考试制度恢复后，由于考试在学校荣誉和学生"命运"中的作用极大，无论学校还是学生都极易围绕着考试转，为了升学考试，加重课业负担，甚至摧残学生的身心健康。国家教委 1997 年 10 月在一份文件中明确地表述了素质教育的基本含义："素质教育是以提高民族素质为宗旨的教育。它是依据《教育法》规定的国家教育方针，着眼于受教育者及社会长远发展的要求，以面向全体学生、全面提高学生的基本素质为根本宗旨，以注重培养受教育者的态度、能力，促进他们在德智体等方面生动、活泼、主动地发展为基本特征的教育。素质教育要使学生学会做人、学会求知、学会劳动、学会生活、学会健体和学会审美，为培养他们成为有理想、有道德、有文化、有纪律的社会主义公民奠定基础。"素质教育的实施极大地改变了学校的面貌，有力地提高了教育的质量。当然，素质教育是一个宏大工程，由于劳动人事制度和高等院校招生制度的改革滞后，文凭的作用不适当地被夸大，直到 20 世纪末期片面追求升学率的现象依然存在，素质教育在不少地方是"雷声大，雨点小"。

6. 生活条件改善和生活方式变革

改革开放前，我国人民的生活长期处于较低的状态，改革开放后，随着国民经济的发展，我国人民的生活逐年得到改善，从 1978 年到 1997 年农村居民人均纯收入由 133.6 元提高到 2090 元，城市居民人均可支配性收入由 343.5 元增加到 5160 元，扣除物价上涨因素年均增长 8.1% 和 6.2%，分别比改革开放前 26 年高出 5.6 和 5.1 个百分点；同期农村居民和城镇居民人均消费水平分别提高了 2.74 倍和 6.2 倍，到 1997 年分别达到 1930 元和 6048 元。在我国东南沿海经济发达地区，群众生活水平提高得更为明显。如 1978—1997 年广东城镇居民人均可支配收入由 412 元增加到 8562 元，农村居民人均纯收入由 193 元增加到 3468 元，扣除价格上涨因素，平均每年实际增长率分别为 7.3% 和 8.0%。同期居民家庭人均住房面积由 6.4 平方米增长到 17.6 平方米，购买商品支出由 451.8 元上升到 5304 元。广东城镇居民的生活呈现出了食品需求由量的满足到质的提高、家用电器不断升级换代、文化消费趋于多元化等特点。进入小康生活水平的广大家长更为重视子女的学习和成才，多数家长希望孩子能够上到大学本科，还有少数家长希望孩子能够出国留学。

80 年代之前，我国人民的生活极为单调，"新三年、旧三年，缝缝补补又三年"，还有全国人民都穿"绿军装"、都听八个"样板戏"，就是对于那个时期大众生活的形象描绘。80 年代以来国家注重改善群众的物质、文化生活条件，80 年代国家鼓励个体业主开商店、开饭店、发展运输业、娱乐业，大大方便了群众生活；90年代以来国家加大了文化事业的投入，尤其是大中城市文化基本建设得到了较大的发展。国家统计局的资料显示，从1978年到1997年全国的图书印数由37.7亿册增加到73.1亿册，杂志由7.6亿册增加到24.4亿册，影剧院由1095个增加到1911个，图书馆由1256个增加到2661个。1995年国务院决定实行每周五天工作制，居民的闲暇时间大大增加，居民生活方式趋于现代化，文化消费支出越来越多。这使儿童少年能够感受到知识经济时代的来临，获得比上一代人多得多的信息，不断丰富精神世界，提高思想道德水平。但是，伴随生活方式现代化的进程也出现了人口过分向大中城市聚集，城市居民就业压力增大，广告泛滥以及交通拥挤、空气污染等"现代城市病"，妨碍了人们的正常生活和身心健康。

最后，必须强调的是我国幅员辽阔，本来各地经济文化发展水平就存在着不平衡。改革开放后鼓励一部分人先富起来、鼓励一部分地区先发展起来，加大了地区之间、行业之间、家庭之间经济上的差距。1997年广东全省人均国内生产总值是10428元、人均年收入是9127元，均居我国各省的前列。特区和珠江三角洲地区居民的年均收入更高，1997年深圳特区居民年均收入达到14507元、广州市居民年均收入达到10495元，远远高出全省平均水平，而在粤西山区的许多县人均年收入还不到3000元。1994年国家计委组织的一次调查显示，我国城镇最富有的20%的家庭占有全部收入的44.46%，最贫穷的20%的家庭仅占有财富的6.04%；农村最富有的20%的家庭占有全部收入的48.79%，最贫穷的20%的家庭仅占有财富的4.59%。这个数字比1990年美国最富有的20%的家庭占有全部收入的44.3%，最贫穷的20%的家庭仅占有财富的4.6%还要严重。

第二节 北大硕士生家庭教育的类属分析

一 教育目标

根据家长是否具有明确的教育目标和其教育目标的合理程度，我们把北京大学硕士生家长的家庭教育目标大体上分为以下三种情况：

第一，较早就有明确的崇高的教育目标。从调查材料来看，多数北大硕士生的家长属于这类情况。这方面比较典型的是高菲和罗鲁舟的家长。高菲出生在一个命运曲折的两代知识分子家庭，由于家庭出身的缘故，他的父母亲没有机会进大学读书，所以他一出生父母就对她充满期待，从学前的启蒙教育到贵阳后转入重点学校，都是为她将来考入大学做准备的。罗鲁舟出生于普通的农民家庭，虽然父母的文化水平不高，但是他们却懂得科学文化的重要性，对孩子的读书学习非常重视，千方百计把孩子送入条件好的小学和中学，最终使孩子进入了名牌大学，另外他们十分重视对于孩子的品德教育，罗鲁舟的母亲为此花费了很大的精力，从多个方面教育孩子懂得做人的道理。

第二，根据孩子身心发展水平的发展，逐步形成教育目标或者不断提高对于孩子的要求。使其将来成为优秀人才。杨云雄的父母亲最初对他这个最小的孩子并没有具体的教育目标，随着孩子年岁增大，他们看到孩子逐渐懂事的表现，就放宽了对孩子的限制，不像过去那样检查作业了，而且鼓励孩子自己决定是读中专还是上高中；高中阶段，杨云雄父母预见到孩子将来可能到外地上大学，他父亲鼓励他独自住校学习，而不是住在生活条件比较好的哥哥家。杨云雄上大学后，他的父母关心孩子的身心健康，还关心他的学业前途，支持他考取了北大的硕士研究生。杨云雄的父母根据孩子身心发展年龄特点和思想特点及时调整了教育目标，这就使他们对于孩子的教育始终保持了针对性和实效性。

第三，没有形成明确的教育目标，或者家长之间存在着比较矛盾的教育目标。这方面比较典型的是陈风的家长，陈风的父亲是一个有在部队服役多年经历的农民，他的妻子是一个没有专门读过书的农村妇女，他们对孩子抱有希望，但是最初并没有具体的教育目标，整个小学对孩子的学习要求都不严格，只是到了初中阶段他们才从孩子不断提升的学习成绩中看出孩子读书的潜力，但是初中时他们也不过是希望孩子将来考上中专，毕业后到城市工作，摆脱农民世世代代吃苦受累的境况，直到高中时陈风的父母才对孩子的素质有了比较具体的了解，支持孩子考上杭州或北京的大学，甚至"拆房子也要支持孩子上大学"。古丽娜的情况是父母亲对她的教育目标一直有比较明显的分歧，孩子即将上小学的时候，父亲主张她上多民族的小学，母亲主张她上传统的维吾尔族小学，古丽娜大学毕业时，父亲希望她考取研究生，母亲则主张她尽快嫁个本族郎。

虽然我们访谈的北大硕士生家长的教育目标不尽一致，但是各位家长在希望孩子将来成才，在培养孩子的大方向上是相同的。他/她们都受到"望子成龙，盼女成凤"的中华民族家庭教育传统的影响，都看到了"文化大革命"期间对文化教育的破坏和家长自身缺乏文化的困境，都受到改革开放以来科技强国的热潮和人才竞争不断加剧的现实影响，他们都期望孩子成为一个有道德的人、有文化的人，希望孩子的未来比自己这一代更好。这样的家庭教育目标是一种强大的动力，它驱使家长们关心孩子、教育孩子，克服一切困难，帮助孩子成为德才兼备的一代新人。

二　教育内容

根据家长对孩子实施教育的领域和教育的针对性，我们把北京大学硕士生家长的家庭教育内容大体上分为以下三种情况：

第一，对孩子的教育内容十分广泛，进行了全方位的教育。这方面比较突出的是邹秦瑞的家长在他很小的时候父母就给他讲故事，还鼓励他把故事复述出来，使他练就了在大庭广众之下演讲的能力。他一上小学，父亲就要求他严肃对待学习，养成良好的学习习惯，及时完成作业；父母还鼓励他阅读课外书，参加课外活动，提高了交往能力；远在国外的父亲通过书信对他进行教育，使他的文字水平明显提高；在姨父家生活的半年，使他从当小学教师的姨父身上学到不少东西。初中时，邹秦瑞的父母对他的学习抓得更紧了，父母亲具体指导他提高政治课、体育课成绩；母亲就他入团受挫同他进行了深入浅出的谈话，使他提高了为人处世的能力；父母还鼓励他承担家务劳动，在搬家的过程中锻炼自己。高中阶段，围绕学习和高考，父母对他进行了学习目的、学习方法和学习态度的教育；在他考入北大后，父母继续关心他，在学习态度、锻炼身体、选择生活伴侣、人生理想和持家理财方面指导他。

第二，关心孩子的学习成绩，也关心孩子的品德进步。我们访问过的多数北大硕士生家长属于这个类型，比如罗鲁舟的父母非常重视他的学习成绩，千方百计把他送到条件比较好的县城上小学和中学，鼓励他取得优异成绩，父母没有能力辅导他的学习，但是在物质供应上尽力支持，为了使他在家复习功课参加研究生入学考试，他的父亲特意买了一台当地农村还没有人使用过的空调机。在道德培养方面，罗鲁舟的父母亲更是身体力行，做待人接物的模范，母亲根据自己做人的经验全面系统地教育了他，正像罗鲁舟在访谈最后所谈的那样，包括妈妈教育我从小要"争气"，要做个有出息的人，妈妈教育我们要讲"规矩"，妈妈常教育我人不能忘本，要知恩必报，妈妈常教育我要和同学搞好关系，要团结同学，妈妈不仅待我的同学热情，就是对其他人也很热心，乐于帮助那些有困难的人，妈妈要求我要严格要求自己，但要宽以待人，为人处世不能因小失大，要不拘小节，吃亏也没什么，等等。

第三，在指导孩子学习好、品德好的同时，有针对性地培养孩子的某些积极品质。比如于艺翎的父母亲对她的学业进步和品德发展管教相当严格，其中特别重视对于艺翎进行吃苦耐劳的教育，于艺翎小的时候就体验了随部队换防迁家的辛苦。于艺翎年龄稍大以后，她的父母注意从日常生活中培养她做好自己的生活事宜、按时保质完成作业、积极参加生产劳动等，使她懂得吃苦耐劳的意义。而后，她的父母亲又通过鼓励和帮助她在脚面严重烫伤的情况下坚持上学,锻炼了她的意志力。于艺翎的父亲英年早逝,她的母亲带领子女走出悲伤,通过克服家庭生活中的困难继续培养孩子吃苦耐劳的品质,最终使女儿具备了不怕困难、乐于奉献的优良品德,放弃轻松的图书管理员岗位、承担繁重忙碌的宣传干事工作,而后奔赴常年积雪、高寒缺氧的西藏工作,而且经常离开拉萨到条件更为艰苦的基层哨卡采访。

以上分析使我们看到,虽然北大硕士生家长教育子女的内容略有不同,但是这些家长大都注意到了孩子的品德进步和学习成绩两个方面,对孩子进行了品德教育和学习指导。我们认为,人的发展是多层次多方面的,每位家长有权根据孩子的实际情况或者个人的喜好有选择地对孩子进行教育,但是品德和学习是他们健康成长、也是他们将来立足于社会的基本保证,就像一辆车子的左右两轮一样重要,不得偏废。北大硕士生家长在教育孩子的过程中注意到了这两个方面,这对于保证孩子后来的发展无疑是十分必要的。

三　教育方法

根据访谈得到的材料,北京大学硕士生家长在教育子女时都运用了多种教育措施和手段,我们根据这些家长教育子女时最为常用的方法发生作用的主要方式将它们划分成以下三种基本类型:

第一,引导型,即通过说服教育、谈话问答等具体方法,启发引导孩子按照正确的观点和方法做事。邹秦瑞的父母是这种类型的代表,虽然他们没有专门研究过家庭教育,但是他们教育儿子的指导思想明确、具体做法得当。他们根据具体的情景和事件采取说服教育,比如初中时父母亲具体指导他提高政治课和体育课成绩,母亲就他入团受挫同他进行的深入浅出的谈话,高中时对他报考北大的支持和考试失利后对他的宽慰以及在包括搬家这样的家务劳动中同孩子的交流与合作,在这些教育活动中,邹秦瑞的父母都是具体问题具体分析,从实际出发,循循善诱,最终得到孩子的理解与认同。

第二,榜样型,即通过榜样引导、环境熏陶、表扬奖励、批评惩罚等具体方法,促使孩子自己努力进步。这方面比较典型的是于艺翎的家长,她的父亲是一位受到过毛主席接见的老英雄,他担任沈阳军区某部队首长后依然像过去那样起床出操,完全按照部队的管理条例办事;他深知革命军人必须以祖国利益高于一切,常年在条件艰苦的大山深处工作,从来不为个人私事影响工作,直到生命的最后一天。于艺翎的母亲是一位医德优良、医术高超的妇产科医生,多年来在仅有一人当班的妇产科工作,视病人为亲人,救治了大量患者;于艺翎的母亲在家庭生活中,经常是从早晨忙到夜晚,用自己的辛劳换得子女的幸福,退休后还不顾年老体弱抚养小外孙女,这些对于艺翎的成长都起了重要的影响作用。

第三，管教型，即比较多地运用了批评惩罚、制度约束等具体方法要求孩子，平时对于孩子的学习和活动有一些限制，甚至还要对孩子进行惩罚。这方面比较突出的是李淑英的家长，她的父亲生意繁忙，平时早出晚归，能够轻松地长时间地和孩子在一起交谈的时间不多，经常是一脸严肃地教育孩子一定要怎么样，绝对不能怎么样，着重培养诚实、礼貌、节俭、勤劳等优良品德，他对女儿的要求很严，以至于孩子们惧怕他；李淑英的母亲总体上是赞同丈夫教育女儿方面的观点的，她对女儿的态度稍微随和一点、做法上比较细腻，平时与女儿的感情交流比较多，但她在孩子的零花钱、做家务等问题上是配合丈夫的，他们夫妻两个不时地惩罚"违规"的孩子。

访谈得到的材料表明，北京大学硕士生家长在教育孩子时使用过各种不同的教育方法，也存在着三种有一定差异的教育方式。虽然有些家长在教育孩子时方法不当，但是多数家长教育孩子的指导思想都是一致的或者相似的，即从正面启发、帮助、指导孩子的，注意调动孩子自身的学习积极性。而且，他们在教育孩子的过程中根据实际条件，对教育方法做了不少变通，使之能够比较容易地为孩子所理解所接受，这就保证了家庭教育的效果。

四　亲子关系

根据家庭成员关系的亲密程度和家长教育子女的权威程度，我们把北京大学硕士生家长与子女的亲子关系大体上分为以下三种情况：

第一，亲密民主型。这类家庭成员关系十分亲密，家长对孩子的态度非常和气。比如邹秦瑞和父母之间是互相信任、互相理解、非常友好的关系。他从小受父母的宠爱，父母对他无微不至的关心和照顾，母亲经常是起早摸黑地照顾他，当他在西北工业大学附属中学读高中时，晚上回到家中父母都会准备可口的饭菜，吃过饭后用父母准备好的热水洗洗脸、泡泡脚，然后继续钻进书堆学习；为了不影响他的学习，父母也只是在吃饭的时候和他一起看看电视，在孩子学习的时候他们几乎不看电视节目，就在另外的房间里面默默地待着。初中时他的体育课未达标，母亲经常陪同他去学校的操场上锻炼，当他想偷懒时母亲会督促他坚持，当他进展缓慢时母亲会给他打气，当他取得一点进步而兴奋地告诉母亲时，母亲又会给他鼓励。他也努力参与家庭生活，在家庭准备迁移到新址的时候，他从开始挑选房屋到室内装修计划，都很积极地提出了自己的建议，父母也采纳了他的大部分合理建议。

第二，宽严混合型。在这种类型家庭里子女与父亲或母亲当中的一个人关系亲密，与另一个人的关系比较疏远或冷淡，严父慈母或严母慈父就是这种类型的两种表现。在李淑英家里父亲具有至高无上的地位，经常是以严肃的面孔出现，决定着包括子女教育在内的家庭大事；而她的母亲在家里面没有什么地位，听任丈夫的调遣，通常只起到配角的作用，但是她对几个女儿比较和气。李淑英的父亲能够轻松地长时间地和孩子在一起交谈的时间不多，对于女儿要求很严，以至于孩子们惧怕他；李淑英的母亲对女儿的态度比较随和，与女儿平时的感情交流比较多，使她们理解父亲的苦心，起到了丈夫所不能起的作用。李淑英的父母在家庭生活和教育女儿的过程中，一个威严，一个仁慈；一个主导，一个辅助，互相支持，相得益彰，保证了教育子女的效果。

　　第三，宽松自由型。这种类型的家庭父母尊重孩子、信任孩子，给孩子较多自由，孩子也尊重家长，乐意听从家长的意见，家庭气氛宽松。这方面陈风的家长比较典型，陈风父母对他小的时候就抱有希望，但是在学习上并没有具体要求，而是相信他能够自己把握自己。陈风家庭生活的一大特点是家里的钱柜从不上锁，孩子和大人一样可以自由取钱用钱，当然陈风和弟弟用钱也是非常自觉的。父母同他的交流很多，父母从来没有用教化的口吻同他讲话，相信他能够成为一个好孩子。在陈风上初中的时候，父母就放手让他自己填写志愿，当陈风在初中的学习成绩不断提高后，父母更加信任他和支持他读书，家庭的信任和鼓励成为巨大的动力，激励着陈风奋发有为，在求学的道路上一直向前奔跑，先是北京师范大学，然后又考取北京大学研究生。

　　以上分析我们可以看到，虽然北京大学硕士生童年时与家长的关系有不同的特点和类型，个别学生在成长过程中与家长发生过矛盾和冲突。但是，总体上看北大硕士生与家长两代人的关系是和谐的亲密的，他们的家长非常喜爱孩子、关心孩子，尽量满足孩子的需求，大人们也比较信任孩子和尊重孩子，不轻易地训斥孩子、打骂孩子，而这些北大硕士生小时候一般也能够理解家长、尊敬家长、服从家长。良好的亲子关系使得孩子得到了家庭的温情和父母的教诲，保证了他们从家庭生活中汲取足够的精神力量，保证了家庭生活和家庭教育的良性循环。

五　家长素质

　　家长素质包含许多成分，仅仅通过访谈不可能完全把握，这里我们仅就北大硕士生家长的道德水平、文化水平和人格特征三个方面作一些分析。

　　1. 家长的道德水平。从访谈得到的材料表明，北京大学硕士生家长的道德水准总体来看是比较高的，这既表现在他们待人诚实、善良上，也表现在他们工作负责、勤奋上，比如邹秦瑞的父母为人正派，待人友善，敬业爱岗，献身科研工作，尤其他父亲硕果累累，足以令他敬佩不已；他的母亲在做好本职工作的同时精心照顾家人，心里只有丈夫、母亲和儿子，唯独没有她自己。再如，李淑英的父母在经商发家的过程中以诚待客，决不欺骗误导顾客，不断赢得顾客的信任和赞誉，营业额逐年扩大；他们经商非常勤勉和用心，十分注意节俭，以降低进货和销售商品的成本，就是家里钱多了也决不乱花。对于父母亲的这些行为，女儿看在眼里记在心里，加上父母偶尔言谈，逐渐深入到女儿的脑海，变成她的做人道德和行为习惯，激励她在学业和其他方面不断追求优秀。

2. 家长的文化水平。从访谈得到的材料表明，我们研究的北京大学硕士生家长的文化水平差异较大，大体可以分作两种情况：一是具有较高的文化水平，我们调查过的邹秦瑞的父母、于艺翎父亲、高菲父亲、古丽娜父亲、董蒙清父亲和王苏嘉父母都受过高等教育，于艺翎母亲、高菲母亲、古丽娜母亲、王苏嘉母亲也都受过中等专业学校以上的教育，这些家长长期从事科研、教育、卫生等脑力劳动含量较高的工作，有相当高的文化水平。二是只有较低的文化水平，张晋港、罗鲁舟、陈风的父亲都是一般农民，他们小时候或者读书时间很短，或者从没有上过学，可以说这类家长的文化水平是不高的；但是，这些家长对于科学文化却非常重视，要求自己的孩子一定要努力学好。

3. 家长的人格特征。从访谈得到的材料表明，北京大学硕士生家长的总体人格特征是积极进取型的，例如罗鲁舟的父亲文化水平不高，但是有经济头脑，有敏锐的把握社会发展动向的能力，他奋发有为，极能吃苦，先是在山上打石头，再是当建筑工，后来和一个本家的邻居，合伙买了一辆拖拉机搞运输逐渐走上了致富路，后来他觉得自己已经富裕了，应该给乡亲们做点事情了，答应了做村里农工商总经理，帮助乡亲们勤劳致富。再如古丽娜的父亲是从吐鲁番考入新疆大学并留校工作的，开始的时候一点根基都没有，他不善于阿谀奉承，而是靠自己的努力赢得大家的认同和上级领导的器重，很多人做了行政工作以后就不代课、不写东西了，可是他还在学校授课和写报告，经常中午的时候就在办公室学习。

从上面的分析可以看到，虽然有些家长的文化水平不高，但是北京大学硕士生家长的综合素质总的来说是比较高的，在他们那个年代的人群中的表现是比较出色的。尤其是他们的优良品德和积极人格给孩子以巨大的影响，良好的道德面貌和人格特征不仅潜移默化地影响着孩子的品德进步和人格完善，而且使他们在教育子女时理直气壮，毫不含糊；高素质的家长教育孩子得心应手，效果显著是不言而喻的。

六　家庭条件

家庭条件包括许多内容，这里我们根据每个学生家庭物质生活的富裕程度（与各自地区的一般居民生活水平相比），把北京大学硕士生的家庭条件分为以下三种情况：

第一，长期处于较高水平。比较明显的是杨云雄和邹秦瑞，杨云雄的家乡在滇中工商重镇，物产丰富，交通发达，他的父母都是在镇上的土产公司工作，母亲是单位的会计，父亲是单位的统计员，他家在当地算是比较富裕的，他出生时上边的三个哥哥姐姐已经就业或者上中学，杨云雄到北京读书时他们还资助弟弟；邹秦瑞的父母亲都是大学毕业的科研人员，每月有较高和稳定的收入，孩子上学前他们就用粮票换回农民的鸡蛋，补充孩子的营养，上小学时家里已经购置了基本的家用电器，他父亲从美国回来后家里又添置和更换了新的家用电器；在他上高中后父母工资水平也不断地在提高，家庭生活自然也是越来越好，他从北京放假回家父母都会准备好足够花销一个学期或者一年的钱给他。

第二，长期处于中等水平。这类北大硕士生家庭的富裕程度与当地的一般居民相差无几。比如高菲、陈风家里生活条件在所在城市或农村属于一般情况，或者比邻居和亲戚略微好一点，高菲小时候吃的、穿的、用的不比别人家好，由于不断的搬迁，她家里的开支还比较紧张，即使到了贵阳一段时间之后经济状况也处于一般，但她上高中后家里情况好多了。陈风的家庭生活条件在农村也算是一般，因为奶奶分家的时候给他父亲偏少，所以最初家里经济是比较紧张的，后来夫妻两个齐心协力勤奋劳作，他的父亲在乡镇企业还得了胃病，经济情况逐渐改善，但也是保证了温饱而已，没有多少富余的钱。

第三，由较低水平变为中等或较高水平。这类北大硕士生的家庭早期收入低、生活困难，但是后来情况改善，变得比较富裕了。如李淑英出生时的家庭收入是很低的，父母刚刚开始在汉城做小本生意，每月赚钱不多，但是他们以诚待客，不断赢得顾客的信任和赞誉，营业额逐年扩大，当孩子上中学时父亲已经成为拥有数家店铺的连锁店老板。罗鲁舟小时候家里比较贫困，父母靠上山背石头换一点零用钱，后来夫妻两人办了一个运输队，靠着运输货物和转卖汽车家里的经济条件不断改善，成了勤劳致富的新一代。

以上分析我们可以看到，虽然北大硕士生家庭的富裕程度不同，但是所有的家长尤其是母亲都非常关心孩子的生活问题。他们深知吃饭和穿衣在子女成长过程中的作用，都千方百计地让孩子吃好、睡好、穿好，还给孩子一些零花钱。他们宁肯亏着自己，也不肯亏了孩子。家长们这样做的积极意义是不言自

明的，它不仅保证了孩子身体发育中的营养需要，而且也使孩子感受到家长的
关怀，激励他们进取。

虽然北大硕士生来自于不同的家庭，每个硕士生的家长教育子女的目标、
内容、方法，每个学生与家长的亲子关系，每个学生家长的素质和家庭条件都
是不一样的，显示出各有千秋和丰富多彩的局面，因而家长教育孩子的效果不
完全一样，体现在孩子身上的智慧和兴趣、性格、品德、体质有所差异。但是
北大硕士生家长、北大硕士生家庭也有一些共同点，他们在基本点上是一样
的，比如在教育目标上各位家长都希望孩子将来能够成才和德才兼备；在教育
内容上家长们都尽量对孩子进行多方面的教育，尤其是品德和学习两个方面的
教育；在教育方法上他们基本上是正面启发、善意帮助、细心指导，比较容易
地为孩子理解和接受；在亲子关系上是亲密的和谐的，家长喜爱孩子、尊重孩
子、信任孩子，孩子一般也能够理解家长、尊敬家长、服从家长；在家长素质
上，多数家长素质是比较高的，尤其是普遍具有较高的道德水平和积极的人格
特征。

第三节　北大硕士生家庭教育的情景分析

一　学前阶段

从出生到上小学前，这是北大硕士生生命历程的第一个阶段，这时他们的
身心发展水平还是比较低的。根据访谈得到的情况，北京大学硕士生家庭教育
的主要内容是：

第一，保障孩子的基本生活条件。在二十多年前的 80 年代初，多数北大
硕士生幼年时家庭生活水平是非常低的，比如罗鲁舟小时候家里，他出生后因
为家里油吃得很少，妈妈没有奶水，他每天夜里都饿得哭，为了孩子他父亲先
是在山上打石头，再是当建筑工，后来和一个本家的邻居，合伙买了一辆拖拉
机搞运输。留学生李淑英小时候家里也很穷，她的父母每天从早忙到晚，回到
家经常是拖着疲惫的身子，好像说话也没有一点儿力气。上学前她的妈妈从来
没有给她买过一件昂贵的东西，衣服或者是玩具都是非常一般的。有的时候她
给妈妈施加压力，要小孩子脾气，妈妈照样不听她的哭闹。这些家庭的大人们
最焦心的是能不能给孩子提供最低的衣食条件，并教育孩子养成勤俭、节约等
良好生活习惯。

第二，温暖孩子幼稚的心灵。北大硕士生家长都知道孩子小的时候尤其需
要父母的关心和爱护。这方面比较突出的是高菲的家长，她很小的时候爸爸就

喜欢给她放音乐，使她觉得心里面挺安宁的，妈妈给她买了许多小人书，经常给她讲故事，逗她哈哈大笑；最开心的莫过于放假的时候来到爷爷奶奶和姥爷姥姥家住，5岁时爷爷送了一套她一直都很喜欢的积木，姥姥家里亲戚间关系很融洽很随和，她每次去遵义外婆总是给她买棒棒糖。于艺翎的父亲是一位军队干部，常年在军营里忙碌，但是他也经常抽空询问孩子的情况，同孩子一起猜谜语、说笑话，奖给女儿画册，每到这时候女儿就特别开心。

第三，对孩子进行基本的品德教育。北大硕士生家长都很重视向孩子灌输诚实守信、勤俭节约、团结友爱、孝敬老人等一些基础性的道德观念。比如罗鲁舟很小的时候，妈妈就开始教育他，如果亲朋来了，或去人家串门，或者在路上碰上认识的人，都要主动和人家微笑打招呼。即使到家门口要饭的乞丐，也要在给人家东西的时候，绝不能给人家什么不好的脸色看。陈风小时候跟着妈妈进城看望外婆，妈妈在来回的路上总是讲外婆是比较有气魄的那种人，她跟别人不一样，外婆妯娌关系处理得特别好，跟几个媳妇能说得来，媳妇们都愿意听她的话，而在他家乡一般人家媳妇跟婆婆的关系都处理不好，大家吵来吵去，谁也不好办，陈风从外婆处理家庭关系的故事中懂得了处理人际关系的重要。

第四，对孩子进行简单的知识教育。多数北大硕士生家长重视孩子的智慧发展，尤其知识分子家庭家长都懂得鼓励和指导孩子学习文化知识，比如邹秦瑞的父亲不仅给他讲故事，还经常让小儿子说说听故事以后的感想，有时候还鼓励孩子把故事复述出来，在邹秦瑞多少认得了几百个字以后，父母就买了一套《365夜故事》——非常厚的两本书，每天在睡觉以前父亲都会给他念书上的故事，在他大概4岁左右的时候家里新买了一台录音机，父亲就让他讲自己喜欢听的故事，然后给录下音来。

从上面的分析我们可以知道，多数北京大学硕士生家长对孩子进行了一定的早期教育，但是并没有对孩子进行专门的早期教育，因为当时他们家庭的生活条件极为艰苦，而且当时整个社会还没有明确提出早期教育、智力开发的任务，家长们还没有自觉开展家庭教育的积极性。此外，多数北大硕士生家长都能以自己热爱祖国、勤劳耕作、诚恳善良、关心子女的行为影响孩子，家长的一言一行都留在了孩子的心里，都是对孩子的教育，多数北大硕士生的家长有良好的道德素质和积极的人格特征，这无疑是最好的家庭教育影响源。

二　小学阶段

孩子上小学了，这是他/她离开爸爸妈妈的怀抱走向社会的过渡阶段，孩子要承担正规学习的责任，孩子要完成老师和集体托付的任务。根据访谈得到的情况，这个阶段北京大学硕士生家庭教育的主要内容是：

第一，鼓励和指导孩子认真学习。北大硕士生家长重视孩子上学，重视学习成绩，大都希望甚至明确要求孩子努力学习，取得优异成绩。比如邹秦瑞的父亲从开始上学的第一天起，就严令孩子当天的事情当天完成，绝不拖到第二天，妈妈告诫他"要学就好好学习，要玩就痛痛快快地玩"，使他养成了认真的学习习惯，每天不做完作业就先不玩；他上三年级时父亲到美国进修三年，父亲给他改作文，同他通信指出来信中的文字错漏，使他打下了一定的文字基础。罗鲁舟的父母也非常重视孩子的学习，三年级时得知孩子在一次考试中名列前茅，从不带孩子上饭馆的父亲特意带他去了一家有名的饺子店，而不久知道他另外的考试不好时，父亲严厉地说："没考好，还想吃饭啊？"

第二，指导孩子发展一些兴趣、特长。北大硕士生家长利用自身或者家庭条件，指导孩子在完成小学老师布置的作业的同时掌握一些其他知识。于艺翎的父亲是一位文武双全的军官，喜欢看包括文学作品、政治理论在内的各种书籍，为了培养女儿的文学素养他给还没上学的女儿买了大量画册，在父亲的熏陶下小艺翎从小就有文学爱好，到了三四年级就能写出比较漂亮的文章，她父亲只要在家孩子每写一篇作文都要审查，从标点符号到用词、解词、造句、结构，都非常仔细地看，还给点评，哪个地方写得好、哪个写得不足，需要怎样修改。邹秦瑞的父亲到美国进修期间，他在姨父家居住时学会了下围棋、象棋，还在学校参加了计算机爱好小组，发展了多种兴趣。

第三，培养孩子具有优良品德。北大硕士生家长懂得品德的重要性，结合日常生活培养孩子具有诚实、勤劳、节俭等品德。李淑英的爸爸最重视诚实，首先爸爸自己对人非常诚实，从来不卖那些利润高的假货、水货，有时候他降价处理商品也不像有的商家那样把这种商品说得那么好和原来价格多么高，他有时候也给女儿讲一些反面的例子警告她们不能说假话，如他的一个商业朋友不讲信用，人家花高价买了他的机器不能用，结果吃亏的人气愤地带来一帮打手把他的商店砸了，不久他的商店就倒闭了。杨云雄的父母对他交朋友都有比较严格的标准，强调一定要和那些家教好的孩子在一起，不允许随便乱交结朋友，不上学的时候和谁在一起，做了些什么，父母都会问的。

从上述分析中，可以看到北大硕士生家长普遍重视孩子的学习成绩，他们鼓励和指导孩子努力获得最优成绩。在21世纪这样一个科学发达、竞争激烈的时代，如果搞不好学习将来吃亏的只能是孩子。此外，他们还尽量对孩子进行兴趣、特长的培养，还重视对孩子进行思想品德教育，这样他们就为孩子今后的身心健康和全面发展打下了良好的基础。

三　初中阶段

孩子十一二岁后上初中，也就是进入了少年期。少年期的孩子生理迅速变化引起心理巨大变化，容易出现不适应社会甚至是反社会的种种行为。根据访谈得到的情况，这个阶段北京大学硕士生家庭教育的主要内容是：

第一，指导孩子树立正确的人生理想。初中阶段是孩子们人生理想发展的重要阶段，多数北大硕士生家长注意同孩子交流思想感情，启发孩子正确认识现实，比如罗鲁舟出生于一个勤劳致富的新型农民家庭，由于父母的艰苦创业，在他上初中的时候家庭由非常贫困上升到了农村社会中的上层，有比较多的资金积累、生活富足，花钱不愁。通过父母诉说的艰苦奋斗的创业史，他认识到，只要努力拼搏就会有所成就，对自己来说，要想有大的出路和出息，就要刻苦学习和考上大学。古丽娜的父母在她上初中时经常同她谈心，妈妈希望她掌握维吾尔族妇女传统的道德观念和生活本领，爸爸则鼓励她努力学习，将来成为有作为的科学家。

第二，指导孩子改进学习态度和学习方法。初中阶段课程增多、学习内容越来越难，孩子们容易出现学习困难的情况，我们访问的几位身为知识分子的北大硕士生家长都亲自辅导孩子的学习，教给其学习方法，比如邹秦瑞的政治课考试失败后，父亲严厉地批评了他骄傲自满的心理，使他把原来的那种"小富即安"的想法丢进了太平洋，觉得自己应该努力学习，心悦诚服地接受了父亲的批评，而母亲发现他多项体育成绩不达标则陪他去学校的操场上锻炼，当他想偷懒时母亲督促他坚持；当他进展缓慢时母亲会给他打气；当他取得一点进步而兴奋时母亲又会给予鼓励。

第三，保障孩子的身体健康。北大硕士生家长知道孩子身体发育离不开营养，都十分重视给孩子提供尽可能充足的营养，这方面罗鲁舟的妈妈是一个榜样，为了在县城上中学的孩子按时吃到早饭，她每天都起得很早，为了不让孩子烦她换着样子做鸡蛋，中午孩子自己在学校买着吃，妈妈经常告诫孩子说："人家吃什么，你就吃什么，不要让人家看不起。"妈妈经常给他们买新衣服穿，把他们打扮得和城里的孩子差不多，以至外面的人根本分别不出他是城里的孩子还是农村的，罗鲁舟妈妈知道晚上孩子回家肯定饿得不行了，早早就准备好了可口的饭菜。骆风初中的时候家里经济十分紧张，但是妈妈和外婆还是想办法让他姐弟几个吃饱，为此年迈的外婆经常起早排队买菜。

从上面的概括可以看出，多数北大硕士生家长了解孩子身心发展的特点，他们在孩子人格变化的关键期抓住关键问题不放手，不断调整教育的内容和方式，帮助孩子正确对待学习、正确对待朋友，树立正确的人生理想，注意改进学习态度和学习方法、努力提高学习成绩，多数北大硕士生家长十分重视改善家庭生活，尽量保障孩子基本的生活需求。

四　高中阶段

高中阶段的孩子身心发展水平较高、独立愿望更为强烈，他们更加关注社会发展，他们的思想同家长的距离更大。此外，高中阶段的学习任务无疑是繁重的，参加高考是决定他们命运的一战，无论是他们自己，还是他们的家长或是学校的教师都会高度重视。根据访谈得到的情况，这个阶段北京大学硕士生家庭教育的主要内容是：

第一，指导孩子正确认识人生和社会。北大硕士生的家长都非常重视对孩子的思想品德教育，即使在孩子普遍感到压力最大的高中也不例外。于艺翎高中时父亲已经病逝，母亲独自一人承担起教育四个孩子的重任，她经常教育女儿要像父亲那样为祖国刻苦学习，将来建功立业。杨云雄上高中的时候他的父亲和母亲正承受着前所未有的压力，他们因为反映所在的土产公司经理的贪污问题，受到冷嘲热讽和面临报复，但是夫妻两人毫不退却，并告诉孩子一定要清正廉洁，在大是大非面前不糊涂。

第二，鼓励和帮助孩子改进学习方法。高中阶段孩子们的学习非常紧张，北大硕士生家长都关心孩子的学习，设法为孩子取得优异成绩提供帮助。陈风的父母看到孩子在高中学习成绩好非常高兴，当他听说上大学需要很多钱时，明确告诉朋友只要孩子往上读，就是拆房子也要供他读，给了孩子极大的鼓舞。杨云雄上高中后父母常同他讨论学习方法，要求他对数学、物理等课程要课前预习、课后复习和做作业，他们说现在的课程难度大了，必须先预习课堂上才知道老师讲的是什么，才能积极主动地学，复习是为了消化和吸收知识，不复习、不做作业根本不可能真正掌握知识，这对杨云雄很有帮助。

第三，支持和指导孩子选好专业和大学。高中阶段孩子要选择文理科，多数北大硕士生家长都非常理解和支持孩子的选择，有的家长还对高考失利的孩子进行心理辅导。高三时古丽娜的父亲建议女儿报考北京大学，他说去北京上北大最好，但是上不了北大就不如留在乌鲁木齐上新疆大学了，女儿听了父亲的意见果然考上了北大，而其他不少比她考分还高的新疆学生不敢报考错失了良机。邹秦瑞高二起就下定决心考取北京大学，由于各科学习成绩好他一直是充满信心的，在高考前他还不止一次对父母说"我想考状元"之类的话，但是父母却劝他不要心高，要踏实一点，高考失误后父母没有埋怨他一句，而是想尽了一切办法让他散心，冷静地准备接受到哈尔滨上学的现实，但这时他又意外地接到了北大的录取通知书。

从上面的概括可以看出，多数北大硕士生家长知道高中阶段孩子学习和思想的特点，能够就人生和社会的一些重要问题同孩子交流思想，帮助孩子正确对待学习和生活中的烦恼。有些家长还能够根据自己的观察和体会告诫孩子改进学习方法、努力提高学习成绩，并采取一切措施改善生活，保证孩子的生活需求。有的家长还关心孩子的专业取向和报考大学，给孩子提供参考意见。

五　大学阶段

一般大学阶段孩子的年龄是 18—23 岁，他们的身心发展达到了很高的水平，就掌握科学文化知识的程度而言，多数北大硕士生家长可能同读大学本科的孩子处于同一层次或者不及孩子，而且两代人身处两地，只有在假期才能相见。但是，这种情况并不能中断父母儿女的感情和联系，根据访谈得到的情况，这个阶段北京大学硕士生家庭教育的主要内容是：

第一，家长指导子女适应大学生活。北大硕士生家长了解孩子上大学的意义，也知道孩子一人出门在外的难处，鼓励他们不怕困难，处理好各种关系，尽快适应大学校园的生活。比如古丽娜的父母就非常关心刚到北大读书的女儿，劝告她不要干涉宿舍其他同学的生活习惯，而要保持自己初中阶段就养成的比较好的生活与学习协调的习惯。杨云雄到中央民族大学后，父母也经常同他通信和打电话，当他们发现孩子在信里有不良心理表现时就反复询问具体情况，生怕他出什么意外。留学生李淑英上大学后积极参加学生进步运动，父亲十分担心孩子被拘捕，就反复和强硬地要求她专心学习、退出学生组织，当女儿不答应时他还气愤地要求孩子离开家门。

第二，家长对于子女发展的建议。尽管孩子已经长大成人，成为时代骄子，但是父母仍然牵挂着他们，对他们的前途十分关心，提出一些建设性的建议。如陈风的母亲在和儿子的交谈中经常强调两点：一是要他爱护身体，不要把眼睛熬坏了，妈妈很担心他将来什么也看不见；二是劝他不要读书读成书呆子，因为现在社会风气不好，母亲她知道并不是读书越多越能吃得开。罗鲁舟的父母，虽然不知道研究生同本科生究竟有哪些区别，但是他们听到孩子下定了报考研究生的决心后也马上表示支持，但是为了录取保险他的父亲反复叮嘱他就考南京大学的研究生，甚至从老家专门来劝说准备考往北京的儿子。

第三，两代人心理上的互相支持。北大硕士生家长对孩子考上大学感到高兴是不言而喻的，他们默默为孩子祝福，期望孩子在大学的学习和生活愉快，期望孩子将来成就事业。与此同时，来到外地求学的孩子也十分想念家乡和亲人，经常问候父母大人，希望老人身体健康、生活幸福。比如骆风上大学期间父母经常给他来信，从学习方法到写入党申请书都谈，特别嘱咐孩子要吃好。

邹秦瑞每次打电话回家的时候妈妈都会照例的嘘寒问暖，问他吃了些什么，穿多厚的衣服，有没有坚持锻炼身体，他母亲每天晚上7点半还会准时收看中央台的天气预报，她会天天关注北京的天气，如果哪天忘记了，可能她就会睡的不踏实；而邹秦瑞也经常询问父母的身体状况，了解家里的生活变化，在回西安时带一点儿父母喜欢的东西。

从上面的概括可以看出，多数北大硕士生家长对孩子考入大学本科欢欣鼓舞，但是他们也不放心孩子在外地的生活，通过经常性的电话、书信指导孩子适应大学校园生活，他们不仅倾其所有从"财政上"支持孩子搞好学习、鼓励孩子继续深造，还向孩子提出一些具体的发展建议，两代人始终保持着心理沟通和互相支持。

六　大学后阶段（读研究生或参加工作）

一般大学生毕业时都有22—25岁，他们的身心发展已经达到完全成熟的阶段，他们或者直接考取硕士研究生，或者工作若干年后再考研究生，有的读研究生前就已结婚，有的可能稍后再结婚组成自己的新家。从访谈得到的材料来看，北大硕士生在这个阶段仍然受到父母的关爱，当然他们也对父母大人给予应有的回报，其家庭教育的主要内容是：

第一，家长对子女学业和事业的支持。北大硕士生家长非常信任自己的孩子，对于孩子参加工作或者继续深造（读研究生）都表示理解和支持，如于艺翎大连军医学校毕业后几次上学进修，在部队基层也换了多个单位，她的母亲都是她的坚强后盾，从指导她提高医德医术，到帮助她带女儿都很尽心，直到于艺翎准备和丈夫一起到西藏军区工作，她的母亲也是坚决支持的。骆风到洛阳师院工作初期，父母告诉他做事一定要认真，使他适时奠定了事业和生活基础，当他提出来到南方发展事业时，年迈的父母也表示理解和支持。邹秦瑞的父母告诫孩子无论是否出国都要把英语学好，他们还主张读研究生期间最好集中精力学习，而不要因为挣钱影响学业。

第二，家长对子女婚姻和生活的关心。北大硕士生家长在孩子读本科期间很少同他们谈论婚嫁问题，但在孩子大学毕业之后他们主张孩子应该及早完成婚姻大事，因此普遍关心和督促孩子及早结婚成家，比如罗鲁舟的父母就十分关心考上研究生的孩子怎样找到如意的女朋友，几次同他交谈婚姻问题。古丽娜的母亲在孩子刚上大学就提出要她找一个维吾尔族男青年做男朋友的问题，到了女儿上研究生阶段更为关心，并提出了男朋友只要人品好和真心爱她就可以的标准。当然，也有部分北大硕士生本科阶段已经找到了如意伴侣，他们的父母都主张孩子应该及时完成婚姻大事。

第三，家长对于子女思想道德的启发帮助。北大硕士生家长在孩子大学本科毕业后还经常同孩子交流思想，讨论怎样为人处世的话题，如杨云雄回到云南老家，父母还是同他谈起单位原经理被捕的事件，诉说自己这几年"反腐败"的经历，希望孩子从中懂得社会的复杂和做人廉洁的重要。于艺翎成为西藏军区专职文艺创作员和知名作家后，她的母亲在为女儿感到骄傲的同时，也告诫她应当淡泊名利、戒骄戒躁，多出好作品，同时一定要多花时间带好自己的女儿。骆风的父母在 1998 年来到广州看望儿子，细说了一生的经历和人生经验，说明了他们对于做一个"老实人"的看法，希望孩子今后处理好工作和学习的关系、业务和政治的关系、健康和事业的关系。

从上面的分析可以看到，北大硕士研究生的家长在孩子大学毕业之后依然关心子女、培养子女，他们对于子女的事业或者学业充满信心，支持孩子按照自己的意愿工作或学习，普遍关心和督促孩子及早结婚成家，希望子女生活幸福和美满，他们还经常同孩子交流思想，力图为孩子思想道德的发展提供帮助。这些家长虽然同孩子相隔千山万水，但是联系却一点也没有因为孩子年龄大了、学问高了而减少。

第四节　北大硕士生家庭教育的基本经验

一　对孩子的浓浓爱心

喜爱孩子是每个正常家长的天性，北大硕士生家长在这方面的表现非常突出，他们都非常爱自己的孩子。我们从前面的访谈材料和分析中看到，无论是家庭经常搬迁的于艺翎、高菲的父母亲为了孩子前途所采取的措施，还是身在大洋彼岸进修的邹秦瑞父亲给孩子批改作文，或是在"文化大革命"中处境艰难的骆风父母把孩子送回老家，或是孩子小时候家庭经济状况很差的罗鲁舟、李淑英的家长都下决心勤劳致富，表明了北大硕士生家长对自己孩子的浓浓爱心，他们对孩子的爱心超出了一般家长。

我们认为，北大硕士生家长的这种做法是非常重要的。爱是人类最伟大的感情，教育孩子的前提条件就是对孩子的爱。孩子是一个充满生机的个体，具有无限的潜能。但孩子生下来是一个脆弱的肉体，只有家长精心呵护，他才能生存下来；孩子小的时候就像正在生长的幼芽，需要阳光、土壤和水分，否则就不可能正常发育。家长对于孩子的爱就是阳光、土壤和水分，就是孩子的生命大放光彩的源泉。我们从北大硕士生童年到青年的成长历程看到爱的巨大作用，于艺翎小时候家庭由于父亲所在部队换防经常搬迁，她中小学大部分时间是在条件较差的乡镇学校读书，而且有时候在一个学校待不了半年就转学了，但是由于父母的关心和教育却一直保持了很高的学习热情和优异的学习成绩，小学四五年级就能写优美的小故事，为其后来成为著名作家打下了一定基础。

家长一般地爱孩子也许不难，难的是对孩子充满爱心。因为充满爱心就意味着要向孩子奉献自己所能奉献的一切，尤其是在20世纪80年代我国还处于改革开放的初期，党的方针和政策处于调整阶段，国家和个人都有许多困难，居民总体生活水平不高，在这种情况下为了孩子家长还需要牺牲自己的一些东西，甚至放弃自己的追求用于教育孩子和照顾孩子。骆风的父母在文化大革命初期那种混乱的情况下把孩子送到了比较安全的老家，高菲的父母亲为了女儿调回贵阳就耽误了自己已经初见成功的事业。北大硕士生家长具备这种深厚宽广的爱心，他们细心地了解孩子，尽量满足孩子的身心发展需要；他们想方设法引导孩子、启迪孩子、帮助孩子、塑造孩子，努力把孩子培养成卓越人才。

二　夯实孩子全面发展的基础

以什么样的标准要求孩子，这既是学校教育的根本问题，也是家庭教育的根本问题。极"左"思潮横行时过分强调政治挂帅，恢复高考制度后盛行智育第一，德、智、体全面发展的教育目标难以落实。从前面的访谈材料和分析中看到，无论是对于孩子发展前景寄予很高期望的邹秦瑞父母、罗鲁舟父母，还是以自然主义态度看待孩子发展前途的古丽娜父母、陈风父母、李淑英父母，在教育孩子的过程中都考虑到了身体健康和学业发展、品德进步和学业成就兼顾，为孩子将来的成才打下良好的基础。

我们认为，北大硕士生家长能够这样做是非常高明的。现代社会需要的人才是德、智、体、美、劳全面发展的人才。而德、智、体、美、劳这几方面是互相联系、彼此制约的。孩子在某一方面的发展，有可能带动其他几方面的发展；同样，孩子在某一方面的滞后，也可能妨碍其他几方面的发展。进一步来看，在孩子的儿童青少年时期（学前和中小学）身体的发育、道德的形成和智能的开发是最基础的东西，不可偏废，这些年个别考入名牌大学的学生因为品德堕落或心理问题而退学甚至犯罪就是十分深刻的教训。当然，家长可以在全面发展的基础上，参照学校教育的要求和孩子的身心发展特点培养其兴趣、特长，这同夯实孩子发展基础的教育目标并不矛盾。

家长要把全面发展的教育目标贯穿到培养子女的过程中，关键是要了解孩子身心发展的特点和规律、满足孩子的物质和精神两个方面的正常需要、及时给孩子提供成长的指导和帮助。从北大硕士生成长的家庭历程可以看到，在幼儿阶段家长们都是千方百计保证孩子营养的，如邹秦瑞的父母设法从农民那里换得鸡蛋让孩子吃，杨云雄父母对他小时候的吃饭非常在意，等孩子年岁稍大就进行智慧和道德两个方面的启蒙，如罗鲁舟的母亲在孩子上学前就给他讲了一些与人为善的道理，高菲的父亲则是利用晚上的时间给她讲故事、放音乐；孩子入学后北大硕士生家长就在督促孩子完成学校布置学习任务的同时，鼓励和引导他们参加各种有益的活动和学习一些特殊技能，如邹秦瑞的父亲教孩子下棋和鼓励他同生人一道下棋，古丽娜的父亲陪着女儿在操场打球。

三　精选教育内容和方法

　　家庭教育是一种无人监控的自由活动，家长既可以采取"粗放"的态度和行为，也可以像高级工匠雕刻工艺品那样用心打造，但是两种态度的结果是很不一样的。我们在访谈中了解到，北大硕士生家长不是"例行公事"地培养后代，无论是文化水平较高的于艺翎父母亲、邹秦瑞父母亲辅导孩子学习，还是文化水平较低的罗鲁舟父母亲、陈风父母亲表扬和批评孩子，或者是忙于生意的李淑英父母、杨云雄父母抽空同孩子交谈，都表明了他们对孩子的成长的重视，能够根据实际情况精选教育孩子的内容和方法，有针对性地教育孩子。

　　我们认为，北大硕士生家长的这种态度和做法是非常必要的。儿童青少年的成长是一个长期的、复杂的过程，孩子儿童青少年时代的身心发展尚未成熟，家长耐心细致、循循善诱的教育才能使孩子明白事理；孩子几十年的成长不可能一帆风顺，家长长期的热情关怀、适度管理才能恰到好处地帮助孩子。凡此种种，都需要家长耐心细致，注重细节。我们从北大硕士生的家庭教育访谈材料中看到，邹秦瑞刚上初中父亲发现他政治课不用功就"猛敲"他，母亲发现他体育不达标坚持陪他在操场锻炼，古丽娜高中时压力大母亲就陪她到湖边晨读，父亲则找来了家教辅导她，这些恰到好处的教育措施很快都发挥了作用。而那些在教育孩子上忽冷忽热或者"浅尝辄止"的家长，很难保证家庭教育的效果，并可能给孩子的成长带来不利影响。

　　精选家庭教育的内容和方法，就要求家长认真和用心对待孩子，就要求家长投入足够的人力、财力、物力用于孩子的成长，不管家庭经济条件多么困难，家长工作多么繁忙，或是家里发生了多么不幸的事情，都要始终如一地把孩子的成长当作家庭的头等大事，像于艺翎的父亲那样在深山老林献身国防事业的同时不忘给孩子去信，像邹秦瑞的父亲那样远在异国进修照样给儿子改作文。现在我国人民的生活水平好了起来，有些家庭收入相当丰厚，但是有些家长对孩子的物质投入"超标"，而自己用在孩子身上的时间和精力明显不足，工作忙的时候顾不上教育孩子，闲暇时刻他们又想着轻松轻松，这是对孩子不负责任的表现，这是不利于孩子健康发展的。

四　身教与言传相结合

相对于学校教育复杂的方法和设施而言，家庭教育的方法是比较简单的，通过言传身教就可以基本达到教育的目标，家长自身的榜样作用巨大。从前面的访谈材料和分析中看到，无论是担任一定领导职务的于艺翎父亲、古丽娜父亲、邹秦瑞父亲，还是处于农民身份的罗鲁舟、陈风的家长，或者是从事商业经营的杨云雄、李淑英家长在事业和生活中都能严格要求自己，不断提高自身修养，给孩子树立品德端正、事业进取和热爱生活、关心家人的道德榜样。

我们认为，北大硕士生家长的道德榜样是值得推崇的。人们常说"家庭是孩子的第一课堂，父母是孩子的第一任教师"，这是因为孩子与家长生活在一起，家长的一言一行、一举一动都会留在他的心里，尤其家长的人品道德会给孩子深刻的影响。像身为军营一号首长的于艺翎父亲对每天的操练毫不含糊，古丽娜的父亲担任了大学校长依然经常上讲台授课和写工作报告，对子女都有非常深远的影响。素质优良的家长，不仅能够在教育孩子的过程中理直气壮、得心应手、事半功倍，而且能够发挥潜移默化、上行下效、亲子互动的作用，既有利于孩子的健康成长，也有利于家庭的生活幸福，有些家庭还可能因此而形成优势人才家庭和五好文明家庭。这样，家长提高自身素质的价值就不限于自己一家一户了，完全有可能起到促进社区文明—社会文明的功能。

家长运用言传身教的方法，固然要给孩子树立良好的道德榜样，但也需要通过语言的表述指导孩子明白事理，因为身心发展水平所限孩子对许多问题是无法理解的，对此北大硕士生杨云雄和留学生李淑英的父亲都注意与上了中学的孩子交谈，通过自己身边的事例使孩子懂得了做人要清正廉洁、经商要讲信誉、对他人要诚实，对孩子提高道德水准起了很好的作用。无论身教，还是言传都要从家庭生活和社会现实出发，使孩子看得见摸得着，这样的教育效果好，如罗鲁舟的母亲结合日常生活，细致入微地给孩子讲了方方面面做人的道理，她本人更是身体力行地做孩子的道德榜样，对罗鲁舟的成长起了重要作用。

五　建立和谐的家庭环境

家庭教育是依托在家庭生活环境中的，人与人和睦、人与物协调的和谐状态最有利于家庭教育的开展，和谐家庭是家庭幸福的最佳境界，也是家庭教育的有力保障。从前面的访谈材料和分析中看到，无论是忍辱负重的罗鲁舟母亲和习惯于按照丈夫意志做事的李淑英母亲，还是自觉地协调与脾气不好的配偶关系的古丽娜父亲，或是为了家庭利益牺牲了自己专业爱好的邹秦瑞母亲，都把家庭整体利益看得非常重要，花费巨大心血促成和谐家庭环境的建立。

我们认为，北大硕士生家长建设和谐家庭的努力是有利于家庭教育的顺利开展和子女健康成长的，也是符合中国传统家庭美德的高明之举。因为家庭虽小，但它也是一个社会单位，也存在家庭成员之间的人际矛盾、家庭成员与家庭物质环境之间的不协调等问题，和谐家庭的建立就杜绝了家庭人际关系的冲突和人物关系的破坏，维系了家庭成员的团结，发挥了家庭物质资源的作用，使得家庭内部的人员心情愉快，主动地学习和交流，发展潜能和素质，也使家庭的物质资源能够得到正常的保护和使用，对于两代人的幸福无疑是具有积极作用的。中国人的伦理观念是以家庭为中心的，古代大思想家孔子认为，如果每个人都能"循规蹈矩"，做一名像样的家庭成员，则幸福就会充满人间；他还认为家庭关系和家庭伦理是整个社会关系和伦理的基础，应当扩展到社会中来。

要建立和保持家庭环境的和谐，家庭成员，特别是主导家庭生活的家长应当把握家庭的道德伦理，保护每个家庭成员正当的权益，协调家庭成员的关系，促成家庭成员的互相理解、互相信任、互相关心和互相帮助，如古丽娜的父亲一般不和脾气倔强的妻子争高低，但在有关孩子成长的大事上他是发挥主导作用的；罗鲁舟的母亲为了孩子的成长就经常忍受丈夫的辱骂和拳脚，但在劳动和生活中夫妻两人配合还是不错的。在处理亲子关系时，家长要多看到孩子的长处、努力发现孩子的潜质，要多倾听孩子的声音、多观察孩子的举动、多理解和体谅孩子的短处，坚信孩子的"明天更美好"。进一步来看，家长应当有积极的人生态度，多看到家庭生活和社会生活中的积极因素，看到在问题和困难中蕴涵的光明和希望，在不利的情况下也要心平气和，也要想方设法走出困境。

六　不断创新家庭教育

家庭教育和孩子的成长都是一个长期的过程，家长应当不断改进和创新家庭教育的内容和方法，不断提高家庭教育的水平和效益。从前面的访谈材料和分析中看到，无论是丈夫英年早逝后承担起家庭重担的于艺翎的母亲，还是把孩子送进了名牌大学又支持孩子读北大研究生的邹秦瑞、罗鲁舟、陈风等北大硕士生的家长，或是培养了三个大学生又接着培养小孙女小孙子的骆风父母都表现出了不甘于现状，不满于已有成绩，善于开拓和与时俱进的优良品质。

我们认为，北大硕士生家长的这种做法是有其道理的。从孩子的身心发展来看，成长是一个循序渐进、逐步上升的过程，需要家长根据孩子的实际不断更新和变换家庭教育的内容和方法，孩子一年又一年地长大，他们的感情和需要、他们的思想和行为都在变化，如果老是用一成不变的做法势必引起他们的反感。从社会的发展变化来看，我们国家 20 世纪 70 年代前期还处于以阶级斗争为纲的"文化大革命"后期，70 年代后期拨乱反正，80 年代大搞改革开放，90 年代实行市场经济，意识形态、政治体制、经济基础、文化科技、对外关系等领域都发生着日新月异的变化。国家的发展，也给居民家庭生活带来了日新月异的变化，90 年代后期电脑和网络进入城市居民家庭，双休日带来了充裕的休闲时间，等等。社会现实同样要求家长跟上时代的步伐，用先进的思想道德和科学文化教育孩子、影响孩子，而不能用落后的思想和行为束缚孩子、压抑孩子。

家长要创新家庭教育，就是要根据孩子身心发展的需要和社会进步的趋势适时提出孩子发展的新目标、新内容、新方法，并把它运用到家庭教育的实践中，不断提高家庭教育的水平和效益，在这方面于艺翎母亲在丈夫英年早逝后调整了教育孩子的方式，更多地信任孩子和鼓励孩子积极进取，身为农民的罗鲁舟的父母不贪图让孩子留在身边，支持孩子读研究生、支持孩子留京工作，骆风的父母亲支持孩子到南方开拓事业，并承担了教育小孙女的重任。而要做到上面这些，既需要家长自身积极进取的人格特征，又需要家长及时更新家庭教育观念和知识，另外，创新家庭教育还有非常重要的一个方法就是向教育对象学习，从孩子身上汲取营养，与孩子一道进步，建立适应终身学习时代的学习型家庭。

附录一　本书主要参考文献目录

（一）

1. 王兆先等：《家庭教育辞典》，南京大学出版社1992年版。

2. 林淑玲等：《家庭教育学》，涛石文化事业有限公司2003年版。

3. 〔苏联〕B. A. 苏霍姆林斯基著：《家庭教育学》，新疆人民出版社1991年版。

4. 〔美国〕范丹妮主编：《中国独生子女研究》，华东师范大学出版社1996年版。

5. 骆风：《现代儿童家庭教育艺术》，中国妇女出版社1993年版。

6. 缪建东：《家庭教育社会学》，南京师范大学出版社1999年版。

7. 骆风、张玉辉：《新世纪家庭教育指南》，珠海出版社2000年版。

8. 骆风：《成才与家教——北京大学学生家庭教育探索》，中国社会科学出版社2002年版。

9. 骆风：《造就卓越人才——北京大学博士生家庭教育探析》，商务印书馆2003年版。

10. 詹万生：《整体构建德育体系总论》，教育科学出版社2003年版。

11. 〔美国〕Mary Lou Fuller & Glenn Olsen 著，谭军华等译：《家庭与学校的联系》，中国轻工业出版社2003年版。

12. 〔美国〕托马斯·里克纳：《品质教育家长对策》，海南出版社2004年版。

（二）

1. 李志敏主编：《比较家庭法》，北京大学出版社1988年版。

2. 高淑贵：《家庭社会学》，台湾黎明文化事业公司1998年印行。

3. 〔美国〕J. 罗斯·埃什尔曼：《家庭导论》，中国社会科学出版社1992年版。

4. 〔英国〕F. R. 艾略特：《家庭：变革还是继续》，中国人民大学出版社1992年版。

5. 刘达临等：《社会学家的观点：中国婚姻家庭变迁》，中国社会出版社1998年版。

6. 张怀承：《中国的家庭与伦理》，中国人民大学出版社1993年版。

7. 邓伟志等：《家庭社会学》，中国社会科学出版社2001年版。

8. 沈崇麟、杨善华、李东山：《世纪之交的城乡家庭》，中国社会科学出版社1999年版。

9. 徐安琪、叶文振：《中国婚姻质量研究》，中国社会科学出版社1999年版。

10. 费成康主编：《中国的家法族规》，上海社会科学院出版社1998年版。

11.〔法国〕伊冯娜·卡斯泰兰:《家庭》,商务印书馆 2001 年版。

12. 张文霞、朱冬亮:《家庭社会工作》,社会科学文献出版社 2004 年版。

（三）

1. 王海明:《新伦理学》,商务印书馆 2001 年版。

2. 黄济、王策三主编:《现代教育论》,人民教育出版社 1996 年版。

3. 哈经雄、滕星:《民族教育学通论》,教育科学出版社 2001 年版。

4.〔英国〕布列克里局等著:《教育社会学理论》,台湾桂冠图书股份有限公司 1987 年版。

5. 谢维和:《教育活动的社会学分析——一种教育社会学的研究》,教育科学出版社 2000 年版。

6. 张文新:《儿童社会性发展》,北京师范大学出版社 1999 年版。

7. 刘金花主编:《儿童发展心理学》,华东师范大学出版社 1997 年版。

8. 钟启权、黄志成编著:《西方德育原理》,陕西人民教育出版社 1998 年版。

9. 李桂梅:《冲突与融合——中国传统家庭伦理的现代转向及现代价值》,中南大学出版社 2003 年版。

10.〔美国〕斯滕伯格、威廉姆斯:《教育发展心理学》,中国轻工业出版社 2003 年版。

11. 陈会昌:《道德发展心理学》,安徽教育出版社 2004 年版。

12. 李君如:《社会主义和谐社会论》,人民出版社 2006 年修订版。

（四）

1. 叶文振:《孩子需求论——中国孩子的成本和效用》,复旦大学出版社 1998 年版。

2. 孙云晓:《教育的秘诀是真爱——孙云晓教育建议》,新华出版社 2002 年版。

3. 孙云晓、卜卫主编:《培养独生子女的健康人格》,天津教育出版社 1998 年版。

4. 香港青年协会:《家长教育进修证书课程资料汇编》,香港青年协会 2005 年编印。

5.〔美国〕周华薇:《美国人的少儿理财教育》,中国法制出版社 1998 年版。

6.〔美国〕詹姆斯·杜布森:《杜博士孩子管理法则》,世界知识出版社 2000 年版。

7.〔美国〕克劳蒂娅著,胡慧译:《美国人的家庭教育》,专利文献出版社 1997 年版。

8. 吴锦骠、郭德峰:《家庭教育心理》,上海教育出版社 1998 年版。

9. 冯志朋等著:《新加坡国民素质考察报告》,广西人民出版社 1999 年版。

10.〔美国〕雪伦·B·梅里安:《成人学习理论的新进展》,中国人民大学出版社 2006 年版。

（五）

1. 王雅林：《人类生活方式的前景》，中国社会科学出版社 1999 年版。

2. 李淑梅：《社会转型与人的现代重塑》，山西教育出版社 1998 年版。

3. 陈宗胜：《改革、发展与收入分配》，复旦大学出版社 1999 年版。

4. 胡宁生：《现代公共政策研究》，中国社会科学出版社 2000 年版。

5. 童天湘主编：《高科技的社会意义》，社会科学文献出版社 1998 年版。

6. 高丙中：《现代化与民族生活方式的变迁》，天津人民出版社 1997 年版。

7. 王维澄、李连仲：《阔步走向 21 世纪的中国》，中共中央党校出版社 1996 年版。

8. 郑杭生主编：《中国人民大学中国社会发展研究报告——走上两个文明全面发展轨道的中国社会》，中国人民大学出版社 1998 年版。

9. 柏格著，萧新煌译：《现代化与家庭制度》，台湾巨流图书公司 1990 年版。

10. 詹小洪：《告诉你真实的韩国》，山东人民出版社 2005 年版。

（六）

1. 陈向明：《质的研究方法与社会科学研究》，教育科学出版社 2000 年版。

2. 陈向明：《旅居者和"外国人"——留美中国学生跨文化人际交往研究》，湖南教育出版社 1998 年版。

3. 滕星：《文化变迁与双语教育》，教育科学出版社 2001 年版。

4. 林建成：《知识社会性研究——知识经济浪潮下的知识观》，北京出版社 2000 年版。

5. 郭熙：《中国社会语言学》，南京大学出版社 1999 年版。

6. 〔美国〕威廉·维尔斯曼著：《教育研究方法导论》，教育科学出版社 1997 年版。

7. 叶澜：《教育研究及其方法》，中国科学技术出版社 1990 年版。

8. 袁方：《社会研究方法教程》，北京大学出版社 1997 年版。

9. 王玉民：《社会科学研究方法原理》（增订版），台湾洪叶文化事业有限公司 1997 年版。

10. 阮桂海主编：《SPSS 实用教程》，电子工业出版社 2000 年版。

11. 杨晓明主编：《SPSS 在教育统计中的应用》，高等教育出版社 2004 年版。

12. 丁念祖：《研究方法的新进展》，教育科学出版社 2004 年版。

附录二　作者主要家庭教育研究作品目录

序号	作品名称	发表的刊物/出版社名称、地点、时间
1	《家庭教育知识系列讲座》（共 24 期）	《洛阳日报》（周末版）1991 年 11 月至 1992 年 4 月
2	《指导孩子做好入学准备》	《启蒙》（天津）1993 年第 8 期
3	《家庭教育 18 法》	《中国工人》（北京）1993 年第 4 期；收入《中国人民大学报刊复印资料》
4	《如何培养你的小天才》	《人才》（南京）1993 年第 6 期
5	《现代儿童教育艺术》	中国妇女出版社（北京）1993 年；新时期全国优秀教育读物奖，《光明日报》等介绍
6	《如何培养孩子的创造品格》	《人才》（南京）1994 年第 3 期；收入《中国人民大学报刊复印资料》
7	《残疾儿童的家长如何对待孩子》	《光明日报》（北京）1994 年 2 月 6 日；收入《中国人民大学报刊复印资料》
8	《怎样改进家庭教育的研究——访全国家教会理事长卢乐山教授》	《光明日报》（北京）1994 年 5 月 29 日
9	《家庭教育艺术系列讲座》（共 11 期）	《中国工人》（北京）1994 年；其中两篇收入《中国人民大学报刊复印资料》
10	《家庭教育的过去、现在与未来》（上篇）	《家教博览》（海口）1994 年第 2 期
11	《家庭教育的过去、现在与未来》（下篇）	《家教博览》（海口）1995 年第 1 期
12	《家庭教育与家庭教育学》	《百科知识》（北京）1994 年第 8 期；收入《中国人民大学报刊复印资料》
13	《论家庭教育中的十大关系》	《河南社会科学》（郑州）1995 年第 1 期；收入《中国人民大学报刊复印资料》
14	《家庭教育古今谈》	《百科知识》（北京）1995 年第 2 期
15	《你注意培养孩子习惯了吗?》	《家庭教育》（杭州）1995 年第 7—8 期；三家报刊转载
16	《怎样培养孩子文明礼貌的习惯》	《家庭教育》（杭州）1995 年第 9 期
17	《怎样培养孩子体育锻炼的习惯》	《家庭教育》（杭州）1995 年第 10 期

序号	作品名称	发表的刊物/出版社名称、地点、时间
18	《怎样培养孩子的劳动习惯》	《家庭教育》（杭州）1996 年第 1 期
19	《怎样培养孩子爱护环境的习惯》	《家庭教育》（杭州）1996 年第 4 期
20	《怎样培养孩子遵纪守法的习惯》	《家庭教育》（杭州）1996 年第 5 期
21	《让孩子参与公共事务》	《人才》（南京）1996 年第 2 期；《中国教育报》转载
22	《现代家长的必备素质》	《家庭教育》（杭州）1996 年第 7—8 期；《教育文摘周报》两次摘录
23	《论儿童教育与家长素质的提高》	《江汉论坛》（武汉）1996 年增刊；收入《中国人民大学报刊复印资料》
24	《试论培养儿童的良好行为习惯》	《山东教育科研》（济南）1996 年第 2 期
25	《新时期我国家庭教育原则探略》	《现代教育论丛》（广州）1997 年第 1 期
26	《开发子女的智力素质》	《中小学生素质教育家长读本》第三章，中国法制出版社（北京）1998 年版
27	《中小学生生活素质教育三题》	《江苏教育研究》（南京）1997 年第 6 期
28	《关于家庭教育的原则》	《家庭教育》（杭州）1997 年第 7—8 期；《教育文摘周报》两次摘录
29	《家庭教育与心理健康系列讲座》（16 期）	《现代家长报》（广州）1996—1998 年
30	《论提高我国的生活素质教育》	《学术研究》（广州）1998 年第 6 期；《教育文摘周报》两次摘录；收入《中国人民大学报刊复印资料》
31	《教育孩子学会生活》	《家庭教育》（杭州）1998 年第 7—8 期；《教育文摘周报》两次摘录；收入《中国人民大学报刊复印资料》
32	《改革开放以来中国大陆家庭教育事业进展之分析》	《教育曙光》（香港）1998 年号；《教育资料文摘》（台湾）转载
33	《东南沿海地区家庭德育状况的调查》	《现代教育研究》（长沙）1999 年第 3 期
34	《教给孩子消费常识和购物技巧》	《家庭》（广州）1999 年第 8 期
35	《为什么低年级学生比高年级学生的品德得分高？》	《江西教育科研》（南昌）1999 年第 5 期；收入《中国人民大学报刊复印资料》
36	《指导孩子正确地接受社会信息》	《家教指南》（长春）1999 年第 9 期
37	《广州地区中小学生家庭教育环境的调查研究》	《教育导刊》（广州）1999 年第 11 期
38	《做个合格的家长》	《初中生家长读本》第一章，广东高等教育出版社（广州）1999 年版
39	《要加强对家庭德育的指导》	《中小学管理》（北京）1999 年第 12 期

序号	作品名称	发表的刊物/出版社名称、地点、时间
40	《如何提高孩子的情商》	《家庭保健》（武汉）1999 年第 11 期
41	《调整你的学习观念和学习方式》	《教育导刊》（广州）1999 年第 5 期
42	《新世纪家庭教育发展趋势》	《中华家教》（北京）2000 年第 1 期；《教育文摘周报》摘录
43	《怎样做个合格家长》	《百科知识》（北京）2000 年第 1 期
44	《沿海开放地区家庭因素对孩子品德影响的研究》	《华南师范大学学报》（广州）2000 年第 1 期（与温中麟合作，温第一作者）
45	《中华民族的家教传统》	《现代家教》（烟台）2000 年第 1—2 期
46	《家庭德育的类型及其对子女品德影响的实证研究》	《山东教育科研》（济南）2000 年第 6 期
47	《教育孩子管钱用钱》	《小学德育》（广州）2000 年第 4 期
48	《论推进素质教育的关键措施》	《广东教育》（广州）2000 年第 4 期
49	《让孩子利用自然因素锻炼》	《家庭保健》（武汉）2000 年第 4 期
50	《中小学生家庭德育状况分析》	《青少年犯罪问题》（上海）2000 年第 3 期
51	《减轻学业负担的深层思考》	《教育现代化》（北京）2000 年第 5 期；《教育文摘周报》摘录
52	《造就超常儿童的艺术》	《百科知识》（北京）2000 年第 6 期
53	《直面转型社会的跨越——特区中小学生品德状况的实证研究》	《当代青年研究》（上海）2000 年第 3 期
54	《正确看待男女学生品德水平的差异》	《辽宁教育研究》（沈阳）2000 年第 7 期
55	《关于中小学男女生品德得分差异的实证研究》	《西北师范大学学报》（兰州）2000 年第 5 期
56	《从社会层面分析学生学业负担过重的原因》	《家教导报》（哈尔滨）2000 年 6 月 19 日
57	《高考前的心理调整》	《今晚报》（天津）2000 年 7 月 4 日
58	《怎样指导孩子克服考试焦虑》	《家庭教育指导》（上海）2000 年第 3 期
59	《新世纪家庭教育指南》	珠海出版社（珠海）2000 年版
60	《百年中国儿童·儿童生活卷》（分卷主编及主要撰稿人）	新世纪出版社（广州）2000 年版
61	《当前广州市中小学生思想品德的时代特征及其社会背景的调查分析》	《优化青少年成长环境文集》，广州市政协委员会 2000 年 7 月编印
62	《广州市中小学生家庭教育状况与家庭教育事业状况的调查分析》	《广州政协》2000 年第 3 期，内部编印
63	《怎样克服孩子的社交恐惧症？》	《健康周报》（天津）2000 年 8 月 15 日
64	《东南沿海地区中小学生家庭德育状况的时代特征》	《教育创新》（广州）2000 年第 4 期

续表

序号	作品名称	发表的刊物/出版社名称、地点、时间
65	《现代化建设中的发达地区家庭教育状况及其指导》	《北京大学学报》（访问学者、进修教师论文专刊）2001 年
66	《家庭德育主成分的分析》	《辽宁师范大学学报》（大连）2001 年第 1 期
67	《关注儿童的早期性教育》	《百科知识》（北京）2001 年第 11 期
68	《儿童少年品德发展的时代特征及其家庭教育背景的实证研究》	《华南师范大学学报》（广州）2002 年第 3 期
69	《东南沿海地区儿童少年家庭教育状况调查》	《中国婚姻家庭：历程·前瞻》，中国妇女出版社（北京）2001 年版
70	《成才与家教——北京大学学生家庭教育探索》	中国社会科学出版社（北京）2002 年版
71	《东南沿海地区家庭教育发展的社会背景及其大趋势》	《广州大学学报》2002 年第 6 期
72	《北大学生的家庭教育》	《南方周末》（广州）2002 年 7 月 18 日；《新华文摘》（北京）2002 年第 9 期
73	《解读北大学生家长的教子之道》	《共鸣》（广州）2002 年第 7 期
74	《中国家庭教育的前景》	《莫愁》（南京）2002 年第 10 期
75	《广州学生成长的家庭教育环境的调查研究》	《河北师大学报》（教科版）（石家庄）2002 年第 5 期
76	《当代西方家庭教育两人谈》	《为了孩子》（广州）2002 年第 8 期
77	《北京大学学生的家庭教育艺术》	《中国人才》（北京）2002 年第 8 期
78	《北大理科状元张恒访谈录》	《中国人才》（北京）2002 年第 9 期
79	《油田工人的儿子走向北大的家教访谈录》	《中国人才》（北京）2002 年第 11 期
80	《广州张扬：普通人家的理科状元》	《孩子》（广州）2002 年第 10 期
81	《天津陆津红：父亲对我屡施奇招》	《孩子》（广州）2002 年第 11 期
82	《金华章浙金：父亲是农民，一个爱读书的农民》	《孩子》（广州）2002 年第 12 期
83	《科学教子·跋》	山西科学技术出版社（太原）2003 年版
84	《世纪之交中小学生家庭教育的状况——在中国东南三省沿海开放地区的调查分析》	《教育曙光》（香港）2003 年 5 月号，第 47 期
85	《造就卓越人才——北京大学博士生家庭教育探析》	商务印书馆（北京）2003 年版
86	《广东沿海地区家庭教育的特征及其指导》	广东省妇女联合会 2003 年文集《家教菁华》（广州）
87	《当前澳门华人学生家庭教育现状的调查分析》	《珠海教育学院学报》（珠海）2004 年第 3 期

续表

序号	作品名称	发表的刊物/出版社名称、地点、时间
88	《简析当代家庭教育概念的演进》	《学前教育研究》（长沙）2004 年第 11 期
89	《关于儿童家庭文化活动的若干问题》	广东省妇女联合会 2004 年文集《小康社会中的家庭文化》（广州）
90	《20 世纪 90 年代以来我国家庭教育研究进展述评》	《教育理论与实践》（太原）2005 年第 5 期
91	《海内外学者有关家庭教育要素的观点述评》	《学前教育研究》（长沙）2005 年第 6 期
92	《论建立我国家庭教育的评价指标体系》	《学术研究》（广州）2005 年第 6 期
93	《上海学生家庭教育现状的调查分析》	《上海教育科研》（上海）2005 年第 7 期
94	《当代中国家庭教育与家庭教育研究的进展》	*The International Journal of Progressive Education*, No. 1，2006（美国）
95	《关于建立我国家庭教育评价指标系统的若干问题》	《中国家庭教育》（长春）2006 年第 4 期
96	《我国多学科家庭教育研究内容的分析比较》	《中国家庭教育》（长春）2007 年第 3 期
97	《秉承父辈的优良品德》	《中华家教》（北京）2007 年第 9 期
98	《北京大学硕士生家庭教育的"质性分析"》	《南京师大学报》（南京）2007 年教育研究专集
99	《关于改进家庭教育研究的尝试和思考》	《小学德育》（广州）2007 年第 18 期
100	《幸福两代人——北京大学硕士生家庭教育探秘》	中国社会科学出版社（北京）2007 年版